中国技术经济学会智库文丛

编委会

中国创新

50 ESSAYS ON
CHINA'S INNOVATION

50人笔谈

（第3辑）

刘志迎◎主编

中国科学技术大学出版社

内 容 简 介

本书系中国技术经济学会为了进一步发挥其在国家重大战略需求和战略决策中的智库作用，于近期面向全国创新研究领域的专家征集的，针对当前和今后一个时期党和国家工作中迫切需要重视和解决的重大技术经济与创新管理问题所提出的咨政建议汇编。所述内容突出思想性、战略性，强化问题意识，均为围绕“是什么”“为什么”“怎么做”展开的对策性研究。各篇文章，较准确地反映研究主题的现状，客观地分析原因，提出了针对性的对策建议，可供政府、企业或相关决策者和智库工作者参考。

图书在版编目(CIP)数据

中国创新50人笔谈.第3辑/刘志迎主编.—合肥：中国科学技术大学出版社，2021.6
(中国技术经济学会智库文丛)
ISBN 978-7-312-05140-1

Ⅰ.中…　Ⅱ.刘…　Ⅲ.国家创新系统—中国—文集　Ⅳ.①F204-53 ②G322.0-53

中国版本图书馆CIP数据核字(2020)第271277号

中国创新50人笔谈(第3辑)
ZHONGGUO CHUANGXIN 50 REN BI TAN(DI 3 JI)

出版　中国科学技术大学出版社
安徽省合肥市金寨路96号，230026
http://press.ustc.edu.cn
https://zgkxjsdxcbs.tmall.com
印刷　安徽省瑞隆印务有限公司
发行　中国科学技术大学出版社
经销　全国新华书店
开本　787 mm×1092 mm　1/16
印张　20
插页　2
字数　480千
版次　2021年6月第1版
印次　2021年6月第1次印刷
定价　80.00元

序　一

我国已经开启全面建设社会主义现代化国家的新征程。党的十九届五中全会指出，要“坚持创新在我国现代化建设全局中的核心地位”，如何创新，如何坚持创新，这些问题至关重要，值得智库专家们深入研究。中国技术经济学会连续3年组织出版《中国创新50人笔谈》智库报告，内容涵盖创新驱动、产业创新、区域创新、制度创新和技术经济等领域的智库建议150余篇。其内容丰富，涉及面广，针对性强，对各级政府落实“十四五”规划有重要的参考作用，其中不少内容已经被吸收到国家和地方政府与创新相关的规划中，深受好评，充分体现了中国技术经济学会在国家智库建设中所作出的贡献。

强化国家战略科技力量是构建国内大循环为主体、国际国内双循环相互促进新发展格局的重要支撑，是参与国际竞争的必然选择，是现代化建设的核心动力，是大国崛起的客观需要。中国科技创新的“四个面向”定位了科技自立自强的战略方向。面向世界科技前沿，重在解决基础科学研究的超前性和战略基础性，站到世界科学的最前沿；面向经济主战场，重在解决国民经济发展中的现实科技问题，围绕着国家经济发展的需要开展科技攻关；面向国家重大需求，重在解决制约国家发展和安全的重大难题，发挥好新型举国体制优势，集中力量办大事，攻关国家重大战略需求的科技难题，确保国家战略目标实现和国家安全；面向人民生命健康，既体现“人民中心地位”思想，也体现“人类命运共同体”思想，新冠疫情让我们认识到，必须高度重视与人民健康相关的科学技术创新。国家正在制定科技强国行动纲要，急需各位专家积极运筹谋划。

打好关键核心技术攻坚战，提高创新链整体效能，既涉及科技创新问题，也涉及产业创新问题。党中央和国务院已经明确提出“提高产业链供应链现代化水平”，这需要产业科技创新，是科技面向经济主战场的需要，也是高质量发展的基础。解决经济主战场中“受制于人”的科技难题，解决经济发展中的技术障碍，实现高质量发展。无论是传统产业升级，还是新兴产业发展，都需要科技创新驱动。产业链供应链长板锻造，短板弥补，解决关键核心技术被“卡脖子”，强化企业的国际竞争能力，孵化更多的科创型企业，发展高新技术企业，均需要科技资源的开发，需要走自主创新的道路。这个攻坚战是一项长期复杂的系统工程，需要智库专家持续跟踪研究，拿出具有重要现实指导价值的攻坚策略。

区域创新主题成为近年来各级地方政府的重点话题和任务，各省市各地区均以科技创新为主题研究本地经济发展的战略支撑力量，从创新型平台、创新型园区打造，到创新型城市建设，多个层面谋划创新，极力推动创新驱动地方经济发展。京津冀协同发展、长江经济带发展、粤港澳大湾区建设、长三角一体化发展，打造创新平台，构建新增长极，创新都在其中居于核心地位。在高质量发展的主题下，各级地方政府均以推动科技创新作为实现高质量发展的手段。我会专家要发挥长期研究的优势和扎实的理论基础，多为区域创新发展出谋划策。

制度创新是产业创新、区域创新的保障，是释放创新驱动力的制度基础。国有企业体制改革，创新创业环境营造，政府创新补贴制度优化，双循环新发展格局的形成，新型研发机构的机制创新，企业家精神塑造等，都需要从制度层面的创新着手。改革创新是根本动力，改革是创新的动力，创新是经济发展的动力。因此，推动制度创新是前置性的创新行为。制度创新既是激发创新活动的顶层设计，也是维护创新行为的制度保障，深化科技体制改革要放到整个经济体制中来系统考虑，这方面需要深入思考和研究，并给出具有实用价值的对策建议。

技术经济学是具有中国特色的学科，老一代技术经济学家为学科的发展奠定了深厚基础，技术中的经济问题和经济中的技术问题，需要从学理上深入挖掘。随着技术的快速发展和经济对技术的依赖程度越来越强，技术与经济的交叉融合所涉及的内容越来越多，越来越需要深入探究。系统地总结技术经济理论的发展历程和探究未来研究的主攻方向，对于丰富技术经济学科内容、深化学科的发展具有重要的意义。不能因为技术经济与管理学科并入应用经济学或工商管理，就停止对技术经济学的研究。因此，特别需要专家们献计献策并切实着手开展这项工作。

学会高度重视智库建设，各位会员专家要发挥各自专长，将学术功底和学术成果转化为具有实用价值的智库建议，为党和政府治国理政献计献策。我会持续组织《中国创新50人笔谈》的出版工作，将其打造成为中国技术经济学的一个智库建设品牌，希望大家积极投稿。感谢中国科学技术大学管理学院创新研究中心的精心组编，感谢并希望学会各位专家持续深入研究党和国家的大政方针，深入研究各层面的创新策略和政策，积极为我国成为创新型国家多作贡献。

李　平

中国技术经济学会理事长

2020年12月

序　二

2020年是极其不平凡的一年，是受新冠疫情影响深重的一年。中国人民在中国共产党的领导下，一边奋力抗疫，一边奋力为全面建成小康社会而努力，取得了举世瞩目的成就。

2020年是中国科学技术大学南迁合肥二次创业50周年，也是学校总结“十三五”、谋划“十四五”的关键之年。学校坚持把习近平总书记关于中国科大系列重要指示精神确立为办学发展的根本指南，凝聚发展共识、坚定办学方向。五年来，学校领导班子牢记习近平总书记的嘱托，团结带领全校广大师生员工，潜心立德树人，执着攻关创新，全面推进中国特色、科大风格的世界一流大学建设，学校“十三五”规划目标全面完成。广大师生员工，不忘初心、砥砺奋进，党的建设和各项事业蓬勃发展，中国特色世界一流大学建设取得可喜的成绩。

2020年中国科学技术大学管理学院积极防范和应对疫情，秉承“创造管理思想与工具，培养管理英才与领袖”的办学使命，围绕“创一流成果服务中国，育一流人才建设中国”的愿景目标，团结一心，共克时艰，持续推进世界一流商学院建设工作。学院先后接受了全球两大权威机构英国工商管理硕士协会（Association of MBAs，简称AMBA）和国际商学院促进协会（Association to Advance Collegiate Schools of Business，简称AACSB）的严格、全面的再认证访视，以不断进步的科研、教育水平和对标国际先进水准的综合实力赢得了专家组的认可和肯定。学院在顶尖科研论文发表、课程培养方案改革、青年人才引进、商学院国际权威机构认证、国家级项目获批和创新举措等方面均取得了重要成就，尤其是学院顶级期刊UTD24论文发表位居C9商学院最前列。

2020年智库建设工作也取得了新进展，大力推进智库工作并积极筹建国家级智库，取得了丰硕成果。面向国民经济主战场，与地方政府及企事业单位加强合作，围绕“十四五”规划课题研究、学术合作、会议交流等展开工作，承担了数十项国家和省市级研究课题，其中，受中国技术经济学会委托，由我院刘志迎教授组织主编的《中国创新50人笔谈》（第3辑）即将出版，是我院智库工作支持的重要内容。感谢来自中国技术经济学会各位专家的支持，本书汇聚了大量的一流研究成果。这些智库建议，从创新驱动、产业创新、区域创新、制度创新和技术经济等层面探究了实践中存在的问题，提出了高水平的政策或对策建议，对中国创新驱动发展战略实施、核心关键技术攻坚战、区域创新发展、体制机制创新和技术经济活动都具有战略性指导意义。

前两年出版的《中国创新50人笔谈》智库成果，已经寄送到国家相关各部委和中直机构，很多地方政府部门也来信索要该书或联系邀请相关专家进一步咨询，有的智库建议得到了政府“十四五”规划的吸纳和采用，有的得到了政府专项规划的采纳，有的专家的智库建议稿得到了国家和地方政府领导批示，充分体现了社会各界对该成果的充分肯定，发挥了重要的智库作用。

管理学院高度重视智库工作，专门成立了智库工作中心，下属7个研究中心，重点围绕科技创新、金融科技和大数据等方面展开智库研究。近年来智库成果不断增加，充分发挥智库作用，取得良好的社会影响。智库依托的中国科学技术大学国际金融研究院已经被批准为安徽省新型研发机构。我院以“全球视野，数据深度，国家高度”为智库使命，以科技创新、科技金融、大数据、国际化与交叉学科为抓手，打造世界一流智库学者的荟萃高地、国际化创新人才的培养基地和中国创新发展的一流智库研究平台，力求在智库工作上取得更好的成效。

创新已经成为现代化经济体系的战略支撑，是驱动发展的第一动力，在现代化建设新征程中居于核心地位，社会各界、各行各业都需要以改革创新为根本动力。创新已经成为高频词，但是，如何创新，如何激活创新动力，如何强化国家战略科技力量，仍然有大量的疑难问题需要智库来出谋划策，需要智库专家深入研究，拿出具有决策价值的智库建议。

《中国创新50人笔谈》已经连续3年组织出版，有150多份智库建议，很多建议有战略高度、研究深度，具有针对性，充分体现了专家们的学术积累和对现实重大问题的准确把握。我院智库工作也才刚刚开始，需要积极吸纳各位专家的智库研究经验、思维模式和行文风格，着实从中汲取精华，全面提高我院专家智库研究水平，多出优秀的智库报告。

我院将继续支持创新研究中心主任刘志迎教授，并协助中国技术经济学会做好《中国创新50人笔谈》的编纂工作，为更多专家提供智库建议展示平台。

祝各位专家多出智库成果，出高水平的智库成果。

余玉刚
中国科学技术大学管理学院执行院长
国际金融研究院院长
2020年12月

目　录

区域创新

制度创新

技术经济

述评:博采众言　兼收并蓄

刘志迎

创新是实现国民经济良性发展的根本动力,是构建以国内大循环为主体、国内国际双循环相互促进的新发展格局的内在强大支撑,是走向强国之林并获得国际地位的标志性能力。从党的十九大报告中提出的“创新是引领发展的第一动力,是建设现代化经济体系的战略支撑”,到十九届五中全会进一步明确地提出“坚持创新在我国现代化建设全局中的核心地位”,充分表明党中央对创新的高度重视和全面建设社会主义现代化国家对创新的强烈需求。

熊彼特认为,要素投入的增加只能够带来经济增长,只有创新才能够获得经济发展。这是与主流发展经济学完全不同的发展概念。Solow-Swan 模型认为资本积累是经济增长的源泉,然而大量的实证研究表明,经济水平趋同只出现在某些“俱乐部”经济体内部,“俱乐部”之间的差距却扩大了。中国仍处在追赶阶段,要缩小这一差距,只能够提升创新能力。虽然,改革开放近四十多年来,通过“横向创新”(Horizontal Innovation)获得了快速发展,但要想实现强国目标,唯一出路就是依靠科技自立自强,依靠创新驱动发展,走出一条“纵向创新”(Vertical Innovation)道路,实现国民经济良性发展。

在开放经济体中,经济发展本来就是“双循环”。新中国成立到 1958 年,中国经济只与苏东经济体有循环,但只是以易货贸易和科技社会交往;其后直到 1978 年,对外经济交流很少,外贸份额大约只有 GDP 的 7%,基本只有国内循环;改革开放后到 1992 年,对外经济交往主要是以“三来一补”“加工贸易区”和“两头在外”的形式对外循环,实质上只有劳动力和土地要素参与;1993 年以后特别是加入 WTO 后,中国全面开展双循环甚至外贸依存度一时达到 60%以上,直到现在也有 35%左右。近些年,一方面,贸易保护主义抬头,美国掀起贸易战,搞逆全球化,美国针对中国实施“卡脖子”限制,中国既有双循环模式必须转化为新模式;另一方面,中国自身经济的发展也需要走向高质量发展,而高质量发展就需要创新来驱动,走内生增长道路。我国提出构建以国内大循环为主体、国内国际双循环相互促进的新发展格局,其实质不是简单的刺激内需(投资和消费),而是依靠创新实现有中国主动权的“双循环”,创新成为新发展格局形成的关键内在支撑。

中国技术经济学会连续 3 年汇聚来自全国各领域专家,2020 年度继续就创新驱动、产业创新、区域创新、制度创新和技术经济等领域有关重大现实需求和政策制定,为党和国家、地方政府、行业部门和企业提出智库性对策建议,以资参考。

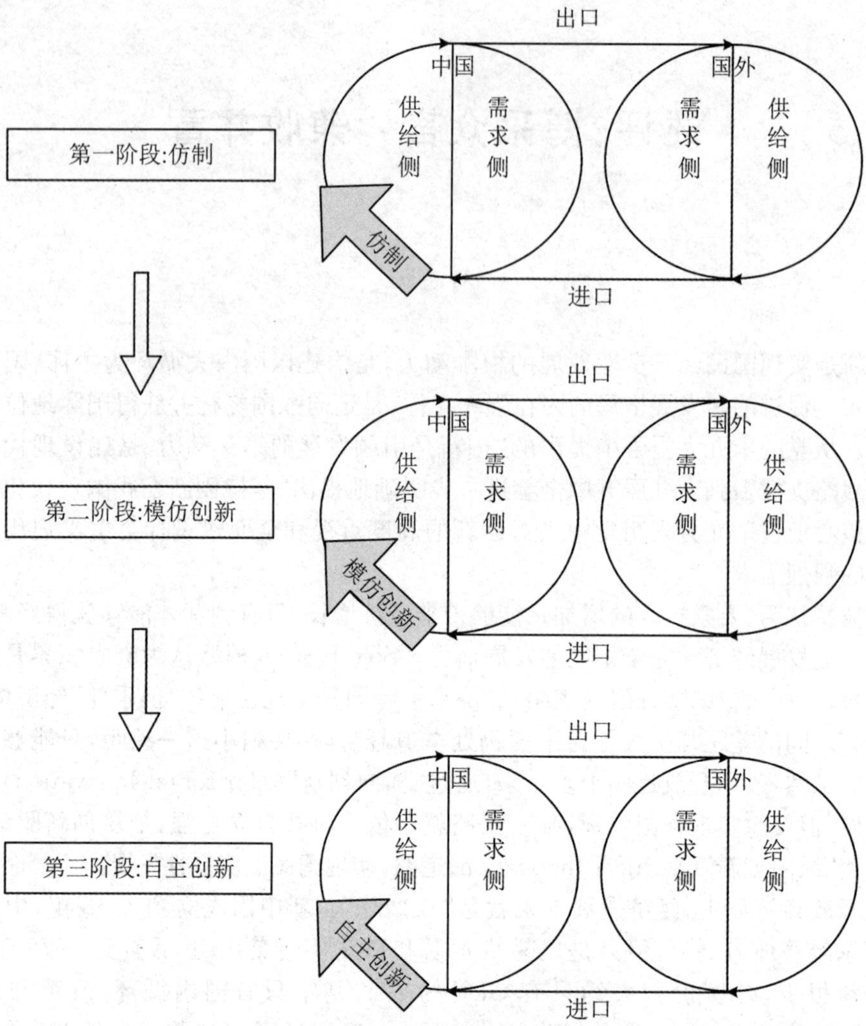

图1　双循环模式转换示意图

一、创新驱动

当今世界正经历百年未有之大变局,加之中美经贸摩擦升级、新冠肺炎疫情防控常态化影响,我国发展面临的国内外环境发生深刻复杂变化,创新是牵动经济社会发展全局的"牛鼻子",是驱动经济社会发展的第一动能。然而,如何让创新有效地驱动我国高质量发展,仍然是一个值得深入探究的重要问题。在本专题中,多位专家学者从不同层面和视角就如何实现创新驱动提供了高质量智库建议。

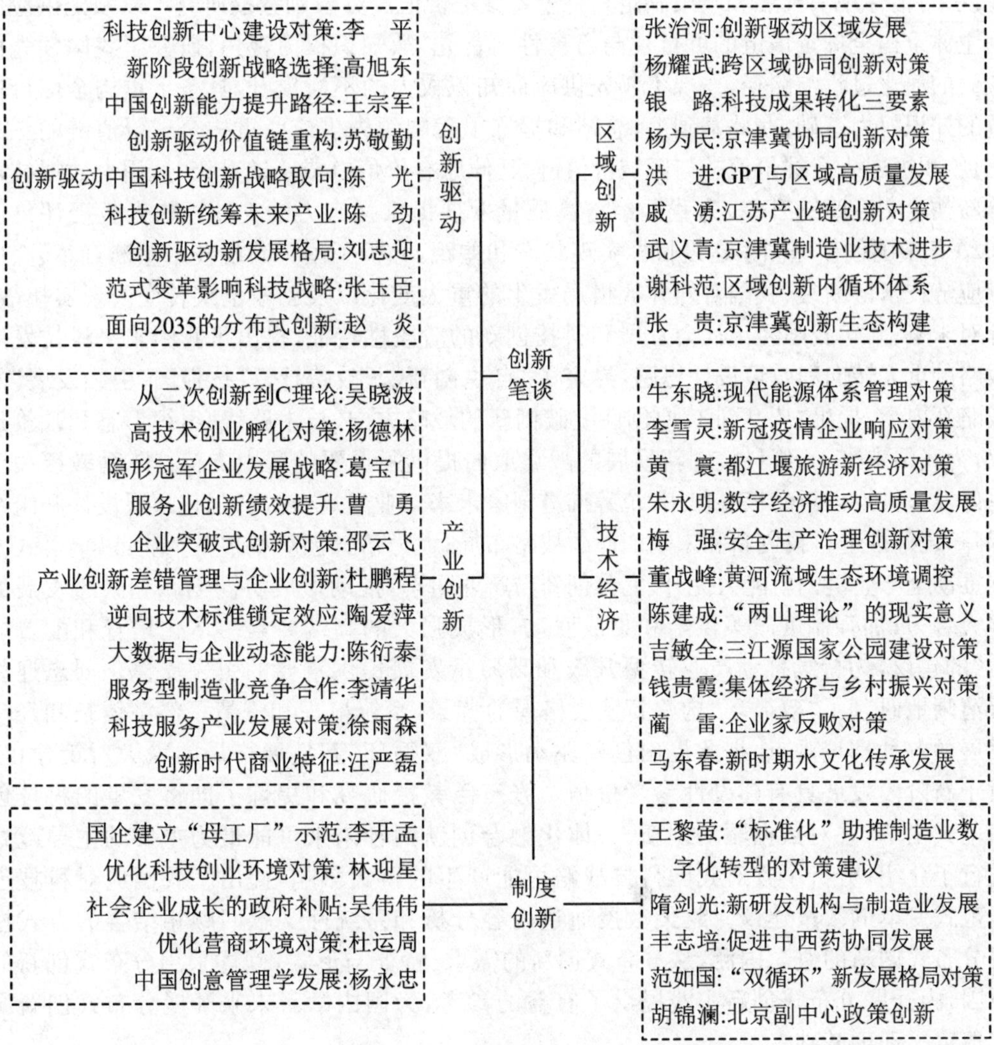

图 2　《中国创新 50 人笔谈(第 3 辑)》内容图谱

李平研究员科学界定了科技创新中心的概念内涵,系统阐释了科技创新中心的四大主要特征,针对性地剖析了上海建设具有全球影响力科技创新中心的优势以及问题,并提出具有理论高度和实践价值的指导性对策建议,对“十四五”期间上海打造全球影响力的科技创新中心进行了布局谋划,对于全国科技创新中心的建设提供了方向思路,具有重要的借鉴指导意义。**高旭东教授**认为在国际形势巨大变化的背景下,中国经济发展进入新的发展阶段,挑战和机遇并存,在此基础上概括了经济发展新阶段面临的战略选择,提出了经济大国向经济强国的跨越对策,特别是提出了建立以本土企业为主导的创新体系和经济体系,以及对外经济战略选择,对中国经济发展具有重要的理论和现实意义。**王宗军教授**聚焦于中国全球创新能力提升路径研究,高度总结了中国全球创新能力现状,深入分析了限制我国创新发展的关键因素,针对我国全球创新能力现状,提出了“提升国家创新能力应加强利于创新的制度环境建设,进一步改善创新基础设施,重视进出口贸易,增强原始创新能力,同时加强人才队伍建设,进一步提升创新研发水平”等对策建议，对指导现实发展和政策制定具有重要参考价值。**苏敬勤教授**研究了以领先供应商为主体重构全球价值链的可行性与必要性。首先，从知识权力视角，研究了我国领先供应商的演化过程与路径，发现了领先供应商知识权力的不断提升，具备了重构全球价值链的知识权力基础；在此基础上，总结和提炼了我国领先供应商重构全球价值链的三条路径：积极嵌入全球价值链与区域价值链、延伸原有价值链或跨链升级、运用大数据技术等新技术实现跨链升级，为我国经济高质量发展提供强有力的支撑。**陈光教授**评价了2020年中国创新型国家建设目标实现状态和差距，分析了国际高端技术垄断竞争、全球供应链技术链断裂、我国对外开放格局发生的重大变化以及创新范式转变的现实挑战，针对未来15年我国经济社会发展和科技创新的阶段性特征，提出了我国未来科技发展战略的重大转向和政策设计思路，界定了“自主创新、开放跨越、科技强国、引领发展”的战略新内涵，提出“从0到1”原创性突破创新的战略方向、技术路线、组织形态和政策建议，为我国未来15年科技创新发展的战略取向提供了重要的智力支持。**陈劲教授**关于更好发挥科技创新的核心作用、统筹推进国家未来产业发展，提出“强化顶层设计和组织保障，统筹推进科技创新和未来产业的战略布局；大力培育创新型领军企业，以集群式发展推动全产业链创新能力提升；完善创新与产业生态，推动形成协同创新和融通发展的强大合力；加强制度政策供给和集成联动，形成强大的高端要素一体化培育和配置能力”的建议，为持续推动产业转型升级和高质量发展提供重要的引领支撑。**刘志迎教授**清晰地研判了“双循环”构建新发展格局的背景，系统梳理和澄清了经济增长和经济发展的各种理论观点，据此提出创新驱动形成“双循环”新发展格局的六大对策建议，对于新阶段发展具有建设性参考价值。**张玉臣教授**研究和提炼了即将发生的科技创新范式变革，并对数据驱动创新、一体化融合创新两种未来可能最为重要的主导范式进行了介绍，分析了其对我国科技战略可能产生的重大影响，提出了我国应对科技创新范式变革的政策建议。**赵炎教授**通过内容分析和系统性文献回顾相结合的方式挖掘分布式创新的概念内涵，从分布式创新的需求、特征与形式，阐述采用分布式创新的原因，为开展分布式创新实践提供了有益的参考，为国内学者未来开展分布式创新研究奠定了理论基础。

创新驱动战略是国家发展的核心战略，是一个涉及国民经济和社会发展多领域的系统性课题，以上学者从各自层面展开研究，并针对性地提出了相关决策建议，具有重要的现实参考价值。关于创新驱动的研究还有很大空间，如经济发展动能的转换、创新驱动的体制机制及实现路径等问题，还需要更多的学者在创新驱动领域进行深耕研究，将研究成果转化为决策建议，逐步构建智库决策系统，保障国家创新驱动战略的更好实施。

二、产业创新

产业链的短板关系着中国产业链的安全和稳定，影响着中国企业的竞争力。中国仍然处在全球产业链供应链的中低端，面对“卡脖子”难题，要想做到不“掉链子”，在很多产业领域的产业技术创新和核心关键技术突破任重道远。在本专题中，有十多位专家围绕产业创新进行了深入研究，并提出了对策建议。

吴晓波教授认为中国的后发制造企业逐渐完成了从模仿创新、创造性模仿、改进型创新的追赶过程，到主动探索新产业、新业态、新模式，提升自主创新能力的“超越追赶”阶段，鉴于现有主要源自西方发达国家的理论对中国持续变革情境下后发企业在从追赶到超越追赶中的高度动态性和非线性特征的解释力和指导力不足的情况，致力于构建跨越技术生命周期的企业创新体系——C理论，旨在为我国企业在进入新时期的创新发展提供有效的指导，为创新管理体系的新发展贡献中国智慧。**杨德林教授**从高新技术创业孵化的价值共创机制研究出发，剖析了高技术创业企业的原型产品化、合法性获取、场景化开发三项关键价值链活动，探究了被孵企业间“交流—互动—重构”三个交互环节及其对创业企业的赋能作用，同时分析了高新技术创业企业的价值链活动特征，归纳了基于价值共创的高新技术创业孵化机制，并高度总结了相应的实践启示，具有重要的理论价值。**葛宝山教授**提出了精一创业导向概念，构建了隐形冠军企业的创业概念模型，基于精一思想和Timmons创业模型构建了精一创业理论模型，基于机会-资源一体化创业理论构建了隐形冠军企业精一创业过程模型，对应对百年不遇之大变局、落实双循环战略、实现企业转型具有重要现实意义。**曹勇教授**从开放创新视角阐述了顾客参与模糊前端的主要特征及驱动因素，辩证分析了顾客参与模糊前端对服务创新绩效的影响效果，在此基础上提出了基于中国情景下深化该领域的理论探索与实证研究、提升创新绩效的宏观思考与政策建议，为促进我国企业在后疫情时代有效发挥顾客参与的积极作用来提升服务创新绩效、推动高质量发展提供了理论与实践参考。**邵云飞教授**研究了政府补贴在企业突破性创新策略的选择中所起到的作用，通过博弈研究得到“企业过度依赖外生性资源时反而会使企业失去造血功能，远离突破性技术创新；企业打造自身的核心竞争力时，应更多考虑内生性资源，而不是外生性资源；政府是否选择补贴与创新企业所属行业、所进行的项目等有很大关系”的观点，对企业选择合理的突破性创新策略具有理论指导意义。**杜鹏程教授**认为差错管理有利于促进组织创新，要科学辩证地认识创新过程中的差错、建立良好的差错预防机制、采取积极的差错管理策略，为促进企业创新提供了理论指导。**陶爱萍教授**分别从供需双侧规模经济、知识产权壁垒和成本壁垒、创新惰性和协同惰性三个方面深入研究了逆向技术标准锁定的形成机理，在此基础上系统分析了逆向技术标准锁定的负面效应，为逆向技术标准锁定的突破提供了政策启示。**陈衍泰教授**在对十余家长三角地区企业访谈的基础上，提炼了基于数据驱动的企业动态能力构成内涵和驱动因素，进一步分析了企业家如何培育大数据背景下的动态管理能力，要培育和建构数字感知能力，培育和建构数字捕获与抓住机会的能力；此外，学习能力、制度企业家精神和团队能力是企业数据驱动动态能力的基础和基石，在此基础上提出了相关政策建议，对促进企业可持续动态能力和数字创新具有重要理论指导意义。**李靖华教授**在产业融合背景下，以作者长期跟踪调研的国内工业气体市场的案例，分析了我国服务型制造市场的竞争与合作问题，并提出了企业和政府层面相应的对策建议，对指导现实工作和政策制定具有重要参考价值。**徐雨森教授**提出“面向知识生产的科技服务类型、面向知识转移的科技服务类型和面向知识应用的科技服务类型”的科技服务产业分类，基于此，发现我国面向知识生产的科技服务类型缺乏，科技服务产业作为社会知识活动系统中的主体，同其他类型主体，包括高校、研究院所等知识源头、企业和产业创新实践活动的融合发展不够密切，相应地提出促进三类科技服务组织内部融合发展以及同外部创新资源融合发展的策略，具有重要实践意义。**汪严磊咨询师**通过对全球近十年来近4400

篇相关样本文献分析以及对各行业创新领域专家的调研验证，并基于作者在业内从事管理咨询的多年经验，综合得出了创新光谱，提出意识形态、战略导向、管理效能、能力要求、环境特点、价值属性、组织构成这 7 大领域中表现出 16 个商业特征。

全球经济竞争表现为产业竞争，产业竞争根本上是技术竞争。产业创新是一个重要的课题，从微观上看是技术创新，从宏观上看是系统创新，以上学者专家更多的是在理论层面上为产业创新提供了相关决策建议。产业创新仍然有大量的实践问题值得去进一步深入探究，尤其是深入各产业领域进行关键技术或核心技术的调研排查，切实摸清把握其中存在的问题原因与阻碍因素，以便提出更具针对性和实践性的对策建议，为推动我国产业创新提供坚实的智库保障。

三、区域创新

习近平总书记指出："我国经济由高速增长阶段转向高质量发展阶段，对区域协调发展提出了新的要求。"随着京津冀、长三角、粤港澳等区域协同发展战略的实施，区域创新成为区域协调发展的焦点问题。区域创新与社会经济发展水平密切相关，因此，解决我国区域发展不平衡不充分的问题，迫切需要增强区域创新发展动力，促进我国区域协调发展。在本专题，十余位专家就不同区域板块和重点省市的区域创新问题进行了深入研究，并提出了智库建议。

张治河教授从我国的经济发展由规模扩张向质量效益转型背景出发，围绕提升我国区域发展质量效益，基于创新驱动战略视角，提出构筑大平台、培育大团队、开发大市场、实现大协同、建立大系统的五条战略路径，所提战略路径立足国情，具有创新思维与全球视野。**杨耀武研究员**基于区域创新战略预见，针对我国区域创新的"三驾马车"——京津冀、长三角、粤港澳，针对如何加大改革开放步伐、加速创新发展进程、加强示范引领功能，提出要重点抓好区域创新的窗口机遇、愿景驱动、模式再造、工程项目、机构建设、人才枢纽、政策链接、竞合平衡、规划落实等 9 项重要工作，这些政策建议对于我国区域协同创新发展具有重要实践意义。**银路教授**以成都市上千家企事业单位科技成果转化的调研数据为基础，从科技成果转化的关键要素角度入手对科技成果转化进行探讨，凝练出了影响科技成果转化的三要素，论述了三要素与科技成果转化的内在关系，讨论了政府在科技成果转化中的工作定位，并结合成都市的实际情况，提出了 9 项促进科技成果转化的对策建议，所提对策建议详细具体且具有重要现实指导价值。**杨为民教授**基于共享经济理念，阐释了科技资源共享的内在逻辑，探讨了科技资源在京津冀协同发展中实现共享的作用机理及有效途径，并提出实现科技资源共享的对策建议，所提政策建议对于京津冀科技资源实现优势互补、良性互动与共赢发展具有重要参考价值。**洪进教授**以通用技术为视角，将通用技术的理论框架与新一代人工智能的现实特点相结合，分析了新一代人工智能的通用技术特性；并以此为基础，进一步讨论了新一代人工智能对经济高质量发展的影响机制，结合安徽省经济发展的现状和未来，分析了新一代人工智能对安徽经济高质量发展的可能影响，提出了相关的政策建议，所提政策建议对持续稳定地推动安徽省人工智能的良性发展具有重要意义。**戚湧教授**从百年未有之大变局的时代背景出发，聚焦如何推动江苏省产业链创新链深入融合，分析了江苏省推动产业链创新链深入融合的三大短板，进而针对性地提出五项建议举措，对江苏省构建自主可控的现代化产业体系和“以我为主”的双循环发展格局，实现产业链创新链“双螺旋”发展提供了重要智力支持。**武义青研究员**基于第三、四次经济普查数据，利用势效系数法改进传统C-D生产函数对京津冀制造业全要素生产率进行了测算，并分析了现状、发展趋势及存在问题，提出了提高京津冀制造业全要素生产率的建议，对于实现制造业全要素生产率的提高进而推动高质量发展具有重要理论指导意义。**谢科范教授**就逆全球化趋势对我国科技创新的影响进行了分析，提出了加快建设以科创走廊为大动脉的区域创新内循环体系，同时分析了我国科创走廊建设的若干特点，建议将科创走廊建设纳入国家战略，将全国各地的科创走廊连廊成网，构建区域创新内循环体系的大动脉，并提出了建设以科创走廊为大动脉的区域创新内循环体系的六大举措，对于构建区域创新内循环体系具有重要的现实意义。**张贵教授**以创新生态构建为切入点，聚焦打造京津冀协同发展新动能，提出京津冀协同发展根本要靠创新驱动，要把京津冀区域创新生态系统构建提升到战略高度，应加快搭建创新链，努力提升创业链，积极打造产业链；同时解构了京津冀区域创新生态系统构建的三大重点任务和七大着力点，这为提升京津冀协同发展新动能提供了具有参考价值的智库建议。

区域创新实际上是国家布局、区域演变、科技创新、产业变革、国际竞争、时代进步的复杂综合体。以上学者从不同视角、不同层面对区域创新发展展开了丰富的研究，并提出了建设性的意见和成果，具有重要的理论意义和现实参考价值。然而，目前我国区域创新发展仍然面临新情况新问题，区域发展不平衡不充分的问题仍然存在，如何实现区域创新协调发展，仍然需要进一步深入研究，以推动我国形成优势互补高质量发展的区域创新发展格局。

四、制度创新

古人说：“凡将立国，制度不可不察也。”制度优势是一个国家的最大优势，制度竞争是国家间最根本的竞争。深化改革创新，要通过制度创新为国家治理赋能。如何更好地发挥中国特色社会主义制度的显著优势，同时长期保持并不断增强这些优势，制度创新是当前政府、企业和学者关注的热点。在本专题中，多位专家围绕制度创新提出了智库建议。

李开孟研究员认为“母工厂”是中国制造业创新体系的重要组成部分，加快推进具有中国特色的“母工厂”和“母子工厂体系”建设，应成为中央企业等重点国有企业完善现代产业体系的重要抓手；系统总结了日本实施“母工厂”战略的主要经验，明晰了国有重点企业参与中国“母工厂”建设的基本思路，深刻阐释了重点国有企业推进“母工厂”建设的战略取向和实施路径，对发挥我国重点国有企业“母工厂”建设的战略示范作用具有重要的实践指导意义。**林迎星教授**结合当前我国科技创业环境面临的国内外新情况，基于GEM九个维度的创业条件，结合科技型企业的特点和当前我国科技创业环境存在的问题，提出了当前我国优化科技创业环境、促进创新引领发展可采用的对策，所提对策具有很强的针对性和可操作性。**吴伟伟教授**通过聚焦如何促进社会企业成长这一理论界与实务界共同关注的重要问题，分析了政府补贴对社会企业成长性的影响，以及公司治理机制对此过程的差异性影响，提出适合我国国情且促进社会企业发展的对策建议，对帮助中国社会企业摆脱目前推动力不足的局面具有重要意义。**杜运周教授**分析了当前我国创新创业困境，并在明确营商环境丰富内涵的基础上，提出以“过程化”和长期主义逻辑指导营商环境生态的优化，解决创新创业难题，持续促进长期导向的高质量创新创业，从营商环境法治化、便利化、双循环化以及生态化四个方向，持续促进长期导向的高质量创新创业。**杨永忠教授**作为中国创意管理学的开创者，长期致力于创意管理学的研究，认为创意是当下比创新更重要、更具有开启意义的钥匙，并系统阐释了创意管理的五个基本特征，同时从学科界定、理论创新空间、国外发展概况、国内发展展望等方面提出推动创意管理学的建设，对于创意管理学的研究和探索具有重要前瞻性重要意义。**王黎萤教授**高度重视和发挥技术标准的顶层设计和引领规范作用，分析了中国制造业数字化转型及标准化建设存在的主要问题及其原因，提出了中国制造业数字化转型中加快标准化建设的思路和对策。**隋剑光会长**对广东、北京、江苏三省新型研发机构建设情况开展了深入调研，在总结了三地先进经验基础上，指出浙江省新型研发机构建设存在的主要问题，并提出进一步加大新型研发机构建设力度，助推浙江省制造业高质量发展的具体建议，具有很强的现实指导意义。**丰志培教授**回顾了我国中医药抗击传染病的实践经验和促进中西医结合的方针政策，从理论体系、评价标准和人才建设三个角度分析了目前中西医结合的困境，结合当前从新冠疫情防控到维护和促进人民健康，如何更好地发挥中医药的独特优势，以推动中西医结合发展，提出了相应的对策建议，所提对策建议具有重要的现实意义。**范如国教授**围绕如何认识双循环新发展格局在当前中国经济发展中的重要价值，尤其是内循环为主体的格局下，如何强化我国发展的路径选择，从复杂性科学理论与路径选择方面提出了 9 个方面的建议，所提建议详细具体且具有重要现实指导意义。**胡锦澜博士**以区域非均衡发展为引入点，提出区域高质量协调发展是区域非均衡发展转向均衡发展的关键所在，以北三县与北京协同发展为例，基于黑格尔辩证法（事物自身的矛盾运动），创新性提出北京与北三县区域协同发展新思想以及主要举措，具有重要的现实意义与借鉴意义。

随着中国特色社会主义进入新时代，我国发展处于新的历史方位，我国社会主要矛盾已经发生转变，必然要求中国特色社会主义制度更加完善、不断发展，制度创新随之成为重要命题。制度创新是一个动态过程，既离不开理论的支撑保障，也不能缺少实践过程的检验反馈，这就要求政府、企业和学者三者联动，深入研究，以高水平的研究成果，保障制度创新源泉，激发制度创新活力，为完善中国特色社会主义制度和推进国家治理体系与治理能力现代化提供高质量智库建议。

五、技术经济

技术经济学是我国独创的具有中国特色的学科理论，是一门经世济用的中国学问。技术经济学研究的是技术和经济的矛盾关系，寻求技术和经济之间的合理关系，以及经济活动的技术可行性、技术活动的经济可行性，交互分析，交叉论证。中国正处于向高质量发展转变阶段，高质量的经济发展与高质量的技术成果相辅相成、互相支撑、相互转化，因此，进行技术经济分析对实现高质量增长具有重要实践价值。在本专题，十余位专家学者从不同领域、不同行业和不同层面，提供技术分析，为不同技术经济活动建言献策。

牛东晓教授长期致力于能源经济管理研究，是资深的智库专家，所供文章高度总结了我国能源发展现状和存在的问题，擘画了我国现代能源体系有效运作管理的对策创新建议，包括优化完善国家能源管理组织体制、以依法管理为准绳建立法律保障机制、以适应发展为要求建立能源发展评价与改进机制等内容；通过体制机制创新，助力进一步提高我国能源体系管理水平，所提对策建议具有重要的指导意义与应用价值。**李雪灵教授**认为新冠疫情是 VUCA 时代的典型事件，对中小企业的危机响应和应变能力提出了更高的要求，组织即兴响应越来越成为组织应对内外部风险与挑战的重要能力，基于此探讨了“黑天鹅”事件下中小企业即兴响应策略的实施，既是对组织即兴理论的丰富和完善，也为中小企业应对重大突发事件冲击提供现实借鉴意义。**黄寰教授**立足十九大报告提出的新经济发展总体方针，围绕成都市新经济发展大会提出的“六大新经济形态”，结合都江堰的环境资源特色及产业结构，提出了将都江堰打造成为旅游新经济发展高地的战略定位，并对其发展路径进行了深入分析和思考，并且构建出智慧城市、创新服务、主体服务、产业生态和数据应用五大新经济场景。**朱永明教授**聚焦当前我国制造业、金融业、消费服务业和政府的数字化转型机遇，并基于此分析了数字经济推动高质量发展的内在机理，提出了加快我国数字化转型的政策建议，对推动我国产业结构转型升级、进一步摆脱低端制造的称号、稳步迈进世界中高端水准具有重要现实意义。**梅强教授**认为中小企业安全生产监管与服务有机融合是实现专业监管、消除中小企业安全生产侥幸心理、提升中小企业安全生产能力、实现安全生产资源有效整合进而提升安全生产治理成效的创新机制，目前仍然面临政府推动力不足、安全生产服务供需两不旺、服务质量难以保障等挑战，需要明确并落实相关主体责任、促进安全生产服务供需耦合发展、加强对安全生产服务的监督管理。**董战峰研究员**认为构建黄河流域生态环境调控机制是实现黄河流域生态环境保护与高质量发展的重要手段，通过分析黄河流域生态环境保护机制建设进展与所面临的主要生态环境问题，提出了推进黄河流域生态环境调控政策机制创新的实施建议，为黄河流域生态环境调控机制建设提供了总体思路，对于实现黄河流域高质量发展具有重大战略意义。**陈建成教授**分析了“两山理论”的本质，阐述了“两山理论”的重要体现，探讨了“两山理论”的价值与推动指导我国高质量发展、绿色发展和乡村振兴等国家重大战略的现实意义，并从增加绿色空间、绿色行动、绿色财富三个维度为建设美丽中国、健康中国、富强中国提出了相应的政策建议，对于进一步深刻领会“两山理论”的内涵，深入贯彻生态优先、绿色发展重要理念和进一步深刻学习习近平生态文明思想，全面指导我国新时代发展实践具有一定参考价值。**吉敏全教授**提出三江源国家公园目标的实现需建立在区域长期低碳化发展的基础之上，建立三江源区域低碳发展长效机制是国家公园建设目标实现的基石。**钱贵霞教授**从马克思政治经济学视角，结合发展经济学中小农经济理论，分析了农村集体经济发展助推乡村振兴的理论逻辑，并找到现有的农村集体经济实践模式证明了两者之间的内在理论逻辑，为助推乡村振兴提供了理论依据。**蔺雷博士**长期专注于企业失败管理等领域的研究，基于前期大量调研，提出了反败资本概念，阐释了其能力、惯力和心力的三力构成，指出必须遵循正确的三大反败逻辑，才有可能从失败中“榨取”出价值，同时绘制了反败曲线供企业家和创业者进行定位诊断，这些对丰富创业管理的研究具有重要理论价值。**马东春教授**对新时期水文化的传承与发展进行了探讨，阐释了水文化传承与发展的内涵，剖析了中国水文化传承与发展现状与问题，为新时期中国水文化的传承与发展提供了总体思路与实现路径，并针对性地提出了相关政策建议，对新时期水文化的传承与发展具有重要理论指导意义。

在我国国民经济各项工作中，继续发挥技术经济的中国特色优势，保障经济可行性和技术可行性的融合研究和决策中的相互支撑作用，对于我国走高质量发展和创新发展之路，具有重要的决策支撑意义。中国经济建设重大工程越来越多，随之而来的技术经济问题也与日俱增，这便需要技术经济领域的专家们，针对每一项重大项目进行深入的技术经济分析，提高每一项重大项目或经济活动的科学化决策水平，为党和政府提供具有战略高度的科学化决策支撑和智库支持。

中国创新50人笔谈

50 Essays on China's Innovation

创新驱动

“十四五”期间高水平推进
上海具有全球影响力科技创新中心建设

李　平

摘要：“十四五”期间是强化国家战略科技力量的重要时期，科技创新中心是近些年来提出的新概念，上海作为长三角的核心城市，科技基础雄厚，建设具有全球影响力的科技创新中心，具有战略意义。通过对国内外环境的分析和上海优劣势的研究，提出了注重科技创新源头培育、增强企业创新引领能力、强化科技创新人才吸引力、营造充满活力的创新生态和着力构建创新治理体系等若干对策建议。

关键词：科技创新；科技创新中心；“十四五”规划；上海

当前全球科技创新正进入空前密集活跃期，跨界融合、协同联合、包容聚合的特征越来越显现，以开放推动、引领创新已经成为大势所趋。上海是中国最大的经济中心城市，开放、创新、包容是其最鲜明的品格。2014 年 5 月，习近平总书记对上海做出“加快向具有全球影响力的科技创新中心进军”的重要指示。近年来，上海始终牢牢把握科技进步大方向、产业革命大趋势、集聚人才大举措，系统谋划、整体布局、加速推进，多样性、协同性、包容性的创新生态正加速形成，以科技创新推动高质量发展的优势正日益凸显。

一、科技创新中心的内涵和特征

“科技创新中心”是一个崭新的概念，学术界关于“科技创新中心”内涵的界定还没有达成共识。在人类社会步入信息化推动的全球时代以后，与“科创中心”相关的概念便不断产生，如“世界科学活动中心”“全球城市”“国际产业研发中心”等，不同历史背景下不同概念均在不同层面揭示了“科技创新”的相关内涵。学术界对于“科技创新中心”的内在演化机理的认识也同样是刚刚起步，从应用分析角度对“科技创新中心”进行梳理，可以追溯到“创新型城市”这一概念。对创新型城市展开研究的学术团体主要是一些国际组织、咨询公司等商业性机构，与之相关的概念有“全球技术创新中心”“最具创新力城市”“技术创新中心城市”“最具发明力城市”等。随着互联网经济的快速发展，科技创新形式呈现诸多新的特征趋势，在此背景之下，区域创新能力日益成为地区经济获取国际竞争优势的决定性因素，区域创新体系(Regional Innovation System，RIS)的理论研究获得了极大关注。综上所述，无论是早期与“科创中心”的相关概念，还是从应用分析角度对“科创中心”的特征描述，以及在科技活动的特征趋势下“科创中心”的概念界定，对于明确“科技创新中心”的内涵提供了思路和方向。

综合考虑“科技创新中心”的相关分析性概念、世界主要创新型城市的实证经验以及区域创新体系的理论内涵,可以将“科技创新中心”界定为具有能够创造价值的高端科技创新资源、具有能够带来持续创新效益的创新主体、具有能够激发创新活力的创新生态环境、具有能够整合科技创新资源的枢纽中心。科技创新中心的主要特征如下:一是具有能够创造价值的高端科技创新资源。科技创新中心需要有稳健的科技创新资源投入,包括人力资源、财力资源、物力资源、知识资源。二是具有能够带来持续创新效益的创新主体。科技创新中心需要研究型大学、创新型企业、公共研发机构等主要创新主体。三是具有能够激发创新活力的创新生态环境。创新形成于动态的创新环境中,有活力的创新环境能够更好地促进区域创新活动的发生,并提高创新收益,创新环境主要包括治理环境、政策制度环境、社会文化环境和空间环境等。四是具有能够整合科技创新资源的枢纽中心。科技创新中心的一个重要特征,是其创新型企业具有整合及利用区域科技人才、科技资本和知识产权的能力,科技创新中心的形成是一个双向过程,不仅需要研发机构和技术向城市集聚,还需要技术向外形成有层次的扩散和溢出。

二、“十四五”期间将上海建设成具有全球影响力科技创新中心的环境分析

(一) 科技创新优势明显

(1) 上海的高校和科研院所整体实力强,科教资源丰富。截至2018年年底,上海市共有64所高校,毕业生134207人,在校学生514917人,教职工73891人。上海市拥有中央部属科研机构76个,从业人员43970人,中国科学院分院10个,从业人员8837人,地方科研机构139个,从业人员17159人。上海市拥有1家国家实验室、41家国家重点实验室、38家部委开放实验室、17家国家工程技术研究中心。上海市拥有中国科学院和工程院院士158人、国家“千人计划”人才425人。不仅如此,一大批大科学装置落户在上海,比如上海超级计算机中心、上海同步辐射光源、上海65米射电望远镜、蛋白质科学研究上海设施等;一些大项目也在上海实施,比如大飞机项目、光刻机项目、刻蚀机项目等,这极大增强了上海的科技创新能力。

(2) 上海是我国的金融中心,金融市场发展良好。近年来,上海的金融业发展速度较快,随着上海自贸区的发展,上海作为中国金融中心的地位日渐稳固。2018年,上海市实现金融业增加值5781.63亿元,金融市场交易总额达到1645.78万亿元。上海国际金融中心建设步伐加快,上海金融法院获批成立,原油期货成功上市,中国人寿上海总部、建信金融科技等总部型功能性机构落户,人民币跨境使用范围进一步拓展。企业的研发和创新需要高额的资金投入,发达的金融市场能够在企业融资过程中降低市场信息不对称,为企业特别是中小企业科技融资提供便利。此外,上海政府借助财政科技支出、加大科技创新和成果转化的资助以及对科技成果转化税收优惠等措施鼓励企业创新,并且以政府基金的方式提供科技创新融资,如先后设立的新兴技术和新兴工业创业基金、科学技术发展基金,并成立了“上海市科技投资公司”及建立风险投资基金。2017年,上海市财政科技经费支出389.90亿元,占财政支出比重为5.2%。

(3) 上海是我国的贸易和航运中心,对外开放程度较高。上海市的地理位置便利,且

对外开放程度位于全国首位，这决定了上海在引进、学习和模仿国外先进科技方面具有相当优势。2017 年，上海市港口货物吞吐量为 7.50 亿吨，约占全国 86.55 亿吨的 8.7%；上海海关区进出口总额达 8814.67 亿美元，约占全国 41045.04 亿美元的 21.5%。2018 年，上海浦东、虹桥两大国际机场全年共起降航班 77.16 万架次，进出港旅客 11763.43 万人次。外资企业外溢人才和技术有利于技术引进和吸收。上海对外开放程度较高，有利于外部技术的引进消化和再吸收。同时，上海外资经济发达，大批的海外精英、留学人才被吸引，为当地经济发展和科技创新贡献了不可或缺的力量。2017 年，上海市拥有外国留学生人数 31941 人，主要来源于亚洲、欧洲、非洲和北美洲等地区。此外，对外开放过程中，西方的商业思想及冒险精神也伴随着交流进入上海，这也是企业家创新过程中重要的因素。

（二）科技创新成就斐然

近年来，上海科技创新工作坚持以习近平新时代中国特色社会主义思想为指导，坚持科技创新和体制机制创新“双轮驱动”，着力深化科技体制改革，着力提升创新策源能力，着力优化创新生态，国际科技创新中心建设扎实推进，为提升上海城市能级、核心竞争力和高质量发展提供了支撑。根据《上海科技创新中心指数报告 2018》，上海科技成果影响力提升幅度最大，在全球科技创新版图中逐步崛起；创新环境吸引力大幅增长，区域创新生态环境逐步优化，科创中心政策效应日趋明显；新兴产业引领力大幅增长，逐步向创新经济转型；创新资源集聚力和创新辐射带动力增长明显，创新中心城市地位稳步提升，在创新网络中的枢纽作用不断增强。

(1) 科技体制改革持续深化。上海发布了科改“25 条”，提出“深化高校、科研院所和医疗卫生机构科研体制改革”“壮大企业技术创新主体”“培育战略性科技力量”等 25 个方面的具体任务。在国务院批复的两批 36 条可复制推广举措中，有 9 条为上海经验，占总数的 1/4。发布了超过 70 个地方配套政策，涉及 170 多项改革举措。取消了 1 项行政审批事项，并对现行的 13 项行政审批事项进行了清理。新认定了高新技术企业 3705 家，有效期内高新技术企业总数达到了 9256 家，新增科技小巨人 180 家，累计近 2000 家。全市拥有 500 余家众创空间，在孵和服务科技企业 1.6 万余家，覆盖科技类创新者超过 38 万余名，孵化面积达 320 万平方米。此外，科技奖励改革力度不断加大，评奖的国际化程度、奖励规模和额度不断提高。

(2) 科技投入产出水平明显提升。从 R&D 投入量来看，上海的研发投入强度和投入增长率在全球 20 个城市（亚洲的上海、北京、深圳、香港、东京、大阪、首尔、新加坡，北美洲的纽约、波士顿、芝加哥、洛杉矶、旧金山、多伦多，欧洲的柏林、伦敦、巴黎、斯德哥尔摩、莫斯科、阿姆斯特丹）中最高。2017 年上海市 R&D 经费投入为 1205.21 亿元，研发强度为 3.93%；2018 年研发强度达 4%。从研发经费投入产出率来看，上海在顶尖科学研究上拥有绝对优势。同等投入下，上海的 CNS（《Cell》《Nature》《Science》三大期刊的简称）顶尖学术成果产出率最高。从论文产出体量来看，过去五年上海的论文发文总量、活跃科研人员人均发文量、论文总被引量以及科研发文被浏览下载总次数等，均排入 20 个城市的前五名。由论文发表数量看学科相对比较优势，上海在化学工程、材料科学、化学及工程类学均具有明显优势，在医学学科相对竞争力较弱。从论文产出的质量来看，上海虽然与旧金山、波士顿、阿姆斯特丹等城市存在一定差距，但高于世界平均水平且在不断增长。在 TOP 1%高被引论文和 TOP 1%高被引 CAGR 指标中，上海均位于前五。同时，上海在 CNS 上的发文总量虽处于 20 个城市的中间位置，但 CNS 发文量的增长率位居 20 城第一，高达 34.4%。从专利来看，2018 年全年专利申请量 150233 件，其中发明专利申请 62755 件；全年专利授权量 92460 件，其中发明专利授权量 21331 件；全年 PCT 国际专利申请量 2500 件；全市有效发明专利达 114966 件，有效发明专利五年以上维持率为 78.6%，每万人发明专利拥有量达 47.5 件。

(3) 科创中心策源地能力进一步提升。近年来，上海市挂牌成立了张江实验室和上海脑科学与类脑研究中心，启动建设了李政道研究所、张江药物实验室、复旦张江国际创新中心、上海交大张江科学园等高水平科技创新机构和平台。在光子领域，硬 X 射线、软 X 射线、超强超短激光等科技创新设施全面建设。目前，上海建成和在建的国家重大科技基础设施已达 14 个，设施数量、投资金额和建设进度均全国领先。此外，上海市主动承接了 2006～2020 国家重大科技专项，积极对接科技创新 2030 重大项目，累计牵头承担国家科技重大专项项目 854 项，获中央财政资金支持 316 亿元，位居全国前列。上海市创造了多个国际领先成果，如世界最强光子大科学装置集群集聚张江，超强超短激光脉冲峰值功率创世界纪录，国际首次人工创建单条染色体的真核细胞等。

(4) 围绕“卡脖子”领域持续发力。集成电路设计领域，紫光展锐手机基带芯片市场份额位居世界第三；装备制造领域，中微、上微、新晟处于国内领先水平，刻蚀机、光刻机等战略产品已经达到了或者接近国际先进水平。2018 年，上海集成电路产业销售规模达到 1450 亿元，占全国的 20%。微软、亚马逊等国际知名企业在沪设立了研究院，华为、腾讯、阿里巴巴、百度和京东等国内龙头企业在沪设立了人工智能创新平台，且成功举办了 2018 世界人工智能大会。特斯拉“超级工厂”项目在沪开工建设。全市已建或培育的功能型平台近 20 家，主要面向本市集成电路、人工智能、生物医药、先进制造、新材料、新能源汽车等重点产业方向，基本实现了重点产业领域的“全覆盖”。上海把发展人工智能放在优先发展的战略位置，已成为全国人工智能发展最领先的地区之一，着力在交通物流、消费服务、装备制造、医疗健康、城市管理等领域打造“智慧场景”，培育人工智能创新产品和服务。

(5) 引领辐射带动作用不断增强。上海依托功能型平台的产学研项目合计达到 120 余项，其中面向长三角地区的超过 60%，覆盖江苏的苏州、无锡、常州、南通、张家港，浙江的嘉兴、宁波，以及安徽的合肥等多个城市。牵头“长三角科技资源共享服务平台”建设，目前已经加盟机构 2500 余家，大型科学仪器 2.6 万台套，总价值超 300 亿元，全球高层次科技专家 35 万人。国家技术转移东部中心布局海外分支机构 14 个，长三角及其他国内合作渠道 17 个，集聚本地合作机构 243 家，汇集技术供给和需求 2.2 万余条，布局国际技术转移渠道 37 个。

(6) 科创中心人才体系不断完善。制定了上海人才政策“20 条”“30 条”和高峰人才工程，大力建设国际人才实验区。2018 年，上海连续七年获评外籍人才眼中最具吸引力的中国城市；在沪两院院士占全国总数超过 10%。以立法形式将科技成果的使用权、处置权和收益权“三权”下放给单位和科研团队，明确科技成果转移转化扣除直接费用后净收入的 70%以上可用于奖励科研个人和团队，极大激发了科技人员的创新活力。部分公立医院和26家外资医疗机构与保险公司签订了合作协议，提供国际医疗保险结算服务，对外商投资企业、外国人等实行国民待遇的原则，统一境内外患者医疗服务收费标准。全市累计筹措公租房等房源约15.2万套，累计供应房源约11.5万套，累计入住青年人才10万人以上。上海是全球科学家最向往工作的中国城市，已成为亚太区域吸引力位居前列的创新中心城市之一。上海吸引全球科学家的主要优势包括充沛的科研基金支持、领先的科研机构、高水平的科研基础设施和丰富的科研工作机会等，而开放包容的"海派"城市文化也成为上海打动全球科学家的关键因素。根据上海科技创新资源数据中心与爱思维尔公司联合发布的《2019国际科技创新数据洞见——全球热点城市比较研究报告》，有超过整体20%的"本土固定研究人员"愿意长期在上海从事研究工作。目前，上海的科研人员主要分布在高校，在人工智能、生命科学和集成电路三个重点领域的科研产出影响力较强。

(7) 大众创业、万众创新服务网络不断优化。在上海证券交易所设立"科创板"，并试点注册制；2014～2018年，上海市共引进外资研发中心75家，截至2018年年底，累计落户上海的外资研发中心达445家，位居全国首位；在浦东新区建立了知识产权侵权查处快速反应机制，设立了中国（浦东）知识产权保护中心，研究推动在上海设立WIPO仲裁与调解分支机构，设立了上海商标海外维权办公室，建立了上海市重点商标保护名录等。

(8) 科技创新政策体系逐步完善。改革开放以来，上海市科技创新政策在历经全面恢复重建科技工作（1978～1984年）、大力发展高新技术及产业（1985～1994年）、全面实施"科教兴市"战略（1995～2005年）、建设创新型城市（2006～2014年）四个阶段之后，正处于建设具有全球影响力的科创中心阶段[1]。2014年5月，习近平总书记考察上海并提出建设具有全球影响力的科技创新中心要求后，上海提出了建设具有全球影响力的科技创新中心的总体思路和重大任务。2015年5月25日，上海市委、市政府发布了《关于加快建设具有全球影响力的科创中心的意见》（"科创22条"），确立上海科创中心建设的纲领性文件，正式开启了上海建设全球科创中心的序幕，明确了上海科创中心建设的奋斗目标和总体要求。当前，上海科技创新政策出台较为密集，2015～2018年期间，上海出台了科技创新政策近80件，平均每年近20件。"科创22条"发布后又陆续出台了人才发展、科技成果转移转化、科技金融、知识产权、国企创新、加大财政投入、政策专项联动统筹、众创空间、开放合作等若干配套文件，形成了较为完善的科技创新政策体系。

（三）科技创新问题突出

(1) 基础研究投入有待增强。虽然近年来上海全社会研发经费投入总额持续增长，但是从全社会研发经费投入结构来看，近80%的投入集中于试验发展，基础研究投入占全市GDP比例基本保持在7%～8%。基础研究投入的不足导致上海产业创新策源和基础能力不强，与全球科技创新中心地位不匹配。据统计，上海制造业关键核心技术存在225项"卡脖子"瓶颈，其中对美国严重依赖的占到了146项，新一代信息技术、高端装备、生物等领域被"卡脖子"最为严重。因此，上海亟待加大基础研究支持力度，进一步提高基础研究投入占比，瞄准世界科技前沿和重大技术发展源头，以国家战略使命为导向，注重创新源头培育。

(2) 领军型科技创新企业缺失。在中国互联网企业前10强名单中，2014年没有一家企业出自上海，2016年上海仅有携程一家企业上榜，排名第8位。在中国电子信息技术企业研发投入前10强名单中，2013年上海无一家企业上榜，2016年上海仅有上汽集团一家企业上榜，排名第9位。从世界研发投入100强企业的分布来看，东京11家，硅谷9家，纽约7家，北京4家，深圳2家，上海一家都没有。从PCT专利产出100强企业来看，东京27家，硅谷7家，北京6家，深圳2家，上海一家也没有。2017年科技部公布的国家首批新一代人工智能开放创新平台，分别依托百度、阿里云、腾讯和科大讯飞公司，上海一家也没有。此外，上海缺少优秀的民营企业。2018年中国民营企业500强中，上海只有18家，而临近的浙江有93家，江苏有96家。而且上海仅有的18家基本都是贸易批发类企业，浙江和江苏的民营企业则是以制造业为主。长期以来，上海的实体经济被外资控制较严重，这是导致上海民营经济难以发展的重要原因。

(3) 企业创新引领能力不足。尽管上海全社会研发经费投入有2/3来自企业资金，但是这一比例明显低于全国平均水平。2017年，上海全社会研发经费投入中，企业投入占比62.0%，低于全国78.5%的比例；上海科研机构、高校使用来自企业的研发资金147.86亿元，比2016年减少了6.18亿元。2017年我国发明专利授权十强本土企业中，上海仅有中芯国际一家入围。比较全球12个主要国际都市2017年人工智能、无人驾驶、石墨烯等十项新兴技术领域的PCT专利申请量，上海表现相对不够突出，各领域排名均未进入前五。目前制药和生物技术、电子电气设备、技术硬件设备、汽车及零部件和软件及计算机服务占据了全球研发投入总额的前五位，五大领域的研发投入金额占全球总研发投入的70%以上，是全球重点关注与重点投入的方向。从整体来看，上海企业的研发投入在全球20个热点城市中处于后位，上海企业仍需大幅增加在自主研发投入方面的支出，企业创新引领能力还有待进一步加强。

(4) 人才队伍结构有待优化。在汤森路透集团评选的2017年全球"高被引"科学家3538人次中，中国入选300人次，其中上海入选25人次(以所属第一机构为准)，仅相当于北京的三分之一，也低于香港。在决定学科、领域创新发展方向的全球顶尖专家层面，上海还缺少与创新中心地位相匹配的竞争力。另一方面，调研结果显示上海优秀青年科技人才仍面临着生活成本、子女教育等瓶颈问题，在外地吸引人才政策不断"加码"的背景下，上海青年科技人才流失情况值得重视。

(5) 技术转移活跃度有待加强。尽管上海近年来国际国内专利数量迅猛增长，科技服务输出能力不断增强，但上海技术对外转移的活跃度与成果产出能力还不匹配。2017年上海向国内外输出技术合同总额为521.52亿元，比2016年下降了46.36亿元。特别值得注意的是，上海2017年知识产权使用费出口额仅1.0亿元，而知识产权进出口逆差高达68.8亿元。这反映出上海当前在技术对外转移、知识价值输出能力上与发达国家或地区相比还有着很大的差距。同时，技术创新和产业化对接的"最后一公里"仍未打通，高校科技成果转化动力不足，科技成果转化涉及产权归属、分割、赋予等问题仍有障碍，共性技术平台建设不足。此外，上海高校、科研院所等科研机构法人自主权仍不到位，以增加知识价值为导向的分配政策有待完善。

(6) 崇尚冒险、开放包容的创新文化尚未形成。上海曾经是一个非常包容的充满冒险的地方，被称为"冒险家的乐园"，但当前上海市在知识产权保护、市场公平维护、国际一流营商环境营造等方面有待改进，敢为天下先的创新文化有待培育。相对于全球其他创新领先城市，上海在科技创新国际交流合作的丰富性上有一定欠缺，上海在国际科技合作中主导性的合作尤其是发起国际大学计划的能力明显不足，对国际科技组织、全球知名高校、科研院所、科技服务机构等落户上海的“引进来”机制和环境尚不完善，支持本土机构和科学家参与全球科技创新合作的“走出去”渠道有待拓展。此外，上海的技术创新活跃度尚不如深圳，而高质量技术创新的产出率与北京存在差距。

三、“十四五”期间高水平推进上海具有全球影响力科技创新中心建设的对策建议

(1) 提高基础研究投入水平，注重科技创新源头培育。加大基础研究投入力度，进一步提高基础研究投入占比，鼓励自由探索，聚焦集成电路、人工智能、生命科学等关键技术领域，实施重点领域科技创新专项计划，不断增强产业创新策源和基础能力。持续提升张江综合性国家科学中心集中度和显示度，抓好国家实验室建设工作，深入探索开展科研组织、专业化管理、人事聘用、薪酬等体制机制创新。瞄准世界科技前沿和重大技术发展的源头，以国家战略使命为导向，推进开展“全脑介观神经联接图谱”等国际大科学计划。

(2) 增强企业创新引领能力，支撑经济社会高质量发展。着力培育领军型科技创新企业，加大企业研发投入力度，提升企业创新动力和活力。引导多元主体共生发展，做大做强企业技术创新主体，培育本土引擎企业持续涌现，提升高等院校、科研机构创新策源能力，大力发展新型研发机构和组织。针对技术落后存在的安全风险及新技术带来的社会治理和伦理挑战，深入梳理安全风险点，制定科技安全应急预案，强化产业重大技术攻关和重大科学仪器开发。全面推进民生科技创新和示范应用，不断增强科技支撑经济社会高质量发展的能力。

(3) 营造人才宜居环境，强化科技创新人才吸引力。研究制定科技创新人才继续教育、人力资源市场管理、外国专家来沪工作管理等法规、规章或市政府其他规范性文件，形成层次分明、覆盖广泛的人才法规体系，优化科技创新人才法制环境。清除产学研用各环节之间的人才协同创新障碍，促进科技创新人才在高等学校、科研院所与创新企业之间双向流动。不断优化高端人才引进机制，完善功能配套和基础设施，优化安居环境，吸引更多科技创新人才来沪工作创业。

(4) 优化高质量创新环境，营造充满活力的创新生态。以建设科创板、长三角一体化、自贸区新片区三项新的重大任务为契机，进一步完善创新生态环境，促进人才、资金、成果等各类要素集聚和自由流动。聚焦跨境贸易、信贷获取、少数投资者保护、税收支付和破产处理等领域，尽早实施营商环境改革 3.0 版本，进一步优化营商环境。大力推动科技成果转移转化，加强技术转移体系建设，拓展技术转移网络，不断丰富技术市场载体，加快构建开放协同的创新网络，营造良好创新创业氛围。

(5) 着力构建创新治理体系，加强国际科技交流合作。坚持科技创新和体制机制创新“双轮驱动”，遵循创新规律、市场规律和人才成长规律，提升战略谋划和系统布局能力、制度供给能力、资源配置能力以及全球科技治理能力，加快构建政府、市场、社会各司其职、多元共治的创新治理体系。完善国际技术转移网络布局，增强对全球创新要素的

集聚和整合能力，在"引进来"和"走出去"两方面进一步丰富科技创新国际交流合作方式，在国际科技合作中着力发挥主导作用。

参考文献

[1] 顾玲琍. 上海科技创新政策 40 年历程[J]. 华东科技，2018(12).

作者简介

李平，中国社会科学院数量经济与技术经济研究所所长、研究员，中国数量经济学会理事长，中国技术经济学会理事长，主要从事技术经济、产业经济、能源经济等方面的研究工作。2014 年"获全国优秀科技工作者"称号，2016 年入选"万人计划领军"人才。曾主持国家社会科学基金重大项目和重点项目、国家自然科学基金应急项目、国家软科学重大项目以及国家发改委、科技部、铁道部、水利部、国家知识产权局等部门委托的项目，曾任国家 863 项目执行负责人。在《数量经济技术经济研究》《管理世界》《中国工业经济》等核心刊物上发表有关生产率研究、项目评价、科技创新政策、科技创新战略研究等学术论文 100 余篇，出版学术著作 20 余部。

中国经济发展的新阶段与发展和创新的战略选择

高旭东

摘要:在国际形势巨大变化的背景下,中国经济发展进入新的发展阶段,挑战和机遇并存。在全新的阶段,人们的认识有差异地形成了三种不同观点,本文概括了经济发展新阶段面临的战略选择,提出了经济大国向强国的跨越对策,特别是提出了建立以本土企业为主导的创新体系和经济体系,以及对外经济战略选择。

关键词:中国经济;发展阶段;创新战略;本土主导

国内外形势的变化使得中国经济已经进入了一个全新的发展阶段,其主要特征是,需要认真考虑建设世界经济大国、世界经济强国的必要性与可能性,认真考虑建立以本土企业为主导的创新体系和经济体系。这意味着巨大的挑战,但也蕴含着巨大的机会。

一、中国经济发展的新阶段

我们的研究表明,中国经济发展已经进入一个全新的阶段。

首先,美国已经越来越不容忍中国在他们主导的国际经济体系中成为世界经济大国,更不用说经济强国,中国不得不走自己的路。这是"逼上梁山"。一个非常令人难以理解的例子是,根据路透社的报道,新的美国国防授权方案修正案加入了不承认华为在美国专利的条款;在该条款下,不允许华为起诉美国公司侵犯华为专利。宁可破坏基本的贸易和经济规则,也要把华为逼上绝境,说明美国已经下定决心围剿中国,中国除了强力应对,没有任何选择。

第二,中国经济已经足够强大,可以脱离美国主导的体系,建立以本土企业为主导的创新体系和经济体系。这是"主动选择",按照一些学者(Porter,1990)的理论,这可能是一个更好的选择,是从原来的"羊肠小道"走向"康庄大道"。当然,很多人对此抱有怀疑,认为中国技术严重落后,离开了美国,中国难以自立。但是,美国全面挤压中国发展已成事实。对于这样一种基本判断,现在存在不同的声音,不主张中国同美国"脱钩",更不能"另起炉灶"。

一种观点是,中国还不够强,还不足以挑战美国的主导地位,需要继续"韬光养晦",即使是吃亏、甚至是吃比较大的亏,也需要忍。对于这一观点,是没有认清美国的真实意图。在美国看来,不但现在"一山不容二虎",对美国的地位在未来构成威胁也不行。因此,妥协退让是没有用的。

第二种观点是,国际化是大势所趋,全世界各国,"你中有我,我中有你",谁也离不开谁。这一观点的误区是，没有认识到国际化也有“谁来主导”的问题。美国现在的做法是，绝对不放弃自己的主导权。正因为如此，拜登在他的竞选纲领中提出，如果当选总统，他就要调整美国的外交政策，不再像现在这样欺压、得罪自己的盟友（英、欧、日、澳、加等），而是联合他们，结成统一战线，共同对付中国。以美国现有的影响力，这对中国是一个巨大的挑战。

第三种观点是，经济是经济，政治是政治，即使美国和其他国家的政府想孤立中国、逆全球化，也是做不到的，因为资本是逐利的，资本家不会听政府的。这一观点的误区是，没有认识到经济与政治是不可分的。虽然制裁华为有损美国一些企业短期的经济利益，但是这些企业并没能有效阻止美国政府的做法，至少说明这些企业的影响力是有限的。从长远看，失去了对世界经济体系的主导权，美国的企业的利益也会受到巨大冲击，这也是美国企业不愿意看到的。

如果经济发展新阶段的基本特点是两雄争霸不可避免，那么中美较量的实质就绝对不是贸易战，而是在中国走向世界经济大国、经济强国的过程中，美国担心失去对世界的主导权而对中国发动的全方位打击。

二、经济发展新阶段的战略选择

在经济发展的新阶段，中国能够采取什么样的战略？我们的研究表明，核心是四大战略：一是想尽一切办法加速经济发展，尽快在经济规模上超越美国；二是想尽一切办法加速自主技术创新，解决技术上被“卡脖子”的问题；三是加速建立以本土企业为主导的创新体系和经济体系（高旭东，2018）；四是选择有效的对外经济战略。

（一）迅速建成世界经济大国

美国现在之所以毫无顾忌地打压中国，一个重要原因是中国经济发展速度已经下降，以美元计算，GDP 同美国的差距还非常大，特别是有些年份差距不是在减小而是在增大，现在打压中国是绝佳的时机。

具体而言，以美元计算，最近 5 年里，中国有 3 年的 GDP 增量低于美国，这 5 年 GDP 总的增量也低于美国（美国从 2014 年的 17.51 万亿美元增长到 2019 年的 21.43 万亿美元，增量为 3.92 万亿美元；中国从 2014 年的 10.43 万亿美元增长到 2019 年的 14.14 万亿美元，增量为 3.71 万亿美元）。

在这种情况下，中国需要大幅度提高经济发展速度，尽快在规模上实现对美国的超越。我们的研究表明，只要充分认识到中国经济的潜力依然遍布各个产业（图 1）（高投入/高产出（Ⅰ）产业，高投入/低产出（Ⅱ）产业，低投入/低产出（Ⅲ）产业，低投入/高产出（Ⅳ）产业），认识到产业升级和高质量发展的核心是竞争力的提高，认识到大规模投资的重要性，就可以继续实现中国经济的高速增长。

这样的判断表明，中国目前的经济发展政策需要进行较大的调整，包括大幅度提高投资力度。我们的研究表明，没有高投资就没有高经济增长。在“投资、消费、出口”三驾马车中，消费、出口都存在很大不确定性，真正靠得住的是投资。实际上，投资的很大一部分会转化为消费。换句话说，在中国的高投入/高产出、高投入/低产出产业仍然充满增长潜力的时候，中国经济发展中的高投入是必需的；产业升级主要不是所谓的“去产能”、关企业，而是技术升级、设备升级，这都需要投入。

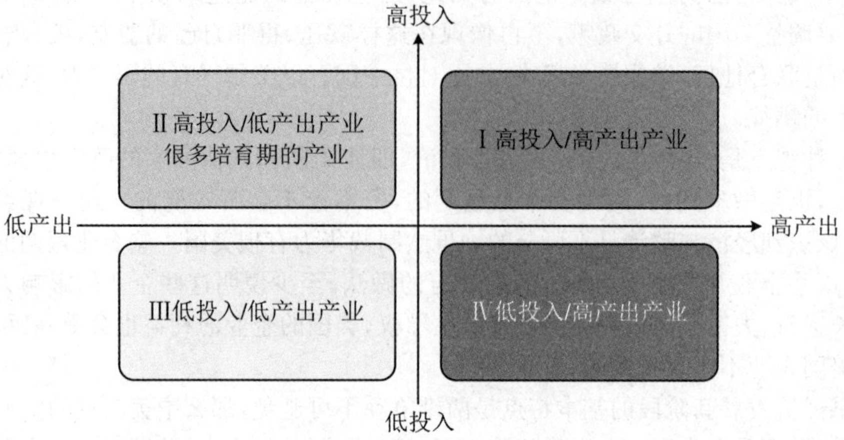

图1　不同产业的投入产出特点

中国经济这几年发展速度下滑，最主要的原因是固定资产投资严重不足。近5年的数据是：2015年固定资产投资比2014年增长9.8%，2016年下降为7.9%，2017年进一步下降为5.7%，2018年更是下降为0.7%，2019年则是－13%。这样的投资是无法支撑必要的经济增长的。

全国如此，各省也是一样的情况。以经济大省山东为例，山东2016年全年固定资产投资增长10.4%，2017年降为3.5%，2018年为4.1%，2019年则是－8.4%。如此低的投资，不可能有高的经济增长。

需要特别指出的是，集中发展人们“预期高”的以低投入、高产出为特征的Ⅳ类产业，忽略“预期低”的其他类产业，因而放弃很大一部分成长的机会，后果是严重的。很多人羡慕的美国的“高质量发展模式”并不成功。2007～2016年，美国年均劳动生产率只提高了1.17%，而在1948～1976年，这个数字是2.79%。

需要迅速成为世界经济大国的判断也说明，对当前的“新基建”要有正确的理解。比如，“新基建”不是对其他基建的取代；只在“新基建”上发力是不够的，要搞好“新基建”，更要超越“新基建”，在一切有潜力的领域，抓住机会，加大投资，大力发展。

（二）加速建立世界经济强国

这是一个必然的选择。首先，没有核心技术支撑的世界经济大国是不可能持久的。其次，保障国家安全也需要成为世界经济强国。

加速建立世界经济强国，核心是需要通过自主技术创新彻底解决技术上被“卡脖子”问题。对于自主技术创新的重要性，国家最高领导层的认识是非常深刻的。比如，胡锦涛总书记指出：建设创新型国家，核心就是把增强自主创新能力作为发展科学技术的战略基点，走出中国特色自主创新道路，推动科学技术的跨越式发展；走中国特色自主创新道路，核心就是要坚持自主创新、重点跨越、支撑发展、引领未来的指导方针。

又比如，习近平总书记指出：创新是一个民族进步的灵魂，是一个国家兴旺发达的不竭动力，也是中华民族最深沉的民族禀赋。在激烈的国际竞争中，惟创新者进，惟创新者强，惟创新者胜。（2013 年 10 月 21 日，在欧美同学会成立 100 周年庆祝大会上的讲话。）

习近平总书记进一步指出：“核心技术是国之重器，最关键最核心的技术要立足自主创新、自立自强。市场换不来核心技术，有钱也买不来核心技术，必须靠自己研发、自己发展。”他强调：“只有把核心技术掌握在自己手中，才能真正掌握竞争和发展的主动权，才能从根本上保障国家经济安全、国防安全和其他安全。不能总是用别人的昨天来装扮自己的明天。不能总是指望依赖他人的科技成果来提高自己的科技水平，更不能做其他国家的技术附庸，永远跟在别人的后面亦步亦趋。我们没有别的选择，非走自主创新道路不可。”

问题在于，在行动追赶上，很长一段时间里，并没有把自主技术创新真正当回事儿，没有真正做扎扎实实的工作，实际行动少，结果就是很多核心技术并没有开发出来，开发出来的一些也没有真正产业化。

现在国际形势巨变，从一定意义上讲，有利于自主创新。一个具体的例子是，一家著名的电信设备制造企业在没有受到美国的技术围剿以前，更倾向于同国外的科技合作；现在则非常愿意同国内单位合作，即使这些单位的技术水平还有待提高。

（三）建立以本土企业为主导的创新体系和经济体系

加速建立以本土企业为主导的创新体系和经济体系，并使得以中国为主导的经济体系尽快成为世界经济新的主导体系，这是一件划时代的事件，需要正确的战略抉择和强有力的政策支持，需要分类推进、精准施策。

第一，分类推进。

根据原材料、零部件、设备等本土生产者的技术状况（如世界领先或者比较落后）和市场状况（已经成功实现较大规模的市场化或还处于市场化的探索之中），建立和壮大以本土企业为主导的创新体系和经济体系，需要分类推进。

根据分析，我们提出 5 种基本类型（图 2）：Ⅰ. “技术水平高、市场接受程度高”的产业；Ⅱ. “技术水平高、市场实现突破”的产业；Ⅲ. “技术水平高、市场艰难开拓”的产业；Ⅳ. “技术有重要突破、市场艰难开拓”的产业；Ⅴ. “技术有待突破”的产业。

这 5 种类型的情况是不一样的：情况Ⅰ表明，在这类产业里，建立以本土企业为主导的产业链和产业创新体系已经取得很好的成绩；情况Ⅱ则表明，在这类产业里，建立以本土企业为主导的产业链和产业创新体系已经取得突破，虽然潜力巨大，但是还有非常长的路要走；情况Ⅲ则表明，在这类产业里，比如远大集团，只是有了比较坚实的技术基础，市场开拓还有待突破，建立以本土企业为主导的产业链和产业创新体系还处于非常艰难的探索阶段；情况Ⅳ看起来类似于情况Ⅲ，但是有很大的不同，比情况Ⅲ面临的困难会更大；至于情况Ⅴ，挑战性非常大，需要在技术和市场上实现双突破，但是也有有利条件，即容易取得共识，这不同于情况Ⅳ。

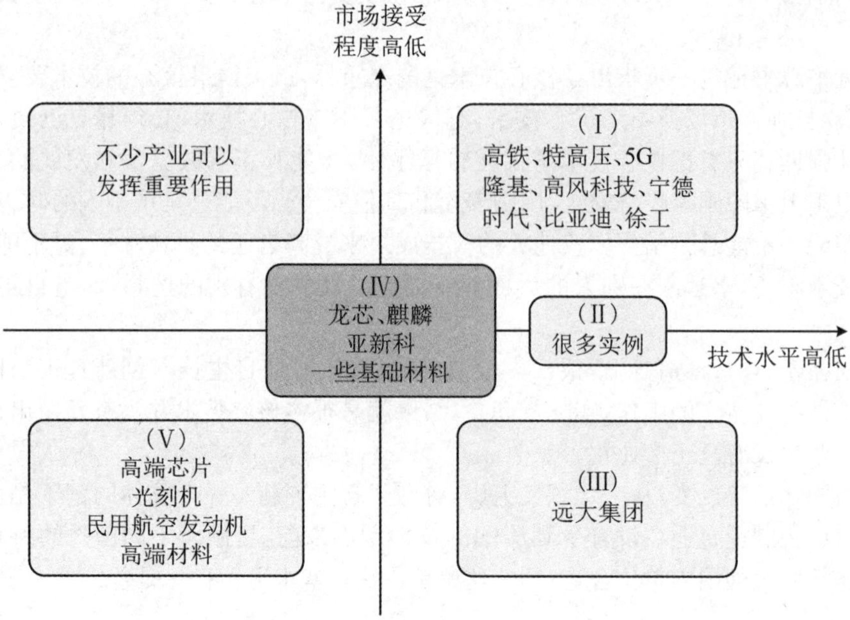

图 2　不同产业及企业的发展状况

需要特别说明的是，Ⅰ、Ⅱ、Ⅲ三种情况有很大可能性在一些领域重塑世界产业格局，确立中国产业的世界领先地位，彻底改变中国企业在同跨国公司竞争中的被动局面。中国在高铁、特高压、5G 领域优势明显。在能源产业，包括新能源产业，无论是国企（中石油、中石化、中核、中广核、国家电网），还是民营企业（隆基、金风），都是领先世界的企业，完全可以以它们的基础重塑世界能源产业，确立中国能源产业在世界上的引领地位。

另外，新能源汽车、新型材料、生物技术领域也存在很大潜力。在传统轿车产业，中国企业非常被动，基本上是被跨国公司牵着鼻子走。但是，在新能源汽车领域，宁德时代和比亚迪的电池生产在世界上具有重要地位。如果能够以此为基础，大大加速整个新能源汽车的发展，中国更有可能在这样一个新兴的、巨大的产业引领世界。

又比如，以世界领先的远大芯板技术为基础，有望重塑不锈钢制造、住宅建设、道路桥梁建设、汽车制造等产业的世界格局，并形成新的产业增长极。

再比如，以世界领先的华大基因相关技术为基础，建立世界领先的"万命互联"产业。这既包括基础设施如基因库、高通量的病毒检测实验室、基因测序中心等的建设，也包括具体疾病，如唐氏综合征的诊断、高科技农业的发展等具体应用。

还有，北京国双科技在基础软件领域（特别是数据库、工业互联网），华为在操作系统领域，都有了相当的基础，完全可以首先在国内大规模发展起来，进而在这些领域重塑世界产业格局。

第二，精准施策。

根据上面的不同分类，建立以本土企业为主导的产业链和产业创新体系，需要针对不同情况，精准施策。

对情况Ⅰ，重点应该是促进产业在国内外的更大规模发展，进一步强化本土企业的主导作用。这比较容易做到，更大的需求就可以拉动产业的发展。因此，政策的着力点可以放在扩大需求方面。比如，对内出台新的产业政策，以特高压为基础，大规模扩大风电、太阳能对火电的替代；这也有利于相关企业提升在世界市场的份额和影响力。在新能源车领域，可以出台类似的政策。

对情况Ⅱ，重点应该是尽快把市场规模做大，真正确立本土企业的主导作用。这也比较容易做到，因为在美国打压的新形势下，对本土技术和产品的抗拒大大降低了。真正需要做的是加速这一过程，突破企业自然增长的限制，尽快释放潜力，尽快上台阶。

对情况Ⅲ，重点应该是通过各种示范项目、特别是政府主导或者支持的示范项目，尽快取得市场突破，大大加速建立以本土企业为主导的产业链和产业创新体系的过程。虽然潜力非常巨大，但是情况Ⅲ的困难会非常大，因为中国这几十年，无论在思想上，还是在能力上，已经被深刻地“洗脑”和“缴械”，对政府干预经济已经非常陌生了；至于政府干预经济的资源，也捉襟见肘，做该做的事情的机动能力大大下降了。

对情况Ⅳ，需要在进一步提高技术水平的同时，千方百计进行“替代培育”，包括“降维发展”，大力推动市场突破。相比于情况Ⅲ，情况Ⅳ更为困难，一是国外产品没有被禁运(至少是没有完全禁运)，二是相比于国外产品，本土企业的产品可能没有任何优势，无论是技术水平(特别是可靠性)、价格，都不占优势。问题在于，如果这些历尽千辛万苦才取得相当技术突破的本土技术和产品得不到更大规模的应用，特别是进入不断发展、不断壮大的良性循环，在相当长的时间内，不少产业都会被跨国公司牢牢控制，本土企业根本没有发展的可能，至多是做一些边边角角的工作。中国庞大的轿车工业就是一个典型的例子。现在看来，解决这个问题的唯一办法，也是需要采取“非市场手段”。这是中国3G成功、进而带动4G、5G走向世界领先最宝贵的经验。很显然，这样的“非市场手段”也会遇到非常大的阻力，需要特殊安排、特殊机制。

情况Ⅴ看起来是最困难的，因为既需要通过“技术攻关”，尽快取得技术突破，还需要适时安排市场突破。但是，也不尽然。比如，在这种情况下更容易达成共识，因为国际压力、国际禁运，没有别的选择。

(四) 选择有效的对外经济战略

现在的国际形势瞬息万变，各种力量正在实现新的组合。在这种情况下，有效的对外经济战略的核心是争夺同盟军，特别是美国之外的发达国家即“第二世界”。总体而言，“第二世界”的每个国家，都没有能力建立自己独立完整的经济体系的能力，他们离不开世界市场。但是，他们可以选择“站队”，站在中国这边，或是美国一边。他们会选择谁呢？这取决于谁代表世界经济的未来。

至于发展中国家，即“第三世界国家”，总体上看，同中国没有根本矛盾，在看到中国超越美国的势头之后，只要中国坚持做到互惠互利、相对贸易平衡，他们更容易站到中国一边。

参考文献

[1] Porter M E. The Competitive Advantage of Nations. Harvard Business Review, 1990,68(2):73-91.

[2] 高旭东. 中国本土企业技术创新的“共同成长”理论[J]. 技术经济,2018(12):1-4.

作者简介

高旭东,博士,清华大学经济管理学院教授,清华大学苏世民书院首席教授,清华大学技术创新研究中心副主任、研究员,工业和信息化部信息经济专家委员会委员。主要研究方向为公司战略、技术战略、技术能力培养。对中国企业的竞争战略和自主创新能力培养的理论和对策进行了比较系统的研究。文章发表在《Research Policy》《Cambridge Journal of Regions》《Economy and Society》《Telecommunications Policy》《Research Technology Management》《International Journal of Technology Management, Industry and Innovation》《Journal of Technology Transfer》等杂志。所著《企业自主创新战略与方法》(2007 年,知识产权出版社)一书比较系统地阐述了自主创新的有关理论和方法。

中国全球创新能力提升路径的思考

王宗军

摘要：在第四次工业革命初期，科技创新的重要性日益凸显，已经被世界主要国家提升到国家战略层面。实现自主创新和建设创新型国家已成为我国的重大战略决策。在2019年发布的《全球创新指数》报告中，中国创新指数排名位于第14位，成为进入前20名集团的唯一中等收入国家。但我国创新能力与世界科技强国仍有较大差距，存在制度环境不够完善、创新基础设施建设有待加强、教育和研发投入等方面仍需努力以及原始创新不足等问题。针对我国全球创新能力现状，提升国家创新能力应加强利于创新的制度环境建设，进一步改善创新基础设施，重视进出口贸易，增强原始创新能力，同时加强人才队伍建设，进一步提升创新研发水平。

关键词：全球创新指数；国家创新能力；提升路径

一、中国全球创新能力的现状

创新能力是一个国家能够持续发展的根本。Porter等指出，提升创新能力就等同于提升了生产力，而生产力是决定一个国家竞争力和财富的主要因素[1]。在当今知识型时代，科技创新在国家经济增长中发挥着重要作用，是发展中国家对经济增长率保持和追赶的关键因素[2]。2012年，党的十八大正式提出要实施创新驱动的发展战略。《国家创新驱动发展战略纲要》中明确提出“三步走”的战略目标，即到2020年步入创新型国家行列，到2030年要进入创新型国家的前列，而到新中国成立100年时，中国要成为世界科技强国。至此，吹响了我国建设世界科技强国的号角。

为了测度并提高创新能力，不同国际组织提出了各异的国家创新能力测度体系，其中较有代表性的是全球创新记分牌(GIS)和欧洲创新记分牌(EIS)[3]。而由康奈尔大学、英士国际商学院、世界知识产权组织(WIPO)共同研制的全球创新指数(GII)，历来因其丰富的测度数据和生成的特色评估报告而获得各国政府和决策者的青睐，其评价方法和结论也最受推崇。在2019年《全球创新指数》报告中，中国创新指数排名位于第14位，成为进入前20名集团的唯一中等收入国家。而通过分析《全球创新指数》报告以及将中国与以美国为代表的5个科技强国和其他4个金砖国家进行对比分析，可以得出如下结论。

（一）全球创新整体态势

第一，在经济放缓的大潮中，全球创新方兴未艾，但新的障碍对全球创新构成风险。2019 年，全球经济增长似乎正在失去动力。生产力增长率创下历史新低，贸易战的影响下，经济增长不确定性提升。尽管市场情绪低迷，但世界各地的创新之势如火如荼。全球研发支出的增长速度高于全球经济的增速，在 1996～2016 年增长了一倍以上。2017 年，全球政府的研发支出增长约 5%，企业的研发支出增长 6.7%，是自 2011 年以来增幅最大的一年。但 2019 年 GII 报告显示，公共研发支出的增长正在放缓，或者完全停滞，在一些负责推动技术前沿的高收入经济体尤其如此。另外，保护主义抬头，特别是影响技术密集型部门和知识流动的保护主义呈现抬头之势，对全球创新网络和创新的传播构成风险[4]。

第二，欧洲经济体和东南亚、大洋洲排名占优。排名前 25 位的全球经济体中有 15 个位于欧洲。这些欧洲经济体在全球创新指数的近半数指标方面都位列第一，包括知识密集型就业、高校和产业研究协作、专利申请量、科技文章以及科学出版物的质量等，在人力资本和研究、基础设施、商业成熟度方面表现尤其突出。而排名前 25 位的全球经济体中有 7 个位于东南亚、大洋洲，包括中国在内的经济体在商业成熟度和知识与技术产出方面表现占优。

第三，美国、英国和德国排名长期领先。其中，美国和英国除了 2009～2010 期间，由于金融危机的影响排名分布位于 11 和 14 名以外，其他年份的排名一直保持在前 10 名以内，自 2013 年开始，更是一直保持在前 5 名。德国的排名也一直比较稳定，除了在 2009～2010 排名 16 名，其他年份一直保持在前 15 名以内。

（二）中国全球创新能力现状

第一，中国创新能力位于金砖国家之首。从 2008 年之后，中国在《全球创新指数》报告中的排名一直位于金砖国家之首。与其他金砖国家相比，中国创新能力排名不仅长期领先，同时在逐年的拉开差距。其中，在 2019 年的报告中，中国创新能力排名已上升至第 14 位，较 2018 年上升 3 个位次，成功跻身全球创新指数 15 强。而南非、俄罗斯、巴西和印度的排名均在 40 位之后，且上升趋势不明显，其中印度甚至呈现整体下滑的趋势，近四年才开始上升。

第二，中国创新能力整体上升趋势明显，其中创新产出类指标排名占优，处于世界领先地位。在 7 个一级指标中，知识和技术产出指标评价排名最高，连续两年排名第 5 位；商业成熟度指标评价 2018 年从第 9 位小幅滑落至第 14 位；市场成熟度、人力资本和研究类指标评价结果保持小幅稳步上升趋势；基础设施类指标评价总体呈上升趋势；创意产出指标的评价位次显著提升；政策环境制度指标尽管落后于其他指标，但近几年上升幅度显著。此外，国内市场规模、提供正规培训的公司占比、本国人申请专利量、本国人实用新型申请量、创意产品出口在贸易总额中的占比、高技术出口净额在贸易总额中的占比、本国人商标申请量等三级指标排名均位列世界第一。

第三，中国创新能力与科技强国相比仍有较大差距。中国全球创新指数排名虽然已经迈入前 15 名，成为中等收入国家的领头羊，但与科技强国相比仍有较大差距。在知识与技术产出这一指标上，中国已经领先英国、日本和韩国，排名仅次于美国。在商业成熟度上也达到了较高水平，但是在制度环境、人力资本和研究、基础设施、市场成熟度以及创意产出 5 个一级指标上与其他 4 个科技强国相比仍有较大差距，这一差距在制度环境这一指标上表现得尤为突出。不仅需要追赶美国、英国等北美和欧洲经济体，与此同时，中国的创新能力与同在亚洲的日本、韩国相比，也存在较大进步空间。

二、限制我国创新发展的关键因素分析

第一，制度环境是对我国创新能力提升限制最大的因素。在全球创新指数评价指标体系的 7 个一级指标中，我国制度环境指标排名最低，位于第 60 位，且与美国、日本等科技强国的对比发现，制度环境指标的差距最大。其中，二级指标监管环境排名仅排在第 100 位，而监管质量、法治、易于解决破产等三级指标在历年报告中更是长期处于落后状态，在近 7 年的报告中排名均在 50 位之后。研究表明加强利于创新的制度环境建设是目前提升中国创新能力工作最亟待解决的问题。同时随着科技管理体制改革逐渐深化，我国需要制定鼓励创新的发展战略和政策措施，突破创新中存在的制度障碍，使之适应并促进科技生产力发展。

第二，中国在创新基础设施指标上表现不佳。中国基础设施指标在全球创新指数报告中排名第 26 位，表明基础设施指标是继制度环境之后，另一个限制我国创新能力提升的主要因素。一级指标中，创新基础设施指标排名第 26 位，其中信息技术二级指标排名第 46 位，有待提升；生态可持续二级指标排名第 67 位，急需改善。而其三级指标中环境绩效指标排名第 97 位，表现不佳。而信息通信技术(ICT)的使用和普及等三级指标排名长期均在 50 位以后，即目前我国在信息通信技术建设这一块还很薄弱。

第三，创新人力资本与研究、商业成熟度指标仍有进步空间。虽然这两个一级指标在全球排名靠前，但其中仍然有一些三级指标表现不佳，长期处于劣势。我国在人力资本与研究下的预期受教育年限、高等教育入学率、全职研发人员数量等三级指标上长期表现欠佳，尤其是高等教育入境留学生占比这一指标一直位于 90 名之后，表明我国在人才引进、教育和研发投入等方面仍需努力。而商业成熟度中的外商直接投资(FDI)流入净值等指标均在 50 位之后，表明还需要采取措施吸引外商来直接投资，进一步加强国际间的贸易合作。

第四，原始创新不足，缺乏创新的源头供给。我国在基础研究投入不足，过去我国科技经费主要投向短期、应用技术研发，对具有长远影响的基础研究投入较少，原始创新能力薄弱，关键共性技术供给不能满足产业技术创新与转型发展的需要。科研项目多以跟踪国外研究为主，存在低水平重复现象，科研成果转化率不高。同时产学研脱节现象仍未扭转，企业、高校和科研院所在发展目标、运行管理模式、评价机制等方面差异过大，很难在现行机制的牵引下结成利益共同体。高校产业研究合作指标也长期处于 30 位之后，仍有很大进步空间。

三、中国全球创新能力提升路径的对策建议

针对我国全球创新能力现状，笔者认为，提升中国创新能力应着力开展以下几个方面的工作。

（一）加强利于创新的制度环境建设，进一步提高创新服务水平

一是加强市场监管。保证市场的公平准入，减少行政性垄断，为各种所有制、各种技术路线、各种规模的企业提供公平获得创新资源和参与市场竞争的机会。同时构建鼓励创新、包容审慎的市场监管体制，拓宽新技术、新产品、新模式、新业态进入市场的通道，在提升监管有效性的同时，切实降低企业创新的成本和风险。二是税制完善。落实扶持小微企业发展的各项税收优惠政策。落实科技企业孵化器、大学科技园、研发费用加计扣除、固定资产加速折旧等税收优惠政策。对符合条件的众创空间等新型孵化机构适用科技企业孵化器税收优惠政策。此外，可通过启用国地税业务“一窗一人”办理模式，设立“一站式”税收服务专区等方式，为纳税人提供办税便利。三是创业扶持。2015 年 6 月 11 日，国务院印发的《关于大力推进大众创业万众创新若干政策措施的意见》中指出，推进大众创业、万众创新是激发全社会创新潜能和创业活力的有效途径。需要建立和完善创业投资引导机制，加强创业投资立法，完善促进天使投资的政策法规。加快发展创业孵化服务，引导和推动创业孵化与高校、科研院所等技术成果转移相结合，完善技术支撑服务。还可以依托“互联网＋”创业网络体系，建设一批小微企业创业创新基地，促进创业与创新、创业与就业、线上与线下相结合，降低全社会创业门槛和成本。四是知识产权保护。政府可通过专利申请费维护费等补贴，鼓励对知识产权的保护。还需要加大知识产权的执法力度，缩短确权审查、侵权处理周期。集中查处一批侵犯知识产权的大案要案，坚决查处和制裁各种侵权行为，探索实施惩罚性赔偿制度。

（二）重视创新资源共享，进一步改善创新基础设施

一是信息通信技术建设。ICT 作为信息通信的核心支撑，是国家创新系统的重要基础设施。为了加强 ICT 建设，应大力实施“村村通”“宽带中国”等工程，确保 4G 网络能够覆盖城乡。深入推进“互联网＋”行动计划，积极建设大数据、云、CDN 等智能平台，为建设网络强国奠定更坚实的基石。二是创新资源的共享。建立科技基础设施、大型科研仪器和专利信息资源向全社会开放的长效机制，完善国家重点实验室等国家级科研平台（基地）向社会开放机制。鼓励有条件的科研机构和高等院校与企业联合举办科技中心，共建联合实验室、研发机构、公共技术平台或其他形式的技术基础设施。

（三）加强人才队伍建设，进一步提升创新研发水平

科技人才和研发水平是国家创新能力提升的关键要素，针对我国目前的现状，具体要重视以下几方面的工作。一是加强国际间的教育合作，吸引来华留学生。需要努力培养国际化师资，推出更多的政府奖学金名额，丰富来华留学奖学金的种类和规模，有效吸引多层次的外国留学生来华学习。二是教育支出。可提高每年政府预算内教育经费拨款，逐步提高人均受教育年限，在坚持义务教育的基础上，还要普及高等教育。三是研发

投入。按照《国家中长期科学和技术发展规划纲要(2006～2020年)》,到2020年我国研发投入强度要达到2.5%。政府需要高度重视对基础研究和试验发展研究的投入,同时提高研发人员和科研工作者的待遇,吸引更多的人才进入研发创新领域。

(四) 重视进出口贸易发展,进一步利用全球创新资源

在经济全球化和开放式创新背景下,提升国家创新能力需要不断放开国内市场,建立有利于促进投资和防范风险的国际合作保障体系。重点是要吸收引进外商直接投资,大幅度放宽市场准入。目前实行的外商投资负面清单,经过2015年和2017年先后两次的修订,对外资准入的限制领域缩减了65%。未来可以进一步修订外商投资负面清单,把自贸区试行的外商投资负面清单逐步扩大到全国,大幅提高服务业开放水平。同时坚持高水平的"走出去"与"引进来"相结合。一方面鼓励企业在海外建立研发中心,提高海外知识产权运营能力。另一方面,通过"引进来"实现引资、引智、引技相结合。继续支持跨国公司在中国设立研发中心,提高国家科技计划对外开放水平,促进跨国公司融入中国创新体系。

(五) 理顺产学研功能定位,进一步增强原始创新能力

一是增强协同创新效率。完善以企业为主体、产学研有效分工合作机制,建立大学、科研机构和企业之间的合作与技术转移机制。完善财政支持的科研成果转移、知识产权管理等制度。二是重视基础研究投入。改进科学研究项目的决策机制,优化科学研究支出结构,增加面向需求的基础研究支出,提高基础研究对创新的支撑作用。改进科学研究的评价机制,对自由探索的研究项目,以同行评议为主;对满足国家战略需求的研究项目,以目标评价为主。三是提高科研成果转化率。改革完善科技评价考核机制,建立和完善科技管理与评价的多元化体系,突出应用研究和社会服务在大学发展中的重要地位。搭建第三方平台,实现科研成果与市场的有效对接。建设一支懂专业、懂管理、懂市场的技术经纪人队伍,提升科研成果转化的有效途径,实现科研成果与市场的有效对接。

参考文献

[1] Porter M E, Stern S. National Innovative Capacity[J]. Global Competitiveness Report, 2011, 31(6):899-933.

[2] Wang L, Szirmai A. The Unexpected Convergence of Regional Productivity in Chinese Industry, 1978—2005[J]. Oxford Development Studies, 2013, 41(1): 29-53.

[3] 胡海鹏,袁永,廖晓东.基于指标特征的国内外典型创新指数比较研究[J].科技管理研究,2017,37(20):72-76.

[4] GII Global Innovation Index 2020[EB/OL]. [2020-8-19]. https://www.globalinnovationindex.org/home.

作者简介

王宗军，华中科技大学管理学院院长、二级教授、博士生导师，华中科技大学华中学者，美国富布赖特(Fulbright)高级研究学者，全国工商管理专业学位研究生教育指导委员会委员，教育部战略研究培育基地主任，中国技术经济学会副理事长，中国管理现代化研究会技术与创新管理专业委员会副主任委员，中国高等教育学会高等商科教育分会副会长，湖北省技术创新软科学基地主任，武汉市人民政府决策咨询委员。作为项目第一负责人现正主持国家社会科学基金重大项目 1 项，主持完成国家科技部重大专项 1 项、自然科学基金面上项目 2 项、自然科学基金国际合作项目 1 项、“863”计划 1 项、省部级课题 10 余项，在国内外重要学术期刊发表论文 160 余篇，出版专著、教材 4 部。

创新驱动下我国领先供应商如何重构全球价值链

苏敬勤

摘要：本文研究了以领先供应商为主体重构全球价值链的可行性与必要性。首先，从知识权力视角研究我国领先供应商的演化过程与路径，发现了领先供应商知识权力的不断提升，具备了重构全球价值链的知识权力基础；基于此，总结和提炼出我国领先供应商重构全球价值链的三条路径：积极嵌入全球价值链与区域价值链、延伸原有价值链或跨链升级、运用大数据等新技术实现跨链升级。在此基础上，提出相应的对策与建议。

关键词：国内大循环；创新；供应商；全球价值链；知识权力

近年来，从国际环境看，世界百年未有之大变局的持续深化，新一轮科技与产业革命的加速拓展，加上中美经贸摩擦升级、新冠肺炎疫情暴发等一系列重大事件的发生，使我国现有产业链的安全与地位受到了极大挑战。从国内发展看，长期依赖于外向型经济战略模式所带来的核心技术领域被“卡脖子”、内需循环不畅、产业基础薄弱等问题，严重制约了经济高质量发展[1]。在此背景下，我国提出“加快形成以国内大循环为主，国内国际双循环相互促进的新发展格局”。从供应链上看，实施“国内国际双循环”需要领先头部企业与供应商的共同支撑，以此构建创新引领、协同发展的现代化产业体系。这不仅有利于降低“被脱钩”风险，更推动了我国产业链向全球价值链高端环节攀升，重构现有国际分工格局与治理体系。因此，“国内国际双循环”的构建，本质上是新兴经济体企业进行全球价值链重构(Reconstruction of Global Value Chain)的过程。

自 Milberg 和 Winklerd(2010)提出全球价值链重构概念以来[2]，目前国内外学者对其并无明确定义与内涵。从微观企业维度上看，全球价值链重构的主体是原本处于 GVCs 低中端环节的新兴经济体制造性企业，出于创新驱动，通过对自身能力的提升，主要从事活动的升级与改造，来打破由发达国家企业主导的国际分工，其结果最终促使全球竞争格局发生结构性变化[3]。特别是经过改革开放 40 年，长期嵌入于 GVCs 的本土供应商，通过持续吸收 GVCs 各参与主体，特别是跨国公司外溢的先进技术与异质性知识资源，迅速提升劳动生产率、技术水平及技术复杂度，不断向价值链中高端环节攀升，其中部分企业已演化成为能够影响原有 GVCs 分工体系的领先供应商，如福耀集团、龙磁科技等。这些本土领先供应商凭借独特经验、诀窍等隐性知识，以及技术、标准等显性知识，并以优质的产品或服务形式展现出来便可形成对 GVCs 其他主体较强的影响力和控制力，即知识权力[4]。基于这种知识权力，本土领先供应商不仅在各种形式的商业规则如价格、利润、批量和成本等具有和跨国公司较为对等的话语权，甚至在一定程度上能够推动现有GVCs治理结构以及全球竞争格局发生变化，进而引发GVCs重构。那么目前本土领先供应商的知识权力具有哪些具体表现形式？是如何演化形成的？对重构全球价值链有何影响？又有哪些重构路径？

一、我国领先供应商知识权力演化路径

为更好地探究我国领先供应商知识权力演化路径，课题组先后到宁波、义乌、广州、深圳等长三角及珠三角地区，选取广州方邦电子股份有限公司、宁波恒帅股份有限公司、宁波勋辉电器有限公司、义乌市双童日用品有限公司、宁波君禾泵业有限公司、宁波佳音机电科技股份有限公司、深圳市思坎普科技有限公司、深圳市东方宇之光科技股份有限公司等8家典型的本土领先供应商进行了实地考察与调研。同时，本文将企业发展历程划分以起步阶段、快速成长阶段、稳定发展阶段，并以影响力与控制力两个维度，去探究不同阶段我国领先供应商知识权力的表现特征。

（一）起步阶段

从调研结果可知，起步阶段，本土供应商的技术水平与知识资源仅能满足嵌入GVCs的基础需求，并在与主导企业所组成的双边治理结构中，在围绕合作意向、批量、工期、质量及价格等关键交易要素进行谈判时，均无明显影响力与控制力，仅具备被动服从权力。具体而言，一是从影响力上看，由于现阶段知识基础薄弱以及产品知名度极为有限，导致本土供应商相关企业信息在GVCs中难以被更多客户直接所获悉，因此更加依赖于少量主导企业仅有的合作意愿，但也造成在双边治理结构中始终处于“被动”位置，难以获得话语权。正如宁波勋辉陆董事长所述，“通过压铸件博览会上的几次照面，以及多次邀请到厂里参观后，我们才得到了TTI的小批量试产机会，哪怕其他订单先不做，也要把这个大客户的单子给做好。”二是从控制力上看，凭借初始的权力优势，使得主导企业在双边治理结构中始终牢牢把握着主动权与规则制定权，而本土供应商只能被动遵循主导企业所提出的全部合同内容进行供给，否则面临着被替换，甚至是退出价值链的风险。宁波恒帅许董事长证实了这一点，“那些国际大企业有专门负责测算成本与价格部门，所以给我们的价格一般就是成本加上不超过10个点，如果我们不愿意做，人家马上就会找别人，对此我们也只能无奈接受。”

（二）快速成长阶段

企业内部知识资源的不断丰富以及技术水平的提升，促使本土供应商与所拥有的多元客户构成了多边治理结构，并在与主导企业合作谈判过程中的控制力与影响力均有明显提升，从而推动本土供应商具备了多维博弈权力。具体而言，一是从影响力上看，本土供应商在原有业务合作的基础上，能够在全球范围内赢得更多客户的关注与信任，从而在与多元客户合作过程中形成了多边治理结构。其中，本土供应商在客户资源上开始拥有了一定的冗余度，从而有利于组织在合作过程中避免对个别主导企业的过度依赖，并能够根据自身利益实施一定的经营自主权，正如宁波佳音鲁董事长提到，“我们与雀巢的合作关系发生了变化，虽然在谈判过程中他们仍是主导者，但我们也会就具体合同细节提出自身的想法，甚至明确表示‘不行’。”二是从控制力上看，虽然主导企业仍然占据话

语权优势与规则制定权，但本土供应商能够与多元客户合作时具有一定的博弈空间，不仅在批量、交货期及付款方式等关键交易要素上逐步具备话语权，而且在主导企业进行价值分配时提升了讨价还价能力。义乌双童的楼董事长曾描述过，“有了更多小客户群体，使双童敢于大幅降低沃尔玛、肯德基这样大客户的订单量，甚至不接廉价的配套吸管订单，而且我们也会根据物料准备情况与生产调度，去跟客户协商交易频次与整体工期”。

（三）稳定发展阶段

凭借在行业内难以取代的知识资源以及较高水平的技术能力，本土供应商与所具有的庞大客户群体构成了网络治理结构，并在与主导企业合作谈判过程中在局部范围内具备了较为对等的控制力与影响力，从而演化成为具有局部主导权力的领先供应商。具体而言，一是从影响力上看，领先供应商此时在本领域内赢得了较高的全球市场份额或广泛的业务覆盖范围，例如宁波恒帅占据了25％的全球市场份额（行业第一），广州方邦拥有24％的全球市场份额（行业第二），义乌双童业务覆盖到全球180多个国家及地区，宁波君禾主要客户分布于欧洲、美洲、大洋洲、亚洲等多个地区等。在此基础上，本土领先供应商与规模庞大的客户群体形成了更为繁复的网络治理结构，而其中也进一步提升了企业在客户资源上的冗余度，从而增强了对交易规则与合作范式的自主选择能力。二是从控制力上看，虽然主导企业在具体产品、工艺参数及价值分配上仍发挥着关键作用，但案例企业能够围绕部分关键合作交易要素，通过与其进行对等协商来寻求双方利益的均衡，特别是面对个性化订单，往往在具体产品设计、生产流程及制造预算控制等方面具有“主导地位”的话语权与讨价还价能力。“我们为婚宴等场合开发的‘爱心吸管’一直供不应求，即使每根价格高达8元左右，远超于市面上普通吸管价格，也得到了一些高端餐饮的大量订单。”义乌双童楼董事长坦言。

二、本土领先供应商重构全球价值链路径

根据上述调研结果可知，本土领先供应商知识权力经历了“被动服从权力—多维博弈权力—局部主导权力”的演化过程。其中，凭借局部主导权力，本土领先供应商一方面能够相对于其他同类型企业，对从事复杂生产活动的客户产生更大的吸引力与影响力，从而在较高的全球市场份额基础上，形成了以供应商为中心的网络治理结构；另一方面，本土领先供应商促使下游客户，特别是GVCs主导企业对其知识资源及技术能力产生较强的依赖程度，进而建立了更为紧密的合作关系，同时在合作过程中对价格、工期、批量以及工艺参数等关键交易要素上具有与主导企业较为对等的控制力。由此可知，随着知识权力的演化，本土领先供应商逐步增强了国际分工体系中的主动权以及对国际贸易规则的话语权，并加大了对既有治理体系以及价值分配规则进行重塑的诉求。同时近年来发达国家加紧收缩、转移劳动密集型产业来压缩我国产业的发展空间，以及为达到“去中国化”的政治意图而实施的关税保护、科技冷战等“脱钩”措施，均极大阻碍了我国“在链”企业的持续成长与升级。因此，本土领先供应商不仅需要巩固与提升在GVCs现有的地位与权力，更要有责任与使命来重构全球价值链，以此更好地支撑“国内大循环”发展新格局的构建，来促进我国经济社会持续高质量发展。然而，面对错综复杂的国内外形势，

依托现有知识权力与技术水平，本土领先供应商究竟应该沿着怎样的路径来实施全球价值链重构呢？

（一）积极嵌入国内价值链（NVCs）以及“一带一路”区域价值链（RVCs），形成全球价值链的新格局

首先，为进一步扩大经营规模，抢占更多全球市场份额，本土领先供应商可以在维护 GVCs 中已有客户关系的基础上，利用自身强大的行业影响力与知名度，积极主动地嵌入国内价值链（NVCs）以及“一带一路”区域价值链（RVCs）。在中美贸易冲突加剧，疫情迫使海外市场需求低迷、各类生产要素流动受阻等外部环境下，加大开拓国内市场与“一带一路”沿线国家市场，不仅是应对外贸不利局面的纾困手段，更是保持企业快速稳定发展的重要战略。因此，本土领先供应商要放下生产“出口产品”的架子，在翔实了解不同区域消费者、不同应用场景的需求特点后，将 GVCs 各参与主体，特别是发达国家主导企业外溢的领先、异质性技术及管理知识资源进行内化与转移，并充分利用电子商务平台、当地经销商网络等途径，以“低成本、高品质、敏捷高效”的产品服务来满足不同类型客户的个性化需求，进而迅速抢占两大市场竞争中的有利位置。

其次，采用内外协同创新模式，培育具有强大竞争优势的“专有性”能力。一方面，本土领先供应商需与国内外高科技实验室、科研机构、高新技术企业建立创新合作网络，围绕终端市场需求变化趋势，加大对前沿技术研发和关键核心技术的攻关，以抢占行业未来发展制高点；另一方面，本土领先供应商应创建内部专业化知识治理机制来持续“修炼内功”，即不断对外部多元化、多领域异质性知识资源进行调用、挖掘与重访，使组织更好地理解与识别现有知识束，并促使企业不断迸发出新颖的思想和理念，提升企业突破式创新绩效[5]，从而有利于培育出稀缺性专有能力，来建立其在所处专业领域的强大竞争优势和创新独特性。

（二）通过原价值链向下延伸或跨链升级等策略跨越式升级至头部企业

重构 GVCs 的目的是打破发达国家主导企业的治理体系，掌握对分工体系及贸易规则的主导权，而跨越式升级为 GVCs 下游头部企业成为本土领先供应商实现重构诉求的关键步骤。其中主要存在以下两种升级策略：一是依托对关键核心零部件技术的掌握，向原 GVCs 上游攀升，转型升级至头部企业。本土领先供应商需凭借已有知识积累与技术水平，通过自主开发、收购兼并以及与科研机构或主导企业合作等途径，逐步获取其他模块开发技术以及终端产品架构设计原理、组装方式等核心知识，进而实现从供应商到头部企业的转型升级，例如新日股份、奥克斯集团及格兰仕集团等。与此同时，为避免在发展尚处于相对弱小的阶段就遭受发达国家主导企业的阻击和控制，本土领先供应商应采用“迂回战略”，即初期从新兴市场与不发达国家市场起步，在积累丰富的市场开拓经验以及不断改进产品服务后，逐步入侵主流市场乃至全球市场。

二是把握新兴技术带来的时间窗口，选择合适领域完成跨链升级。随着新技术的产生与新兴产业的发展，会出现整体附加值高于原有链条且市场竞争相对处于“蓝海”的新全球价值链。特别是目前以 5G、云、人工智能为代表的新兴技术颠覆了原有的制度规则和市场竞争秩序，也使得已有市场边界变得愈加模糊，从而为本土领先供应商进行跨

链升级提供有利契机。因此,本土领先供应商需要充分利用已有较为丰富的知识储备和较强的行业影响力,依托现有核心技术,多角度评估与审视企业所处的经济环境和未来行业发展趋势,选择出契合企业技术特点的合适领域,并通过收购兼并、整合供应商、建立产业研发机构等形式在全球范围寻找资源的最优配置,进而实现跨链条升级,例如比亚迪集团、万向集团等。

同时,不管是原价值链向下延伸还是跨链升级,本土供应商都需充分发挥国内产业配套齐全、市场需求潜力大等优势,并以此为基础,在全球范围内布局研发设计、原料采购、加工组装等环节,培育"中外联动"的竞争优势,打造 GVCs 新的"链主"企业。

(三) 抢抓新一轮科技和产业革命新机遇,以数字技术推动全链条升级

当前以人工智能、大数据、云计算、物联网等为代表的数字技术正在引发新一轮科技产业革命和社会生产力的变革,同时也为后发企业及国家实现技术与经济跨越创造难得的战略机会。因此,为在全球产业格局重塑背景下锻造竞争新优势,本土领先供应商攀升至头部企业后,需要广泛运用数字技术进行"用户紧密化、制造智能化、创新领先化"的全链条升级。首先,企业需要以"创造用户价值"为核心,通过以数字化方式重塑用户体验方式、用户交互界面、用户反馈渠道等环节,打通供给端与需求端堵点,使用户持续、深度地参与组织内部生产、研发、运营及营销的创新活动,以此在极大提升企业效率与竞争力的同时,精准捕获与对接复杂多变的用户需求。其次,企业需要大力引入智能设备保障、智能监控、智能供应链等技术,通过企业内、价值链其他主体间在线数据的高效共享以及各种社会资源的快速集成,进而形成新的价值链上下游协作、资源配置与价值创造体系,不断推动企业由传统制造业向智力型工厂转变。最后,在产品创新过程中,一方面数字技术已渗透到各个领域,催生出各种新消费、新业态、新模式,改变了既有的人们的消费行为、心智模式与日常习惯以及行业传统创新范式,进而在复杂多变的环境中蕴含着极大的创新突破的可能性,为企业实施颠覆式创新来抢占行业先机奠定基础;另一方面,在用户创新的思维指导和数字信息的技术保障下,企业需要实施开放式创新来聚集内外部创新知识、思维与资源,而区块链技术以其去中心化、开放性、安全性、可追溯性等特点,不仅加强了主体间创新过程中的信用保障,缓解了搭便车问题,更有利于企业建立更为广泛、更符合市场需求的研发平台。

由此可见,以数字技术为创新驱动力,不仅有助于后发头部企业在"新赛道"快速发展,实现从模仿追赶跃迁至领先行列,从根本上改变现有国际竞争格局,更能够在"国内大循环"新发展格局下,为我国经济高质量发展提供强有力的支撑。

参 考 文 献

[1] 黄群慧."双循环"新发展格局:深刻内涵、时代背景与形成建议[J].北京工业大学学报(社会科学版),2020(6):1-7.

[2] Milberg W, Winkler D. Trade Crisis and Recovery: Restructuring of Global Value Chains[J]. Policy Research Working Paper, 2010.

[3] 毛蕴诗,郑奇志.论国际分工市场失效与重构全球价值链:新兴经济体的企业升级

理论构建[J]. 中山大学学报(社会科学版),2016,56(2):175-187.
[4] 康淑娟,安立仁. 网络嵌入、创新能力与知识权力:基于全球价值链的视角[J]. 科学学与科学技术管理,2019,40(9):88-100.
[5] Alexander L, Van-Knippenberg D. Teams in Pursuit of Radical Innovation: A Goal Orientation Perspective [J]. IEEE Engineering Management Review,2017,45(1):105-120.

作者简介

苏敬勤,大连理工大学教授、博士生导师。国家万人计划哲学社会科学领军人才,文化名家及"四个一批"人才,教育部新世纪优秀人才计划获得者,享受国务院政府特殊津贴。中国高质量商学院认证工作委员会委员,国家自然科学基金、国家社会科学基金会议评审专家。中国管理现代化研究会常务理事,全国管理案例研究专业委员会主任委员,中国技术经济学会常务理事,中国科学学与科技政策研究会常务理事兼企业创新与产业政策专业委员会主任委员,中国管理案例中心联盟理事长,中国管理案例共享中心主任。主持国家自然科学基金重点项目 2 项,国家软科学研究重大项目 1 项、教育部基地重大项目 1 项,国家自然科学基金面上项目 5 项以及各类国际合作、国家、省部与企业研究课题近百项,获教育部等省部级科技进步奖 9 项;在国际及国内权威与核心期刊发表论文近 300 篇,出版专著、教材 26 部;获国家级教学成果一、二等奖各 1 项,主持的"技术经济学"获国家精品课程和国家精品资源共享课程。

我国未来15年科技创新发展的战略取向

陈　光

摘要：评价2020年中国创新型国家建设目标实现状态和差距，分析国际高端技术垄断竞争、全球供应链技术链断裂、我国对外开放格局发生的重大变化以及创新范式转变的现实挑战，针对未来15年我国经济社会发展和科技创新的阶段性特征，提出我国未来科技发展战略的重大转向和政策设计思路，界定"自主创新、开放跨越、科技强国、引领发展"的战略新内涵，提出"从0到1"原创性突破创新的战略方向、技术路线、组织形态和政策建议。

关键词："从0到1"；创新型国家；"十四五"发展；中长期；科技战略

一、我国科技创新的发展与转型

什么是创新型国家？2020年中国能否达到世界创新型国家的"门槛"？迈克尔·波特于1990年提出创新型国家的概念，认为创新导向型经济是一国经济发展的重要阶段，处在创新导向型经济发展阶段的国家就是创新型国家[1]。学术界对此并没有一致的看法，从实践上归纳世界上创新能力最强的国家有四个特点，即创新投入多（可用"R&D经费投入强度"等指标衡量）、创新能力强（可用"对外技术依存度"等指标衡量）、创新绩效好（可用"科技进步贡献率""本国人发明专利年度授权量""国际科学论文被引用数"等指标衡量）和创新竞争优（可用"三方专利占世界比值""PCT专利申请量"指标衡量）。

参照2005年世界创新型国家平均水平，《国家中长期科学和技术发展规划纲要（2006～2020年）》确定，"到2020年，进入创新型国家行列，全社会研究开发投入占国内生产总值的比重提高到2.5%以上，力争科技进步贡献率达到60%以上，对外技术依存度降低到30%以下，本国人发明专利年度授权量和国际科学论文被引用数均进入世界前5位"[2]。

过去15年，在"自主创新，重点跨越，支撑发展，引领未来"方针指引下，我国科技创新跨越发展，综合创新能力从全球第25位进位到第15位[3]；世界知识产权组织（WIPO）评估显示，2019年我国创新指数位居世界第14位[4]，总体上，2020年我国进入创新型国家行列目标基本实现。在具体指标上，如表1所示，到2020年，标志创新型国家门槛的"R&D经费投入强度""对外技术依存度""科技进步贡献率""本国人发明专利年度授权量""国际科学论文被引用数"等达到、接近或超过原定目标值。

表1　2006～2020年中长期规划主要目标实现情况

指标	2006年基础	2020年目标	实现情况
综合创新能力	综合创新能力前25位	综合创新能力前15位左右，进入创新型国家行列	综合创新能力列世界第17位(2018)/世界知识产权组织(WIPO)评估显示，我国创新指数位居世界第14位(2019)/中国科学技术发展战略研究院国家综合创新能力指数，我国排在第15位
R&D经费投入强度	1.41%	2.5%以上	2.1%(2015)，2.19%(2018)
科技进步贡献率		60%以上	55.3%(2015)，58.5%(2018) 59.5%(2019)
对外技术依存度	50%	30%以下	41.1%(2009)，34.8%(2015)，33.4%(2020)
本国人发明专利年度授权量		前5位	前3位(2016)，第1位(2018)
国际科学论文被引用数	13位	前5位	第5位(2013)，第4位(2015)，第2位(2017)，第2位(2019)

资料来源：《中国科技统计年鉴》、《专利统计简报》、《全国十三五科技规划中期评估报告》、中国科学技术发展战略研究院国家综合创新能力指数、《THE GLOBAL INNOVATION INDEX 2019》、《2017年世界五大知识产权局统计报告》。

同期，以5G移动通信、超级计算机、量子通信科技、人工智能、高铁技术、基建工程技术、超高压输出技术、太阳能发电技术、风力发电技术、核电清洁能源技术、中国天眼等为标志，形成了一批拥有自主知识产权和核心技术的世界级技术和品牌，强有力地支撑了全面小康社会的建设，也根本改变了世界产业版图和创新版图。

面向世界科技发展新前沿、面向建设科技强国战略新需求、面向日益复杂的全球科技竞争新态势，我们必须清醒意识到，我国目前技术水平处于世界“领跑”位置的仍还不多，绝大多数技术依然处于“并跑”和“跟跑”的阶段[5]。关键核心技术受制于人的状态尚未根本转变，我国目前关键零部件、元器件的自给率只有三分之一；32%的关键材料在中国仍为空白，52%关键材料依赖进口[6]。其中，最大的短板是缺少“从0到1”原创性成果[7]，这些关键核心技术必须突破但又不是短时间可以实现突破的。[8]

在2020年起点上，我国必须适时推动创新范式(Innovation Paradigm)的转变。进一步明确科技创新的战略方向，坚持把依靠自己力量解决“卡脖子”技术作为基本立足点，推动“十四五”暨中长期(2021～2035)科技创新发展的重大战略转型。

二、“十四五”暨中长期科学技术发展战略

根据我国科学技术现有基础、严峻形势、目标使命和发展路径等综合因素分析，我们提出，面向2035年我国科学技术发展的战略思想应确立为“自主创新、开放跨越、科技强国、引领发展”，支撑我国国民经济和社会发展现代化目标实现。

（一）自主创新

“自主创新”是我国上一轮科学技术规划期（2006～2020 年）制定并实施的重要方针。“自主创新”内涵有：一是原始性创新，即前所未有的重大科学发现、技术发明、原理性主导技术等创新成果；二是集成创新，即通过对各种现有技术的有效集成，形成有市场竞争力的产品或者新兴产业；三是引进技术消化吸收再创新，即在引进国内外先进技术的基础上，学习、分析、借鉴，进行再创新，形成具有自主知识产权的新技术[2]。我国过去 15 年科学技术主要领域从“跟跑”“并跑”到部分领域“领跑”，取得骄人成绩[5]，得益于“自主创新”政策的实施。但是，中美科技“脱钩”已成现实，科学技术面临的能源资源、产业结构、农业现代化、人口健康与老龄化、生态环境与城市化、空天海洋拓展、新安全等一系列新问题前所未有。在 2020 年起点上，我国科学技术发展战略与政策面临“四个战略转向”：

(1) 从引进技术到更加重视核心技术自主研发。

(2) 从技术组合集成到更加重视核心关键技术研发体系建设。

(3) 从提升具有市场竞争力的产品和产业到更加重视发展战略科技和新兴未来产业。

(4) 从渐进性创新（Incremental Innovation）、二次创新到更加重视突破性创新（Break Through Innovation）、根本性创新和 0 到 1 的原始性创新（Original Innovation）。

转型后的“自主创新”关键内涵是，从主要依靠现有技术的引进、集成、组合、应用到新技术基础理论的自主发展，实现“从 0 到 1”的突破。21 世纪 20 年代起，中国科技战略演变进入“自主创新 2.0 版本”。

（二）开放跨越

未来 15 年我国将面临“外部环境根本变化”和“自身阶段性跨越”两个新局势。新的开放格局和跨越“中等收入陷阱”是这个时期的重要时空特征。

越是外部环境变化，越要坚持改革开放。国际高端技术垄断竞争出现新特征、全球供应链技术链断裂重组风险加剧，我国对外开放格局发生重大变化，需要在未来 15 年甚至更长时间，形成持续开放新格局。一是要更加坚定高水平对外开放基本国策不动摇；二是要主动调整科技开放合作的方向和策略；三是要研究和改变与守成国长期竞争相处之道；四是要把强化国内开放与国际产能合作相结合。如果不能够坚持改革开放路线，我国经济长期下滑或低速增长的可能性是存在的。

跨越“中等收入陷阱”是“十四五”期间的不可回避的“历史之坎”。综合考虑未来影响中国潜在经济增长的若干主要因素及其传导机制，根据经济系统模型，可预测未来 15 年中国的经济发展情况[11]。在基准情景下，2021～2025 年、2026～2030 年和 2031～2035 年三个时期我国国内生产总值（GDP）增长率预计分别为 5.6%、4.9%和 4.5%。2035 年中国不变价 GDP 规模将为 2000 年的 10.06 倍、2010 年的 3.99 倍、2020 年的 2.02倍，按照当年价 GDP 规模 2020 年为 100 万亿元人民币、2025 年为 147 万亿元人民币、2035 年为 281 万亿元人民币[9]。根据国家统计局公布的数据[10]，预测我国总人口在 2020 年达到14.25亿人，2025 年 14.39 亿人，预计到 2029 年将达到峰值，约为 14.42 亿人，此后开始缓慢下降。在保持总和生育率为 1.8 的生育水平条件下，到 2035 年，我国总人口会维持在13.38亿。按照目前发展趋势，2020年我国人均GDP为1万美元计算，2025年人均GDP为1.4万美元，2035年人均GDP可望到达2.8万美元。我们将在“十四五”期间跨越“中等收入陷阱”，进入高收入经济体行列[11]，并接续在“十五五”和“十六五”期间稳定发展。

跨越“中等收入陷阱”的同时，也意味着我国要实现“技术依赖”到“自主创新”、“规模扩张”到“质量提升”、“投资驱动”到“创新驱动”、“中低端产业”到“高端产业”的历史性跨越。

（三）科技强国

2020年我国步入世界创新型国家行列，2035年将进入世界创新型国家前列，2050年将建成世界科技强国。明确“科技强国”为我国“十四五”暨中长期科学技术发展战略思想，是实现“两个一百年”奋斗目标的必然要求。“科技强国”的基本内涵是指通过显著提高科技创新策源能力，形成强大的原创技术能力和自主创新技术供给能力，推动国家经济社会现代化的动力实现过程。“科技强国”的预期目标状态是，2035年国家综合科技创新实力居于全球10名以内，2050年国家综合科技创新实力居于全球领先地位。与2035年初步实现国家现代化相适应，届时我国科学技术现代化的基本标志是，除了论文专利产出、世界百强企业与大学、研发投入强度、研发人员比例等一般指标达到国际同期创新型国家平均指标外，在诺贝尔科学奖、领域科技大奖、高被引科学家、“领跑型”技术所占比例方面应有重大突破。科技发展的评价重点也会发生变化，更加重视论文高被引率、原创成果影响、国际标准、高技术出口等指标。

（四）引领发展

明确“引领发展”为我国“十四五”暨中长期科学技术发展战略思想有时代特征所确定的内涵。一是发展目标引领。以2035年基本实现社会主义现代化为目标指引，以创新、协调、绿色、开放、共享的新发展理念统领科技工作，为本世纪中叶建成富强民主文明和谐美丽的社会主义现代化强国做出科技贡献。二是国家战略引领。以国家重大战略嵌入阶段性发展为契机，紧紧抓住实现“两个一百年”重大战略机遇，助力国家在大国科技竞争中增强实力，助推科技创新和经济高质量发展。三是中心城市（群）引领。落实区域协调发展战略，提升“京津冀”“长三角”“珠三角”“粤港澳”等全国创新资源汇聚能力，提升中心城市（群）和重点区域资源集聚和带动辐射周边地区共同发展能力，推动全国差异性区域协同发展。四是科技创新引领。推动科技创新工作的根本目的是解决14亿人民日益增长的美好生活需要和不平衡不充分的发展之间的矛盾。科学技术不仅要为经济增长提供动力，而且要推动创新型中国的持续发展；不仅要满足在中美“脱钩”中民族产业的科技需求，而且要为中国制造升级换代提供科技支撑；不仅关注物质财富的增长，而且要推动社会文化进步，实现人的全面发展；不仅要关注高新技术的产业价值，而且要用科学技术解决人口、健康、资源、环境和公共安全领域的现实问题；不仅要关注科技创新的战略意蕴，而且要把科学普及置于科技创新同等重要的位置；不仅要关注当代人的发展和需求，而且要用科学技术创造和引领新的需求，更多地造福子孙后代；不仅要重视科学技术成果的价值，更要彰显科技人才的巨大价值和制度设计的重要作用，为开辟创新发展道路奠定广泛、坚实的社会基础。

三、如何实现我国“从0到1”的科技创新

过去15年，我国科技创新工作比较多地集中在“从1到N”的既有技术推广应用，这也是后发性国家的必经阶段。2020年以后，在继续推进产业技术、民生科技发展同时，更加重视“从0到1”基础科学的原创性突破。

“从0到1”的科技创新是指在基础研究阶段，发现新问题、开辟新领域、提出新理论、发展新方法，取得重大开创性的原始创新成果，催生新的重大科学思想、科学理论，产生颠覆性技术的创新过程。“从0到1”原创性突破，既需要对基础研究进行长期稳定的支持，也需要聚焦具有比较优势的领域，进一步突出重点，有所为、有所不为。

一是确定“从0到1”原创性突破创新的战略方向。研判美国最新对华战略[12]以及美国出口管制法案涉及领域[13]，根据我国战略产业亟须和发展基础，遴选确定量子科学、脑科学、纳米科学、空天科学、干细胞、合成生物学、发育编程、全球变化及应对、蛋白质机器、大科学装置前沿研究等重点领域，加强应用数学和交叉研究，加强引力波、极端制造、催化科学、物态调控、地球系统科学、人类疾病动物模型等领域部署，抢占前沿科学研究制高点。

二是制定“从0到1”原创性突破创新的技术路线。必须克服习惯跟踪模仿、较少从经济社会需求中凝练重大科学问题和核心技术问题、较少自主提出科学思想和研究方向的“路径依赖”，系统研究政府决策、市场结构、技术属性以及组织模式四个角度构成的“中国情境”，构建中国情境下以政策驱动为核心的中国突破性创新的理论模式，在核心基础零部件和元器件、先进基础工艺、关键基础材料、产业技术基础领域，加快制定重要领域科技发展路线图、制定产业和技术发展路线图、制定新兴技术和产业发展路线图，以突破瓶颈制约，从根本上改变关键核心技术受制于人的局面。

三是协同“从0到1”原创性突破创新的联合攻关。国际技术环境变化和中美技术“脱钩”的加速，已经不允许我们按部就班地推进关键领域的“从0到1”原创性突破创新工作，要重构新型举国科技体制，在新一代信息技术、高端芯片设计、新能源等战略领域，依托大科学装置、大工程建设等，凝聚国家意志，突破系统边界，实施“从0到1”基础研究专项行动，设定目标、分解任务、挂图作战、协同攻关，力争在“十四五”计划期间取得明显突破。

四是营造“从0到1”原创性突破创新的宽松环境。“从0到1”基础研究，既需要长期厚重的知识积累与沉淀，也需要科学家瞬间的灵感爆发；既可能在目标驱使下取得既定的成果，也可能在漫长的探索之后无果而终。坚持自由探索和需求牵引并重、科学前沿与交叉融合互补，培育新的学科发展方向。营造自由探索、鼓励原创、宽容失败、柔性评价的发展环境。研究制定以战略性、方向性、动态性、偶发性、变异性、弱约束性、非周期性为特征的“中国突破性创新科技政策”，激励“从0到1”原创性突破创新的不断发展。

参考文献

[1] 迈克尔·波特.国家竞争优势[M].李明轩，邱如美，译.北京：中信出版社，2007.

[2] 中华人民共和国国务院.国家中长期科学和技术发展规划纲要(2006～2020年)[EB/OL].[2006-02-09] http://www/gov.cn/gongbao/content/2006/content_240244.htm.

[3] 中国科学技术发展战略研究院发布的国家综合创新能力指数，我国排在第15位。
[4]《THE GLOBAL INNOVATION INDEX 2019》。
[5] 2014年第五次国家技术预测对1346项技术评价显示：处于"领跑"的技术领域占比16.3%；处于"并跑"的技术领域占比30.0%；处于"跟跑"的技术领域占比53.7%。
[6] 2018年7月13日，中国工业和信息化部副部长、国家制造强国建设领导小组办公室主任辛国斌"2018国家制造强国建设专家论坛"表示：工信部对全国30多家大型企业130多种关键基础材料的调研结果显示：32%的关键材料在中国仍为空白，52%依赖进口，绝大多数计算机和服务器通处理器，95%的高端专用芯片，70%以上智能终端处理器以及绝大多数存储芯片依赖进口；在装备制造领域，高档数控机床、高档装备仪器、运载火箭、大飞机、航空发动机、汽车等关键件精加工生产线上逾95%制造及检测设备依赖进口。2019年工信部原部长、中国工业经济联合会会长李毅表示，我国目前关键零部件、元器件和关键材料的自给率只有1/3，在2015年制定《中国制造2025》的时候自给率只有20%，现在是1/3，希望到2020年达到40%，2025年达到70%。
[7] 2020年1月21日科技部、发展改革委、教育部、中科院、自然科学基金委制定出台《加强"从0到1"基础研究工作方案》。
[8]《科技日报》(2019年9月16日)报道的35项"卡脖子"技术和中国尚未掌控的60余项核心技术。
[9] 李平，娄峰，王宏伟. 2016～2035年中国经济总量及其结构分析预测[J]. 中国工程科学. 2017(1).
[10] 陈卫. 中国未来人口发展趋势：2005～2050年[J]. 人口研究，2006(7).
[11] https://blogs.worldbank.org/zh-hans/opendata/new-country-classifications-income-level-2018-2019.
[12]《United States Strategic Approach to the People's Republic of China》.
[13] 2018年《美国出口管制改革法案》(《Export Control Reform Act》)。

作者简介

陈光，博士，西南交通大学公共管理与政法学院教授、博士生导师。国务院政府特殊津贴专家、中国行政管理学会理事、中国科学学与科技政策研究会理事、国际行政科学学会中国专家委员会委员、国际科技管理学会(AIMOT)会员、四川省委省人民政府决策咨询委员、四川省科学学与科技政策研究会理事长、四川省科教创客研究会理事长、四川创造学会常务副理事长、四川省政治学会副会长、四川省科协常委、成都市科学技术协会副主席，国家自然科学基金、国家社会科学基金评审专家。主要从事行政管理、创新管理研究与教学，主持国家自然科学基金项目、国家社会科学基金、国家科技部科技基础性专项、教育部优秀青年教师教学科研奖励计划、四川省哲学社会科学重点项目等项目20余项。出版著作16部、发表论文107篇。获得国家教学成果二等奖1项、教育部社会科学优秀成果二等奖1项、四川省教学成果一等奖1项、三等奖1项，主持国家精品课1项、"十二五"国家级规划教材1部。

更好发挥科技创新的核心作用、统筹推进国家未来产业发展

陈　劲

摘要：以未来思维谋划和推进科技创新与产业发展对于赢得国家持续竞争优势至关重要。我国在推进以科技创新为核心的未来产业发展方面还有完善空间，主要集中在顶层设计、能力建设、生态构建、要素配置等方面。我们建议：强化顶层设计和组织保障，统筹推进科技创新和未来产业的战略布局；大力培育创新型领军企业，以集群式发展推动全产业链创新能力提升；完善创新与产业生态，推动形成协同创新和融通发展的强大合力；加强制度政策供给和集成联动，形成强大的高端要素一体化培育和配置能力。

关键词：科技创新；未来产业

未来产业的培育与发展，需要准确把握全球科技发展趋势，运用颠覆性创新思想超前布局，为持续推动产业转型升级和高质量发展提供重要的引领支撑。十九届五中全会强调要坚持创新在我国现代化建设全局中的核心地位，为更好推进未来产业规划、培育和发展提供了根本指引。具体到落实层面，还需要解决几方面问题：

一是顶层设计和战略规划的统筹性和动态能力不足。未来产业的超前性、颠覆性和不确定性决定了其培育和发展必须超越被动追赶的传统思维，要及时汇聚全创新链和全产业链的智慧，形成时刻下好先手棋的引领思维和能力。顶层设计方面，要完善国家未来产业和科技发展的决策与领导体系进行有力引导，建立健全能够迅速贯彻决策部署，高效组织重大科研攻关的管理体制；战略规划方面，既要保持宏观战略定力，也要加快形成应对产业科技加剧变革的信息情报整合、精准分析和联动布局的微观动态能力。

二是企业创新能力有待整体提升。发展未来产业是加快培育全球创新型领军企业的重要抓手，但首先要求企业本身具备强大的自主创新、原始创新和颠覆式创新能力。国企拥有丰富的创新资源，但现行评价体系对基础研究的激励十分有限，很难进一步形成原始创新和颠覆式创新能力，此外，国企对于高校院所的激励工具不够丰富，外部资源整合能力难以满足未来产业的发展需求。民企具有强大的微观活力，但是能够分享到的公共创新资源非常有限，需要加快形成和体制内科研攻关体系深度融合、优势互补的局面。

三是创新与产业生态需要进一步优化。产学研合作长期面临分工不合理、基础研究薄弱、信息流通不畅、创新链条长且分散、成果转而不化、评价激励体系形不成合力等问题；大中小企业融通发展也面临产业政策和竞争政策不协调、各方地位不平等、利益分配

不平衡、大企业引领能力不足、中小企业整体方案供给能力不足等问题。加快推进国家实验室、国家产业创新中心等新机构新平台建设，探索与科研联合攻关相适应的体制机制，个性化、精准化满足各类创新主体和人员的诉求，是解决上述问题的必要抓手。

四是高端要素的培育和配置能力需要提升。我国研发人员和科技投入等方面的总量已长期稳居世界前列，但是能够服务未来产业发展的高端要素严重不足。中央不断强调要坚持科技创新与体制机制创新“双轮驱动”，然而现实情况是，科技创新多头管理，体制机制存在诸多堵点和藩篱，天才型科学家缺少成长空间，高端创新要素配置分散、低效、重复、流通不畅的困局依然难以打破，一个根本原因就在于缺乏系统科学的、符合中国实践需求的科技管理理论进一步指导改革，难以形成基于信用和底线思维的高端要素一体化培育和配置体系。

针对以上问题，我们提出如下建议：

第一，强化顶层设计和组织保障，统筹推进科技创新和未来产业的战略布局。

（1）深化管理体制改革。参照国家新材料产业发展领导小组的组建模式，适时成立国家未来产业发展领导机构及实体办事机构，建立和完善统筹性更强的产业和科技规划机构、政策机构和组织协调机构，推动建立未来产业发展专家咨询委员会，全方位加强党的领导和资源统筹。

（2）强化宏观决策能力。“卡脖子”技术是决胜未来产业发展的关键。要加快摆脱学科和企业微观视角的影响，将真正决定国家宏观战略主动和发展安全的基础性“卡脖子”技术识别提炼出来，为新型举国体制集中发力提供科学精准的决策依据。同时，要针对重点未来产业领域技术链上的“卡脖子”技术展开科研布局，形成具备“反向卡脖子”威慑能力的长板技术群。

（3）加强战略研究力量。整合有关研究机构在未来产业规划、重大科研规划、科技安全预警等方面的职能和力量，加快推动综合性的智库建设，打通产业战略研究和科技战略研究的边界，建立覆盖各类创新主体的战略服务平台，针对重点产业的全链条进行全面、系统、深入摸排，聚焦产业科技安全底线和战略主动，以全国一盘棋的高度开展战略研判、专题研究、动态追踪，建立重大科研任务分级清单，在攻关需求生成、谋划方向重点、制定技术策略、论证拟制规划计划等方面为创新主体提供精准的动态指引。

第二，大力培育创新型领军企业，以集群式发展推动全产业链创新能力提升。

（1）全面提升央企在原始创新、颠覆性创新方面的引领作用。总结提炼新一代移动通信、航空航天、深海科技等重点产业的发展经验，加快形成与国家急迫需要和长远需求相适应的央企评价考核体系，大力培养具有企业家精神的战略型领导，支持与高校院所联合设立独立考核的创新特区，提高核心技术自主可控程度、研发成果质量和超前性、创新辐射带动作用等指标的权重，加大基础研究和应用基础研究的研发投入，优化研发支出结构，对于周期长、跨任期的研发项目，注重对项目连续支持的考核，落实尽职免责的宽容失败机制，不断提升央企的创新动力和外部贡献。

（2）推动产业集群式发展，带动民营企业创新能力建设。支持民企深度参与或牵头国家未来产业重大项目，推动形成战略利益高度一致的强协同、弱耦合的创新联合体。通过完善创新政策，加强服务供给，激发创新创业活力，引导民企加大研发投入，完善技术创新体系，推动“小而精、小而特”的科技型中小企业蓬勃发展。充分发挥民企在识别技术的市场化前景方面的重要优势，不断强化专业化协作和配套能力，加快形成与国家队之间的深度融合与优势互补局面。

第三，完善创新与产业生态，推动形成协同创新和融通发展的强大合力。

(1) 支持开展各类先行先试。在北京、上海等地率先建设未来产业示范基地，支持更多有条件的省市开展示范/试验应用。依托京津冀、长三角、粤港澳等地区形成城市群、中心城市、区域内自创区、高新区等创新创业高地的生态系统，并根据不同生态的特点引导未来产业发展。加强传统产业与未来产业融合发展，在制造、金融、零售、物流等行业开展示范试点，通过示范试点全面推广应用以智能、协同为特征的先进技术。加强跨部门、跨地区的试点/试验协调，强化互联网、大数据、物联网、智慧城市和云计算等相关领域的协同。加快推进与未来产业相配套的国家实验室建设，完善面向未来产业发展的重大基础科研攻关的组织领导体系、多元化支持投入机制、目标导向的评价考核机制、促进形成合力的利益和风险共担机制、开放流动的用人机制、基于区块链等技术的信息共享互信机制、快速高效的成果转移转化机制等，加快形成从基础研究到产品开发的一体化攻关机制，简化创新链条、消减中间环节、缩短创新周期。

(2) 促进数字化、智能化驱动的开放创新。大力推动以国家产业创新中心、国家技术创新中心等公共创新平台建设，为各类创新主体特别是中小企业提供高质量软硬件支撑，加大科研基础软硬件及其生态体系的国产化扶持力度，加快全国范围内的数字化、标准化、一体化进程，避免重复投入，提高公共创新资源共享效率。对于揭榜制、创新联合体等开放创新机制，要重视配套针对性的政策扶持和基础条件支撑，根据不同类型项目的需求采取分类激励机制。加快推进新基建和跨区域合作，开发基于新一代移动通信、区块链、人工智能等技术的分布式资源共享和数据协同的科技服务平台，通过供需匹配技术、共识机制形成精准的贡献度识别、价值识别与转换等能力，实现对不同创新主体和创新人员的差异化、个性化激励，加快破解制约协同攻关和融通发展的新老问题。

第四，加强制度政策供给和集成联动，形成强大的高端要素一体化培育和配置能力。

(1) 加大学科创新和融合力度，大力培育复合型战略人才。加大专业整合力度，推动科教融合、产教融合向纵深发展，加快建设人文社会学科和自然工程学科深度融合的综合性产业和科技管理学科，强化未来学与经济、管理、社会等传统学科的全方位融合，大力培养具有全局视野和战略思维，特别是对未来社会结构、场景建设、经济模式、未来技术与产业爆发点的洞见力，且同时具备国家宏观治理知识、微观项目管理能力、管理系统和管理技术开发能力的创新型、复合型、战略型人才队伍。

(2) 重点完善问题和需求导向的评价激励体系，为创新型科技人才成长提供适宜环境。一是加快落实科研成果的跨学科互认机制。目前不同学科各自为政，“清单模式”的成果认定机制会对交叉创新造成严重阻碍，要尽快完善一体化的评价标准，推动落实高水平科研成果和多元成果形式的跨学科互认机制。二是加快推动分类评价，加快完善与国家急迫需要和长远需求相适应的评价考核体系，加强对“无人区”创新的制度性保护，促进真正解决未来产业实际问题的原始创新和源头创新，避免盲目地迎合国际热点。三是尽快完善能够调动团队全员积极性的激励机制，通过专家咨询制度和评价考核对象意见征集制度，采取“专事专议”“联合破题”的形式，探索能够差异化、个性化满足团队带头人、科研骨干等不同类型成员职业发展诉求的动态协同激励机制。

（3）探索建立基于信用和底线思维的治理体系，加快形成高效的全要素一体化配置能力。传统的人才、资金等要素层层报批的归口管理模式面临严重的体制机制藩篱，资源配置分散、低效、重复等问题严峻，很难适应具有强动态性、颠覆性的未来产业的发展需求。建议在未来产业示范基地开辟政策特区和专门渠道，加大科技、教育、人才、财税、金融、产业等领域制度政策的集成性供给力度，大力推动数字征信系统建设和运用，建立基于信用和底线思维的创新全要素一体化治理体系，通过“有形的手”管规划和底线，通过“无形的手”促进自由竞争，形成未来产业群落，吸引人才、资金等全要素高效流动和匹配。

参考文献

［1］习近平.决胜全面建成小康社会夺取新时代中国特色社会主义伟大胜利：在中国共产党第十九次全国代表大会上的报告[M].北京：人民出版社，2017.

［2］白春礼.准确把握深刻理解建设世界科技强国“三步走”战略的基本内涵[J].中国科学院院刊，2018(5).

［3］许庆瑞，李杨，吴画斌.企业创新能力提升的路径：基于海尔集团1984～2017年的纵向案例研究[J].科学学与科学技术管理，2018(10).

［4］陈劲，尹西明.建设新型国家创新生态系统加速国企创新发展[J].科学学与科学技术管理，2018(11).

［5］陈劲，尹西明，梅亮.整合式创新：基于东方智慧的新兴创新范式[J].技术经济，2017(12).

作者简介

陈劲，清华大学经济管理学院教授，教育部人文社会科学重点研究基地——清华大学技术创新研究中心主任。先后获得国家杰出青年基金和获聘教育部长江学者特聘教授，主要研究方向包括技术创新管理、科技政策。论文发表在国内外知名学术期刊，包括《Research Policy》《Technovation》《IEEE Transactions on Engineering Management》《Journal of Business Research》等，兼任《The Routledge Companion to Innovation Management》首席主编、《Oxford Handbook of China Innovation》联合主编、《Global Transitions》联合主编、《International Journal of Innovation Studies》主编。经过多年努力，建立了以整合式创新为导向的自主创新、开放创新、协同创新组合式技术创新管理理论体系。

创新驱动形成“双循环”新发展格局的建议①

刘志迎

摘要：坚持创新在我国现代化建设全局中的核心地位，加快构建以国内大循环为主体、国内国际双循环相互促进的新发展格局，成为中国“十四五”乃至更长时期发展的主体思路。清晰研判构建新发展格局的背景，系统梳理和澄清经济增长和经济发展的各种理论观点，据此，提出创新驱动形成“双循环”新发展格局的若干建议，对于新阶段发展具有建设性参考价值。

关键词：创新；创新驱动；双循环；关键技术；纵向创新

改革开放40多年来，中国政府始终高度重视利用“两种资源、两个市场”，快速完成了西方发达国家200年才完成的经济发展任务，成为全球第二大经济实体，为中国下一步高质量发展奠定了良好的基础。党的十九届五中全会指出“坚持创新在我国现代化建设全局中的核心地位”，把“创新”从现代化经济体系建设的“支撑”地位，上升为现代化建设的“核心”地位，可以看出党和政府对创新在中国崛起整体进程中的地位和作用。

加快形成以国内大循环为主体、国内国际双循环相互促进的新发展格局，是根据我国发展阶段、环境、条件变化做出的战略决策，是重塑我国国际合作和竞争新优势的战略抉择。创新是引领发展的第一动力，是牵动经济社会发展全局的“牛鼻子”。构建基于“双循环”的新发展格局，实现“内行稳、外致远”的良性双循环模式，必须解决好“双循环”的发展动能问题。增强发展动能，核心在于科技创新，要以科技创新催生新发展动能。

一、创新驱动“双循环”新发展格局的背景

国家已经提出推动形成以国内大循环为主体、国内国际双循环相互促进的新发展格局，重塑我国国际合作和竞争新优势。其实质不在于刺激内需，而是在于解决关键技术创新问题，只有科技创新才能够根本上解决“双循环”中的难题。一个国家或地区长期经济增长源泉是技术进步，科技资源开发高于其他任何资源开发的价值，技术成果商业化的创新是经济发展的原动力，创新带来了新的产品、生产过程和市场。“十四五”是全面建设社会主义现代化国家的第一个五年规划，是一个战略转折关键时期，又是一个承上启下的关键五年规划，特别是在“大变局”的国际环境下，科技发展是决定是否能够真正

---

① 安徽省哲学社会科学基金重点项目“安徽制造业关键技术突破与高质量发展研究”(AHSKZ2019D005)成果。

崛起的根本因素。大国崛起，起始于制度创新，可持续于科技创新。

从新冷战(New Cold War)的背景来看，美国将全面对华形成遏制态势不会改变。美国对华遏制思路，早在克林顿时代的五角大楼里就形成了，因为“反恐”和消除2008年金融危机的冲击，没有着力实施。特朗普上任以来，全面开始实施，至今已经较为严重地影响中国制造业发展，预估未来将会面临着更加严峻的形势。2017年《美国国家安全战略》将中国列为竞争对手；2018年中美贸易摩擦开始展开，亨廷顿等人创办的《外交政策》(《Foreign Policy》)2019年1月刊发《新冷战已开始》(《A New Cold War Has Begun》)；2020年5月20日，美国首次公布《美国对中华人民共和国的战略方针》(《United States Strategic Approach to The People's Republic of China》)，报告承认美国过去几十年的对华接触政策“失败”，并表示将采取全面施压的方式，遏制中国；2018年美国制定了《国家量子倡议法》，通过《出口管制改革法案》(《Export Control Reform Act》)；2019年美国提出《维护美国在人工智能时代的领导地位》即《美国人工智能发展倡议》，全面限制AI技术、AI芯片、机器人、量子计算、脑-机接口、先进材料等14类新兴和基础技术出口。不仅如此，还列出了长长的打压限制中国企业的清单，甚至包括众多大学。出手之狠，出手之准，不是短期研究的结果，多少年来，其智库一直在研究中国。

中国制造大国的地位已经奠定，然而，要实现制造强国的目标，还有很长的路要走。中国OEM优势正在削弱，ODM和OBM仍然相当薄弱，关键技术、核心技术仍然十分缺乏。新兴制造业正在成长之中，初步形成了一批“亮点”战略性新兴产业，但总体上看还不能够与一些制造强国相提并论，特别是在百年不遇大变局的严峻形势下，制造业发展面临着来自全球产业链断链的严峻形势，承受着扩张和升级双重压力，遇到技术创新和成本优化控制的两大难题。在前40多年国际化、全球化的大环境下，中国能顺势实现“横向创新”的内生增长(Grossman；Helpman，1991)，接下来在新的发展格局下，中国应该能够按照“纵向创新”的逻辑实现内生增长(Aghion；Howitt，1992)。

二、创新驱动“双循环”新发展格局的理论依据

从内循环为主来看，Krugman(1980)认为规模收益递增产品有相对大需求的区域或者国家会有更大比例的产出，即本土市场效应(Home Market Effect，HME)问题。本地市场大对位于其中的厂商来说是有利条件，大规模市场可以培育其成长，证明了即使两国有相同的偏好、技术和禀赋，规模收益递增会导致两国贸易中对某种产品拥有更多消费者的国家将是此种产业的贸易剩余者。Helpman和Krugman(1985)进一步发展了此模型，证明了在规模报酬递增产业，更大国家的厂商份额要超过其消费者比例。也就是说，像中国这样的拥有14亿人口的大国，实现以内循环为主的经济，对于厂商的竞争力培育是有利条件，在国际贸易中应该占优。

从经济增长理论来看，亚当·斯密和大卫·李嘉图认为分工可以提高效率，促进经济增长。卡尔·马克思认为，追求剩余价值是资本家本性，剩余价值转化为投资以扩大再生产，可以实现经济增长。约瑟夫·熊彼特从创新视角解释了经济发展的动力来自创新，要素投入的增加只能带来经济增长，无法实现经济发展。约翰·凯恩斯认为，通过刺激需求(消费需求和投资需求)可以拉动经济增长。柯布-道格拉斯函数事实上解释了资本和劳动投入带来的经济增长，技术仅仅是一个外生变量。索罗-斯旺模型解释了资本

积累带来的经济增长，仅仅是俱乐部式增长，即俱乐部内部成员国增长具有收敛性，仍然把技术看作外生。新古典增长理论已经提出了经济增长来源于技术进步，但没有很好地用数学模型解释，到了20世纪70年代，新古典主义经济增长理论几乎处于停滞状态。增长核算或增长原因分析之父爱德华·丹尼森(Denison，1962)通过对美国经济增长的实证分析证实和巩固了索洛的观点。正因为该模型强调了技术进步对经济增长的决定性作用，故被称为"技术决定论"，他认为，知识进展能使同样的生产要素只需更少的投入量就可以得出同样产出，促进经济增长的新技术的采用，只是在知识有所进展时，才有可能实现。人类知识量的扩大和学校传授越来越多和更好的信息以及受到较好教育的积极作用而提高了知识的质量的影响，都被看作对经济增长的贡献的"知识进展"因素的一部分。

从技术在经济增长中的作用来看，罗伯特·卢卡斯(R. E. Lucas，1990)描述了技术进步特别是人力资本积累和一般性技术进步的内在机制；技术是投入要素，具有某种非竞争性、部分排他性的物品，非凸性性质(Non-convexity)，人力资本模型具有重要价值。保罗·罗默(P. M. Romer，1990)提出三个基础性假设：其一，技术变化是经济增长的核心；其二，技术进步主要源自人们有意识的研发活动；其三，技术是与其他经济物品具有内在差别的一种特殊物品。高投入的技术，具有边际成本趋于0的属性，即非竞争性(Non-rivalry)。技术变迁即研发投资的结果具有不确定性，新科研成果的增长速度取决于人力资本的投入总量和现有科技成果总量。

Grossman和Helpman(1991)提出的横向创新(Horizontal Innovation)理论，以及Aghion和Howitt(1992)提出的纵向创新(Vertical Innovation)理论，构成了内生增长理论的核心内容。Helpman和Krugman研究了市场一体化对增长和其他动态贸易问题的影响，在经济一体化过程中，贸易和投资带来的技术或知识外溢、落后国知识产权保护不强和模仿、适宜技术发展和创新的互补性，带来了发达国和落后国的经济增长，这是发达国与落后国在一体化中产生的"横向创新"；Aghion和Howitt认为经济增长是由一系列随机的质量改进(或者说纵向创新)带来的，而新发明会使旧技术或产品过时(Obsolescence)，这种"过时"在熊彼特那里就被称作"创造性毁灭"(Creative Destruction)。Aghion和Howitt关于纵向创新理论的最早研究成果是1992年发表的《创造性毁灭的增长模型》，给出了纵向创新理论的基本模型。依据纵向创新理论，因为创造性毁灭效应的存在，通用目的技术(General Purpose Technology，GPT)的涌现会有"痛苦调整"过程。马克思曾经指出："各种经济时代的区别，不在于生产什么，而在于怎样生产，用什么劳动工具生产。"生产工具的变革，将带来经济发展范式的变革。中国经济正在从"横向创新"向"纵向创新"转换，及时应对百年不遇之大变局，特别是美国对中国崛起的围堵，也是应对新的科技革命和产业变革的客观需要。

从现有的文献来看，人们对"双循环"新发展格局的认识上有误区：其一是认为"双循环"就是扩大内需，继续走"刺激消费和投资"的老路，这是凯恩斯主义在作祟。其二是认为"双循环"是刺激进口，以进口为主，或者简单地理解为进出口的平衡。其三是认为"双循环"与科技创新无关，好像科技创新是可以游离于双循环之外的事，没有深入认识到美国对中国贸易战背后的深层逻辑是科技遏制。经济发展新格局不是从"国际贸易依赖"转向"国内消费需求"那么简单，其实质应该是从"国际技术依赖"转向"国内自主创新"的创新发展的过程。

三、“双循环”新发展格局创新驱动对策

(1) 打好关键核心技术攻坚战。科学技术是第一生产力，关键核心技术是国之重器。改革开放以来，特别是党的十八大以来，我国综合实力和国际竞争力大幅提升。经过改革开放40多年的积累和开放学习，我国积累了良好的科技基础和经验，面对科技围堵的风险，虽然在少数领域也可能出现短期的困难，但自主创新能力已经初步具备。同国际先进水平相比，我国科技发展水平还较为落后，关键核心技术创新能力还有很大差距。在“双循环”新格局下，我们要立足于增强核心技术竞争力。内循环不是封闭的，要与外循环相衔接，只有牢牢掌握关键核心技术，才能更好地融入外循环，构筑国内国际“双循环”的优势地位。受新冠肺炎疫情和美国科技遏制影响，一些企业上下游受到冲击。在巨大考验面前，关键核心技术的重要性更加凸显。化危为机，关键要在创新中找出路，把关键核心技术掌握在自己手中，才能在危机中逆势而上、在竞争中占据优势。在单边主义、保护主义上升的当下，我们要深刻意识到关键核心技术要不来、买不来、讨不来，必须靠自己、靠奋斗、靠实干。在“双循环”新格局下危中寻机，要求我们必须切实增强紧迫感和危机感，努力在危机中育新机、于变局中开新局，在关键领域、“卡脖子”的地方下大功夫，加快解决制约科技创新发展的一些关键问题，努力实现更多“从0到1”的突破，打好关键核心技术攻坚战。

(2) 发挥好集中力量办大事制度优势。衡量一种制度是否有优势，关键要从它在国家危急关头的现实表现来考察，从它的治理效果来评判。疫情突发，洪水来袭，从举世瞩目的中国速度，到令人震撼的中国力量，无不彰显着中国制度的优势。当今世界正经历百年未有之大变局，“双循环”新格局下，必须利用制度优势集中力量办好自己的事，深化供给侧结构性改革，充分发挥我国超大规模市场优势和内需潜力，把14亿中国消费者市场激活，壮大内循环的根基，打造国内产业从科技研发、设备制造、产品生产、消费终端的“一条龙”的通道，让外循环依附于内循环，保障出口贸易更加健康稳定；“双循环”新格局下，面对外部环境变化和不稳定性不确定性增多，不能各自为政、单打独斗，要齐心协力、相互配合，在关系国计民生的关键领域，要充分发挥我国社会主义制度能够集中力量办大事的显著优势，做到以顶层设计统领全局，以科学规划推动攻坚，以统筹协调整合力量，特别是在“卡脖子”技术攻关上，要有所作为，创造有利于新技术快速大规模应用和迭代升级的独特优势，加速科技成果向现实生产力转化，提升产业链供应链现代化水平，打造未来发展新优势，必须充分发挥国内超大规模市场优势，通过繁荣国内经济、畅通国内大循环为我国经济发展增添动力，带动世界经济复苏。

(3) 强化企业创新主体和生力军作用。市场主体是我国经济活动的主要参与者、就业机会的主要提供者、技术进步的主要推动者，在国家发展中发挥着重要的作用。保市场主体就是保社会生产力。要千方百计把市场主体保护好，激发市场主体活力，弘扬企业家精神，推动企业发挥更大作用、实现更大发展，为经济发展积蓄基本力量。企业作为市场主体的主力军，是市场竞争的直接参与者，是构建“双循环”的创新主体和生力军。在当前保护主义上升、世界经济低迷、全球市场萎缩的外部环境下，要发挥企业在技术创新中的主体作用，强化企业创新主体和生力军的作用。企业既要借助于利用性创新获取

短期收益或利润，又要开展探索性创新获取核心技术能力保障企业长期可持续发展，向价值链高端升级。在当前美国科技遏制的情况下，突破“卡脖子”难题，利用性创新和探索性创新并举的二元创新战略就成为中国企业的必然选择。中国企业要勇于推动生产组织创新、技术创新、市场创新，重视技术研发和人力资本投入，有效调动员工创造力，努力把企业打造成为强大的创新主体，使企业成为创新要素集成、科技成果转化的生力军，打造科技、教育、产业、金融紧密融合的创新体系。

(4) 培养和引进国际一流人才和团队。发展是第一要务，创新是第一动力，人才是第一资源。国家科技创新力的根本源泉在于人，要进一步开发利用好国际国内两种人才资源，培养和引进国际一流人才和团队。“双循环”新格局下，要加强创新人才教育培养，把教育摆在更加重要位置，注重培养学生创新意识和创新能力；加强基础学科建设，吸引最优秀的学生投身基础研究；进一步加强基础研究，布局建设前沿科学中心，发展新型研究型大学，扩大科学学位博士生招生规模，强化基础科学研究人才培育和储备；尊重人才成长规律和科研活动自身规律，培养造就一批具有国际水平的战略科技人才、科技领军人才、创新团队；高度重视青年科技人才成长，使他们成为科技创新主力军。“双循环”新格局下，要面向世界汇聚一流人才，吸引海外高端人才，为海外科学家在华工作提供具有国际竞争力和吸引力的环境条件；完善人才流动和引进制度，健全与人才引进相关的保障机制，形成更具竞争力的人才政策优势；扩大人才对外开放领域，注重从发达国家引入高端科技人才，着力引进处于国际产业和科技发展前沿，具有世界眼光和深厚造诣的各类优秀外国人才；坚持高端引领、以用为本，加快集聚高层次创新创业人才，发挥人才政策效应，更好地攻克产业发展的关键瓶颈技术；搭建具有全球影响力的聚才活动平台，吸纳用好海外优秀人才。

(5) 坚持开放创新和国际化合作交流。中国的发展离不开世界，世界的发展也离不开中国。构建国内国际双循环相互促进的新发展格局，要更加主动地融入全球创新网络，在开放合作中提升自身科技创新能力。越是面临封锁打压，越不能搞自我封闭、自我隔绝，而是要实施更加开放包容、互惠共享的国际科技合作战略。一方面，要坚持把自己的事情办好，持续提升科技自主创新能力，在一些优势领域加强“长板”，夯实国际合作基础；另一方面，在“短板”领域，在合作中加强学习。要以更加开放的思维和举措推进国际科技交流合作。在合作中实现自主，在自主中加强合作。合作的目的在于共同推进科技进步，共同获得科技成果带来的社会进步和经济发展，以大国气派，广泛接纳一切愿意与中国开展科技合作的科学家和科研工作者，要放开在我国境内设立国际科技组织、外籍科学家在我国科技学术组织任职，要进一步加强大型科学实验装置和科学中心建设，使我国成为全球科技开放合作的广阔舞台。

参 考 文 献

[1] Aghion P, Howitt P. A Model of Growth through Creative Destruction[J]. Econometrica, 1992, 60: 323-351.
[2] Aghion P, Howitt P. On the Macroeconomic Effects of Major Technological Change[M]//Helpman E. Elhann General Purpose Technologies and Economic

Growth. Cambridge: MIT Press, 1998:121-144.

[3] Grossman G M, Helpman E. Innovation and Growth in the Global Economy[M]. Cambridge: MIT Press, 1991.

[4] Howitt P. Measurement, Obsolescence, and General Purpose Technologies [M]//Helpman E. General Purpose Technologies and Economic Growth. Cambridge:MIT Press, 1998:219-251.

[5] Lucas R E. On the Mechanics of Economic Development[J]. Journal of Monetary Economics,1988,22:3-42.

[6] Romer P M. Increasing Returns and Long Run Growth[J]. Journal of Political Economy,1986,94: 1002-1037.

[7] Romer P M. Endogenous Technological Change[J]. Journal of Political Economy, 1990,98: 71-102.

[8] 菲利普·阿吉翁,彼得·霍依特. 内生增长理论[M]. 陶然,等译. 北京:北京大学出版社,2004.

[9] 刘志迎,邵清."双循环"战略下中国纵向创新路径研究:基于 Aghion 和 Howitt 内生增长理论[J]. 创新科技,2020,20(7):14-21.

作者简介

刘志迎,管理学博士,中国科学技术大学管理学院二级教授、博士生导师,中国科大 EMBA 中心主任,省级人文社会科学重点研究基地中国科学技术大学工商管理创新研究中心主任。全国社会科学普及专家,中国技术经济学会常务理事,中国区域经济学会常务理事,安徽省发展战略研究会会长,长三角一体化咨询委员会委员。研究领域为创新管理、产业技术创新、区域创新。研究成果在相关领域主流期刊《Technovation》《Journal of Business Research》《European Journal of Operational Research》《Management Decision》《Technology Analysis & Strategic Management》《科研管理》《科学学研究》《中国软科学》《研究与发展管理》《科学学与科学技术管理》《新华文摘》《经济学动态》《金融研究》等发表论文 300 余篇,获得中国发展研究一等奖和省部级科技成果三等奖等多种奖项,出版专著和教材十余部。

高度重视范式变革对我国科技创新战略的影响

张玉臣

摘要：基于全球科技革命本质是范式转换的历史经验，契合国家谋划中长期科技发展背景，研究和提炼了即将发生的科技创新范式变革，并对数据驱动创新、一体化融合创新两种未来可能最为重要的主导范式进行了介绍，分析了其对我国科技战略可能产生的重大影响，提出了我国应对科技创新范式变革的政策建议。

关键词：范式；科技创新；数据驱动；一体化融合

当前正处于以通信、互联网等技术为代表的信息时代的后期，以人工智能技术等为代表的智能时代的前夜。从目前开始到2035年，可能是新的科技创新范式在探索中逐步确立、现有科技创新范式退出主导地位的变革期。按照与新科技革命对应的康德拉季耶夫周期（康波）分析，目前是第五轮康波的后半程、第六轮康波的孕育期。2045年前后将是新一轮康波起点，而2035年将是新旧范式转换的关键期。恰逢国家中长期（2021～2035年）科技规划和“十四五”科技规划制定期，必须高度重视范式变革对我国科技创新战略的影响。

一、科技创新范式变革及重要意义

（一）科技革命的实质是范式转换

范式变革不是一般的创新组织或管理方式变化，而是从内在逻辑到实现形式的系统性变化。正如范式概念的提出者库恩所言，“科学革命”的实质就是“范式转换”，是一些主体在广泛接受的科学范式里发现了“例外”，并探索用新的范式替换掉“不可通约”的原有范式。科学史上具有划时代意义的重大颠覆性创新成果，大都基于科学家发现“范式”的例外，并探索开创“新范式”的结果。对现有“范式”例外的探索，就是变革的开始。

（二）2035年是范式转换的关键期

按照科技发展史上得到多轮认证的康德拉季耶夫周期划分，20世纪90年代初开始，以互联网通信技术为主要代表的第五轮康波将于2044年前后结束，2045年将是新一轮康波的起点。2035年前后将是新旧范式转换的关键期，亦将是下一轮康波主干创新以及执牛耳者诞生的阶段。

显然，对于规划在2035年走到创新型国家前列、2050年前后建成世界科技强国的中国而言，要做到在未来的学术新思想、科学新发现、技术新发明、产业新方向上下好“先手棋”，最重要的就是要率先捕捉“范式”的例外，孕育出若干主干创新及执牛耳者。因而，从国家层面而言，把握新一轮科技革命机遇，关键就是把握范式变革的历史机遇。

二、面向未来的科技创新主导范式

基于科技创新范式演化的历史脉络及对未来科技创新特征的预见性分析，面向未来的科技创新主导范式中，数据驱动、一体化融合、开源“众创”有望成为三个重要趋势，其中前两种对我国科技战略的影响更为现实和直接。

（一）数据驱动创新

2020 年 8 月 28 日，《Science》刊登了谷歌应用量子计算机成功模拟二氮烯的异构化反应消息，这既是量子计算的伟大进展，也是新时代数据驱动创新的鲜活案例。当前社会对数据驱动创新的理解并不一致，一般将其归结为通过对大数据的加工处理，使数据成为驱动和衍生创新的重要力量。实际上，这种涵义的数据驱动创新是信息时代数据驱动设计、数据驱动研发、数据驱动制造的自然发展，也是互联网、大数据、人工智能技术协同进化的必然结果。我们知道，信息时代科技创新范式对工业时代的一个重大颠覆就是数据化，即“无数据不研发”“无数据不设计”“无数据不创新”以及很多高端领域的“无数据不制造”。纵观信息时代的核心技术，包括核心技术体系的构建，绝大多数建立在数据平台之上，目前我们面临的“卡脖子”技术，绝大多数卡在缺乏足够的“数据支撑”上。

面向未来智能时代的数据驱动创新，还包括通过智能技术实现对实验及创新活动的数字化描述，使实验和创新活动在机器的深度和自主学习过程中实现数据的积累，并通过智能技术完成创新过程，如通过量子计算机模拟化学实验等。不论哪种形式的数据驱动创新，都呈现先发优势等特征，使后发者通过“反求工程”等开展技术学习受到极大制约，甚至使这种形式的技术学习直接失效。因而，依赖知识积累形成数据平台的创新，是构建独占性和领先性技术优势的有效手段，也是信息时代构筑核心技术体系的关键支撑。而智能时代基于深度自主学习的数据自我积累及“数据驱动创新”，则是颠覆现有科技创新范式，甚至替代高端人才完成创新的革命性变革。

（二）一体化融合创新

从实践的角度，一体化融合创新有三个解释或三种实现形式：一是不同性质创新活动的融合，即基于数字技术和人工智能技术的发展，使过去从属于不同活动类型、遵从不同衍生和进化规律的制造及研发等寻找到共享的“数字模型”或“底层逻辑或原理”，使信息时代已经彼此分离的各种活动有可能重新聚合，使多种活动重新融合进行。也就是说，原来基于成本等因素考虑的全球模块化分工以及由此造成的全球产业链，在现代智能技术支撑下实现成本降低，有可能出现回潮现象，而制造与服务的一体化已经在实践中出现。二是不同功能构件的融合。伴随现有芯片、基础软件、计算机、通信网络、信息处理等技术架构和发展模式不断被打破，各种技术的主要环节都步入代际跃迁期，更为重要的是“万物相连”“智能一切”使芯片、计算机、通信网络、数据处理等共享同样的创新算法，加之这些构件之间需要严格的链接标准和统一的运行规则，有可能导致过去的单点、单环节的创新向芯片、软件、系统、网络、内容和服务等集成化、系统性创新转变，实现软硬件融合一体化。三是创新主体的一体化，即在上述两个一体化的推动下，过去由多元专业化主体合作完成的工作，可能回归到由一个主体完成。

与数据驱动、先发优势等趋势并行，融合一体化这样综合复杂的创新任务只能由具有雄厚资金和人才优势的大主体，特别是行业领先的大型企业完成。这些具有领先优势的一体化融合创新主体凭借其所构建的庞大创新生态系统，既能充分利用互联网平台带来的个性化创造之便利，更能实现在全球范围内、跨产业及技术领域的巨系统集成和综合，可能会再次形成软硬通吃、渠道和内容兼营的巨无霸企业。同时，这些巨无霸主体不仅掌握新兴前沿技术，具有对商业生态价值进行配置的能力，同时还会通过孵化培育或投资收购子公司等形式，控制商业及创新生态的价值衍生。可以说，一体化融合创新将推动很多技术领域真正出现只有“第一”、没有“第二”的现象。

三、新科技创新范式的重要影响

范式变革意味着科学家群体普遍接受的有关科技创新活动假设、信念、理论和方法的系统性变化，引致科技创新活动的动机和动力、目标和追求、过程和组织、方式和方法的全方位更迭，或者说是科技创新的赛道的变化。

（一）数据驱动创新的影响

万物相连使“万物皆数”变成现实，加之人工智能技术向纵深发展，将把人类社会推进到数字时代，现有基于数据平台的控制及设计技术等将升级为数字技术，使数据驱动创新或数字化创新成为一种必然趋势。数据驱动创新在社会智能化程度、算力不断提升的助力下，有可能在若干科技领域率先突破“底层逻辑及原理”，甚至有可能解开大到宏观宇宙、小到微观粒子的深层奥秘。不同领域共享的“底层逻辑或原理”突破意味着：掌握了一个“底层逻辑或原理”，很快将拥有多个领域的“创新成果”。例如，如果掌握了“人造肺”的原理和技术，“人造肝”极有可能就是相同原理下的产品拓展；合成了“人造牛排”的创新者，培育出“人造羊排”“人造猪排”就不会遥远。

无疑，数据驱动创新将使领先主体的“先发优势”发挥到极致，甚至在很多领域可能形成“赢者通吃”格局。而这种趋势演化的必然结果，就是科技创新的“高点”决胜，即掌握高端“底层原理或逻辑”的创新主体会越来越少，而只有掌握“底层原理或逻辑”的少量主体，才能决定创新的价值配置。尽管走向全面的“数据驱动创新”仍然会有坎坷与挫折，但是，基于“数据驱动＋人工智能”的新型科技创新模式，一定会成为下一轮科技创新范式的主要内容，将对未来世界科技创新格局产生决定性影响。在这样一个重要领域，我们决不能缺席，也不能落伍或掉队。

（二）一体化融合创新的影响

首先，对我国现有科技创新战略布局的影响。党的十八大以来，我国实施创新驱动发展战略并取得举世瞩目的重大成就。由于在若干重要领域还存在“卡脖子”技术，对其攻关则成为我国当前科技创新战略的重点之一。一体化融合创新模式对“卡脖子”技术攻关可能有三方面影响：一是现有产业链有可能被彻底颠覆。近些年来，我们比较关注按照“产业链”部署“创新链”，以期形成产业技术的系统性优势。然而，产业链是上一轮产业技术成熟后形成的不同主体连接形式，而一体化融合创新模式可能会彻底颠覆现有的产业链概念及格局。二是对产品结构的完全颠覆，即一体化融合创新不仅会形成一体化融合的产品，同时会颠覆特定产业的现有技术标准体系，对现有产品可能会造成归零性影响。三是对研发和制造模式的颠覆，一体化融合模式下将突出数字化研发、智能化制造，使整个研发和制造活动都在一个数字平台上进行。

其次，对我国未来科技创新战略规划的影响。一体化融合创新模式将改变全球科技创新竞争的依据和格局，进而对我国面向未来的科技创新规划产生影响。一是基于数字技术的先发优势和理论上的“赢者通吃”逻辑，未来全球科技创新竞争的主要依据不再是核心技术及依托核心技术构建的产业技术体系。二是把握新兴创新机遇，而其更多来自一体化融合的创新生态系统及全球链接能力。生态系统的全球链接能力越强，其聚集的高端人才和知识就越多，就可能孕育和捕捉更多的创新机会。

四、政策建议

第一，国家在谋划中长期科技发展时，要高度重视两个层次的“数据驱动创新”的布局。一方面，要利用我国经济规模大、人口多等优势，注重数据的积累和挖掘；同时，也要重视基于工业研发实践等途径形成产业数据的集聚，加快推动数字产业化，依靠信息技术驱动创新，不断催生新技术、新模式、新产业，释放数字对经济发展的放大、叠加、倍增作用；更要注重把握人工智能技术革命机遇，注重基于对创新及实验过程的数字化描述和机器深度自主学习的数据驱动创新，推动互联网、大数据、人工智能同实体经济深度融合，推动产业加速向数字化、网络化、智能化发展，构筑并逐步扩大数据驱动创新的新优势。

第二，要将一体化融合创新视为未来科技创新的主导模式予以高度重视，要更加有针对性地支持融合一体化研发，可以考虑将其列为国家重点研发支持对象，特别是在新一代芯片、人工智能等新兴技术领域。一方面，要高度重视软硬一体、研发设计制造一体融合创新的主体培育与激励。从全球一体化融合创新的实践看，取得优异成绩或领先优势的大多是一些大型企业，如美国的谷歌、脸书、IBM 等，中国的华为、阿里巴巴等也都有布局。总体而言，我国谋划开展一体化融合创新的主体尚不多，要在充分激发现有民营企业积极性的同时，努力调动大型国有企业、国家研究机构、著名大学从事一体化融合创新的积极性。另一方面，要大力扶持一体化融合性创新成果的应用，切实推进相关科技成果转化，以期在这一领域形成全球领先优势。从目前发展水平看，全球在一体化融合创新上都处于探索期，我国与世界先进水平差距不大。在大力支持研发的同时，配合人工智能、5G 等新兴产业培育和发展，发挥庞大市场效应推动研究成果的应用，可望形成电子商务、在线支付这样的新兴产业衍生，实现在新技术革命及技术变轨背景下的“后来居上”。

参 考 文 献

[1] 托马斯·塞缪尔·库恩. 科学革命的结构[M]. 北京：北京大学出版社，1996.
[2] 赵志耘，杨朝峰. 创新范式的转变：从独立创新到共生创新[J]. 中国软科学，2015

(11):155-160.
[3] 罗仲伟,任国良,焦豪,等.动态能力、技术范式转变与创新战略:基于腾讯微信“整合”与“迭代”微创新的纵向案例分析[J].管理世界,2014(8):152-168.
[4] 梅亮,陈劲.责任式创新:源起、归因解析与理论框架[J].管理世界,2015(8):39-57.
[5] Panda R. A Study on Factors Creating Consumer Loyalty Towards Frugal Innovation[J]. Journal of Management Sciences and Technology, 2014,2(1):14-22.
[6] Sharma A, Iyer G R. Resource-constrained Product Development: Implications for Green Marketing and Green Supply Chains[J]. Industrial Marketing Management, 2012,41(4):599-608.
[7] 张军,阮鸿鹏,许庆瑞.节俭式创新:面向新兴市场的创新新范式[J].科学学与科学技术管理,2017,38(3):30-43.

作者简介

张玉臣,同济大学经济与管理学院教授、博士生导师,同济大学中国科技管理研究院科技政策与管理研究所执行所长。长期从事科技创新及管理方面的教学与研究工作。主持和参与国家自然科学基金、国家社会科学基金、国家科技部、上海市科委等各类科研项目20多项。受邀参与国家中长期科技发展规划——长三角区域科技发展规划战略研究,国务院关于长三角区域经济社会协同发展指导意见——科技创新部分研究。在《中国软科学》《科研管理》等刊物发表学术论文100多篇,出版《开放式创业》《技术转移机理研究》等著作多部。曾获世界管理大会优秀学术论文奖、上海科技论坛青年优秀建议奖,上海市科技进步奖、上海市人民政府决策咨询研究奖等。

面向2035的分布式创新

赵 炎

摘要：随着互联网时代的不断演进，许多领先企业开始了全球化的战略布局。为了摆脱地理空间的制约，“分布式创新”应运而生，它不仅满足了企业扩张的需要，而且可以更有力地促进企业个体之间的协作，提高企业创新水平。本文从分布式创新的需求、特征与形式，试图挖掘现今科技创新的趋势，为科技创新领域提供理论依据。

关键词：分布式创新；科技创新；全球化

随着全球新一轮科技革命和产业变革愈演愈烈，科学技术从各个方面都发生了重大演变。生物起源、基因突变等一些重大科学问题的原创性突破正在开辟新导向，通信技术、虚拟现实技术、智能制造等领域呈现群体跃进态势，颠覆性技术不断涌现，催生新经济、新产业、新业态、新模式，对人类生产方式、生活方式乃至思维方式将产生前所未有的深刻影响。科技创新逐渐成为各国实现经济再平衡、打造国家竞争新优势的核心，正在深刻影响和改变国家力量对比，重塑世界经济结构和国际竞争格局。2020年，新冠肺炎疫情的蔓延不断冲击全球科技创新价值链，其中技术与知识密集程度较高的企业受到的冲击是前所未有的。据报道，苹果、脸书、亚马逊、微软和谷歌母公司Alphabet五家科技巨头公司市值蒸发总计超过2380亿美元，这也引发了我们对科技创新现状的思考与担忧。

本文主要围绕“分布式创新是什么”“为什么要采用分布式创新”“怎样利用分布式创新提供价值”三个问题进行了系统梳理和述评。由于国内对分布式创新的建议型文章较少，本文首先通过内容分析和系统性文献回顾相结合的方式挖掘分布式创新的概念内涵。其次，深入探究不同主体对于分布式创新的需求，从特征及形式方面阐述采用分布式创新的原因，为加速国内分布式创新研究，开展分布式创新实践提供了有益的参考；最后，总结了分布式创新现有研究的不足，在多个方面提出了具体可行的研究方向，为国内学者未来开展分布式创新研究奠定了基础。

一、分布式创新的概念内涵

随着跨国公司的诞生，分布式创新的应用也日益增加，但是对分布式创新的理论研究却涉及较少。学界普遍认为，正式对分布式创新的研究始于1998年，Chris Kelly[1]认为经济的全球化必然导致分布式创新。目前，众多学者对于分布式创新没有统一的概念。国外学者 Coombs[2] 提出，分布式创新是指在创新过程中以分布的情景实现知识技术及能力在不同部门的分配。Sawhney[3] 指出，分布式创新是可以使企业与其合作伙伴和用户协同创造知识的过程。David 在《Distributed Innovation Management》一书中认为分布式创新是围绕整个组织层级，甚至是联盟网络内的一种内部知识转移创新。而 Florida[4] 则提出分布式创新是基于创新的本土化、区域资源的专业化、区域产业的集聚化基础上形成了创意阶层的高度集中。国内学者刘国新[5] 等认为，分布式创新是企业内部团队以及合作伙伴通过知识共享在网络平台进行的协同创新活动。李珮璘[6] 等学者将分布式创新定义为一种创新模式，它由一家领先的跨国公司发起，然后选择创新任务，在创新合作伙伴或内部分支创新机构之间分配创新任务，最后整合创新成果。自此，分布式创新研究逐渐受到学者关注。借鉴前人研究，本文认为分布式创新是指在资源共享的前提条件下，项目成员在不同地域上依托同样的网络平台共同进行的创新活动。在新时期，全面认识企业及个体对于分布式创新的需求，对于打造具有全球影响力的创新高地有着重要意义。

二、为什么采用分布式创新

（一）不同主体需求

1. 企业需求

首先，因为文化的地理依赖性，导致世界不同地区专精于特定的知识。例如，美国在芯片信息通信产业拥有巨大优势，而德国在汽车制造产业具有雄厚的沉淀和基础。知识的地区分布性使得企业不能仅仅满足于闭门造车，而是应该接触不同地区的知识资源，从而提升自身竞争力。在创新过程中，企业试图掌握所有变革的关键技术已变得几乎不可能，分布式创新协作逐渐成为技术发展的主要模式。其次，随着公司规模的不断扩大，如何保持成员之间的良好协同性也是企业内部所关注的问题之一。传统企业中，虽然技术创新的线性模式得到了很大改善，但研发与营销部门之间难以形成高频率的有效沟通。因为企业层层汇报的反馈机制，导致普通员工的创新能力难以被有效激发并融入到新一轮技术开发中。通过分布式创新，可以迅速改善这些情况。最后，由于企业独自创新面临的损失成本较大，风险较高，导致了企业倾向于保守稳定的发展，不易产生颠覆性的创新。因此，企业应主动或被动地打破公司范围内的界限壁垒，与外部开展技术合作或协同创新，促进全球科技创新的发展。

2. 个体需求

由于分布式创新可以在协同过程实现新知识、新技术的共享，这样使得个体可以在协同组织中提升自身知识水平、产生创意共鸣，形成多领域融合的创新共同体，促进科技创新的良性循环。其次，个体为了提升自身效率、摆脱线性创新模式的困扰，倾向于集中目标与分散目标相结合，并行地进行创新开发。分布式创新能够充分满足个体的需求，可以使得其在任何地点、任何时间都可以通过协作平台产生新颖的概念或做出关键决策，从而提升协作创新能力。

（二）分布式创新的特征

1. 开放性

在创新资源日趋分散和创新成果不确定性较高的情况下，时代要求企业保持其开放性，不仅要从外部吸收创新成果，还要共享不适合自身利用的知识资源，以提高全球科技创新的能力，缩短创新周期，促进知识的良性循环。例如，宝洁公司拥有 22 个全球技术中心，遍布 12 个国家，技术专利数量超过 3 万。它的一半发明都来自分布式创新项目，同时也允许外部创新主体获取公司的闲置知识产权。即使是在规模、管理能力以及资源上拥有巨大优势的宝洁，也要保持开放的态度，促进形成良好的知识交流网络。

2. 协同性

在新技术和新需求的驱动下，分布式创新作为一种有别于传统意义上的创新模式，在实践中无法规避许多挑战。首先是如何利用现代技术实现更高程度的协同，尤其是涉及重大技术创新。以三星公司为例，从横向上看，新品开发需要韩国本部及美国、英国等地多个研发中心协同完成。从纵向上看，产品的需求、设计、验证、制造等不同阶段需要各个部门分布合作完成，以期达到团队的统一目标。为了实现有效的横向和纵向协作，三星电子需要克服异构部门之间的研发资源共享和协作难题。为此，三星公司开发了 Teamcenter 集成网络研发平台，通过标准化的管理制度为有效协同提供保障，从而疏通横向与纵向的协同路径。通过分布式创新，三星电子公司的协同研发成果丰硕，2019 年，该公司被批准的专利数量为 9413 件，在美国的专利申请量与批准量均排名第一，创新水平保持在世界前列。

3. 伸缩性

在计算机领域，伸缩性代表一种弹性，在系统不断扩展时，软件可以保证旺盛的生命力。只要很少改变甚至只要增加硬件设备，就可以实现系统处理能力的线性增长。从管理学角度来看，实行分布式创新的企业是一个不断发展变化、可扩充的动态进化过程。企业可以通过异地设立研发中心或面向更多开发者，实现产品的迭代优化，保持企业活跃的生命力。例如，维基百科自 2001 建立英文版以来，实现跃进式增长，成为全球最大的资料来源网站之一。全球的访客无需特殊的资格，只需要按照自己的知识进行书写即可。这意味着无论任何地方、任何年龄、任何文化背景，人们都可以编辑百科条目。访客不需要担心自身知识储备不足会破坏维基百科，因为其他访客会及时提出建议或修正错误。开发者在设计时也思考到了此类问题，因此修复编辑错误也是十分容易的。

（三）分布式创新的基本形式

自李克强总理提出“大众创业，万众创新”以来，创新不再局限于企业内部，而是更多地向普通大众开放，激发全民的创新能力，进一步推动科技强国的建设。因此，企业的分布式创新的基本形式也从之前的企业内部扩展为企业与用户、企业与社会大众。就企业内部来说，IBM 鼓励每个员工参加即兴创新头脑风暴——在 3 天时间内，所有员工集中对创新机会发表看法或对他人想法提出建议，其中不仅包括未来的技术解决方案，还包括识别市场、营销产品方案等。由于用户需求在不断增加，让用户参与创新使得企业可以更加充分吸收用户创意资源。很多企业设立了在线实验室，例如Google Labs、Microsoft Labs等，其中广泛利用博客、社区等功能，尽快获取用户对产品研发的建议和反馈，促进用户之间的在线讨论和协作。除了用户可以加入到企业创新中去，社会大众也逐渐参与有关创新过程。一家加拿大金矿开采企业（Gold Corp Inc.），由于矿产勘查效率较低，通过在官网公布矿山数据向全球寻求解决方案。这一面向大众的开源勘探取得了惊人的成绩。例如，在红湖矿床中挖掘了110个靶点，后来证实80%的靶点确实有大量的黄金。参与人员除了地质学家，还有大学生、军人等。各种各样的方案使得企业很大程度上拥有了更多的创意资源，其中甚至不乏有些在行业中前所未闻的方案。

三、结论

综上所述，本文从分布式创新的概念内涵出发，讨论采用分布式创新的原因，以期从系统梳理中得出相关管理启示。因此，为了推动分布式创新研究的深入发展，本文认为未来需要从企业及员工个体两方面做进一步的完善。

（一）对企业的管理启示

1. 营造集体主义精神的公司文化

面对经济全球化带来的激烈竞争，分布式创新模式正被越来越多的企业应用，很少有企业能靠自身的单打独斗保持业内领先地位。分布式创新为企业带来尽可能多的人才资源，进一步促进企业的创新水平。在组织员工参与分布式创新项目时，管理者应避免在分布式创新团队中采取无差异的管理方式，更多地注意培养以集体为目标的个人主义文化，鼓励员工参与分布式创新项目，促进员工之间的知识转移，增强项目团队整体的竞争力。因此，在日常的文化建设中，企业应注重培养员工个人的集体主义文化，以便摆脱空间限制，为组织的创新水平贡献力量。

2. 积极搭建分布式创新信息化平台

在信息技术迅猛发展的时代，重视信息系统的建设可以有效提高团队间知识转移的自动化水平，很大程度降低协同创新过程中的信息传递成本，构成更多资源的信息化网络，促进分布式创新的进一步实践，提供更多丰富多元的创新产品。

3. 加大对分布式创新战略的重视

虽然目前针对于分布式创新的研究基本来自国外学者，且在大型企业中分布式创新现象较为明显，但这不意味着只有跨国企业才采取此战略。由于它能突破地理空间的限制，获取更多的资源，为企业赢得持续性竞争优势，所有类型和规模的企业都可以根据自身情况，采取本土化的分布式创新战略。

（二）对员工个体的启示

员工在参与分布式创新活动时，应主动将分布式创新团队的集体目标和宗旨放在个人利益之前，处理好个人、公司、分布式创新团队之间的关系。因为只有在“大我”的背景下，增强员工个人知识转移的意愿，进而促进知识转移行为的产生，才能实现分布式创新的集体利益和共同目标，同时也会尽可能实现员工个人价值的最大化。

同时，由于员工差异化的背景，员工更能从多角度看待问题，从而更能激发成员之间知识火花的碰撞。由于突破地理约束，员工需要养成及时同步项目信息的习惯，提高处理来自多方的信息能力，继而内化成自身的知识，为企业的创新贡献力量。

（三）分布式创新的局限性

在知识经济时代，分布式创新提倡知识共享的同时，也带来了相关的弊端，如层出不穷的网络安全问题、不断骚扰的垃圾邮件等。尽管本文对分布式创新持积极态度，但并不代表它完美无缺。在实施分布式创新中，由于大众并不是内部员工，没有约束压力，会产生很多不确定因素。并且，谈到企业的分布式创新，商业秘密和知识产权保护问题立即变得非常敏感。员工往往认为，披露内部的研发信息会使组织面临风险，还可能将未来的计划透露给竞争对手。所以知识产权的开放程度也是分布式面临的问题之一。

尽管分布式创新还存在些许缺陷，但根据热力学定律，封闭的系统如果无法与外界进行能量交互，最终会在无序中走向消亡。反之，只有不断开放和共享，才可以使得原本无序的系统走向有序，长久不衰。全球各国、各种组织也认识到了这一点，因此不断发布相关政策推动，支持分布式创新。

参考文献

[1] Kelly C. Does Distributed Innovation Fit with Current Innovation Theory and Policy[J]. Technology, Regions, and Policy, 2006(11): 1-13

[2] Metcalfe J S, Coombs R. Organizing for Innovation: Co-Ordinating Distributed Innovation Capabilities[C]. Social Science Electronic Publishing, 2009.

[3] Nambisan, Satish, Sawhney, Mohanbir. The Global Brain: Your Roadmap for Innovating Faster and Smarter in a Networked World[M]. School Publishing, 2007.

[4] Florida R. Global Talent and Innovation[C]// Software Engineering, 2005 ICSE 2005 Proceedings 27th International Conference, 2005.

[5] 刘国新，高小芹，王圆圆. 分布式创新：涵义、背景与特征[J]. 管理学家(学术版)，2010(11):58-65.

[6] 李珮璘，黄国群. 跨国公司分布式创新及对我国企业创新的启示[J]. 科技管理研究，2008(7):26-29.

作者简介

赵炎，博士，上海大学管理学院教授、博士生导师。国家自然科学基金委员会通讯评议专家，中国生产力学会常务理事、中国技术经济学会技术管理专业委员会常务理事，技术孵化与创新生态分会常务理事，中国科学学与科技政策研究会科技管理与评价专业委员会委员，公共管理专业委员会委员，科技成果产业化专业委员会委员，上海市生产力学会副会长，上海工程管理学会技术创新专业委员会副主任，中国科协评估专家组成员。长期从事创新战略、知识密集型服务业、产业集群与科技园区、创新联盟和企业间网络、风险投资的前沿研究。近年来获得科研项目 20 多项，已出版著作 4 部。自 2009 年以来，在国内外管理类重要期刊（包括国家自然科学基金委认定的 A 类或 B 类期刊，SSCI 期刊，SCI 期刊）以第一作者或通讯作者署名发表相关论文 40 余篇。

中国创新50人笔谈

50 Essays on China’s Innovation

产业创新

跨越技术生命周期的企业创新体系：从二次创新到C理论

吴晓波

摘要：经过70多年的艰苦拼搏，中国已步入全球制造大国行列，在以数字经济为主导的第四次产业革命的新时代背景下，中国制造业既迎来了创造发展新路径的机会窗口，也面临着技术范式转变带来的"非线性打击"。中国的后发制造企业逐渐完成了从模仿创新、创造性模仿、改进型创新的追赶过程，进入到了主动探索新产业、新业态、新模式，提升自主创新能力的"超越追赶"阶段。鉴于现有主要源自西方发达国家的理论对中国持续变革情境下后发企业在从追赶到超越追赶中的高度动态性和非线性特征的解释力和指导力不足的情况，本研究团队致力于构建跨越技术生命周期的企业创新体系——C理论，旨在为我国企业在进入新时期的创新发展提供有效的指导，为创新管理体系的新发展贡献中国智慧。

关键词：技术生命周期；范式转变；超越追赶；二次创新；C理论

随着我国经济进入"新常态"，中国制造的问题也越发突出。目前，中国制造业部分产业形成局部领跑态势，但是大部分制造业仍处于全球价值链的中低端，转型升级困难重重；中国制造业面对严峻的产业技术变革挑战，"信息化、智能化、网络化、共享化"的新技术变革催生了产业价值网络；产业迫切需要创新发展，产业技术发展呈现出与先进信息技术基础设施深度跨界融合的趋势；制造业发展需要服务国家重大发展战略，加速产业创新发展成为建设"创新型国家"和"制造强国"国家战略的重要举措。中国急需从制造大国向制造强国转型，因此，迫切需要明晰中国制造业在第四次产业革命中的发展方向，探寻实现创新引领发展的新战略。

一、企业创新管理实践与第四次产业革命的冲击

中国企业的技术进步长期走的是一条"引进—消化—吸收—再创新"的道路。基于这样的"线性追赶"道路发展起来的技术创新体系，很容易令企业陷入"引进—落后—再引进—再落后"的追赶陷阱。很多在既有技术范式上获得创新成功的企业在面临新兴技术范式竞争时，容易遭到技术不连续性带来的"非线性打击"，导致企业以传统"单个技术生命周期"为基点的创新体系失效。研究团队在深入扎根阿里巴巴、华为、吉利、海康威视、海尔、美的等十余家中国本土领军企业的基础上，发现现有的技术创新体系局限于"单个技术生命周期"，"跨越技术生命周期的企业创新体系"亟须构建。

数字化、网络化、智能化融合的第四次产业革命引发了技术生命周期加速缩短、技术

范式的快速变迁与不确定性更迭，原有技术范式之下的市场结构正处于重大的转变当中，过去有序的市场结构正在被新的技术范式所打破，市场结构正处于新的从有序到无序、从无序到有序的变化当中，这对现有的“单个技术生命周期的创新体系”提出了挑战。

二、后发企业追赶：“二次创新”理论

中国后发企业的崛起引起了学者的广泛研究兴趣。研究团队在对中国后发企业进行长期的跟踪调研之后，结合国际前沿创新管理理论，于1991年提出了“二次创新”理论。“二次创新动态模型”（X-W模型）不同于经典的“U-A动态创新模型”（Xu和Wu，1991），“U-A动态创新模型”是基于发达国家情境下提出的创新规律，遵循从产品创新向流程创新转变的规律。“二次创新动态模型”则是基于发展中国家情境提出从流程创新向产品创新转变的创新规律。“二次创新”的动态过程如图1所示，主要包括基于第Ⅰ类技术引进（成熟技术）和基于第Ⅱ类技术引进（新兴技术）的技术能力提升过程。具体而言，它包括四个子过程，二次创新（Ⅰ、Ⅱ、Ⅲ）是基于引进成熟技术的模仿创新、创造性模仿和改进型创新三个阶段，二次创新（Ⅳ）是基于引进新兴技术的后二次创新阶段。

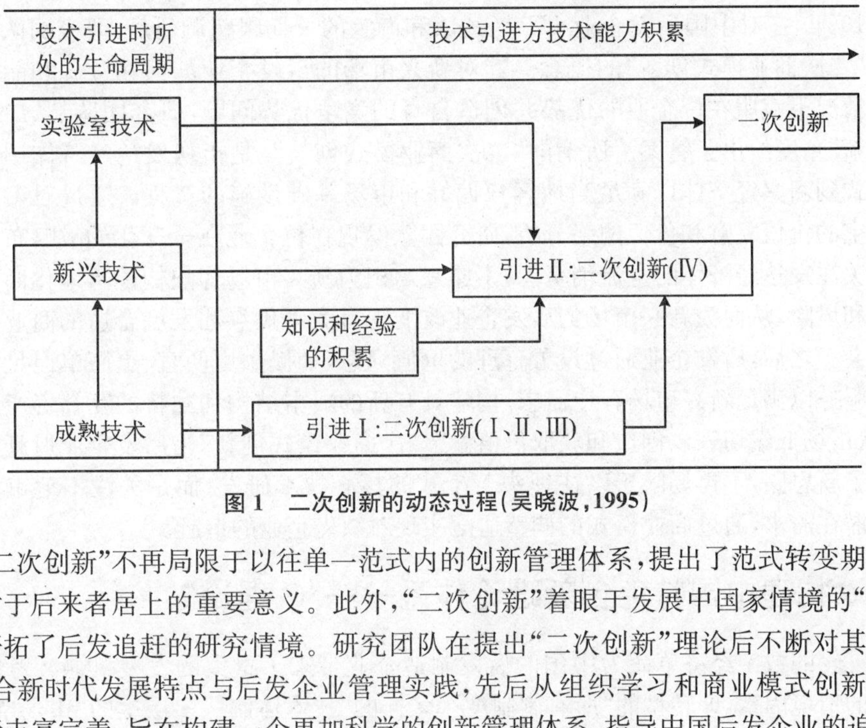

图1　二次创新的动态过程（吴晓波，1995）

“二次创新”不再局限于以往单一范式内的创新管理体系，提出了范式转变期的机会窗口对于后来者居上的重要意义。此外，“二次创新”着眼于发展中国家情境的“后发优势”，开拓了后发追赶的研究情境。研究团队在提出“二次创新”理论后不断对其进行完善，结合新时代发展特点与后发企业管理实践，先后从组织学习和商业模式创新视角对其进行丰富完善，旨在构建一个更加科学的创新管理体系，指导中国后发企业的追赶。

三、“二次创新”理论与企业实践的结合

20世纪80年代末，研究团队曾多次前往我国最大的空分设备制造基地——杭州制氧机厂（后更名为“杭州杭氧股份有限公司”，简称杭氧）进行实地调研，本着“与工人交朋友”的心态，在田野调查期间从一线员工处获得了数据充足、信息可靠的一手资料，总结出适用于中国后发企业追赶的“二次创新”管理体系，提出二次创新周期包括引进（模

仿)、消化吸收、改进创新、危机、更新五个阶段。2009年,对杭氧在更为开放的技术与市场环境下开展的二次创新过程进行了深度研究,探索了“开放环境下动态的技术引进”与“封闭环境下静态的技术引进(即埋头苦干式)”之间的差异,以及“积极型消化吸收(开放集成式)”与“被动型消化吸收(即被动依赖式)”的不同,进一步深化了1995年提出的“二次创新”理论模型。研究发现,杭氧在20世纪50年代和60年代处于封闭环境下静态的技术引进阶段,企业处于“盲目的探索—失败—再探索”的循环状态。20世纪70年代末,杭氧引进了国外成熟的第三、第四代空分技术;80年代中期,杭氧引进了国外成熟的第五代空分技术;90年代中期,杭氧引进了国外新兴的第六代空分技术,成功地从基于第Ⅰ类技术引进(成套、成熟技术)向基于第Ⅱ类技术引进(非成套、新兴技术)的升级。相比于封闭、静态、线性的埋头苦干式“引进消化吸收再创新”,处于改革开放环境下的我国后发企业应动态分析外部环境条件与内部资源能力,选择合适的组织学习模式,积极进行开放、动态、非线性的开放集成式的“二次创新”。具体而言,在二次创新的引入阶段进行秩序调整的适应型学习;在消化吸收阶段进行使得系统更有效的维持型学习;在改进创新阶段进行产品功能改进的发展型学习;在危机阶段进行系统重构探索的过渡型学习;在更新阶段进行技术创新的创造型学习。

2010年,在对中国后发企业UT斯达康和淘宝的长期跟踪调研后,研究团队进一步提出了“二次商业模式创新”的概念。针对新兴市场的后发企业如何在资源和能力处于劣势的情况下克服在位企业的优势并创造自身的竞争优势问题,研究团队从“二次商业模式创新”角度给出了答案。所谓的“二次商业模式创新”,是指从发达经济体调整原有商业模式到新兴经济体以满足当地客户偏好和市场基础设施的过程。通过对UT斯达康和淘宝的价值立意和价值网络分析,研究团队发现在位企业在全球化的战略布局过程中通常关注发达经济体的主流消费者,不愿意承担为新兴市场客户构建本地化商业模式的成本和风险,从而为新兴市场的后发企业改变现有竞争焦点和发展合适的商业模式提供了机会。之后,后发企业通过设置合理的价值立意,如提供更便宜、更简单但足够好的产品或服务以满足新兴市场客户需求,构建具有新的成本结构和独特的互补资产的价值网络,从市场低端切入以创造和获取价值。“二次商业模式创新”为后发企业追赶在位企业提供了新思路,不再局限于以往埋头苦干式的核心技术研发,而是关注本地市场未被满足的潜在需求,通过商业模式的调整适配实现对领先企业的追赶。

四、构建中国特色创新理论体系——“C理论”

新一轮的数字经济革命为中国的后发制造企业带来了重大的发展机遇。考虑到中国特殊的情境因素,即转型的“所有制制度”、多样的“技术体制”、多层次的“市场空间”以及新兴的“全球网络”四位一体的中国情境(吴东,等,2013),以及以华为为代表的后发企业进入“无人区”,现有的创新管理理论难以指导新时期后发企业的追赶,急需开发一套全新的创新管理战略及战术研究工具。

后发企业的追赶研究将创新路径总结为三种模式,分别是路径追随型(Path-following Catch-up)、路径跳跃型(Stage-skipping Catch-up)和路径创造型(Path-creating Catch-up)(Lee和Lim,2001),但是这三种路径仍然没有突破单一范式的局限。范式转变期的“不确定性”和“混沌”的状态,正是行业发生“洗牌”的重要时期,在位者与新进入者重新回到同一起跑线，原有的技术积累不再是竞争的决定性要素，商业模式创新、价值网络、互补资产在其中发挥了重要的作用。然而，我国的电视机企业、新能源汽车企业并未意识到范式转变期带来的“机会窗口”，由于规律性认识与管理的缺失错失了发展的良机。

众所周知，市场是具有自组织性的复杂系统，这种自组织性体现在它通过不断与外界交换物质和能量从无序演化出有序结构，但是当系统内部某个变量发生突变时有序结构会重新陷入远离平衡态的、非线性的无序状态，之后系统通过内部的协同作用自发地出现时间、空间和功能上的有序结构。系统从无序走向有序以及从有序走向无序，都是市场演化序列中的重要环节，它遵循着复杂的物理学定律。根据“耗散结构理论”，开放系统在远离平衡态并存在“负熵流”时，可能形成“稳定有序的耗散结构”。企业存在于复杂系统市场的意义是它能够持续地对市场输出负熵，从而促进市场更好地趋向有序。同样地，企业的发展也需要持续的负熵流，通过构建耗散结构，远离平衡态并产生系统熵减。因此，在市场复杂系统接近崩溃或系统正处于崩溃的状态下，企业能够预见下一个有序结构，比同行业竞争者更好地输出负熵，从建立平衡到打破平衡的演化规律亟须探究。

研究团队在以“后发优势”为核心的“二次创新”原创创新管理理论基础上，继续探索从封闭环境到开放环境、从线性学习到非线性学习、从建立平衡到打破平衡、从被动应对不确定性到主动拥抱变革的中国原创创新管理理论——以“超越追赶”为核心的“C 理论”。如图 2 所示，“C 理论”刻画出了在技术范式转变下充斥着高度不确定性的情境中，以“超越追赶”为战略导向，以妥协（Compromising）、互补（Complementarity）、共创（Co-create）、共建（Co-construct）、共享（Co-share）、共赢（Co-win）为核心特征的跨越技术生命周期的企业创新体系。

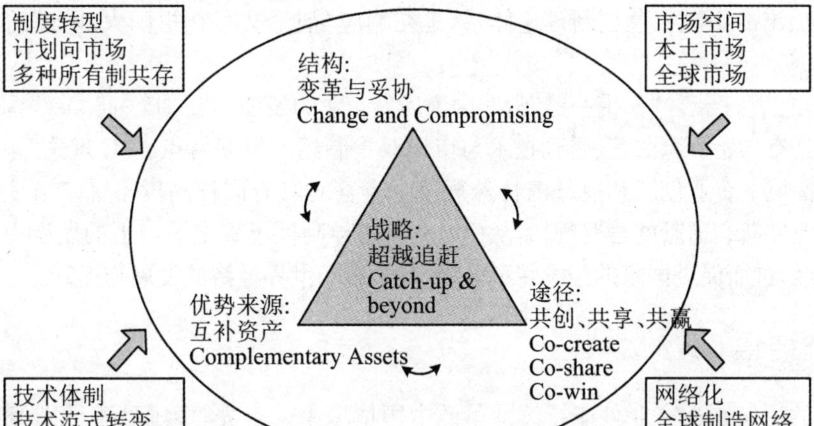

图 2　基于超越追赶的 C 理论模型

研究团队在深入总结提炼中国领军企业的“非线性成长”管理规律基础上，通过多案例研究、扎根研究、跟踪研究、调查统计、建模仿真等多种研究方法，总结企业平衡态相变过程、企业耗散结构的形成与维持，充分发挥管理学多学科领域合作研究的优势，多视角深度探索高度不确定性情境下企业管理创新的模式、机制和演化规律，构建中国特色的创新管理理论——“C 理论”，推动我国创新管理领域的跨越式发展。

五、“C 理论”的价值诉求

“C 理论”着力于将中国领先企业成功的创新管理实践规律提升成为新的管理理论。ABCDE 技术（人工智能、区块链、云计算、大数据、边缘计算）劲推下的跨界、竞合等企业边界模糊现象，中美贸易战引发的动态复杂的企业战略环境，都对经典的西方管理理论“五力模型”、“资源基础观”(Resource Based View)、“动态能力”(Dynamic Capability)等提出了挑战。美国学者迈克尔·波特构建的“五力竞争模型”、日本学者藤本隆宏总结的“丰田精益生产方式”、韩国学者李根提出的“经济赶超路径”的核心思想是建立均衡有效的分工与协作体系，将建立和维护稳定的平衡作为企业提升绩效的核心命题。中国领先企业的管理实践颠覆了西方经典管理理论建立平衡的核心假定，中国企业将变革视为常态，迭代、试错、流动、不确定性、灰度等“干扰项”不再是管理制度中的例外，通过主动打破平衡与建立平衡实现了“超越追赶”与“非线性成长”。

“C 理论”致力于构建中国管理学术体系的话语权。习近平总书记在哲学社会科学工作座谈会中指出，“当代中国正经历着我国历史上最为广泛而深刻的社会变革，也正在进行着人类历史上最为宏大而独特的实践创新。这种前无古人的伟大实践，必将给理论创造、学术繁荣提供强大动力和广阔空间。这是一个需要理论而且一定能够产生理论的时代，这是一个需要思想而且一定能够产生思想的时代。”但是，在解读中国实践和构建中国理论方面，我国在国际上的声音还比较小，习近平总书记对此强调，要不断推进话语体系建设和创新，在指导思想、学科体系、学术体系、话语体系等方面充分体现中国特色、中国风格、中国气派，构建具有自身特质的话语体系。“C 理论”是在特殊的时代与情境背景下酝酿出的中国特色创新理论体系，是在响应“把论文写在祖国大地上”的号召下的理论输出。

“C 理论”用于指导“一带一路”沿线国家后发企业的发展。“一带一路”沿线国家的后发企业同样具有初始资源匮乏、受到技术与市场双重制约的发展特点。“C 理论”是在总结并提炼中国情境下企业创新和追赶的特殊规律上丰富对具有同样高度不确定情境的发展中国家等企业创新和追赶的普遍规律，从而有利于指导高度不确定情境下的发展中国家等后发企业发展，进而促进国家的经济转型升级，甚至影响世界经济的发展与提升。

六、结语

中国的后发制造企业处于持续变革的中国情境中。首先，中国处于计划经济向市场经济转型以及多种所有制共存的背景下，具有独特的制度特点；其次，中国本土市场需求的庞大、梯度和多样性是中国所特有的，“引进来”“走出去”“走进去”的全球市场资源的协同配置有利于中国企业国际化业务的开展；再次，中国企业具有独特的技术体制，曾经历了多轮技术范式的转变，同时面临知识产权制度不成熟带来的红利及威胁；最后，在全球制造网络背景下，中国企业可以通过价值网络的重构获取价值。

研究团队提出的“跨越技术生命周期的企业创新体系”适用于不同时代背景下的“二次创新”与“C 理论”，既关注了技术创新的“线性”组织学习过程，又关注了企业在技术范式转变期的“非线性”特征。目前，我国制造业既面临以数字经济为主导的产业革命带来的机会窗口，又面临着技术范式转变带来的“非线性打击”等挑战。“C理论”对于“不确定性”以及“灰度管理”的研究致力于指导我国制造业识别并抓住机会窗口，提升数字化能力与新旧经济融合能力，不仅为指导我国制造业发展贡献一份力量，也为全球的创新管理贡献中国智慧。

参考文献

[1] Utterback J M, Abernathy W J. A Dynamic Model of Process and Product Innovation[J]. Omega, 1975, 3(6):639-656.

[2] Xu Q, Wu X. A Model of ‘Secondary Innovation’ Process[C]. Technology Management: the New International Language. IEEE, 1991: 617-620.

[3] Lee K, Lim C. Technological Regimes, Catching-up and Leapfrogging: Findings from the Korean Industries[J]. Research policy, 2001, 30(3): 459-483.

[4] Wu X, Ma R, Shi Y. How do Latecomer Firms Capture Value from Disruptive Technologies? A Secondary Business-model Innovation Perspective [J]. IEEE Transactions on Engineering Management, 2010, 57(1): 51-62.

[5] 吴晓波，付亚男，吴东，等. 后发企业如何从追赶到超越？——基于机会窗口视角的双案例纵向对比分析[J]. 管理世界，2019(2):151-167.

[6] 吴东，吴晓波. 技术追赶的中国情境及其意义[J]. 自然辩证法研究，2013(11): 45-50.

[7] 吴晓波，张好雨. 从二次创新到超越追赶：中国高技术企业创新能力的跃迁[J]. 社会科学战线，2018(10): 85-90.

[8] 吴晓波，马如飞，毛茜敏. 基于二次创新动态过程的组织学习模式演进：杭氧1996～2008纵向案例研究[J]. 管理世界，2009(2):152-164.

[9] 吴晓波. 二次创新的进化过程[J]. 科研管理，1995(2):27-35.

[10] 吴晓波. 二次创新的周期与企业组织学习模式[J]. 管理世界，1995(3):168-172.

作者简介

吴晓波，教授、博士生导师，浙江大学社会科学学部主任，浙江大学“创新管理与持续竞争力研究”国家哲学社会科学创新基地主任，浙江大学-剑桥大学“全球化制造与创新管理联合研究中心”中方主任，睿华创新管理研究所联席所长。多年来积极从事以竞争战略与技术创新管理为核心，在创新管理、全球化制造与创新战略、信息技术与管理变革、包容性创新、大数据背景下的商业模式创新等领域开展了开拓性的研究。在国内外发表学术论文100多篇，出版著作10余部，其专著《全球化制造与二次创新：赢得后发优势》获浙江省和教育部优秀成果奖。先后主持国家自然科学基金项目、国家社会科学基金项目、国际合作科研项目20余项。担任《IEEE Transactions on Engineering Management》《Asian Journal of Technology Innovation》及《管理工程学报》等国内外重要学术期刊编委。

高新技术创业孵化的价值共创机制

杨德林

摘要：剖析了高技术创业企业的原型产品化、合法性获取、场景化开发三项关键价值链活动，探究了被孵企业间“交流、互动、重构”三个交互环节及其对创业企业的赋能作用，分析了孵化平台通过天使投资、专业孵化和产业生态建设等，促进交流、互动和重构环节，从而推动被孵创业企业间的价值共创机制，并讨论了相应的实践启示。

关键词：高新技术；孵化平台；孵化机制；价值共创

与一般创业企业相比，高新技术创业领域往往具有不确定性高、投入高、周期长的特点，而创业企业的身份又使其受制于新进入缺陷（Liability of Newness）和小规模障碍（Liability of Smallness），面临合法性缺失、资源获取困难、抗风险能力弱等问题（董保宝等，2019；Zhang and White，2016）。由于高新技术创业企业的特点，其成长会更加依赖外部力量的帮助，特别是专业孵化器的支持（黄波等，2019）。孵化器（或孵化平台）是指为创业企业，特别是为高新技术创业企业提供各种服务支持，从而帮助它们克服早期成长困境并实现快速发展的特殊组织（Hausberg and Korreck，2020）。中国的孵化器产业发展迅速，已经成为推动创新创业的重要力量。不过，当前大量孵化器的服务能力不强，主要向入驻企业提供场地、资金和其他一些基础服务，难以针对被孵企业的需求给予关键资源和能力帮助（Lai and Lin，2015）。由于孵化深度不足，孵化器缺乏对高新技术创业企业有效孵化的能力，从而导致“创业虚化”现象（吴玉伟，施永川，2019）。

虽然已有的关于孵化机制的研究考察了孵化器通过多样的孵化服务匹配孵化需求问题（王康等，2019），但不少研究在研究问题、视角和结论上结合高新技术创业的特征方面显得不足。例如，有学者指出，孵化器掌握的网络资源可为被孵企业对接外部资源，进而提高孵化绩效，但由于高新技术创业企业往往有较高的技术门槛和很强的知识产权保护意识，可能使其难以对孵化网络进行有效利用。因此，研究面向高新技术创业的孵化机制需要加强。

创业是不断实现企业价值创造和增值的过程（张玉利，李乾文，2009），创业企业价值链各环节活动相互关联、相互影响，并最终实现利润产出，推动企业成长（Porter，1985）。基于以上认识，我们组织研究团队从价值链的视角，以典型的高新技术孵化器——西安中科创星科技孵化器有限公司（“中科创星”已投资孵化企业 320 家，累计投资额超过 29 亿元，被孵企业总市值 500 多亿元）及其被孵企业为研究对象，探讨了高新技术创业的“价值共创”孵化机制。

一、高新技术创业企业的价值链活动特征

高新技术创业企业的价值链活动有其特殊性，除了研发、采购、生产、市场营销外，我们识别出高新技术创业企业所特有的三项关键价值链活动：原型产品化、合法性获取、场景化开发。

（一）原型产品化

入驻中科创星的高新技术创业者面临的一个重要难题，便是跨越技术原型与市场化产品间的鸿沟，形成能推向市场的成熟产品。这种鸿沟的跨越或原型产品化是创造和实现价值的重要一环。

（二）合法性获取

中科创星在孵的高新技术创业企业会面临较为严峻的合法性问题。一些客户很容易根据创业企业的初创身份，便质疑被孵企业产品的先进性、经济性和稳定性，使其经常缺乏向初始客户证明自己产品优势的机会。这种合法性的获取会有助于创造和获取更多价值。

（三）场景化开发

中科创星里的高新技术创业者之前大多服务于高校、科研院所或企业研发部门，凭借自身多年积累的研发成果和能力进行创业。他们之所以创业，往往是看到了他们拥有技术的可能应用场景。创业者的技术和产品结合更多应用场景将有助于创造更多价值。

二、被孵高新技术创业企业间的价值共创机制

在组合管理的理念指导下，中科创星发掘和利用各被孵企业的关联，以赋能各自的价值链活动，而孵化器也能从中获得收益。正如一位投资总监所言："我们（中科创星）希望促成（被孵企业间）广泛合作，而动机是我们（投资孵化的）每家企业都会变得比原来更好。"我们的调研发现，中科创星被孵企业间存在三个价值共创的环节：交流、互动和重构。

（一）交流环节

中科创星内部不同被孵企业可就彼此拥有的产品、市场和运营等信息展开交流，从而影响各自的价值链活动，并为后续彼此间更深入的交互奠定基础。

交流环节对这些高新技术创业企业的现有价值链活动能够起到直接作用，通过赋能原型产品化、合法性获取、场景化开发三项关键增值活动，促进创业企业利润的产出。例如，在原型产品化方面，一位被孵企业 CEO 曾说道："我们（被孵企业 CEO）相互私下也交流技术方案、生产配套等操作方面的经验，我回头会用于改进研发和生产。"

交流环节除了对被孵企业各自的当前价值链活动起到立竿见影的赋能作用之外，还能使两家被孵企业形成一些观念上的共识，并识别出一些有潜在价值的互补资源，为后

续更为深入的交互活动奠定基础。

（二）互动环节

中科创星的被孵企业基于在交流环节达成的观念共识和识别出的互补资源开展互动，在研发、生产、市场、服务等方面进行合作，从而促进创业企业利润产出。经过资料分析，被孵企业间的互动模式主要有以下几种类型。

第一，客户分享。中科创星内部一些被孵企业虽然主营业务不同，但拥有相近的客户群体，因而彼此间可以分享客户资源。这种基于客户分享的互动模式有助于高新技术创业合法性获取、场景化开发两项关键价值链活动。

第二，联合投标。联合投标的互动模式是指，中科创星内部相关领域的兄弟企业对各自的产品和研发能力进行整合，之后联合或在其中一家企业主导下投标项目。这种模式可以赋能合法性获取、场景化开发两项关键价值链活动。

第三，内部交易。入驻中科创星的一些高新技术创业企业会选择将一部分非核心组件交由孵化器内部的兄弟企业完成。这种基于内部交易的互动模式能为原型产品化、合法性获取两项关键价值链活动赋能。

第四，研发协助。在基于研发协助的互动模式下，一家创业企业的初始客户可以是中科创星内部的兄弟企业，而兄弟企业会从真实需求出发在产品的设计、生产上提供宝贵建议和指导，从而加快创业企业完成技术原型到成熟产品的跨越。

（三）重构环节

根据前面的分析，交流和互动可以赋能创业企业的现有价值链活动，从而增加其当期利润产出，而价值共创更深远的影响在于重构环节。中科创星的被孵企业通过长期交互中的资源整合会扩展彼此的技术、市场和组织边界，进而实现价值链重构，增加未来利润产出。

被孵企业间交互带来的重构主要有以下形式：

第一，扩展技术边界。一方面，与创业企业进行紧密互动的中科创星内部的兄弟企业能为其带来优质的互补技术资源和能力，提升高新技术创业企业的产品和技术能力。另一方面，中科创星内部的兄弟企业在互动时会传递有关技术和产品的反馈，使其了解市场真实需求以及相应技术解决方案。

第二，扩展市场边界。一方面，创业企业与中科创星内部其他被孵企业进行互动，其实给予了创业企业一个宝贵的证明自身实力的机会，能对外释放一个很强的信号，从而吸引相关领域其他企业尝试其产品。另一方面，虽然创业者开发的技术可能应用于很多场景，但仍会有不少场景可能是创业者在创业之初并没能意识到的。而与兄弟企业互动可能将创业企业引入一个新的应用场景，从而使其能开辟一个新的业务领域。

第三，扩展组织边界。对于长期合作良好的两家被孵企业，可能会基于彼此优势成立合资公司，实现互补资源和能力的深度整合。

（四）基础保障

中科创星构建的信息机制、信任机制和演化机制能够有效实现内部被孵企业间活跃的价值共创活动，主要源于三个方面的基础保障。

第一，天使投资。天使投资使中科创星能在被孵企业早期便介入其成长过程，这让中科创星与被孵企业有紧密互动并对其产生积极影响。企业会与中科创星建立深厚的信任，从而引导与其他兄弟企业进行价值共创。

第二，专业孵化。中科创星是中科院西安光机所发起设立的孵化器，因此有较深的技术积累，同时投资经理也均为相关领域有技术研发或产业经历的人员。与普通财务投资者不同，中科创星能对创业企业进行紧密跟踪和贴心服务，特别是提供专业的产品和市场建议，这种专业性进一步促进了孵化器与创业企业间的互信。

第三，产业生态。中科创星在选择投资和入孵企业时便考虑了孵化器内部产业生态的构建，业务领域的相关性使被孵企业间存在大量的价值共创机会。

三、基于价值共创的高新技术创业孵化机制

基于对中科创星及其被孵企业的分析，我们归纳出一套基于价值共创的高新技术创业孵化机制，如图 1 所示。下面将对这一机制进行简单阐述。

企业的传统价值链包括研发、生产、市场、服务等增值环节，进而决定了企业的利润产出。而我们的研究发现，高新技术创业企业更强调原型产品化、合法性获取、场景化开发三项关键价值链活动。而孵化平台可以通过天使投资、专业孵化和产业生态建设等，促进交流环节、互动环节和重构环节，进而推动被孵创业企业间的价值共创活动。

当被孵企业间实现价值共创时，高新技术创业企业的价值链活动会进一步加上了价值共创的交流、互动和重构环节。同时价值共创的交流、互动和重构环节能为原型产品化、合法性获取、场景化开发赋能，增加这些价值链活动的价值，进而帮助企业获得更高的价值产出。

交流环节是价值共创的前提。交流本身能够对创业企业价值链活动赋能：① 在原型产品化方面，被孵企业通过交流能够获得客户需求信息、有关技术方案优化和优质供应链资源的信息等，并基于这些信息开展原型产品化相关工作。在合法性获取方面，被孵企业通过交流能获得有关企业和产品资质认定、政府研发资助、加入行业协会等有助于提升企业合法性的信息。② 在场景化开发方面，被孵企业通过交流能获得有关产品应用场景、潜在客户、市场开拓策略等信息，从而促进其应用场景的形成与拓展。除此之外，两家被孵企业在交流中识别潜在的价值观和愿景冲突，并形成相近的价值观和愿景，即观念共识。观念共识是后续互动环节的基础（周文辉等，2019）。被孵企业之间通过交流，也能对彼此拥有的资源进行分析和判断，进而基于自身资源禀赋识别出潜在可用的互补资源，以便进一步探索实质性合作的可能性。

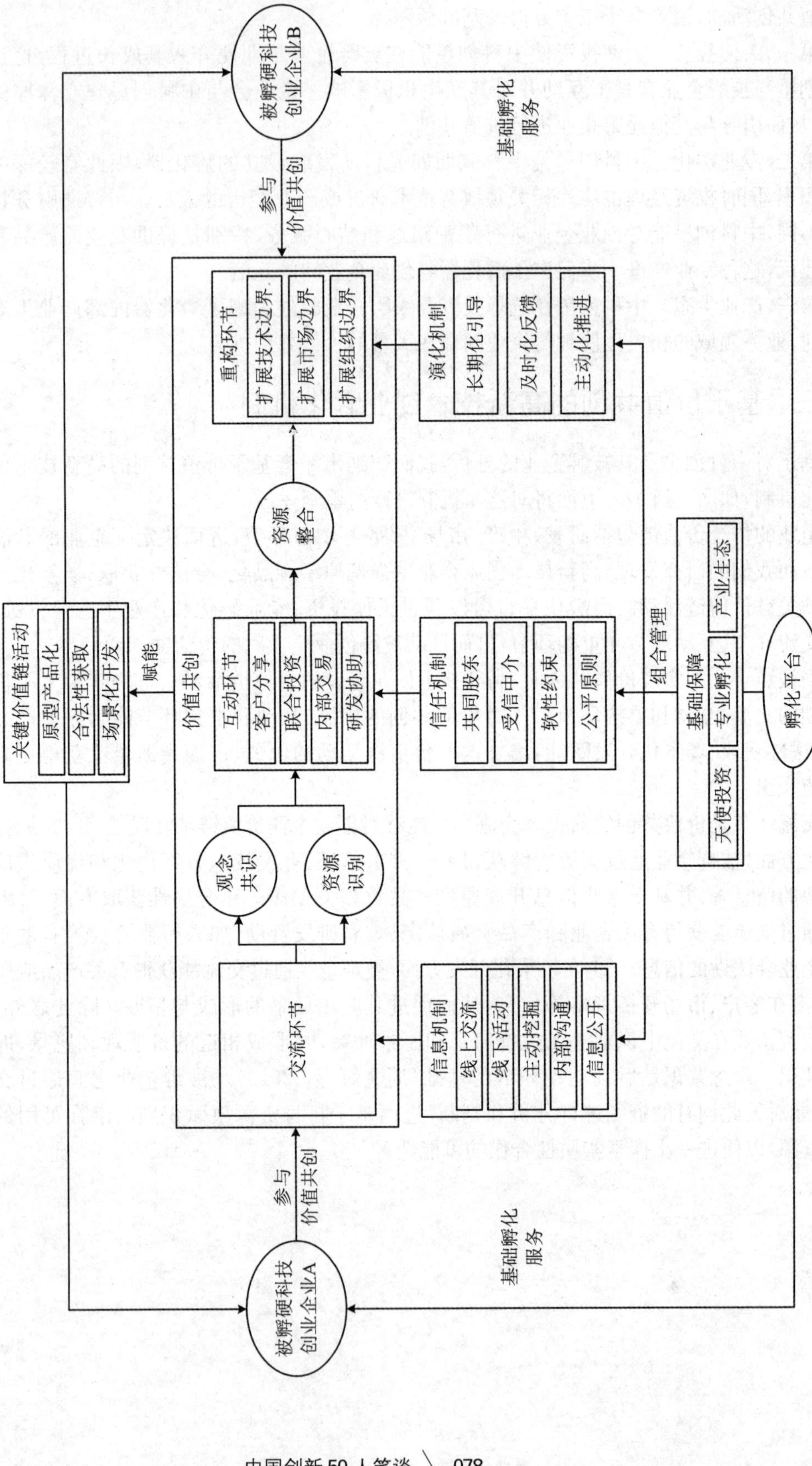

图1 基于价值共创的高新技术创业孵化机制

互动环节是价值共创活动的核心。被孵企业间互动能够整合彼此优势资源，对价值链活动赋能：① 在原型产品化方面，创业企业往往缺少可以进行产品试验的真实客户环境，使其产品不得不经历较为漫长的市场论证与调整，甚至最后也不能获得客户青睐。互动中的协助研发模式能使兄弟企业作为创业企业的初始客户，协助其在产品先进性、经济性、稳定性等多方面进行反复打磨。此外，高新技术创业企业在构建生产体系时，以内部交易模式互动的兄弟企业也能提供相对稳定、优质的组件供应。② 在合法性获取方面，兄弟企业间可进行客户分享。由于兄弟企业的信任中介作用，高新技术创业企业能降低与客户接触时面临的合法性障碍。此外，若两家被孵企业进行内部交易，兄弟企业作为初始客户使用产品，为初创企业提供了一个宝贵的证明自身实力、提供合法性的机会。③ 在场景化开发方面，兄弟企业的客户分享带来更多潜在客户，进而使高新技术产品能应用于更多的场景。此外，由于高新技术创业企业往往只在少数领域拥有较强的产品和研发实力，使其作为集成商投标大型项目时面临能力不足的问题。若被孵企业进行联合投标，参与方均能扩大各自产品的应用场景，并且有机会参与更大型的项目。

重构环节强调被孵企业间长期价值共创对高新技术创业企业关键价值链活动的积极影响：① 在原型产品化方面，通过长期价值共创，当兄弟企业能提供稳定、优质的组件供应时，硬科技创业企业可将其整合进自身产品和技术体系，从而有能力去获取更大型、更复杂的项目订单。此外，兄弟企业在长期价值共创中也会对高新技术创业企业形成知识溢出，有助于其研发出更成熟的产品。② 在合法性获取方面，当高新技术创业企业与兄弟企业成功进行价值共创，能向外释放一个信号，从而吸引相关领域其他企业尝试产品。此外，若被孵企业成立合资公司或进行并购重组，形成的新组织在资源、能力或规模方面具有优势，相较于单个被孵企业将面临更低合法性障碍。③ 通过长期价值共创，兄弟企业能导入一个硬科技创业者之前没意识到的新应用场景，从而使创业企业开辟一个新的业务领域。此外，被孵企业通过合资或并购重组形成的新组织也可以借助单个被孵企业之前在场景化开发方面的努力，将所拥有的高新技术产品扩展到更丰富的应用场景。

四、实践启示

通过上面的研究，我们可以得到以下实践启示：

第一，孵化器应改变思路，改变传统“一对一”的孵化模式，开展有效的被孵企业组合管理，通过搭建被孵企业之间交流和合作的平台，推动整个被孵企业群体的成长。为了促进和保障被孵企业间高质量的交流和合作，孵化器可以借助线上交流群、线下培训会等多种方式为被孵企业高管创造良好交流环境，并凭借自身专业背景广泛发掘被孵企业间可能存在的合作机会。孵化器还应明确被孵企业组合中各企业的诉求和优劣势，帮助合作双方形成恰当的合作模式，同时引导已达成的实质性合作进一步发展为长期合作关系。

第二，孵化器应注重天使投资与专业孵化相结合的模式，坚持内部产业生态的构建，并为每一个被孵企业配备具有相关技术和产业经验的人员(最好是参与被孵企业天使轮融资的投资经理)对被孵企业进行全程跟踪并提供专业服务，进而与被孵企业建立深厚信任关系。

第三，高新技术创业企业应该了解自己的优势和瓶颈，并通过选择入驻合适的专业孵化器来实现快速成长。同时，虽然高新技术的门槛高、保密需求强，但高新技术创业企业也不应闭门造车，而应积极与其他企业进行交流和合作。这不仅能帮助创业企业跨越技术原型与市场化产品之间的鸿沟、获得创立初期关键的合法性和业务来源，对其重构企业能力也意义重大。

参考文献

[1] 董保宝，罗均梅，许杭军. 新企业创业导向与绩效的倒U形关系：基于资源整合能力的调节效应研究[J]. 管理科学学报，2019(5).

[2] 黄波，莫祯贞，李超然. 硬科技创业趋势及企业成长生态研究[J]. 中国市场，2019(8).

[3] 王康，李逸飞，李静，等. 孵化器何以促进企业创新？——来自中关村海淀科技园的微观证据[J]. 管理世界，2019(11).

[4] 吴玉伟，施永川. 科技型小微企业"硬"科技创业动力要素与孵化模式研究[J]. 科学管理研究，2019(1).

[5] 张玉利，李乾文. 创业导向、公司创业与价值创造[M]. 天津：南开大学出版社，2009.

[6] Hausberg J P, Korreck S. Business Incubators and Accelerators: a Co-citation Analysis-based, Systematic Literature Review[J]. The Journal of Technology Transfer, 2020, 45(1): 151-176.

[7] Lai W H, Lin C C. Constructing Business Incubation Service Capabilities for Tenants at Post-entrepreneurial Phase[J]. Journal of Business Research, 2015, 68(2): 2285-2289.

[8] Porter M E. Competitive Advantage: Creating and Sustaining Superior Performance[M]. New York: Free Press, 1985.

[9] Zhang W, White S. Overcoming the Liability of Newness: Entrepreneurial Action and the Emergence of China's Private Solar Photovoltaic Firms[J]. Research Policy, 2016, 45(3): 604-617.

作者简介

杨德林，清华大学经济管理学院创新创业与战略系教授，中国技术经济学会副理事长兼秘书长，中国企业管理研究会常务副理事长。研究领域为制度变革与创新/创业、基于技术的创新/创业、技术孵化与创新生态等。主要成果发表在《Organization Science》《Journal of Engineering and Technology Management》《International Journal of Technology Management》《Journal of Physics B.》等英文期刊，及《中国软科学》《科研管理》《科学学研究》《管理科学》等中文期刊。作为负责人正在研究和已完成的课题包括国家重点研发计划课题、国家社会科学基金重大项目、国家社会科学基金重点项目、国家自然科学基金项目和国际合作项目。

隐形冠军企业发展战略的精一创业逻辑[①]

葛宝山

摘要：实现经济的高质量可持续发展成为我国战略定位的基点。我国和世界主要国家的竞争本质上是全产业链之争。目前，我国的企业提供了大量的但质量不高的产品和服务，堪称大而不精。不仅耗费了大量资源，破坏了环境，也浪费了我国百年不遇的发展机遇期。从理论和实践上总结隐形冠军企业的发展战略对应对百年不遇之大变局、落实双循环战略、实现企业转型具有现实意义。本文明确了相关科学问题，提出了精一创业导向概念，构建了隐形冠军企业的创业概念模型。基于精一思想和Timmons创业模型构建了精一创业理论模型，基于机会-资源一体化创业理论，构建了隐形冠军企业精一创业过程模型。

关键词：隐形冠军；精一创业；创业逻辑；公司创业战略

一、问题的提出

改革开放以来的40年间，我国经济连续多年保持高速增长，经济总量已位居世界第二位。2008年世界金融危机爆发以来，世界经济长期低迷，受此影响，出现了大家不愿意看到的中美贸易摩擦和贸易保护主义。我国经济面临外需不稳、内需不旺的境地，经济运行下行压力很大，经济增长出现衰退的迹象。从产业演变规律来看，我国经济也处在发展的瓶颈时期和经济结构的调整时期，转型升级已是迫在眉睫。转型升级的关键在于全面实施创新和创业战略，实现经济的高质量可持续发展。然而，在中国，具有国际竞争力的大型龙头企业，如华为、中兴等受到来自以美国为首的利益集团的强力打压，面临着前所未有的严峻挑战。多数国内的大型企业面临着行业产能过剩和可持续发展的巨大压力(如钢铁、水泥、汽车、家电、大型百货业、地产等)。在新冠疫情的深度影响下，中小企业的发展也是步履维艰，多数经营不景气。大量新创企业在很短的时间内就纷纷倒闭。

为应对我们不愿意看到的长期衰退现象的出现，可供参考的选择是系统总结隐形冠军企业的创业机制，实施精一创业战略。实际上，在我国，公司创业一直存在着我们以前没有进行系统总结的两种类型：一种我们称之为“外延式创业-低质快速扩张”，另外一种我们称之为“内涵式创业-追求卓越”。过去40年，除个别企业外，如华为等少数企业，国

---

① 国家自然科学基金面上项目(71972083)成果。

内企业所采取的一般战略多为“外延式创业-低质快速扩张”，较少考虑“内涵式创业-追求卓越”(隐形冠军之路)战略。然而，数字经济的快速发展和我国市场化改革及“一带一路”倡议的确定(意味着竞争将更加激烈)，对国内所有企业都提出了严峻挑战，需要我们系统思考国内企业的发展方向。采取隐形冠军企业的创业战略可以有效地提升企业在行业内细分市场的竞争优势。当同行业中的多数企业都采用深耕式的细分市场-主打产品创业战略时(精耕细作战略)，就会实现真正的行业内错位经营，打破“同行是冤家”的惯例。因此，辩证地看，传统的行业内公司竞争战略或许是全行业的集体自杀战略(尤其是跟随战略)。因此，我们认为，真正长期有效的战略可能是隐形冠军企业式的创业战略。

隐形冠军概念的提出源于破解中小企业这个世界性的大课题。众所周知，不管是发达国家还是新兴经济体，都存在中小企业的问题。20世纪70年代以来，中小企业的发展受到世界各国的高度重视。1974年，经济学家舒马赫在《小的就是好的》这本论著中阐述了小企业发展的独特优势。1986年，赫尔曼·西蒙研究德国出口贸易的过程中，发现德国众多的中小公司，尤其是在国际市场上处于领先地位的中小企业贡献了重要力量，他将这些优秀的公司称为“隐形冠军”(Hidden Champion)。他从企业目标、市场战略、客户关系、企业创新、核心竞争力、企业文化和领导班子等方面总结了隐形冠军成功的经验。隐形冠军企业成功创业的例子屡见不鲜。最具代表性的例子是一些德国的隐形冠军企业，如德国的伍尔特公司，只生产螺丝、螺母等连接件产品，却在全球80多个国家有294家销售网点，其产品的应用更是上至太空卫星，下至儿童玩具，几乎涵盖了所有行业领域，年销售额达到70多亿欧元。又如，德国生产滤水器的布里塔公司，占据全球同类产品市场份额的85%。由于它们生产的产品大都并非终端消费品，所以这些企业并不为一般大众所知，这就达到了所谓的“隐形”效果，但它们却往往成为全球客户的最佳选择，成为真正的“冠军”。这类企业仅生产一类产品，却可以在其所有应用领域做到“赢家通吃”，在全球占据极高的市场份额。所以，有“隐形冠军企业之父”称号的西蒙教授总结道：“这些小公司是德国经济的核心。它们为所有公司(无论大小)提供了关于如何增长、如何创造就业以及如何创新等方面的宝贵经验。”无疑，这些经验需要我们从创业逻辑视角加以系统的概念化和理论化。

国内隐形冠军企业的例子也很多，代表性的企业如大族激光。它是位于深圳的一家中国隐形冠军企业，在世界激光产业中，大族激光公司规模目前位居亚洲第一位、世界第三位。目前大族激光国内市场占有率达70%以上，从2003年至今，大族激光平均每年业绩增长35%以上。大族激光的三大产品，激光打标机产销量世界第一，激光焊接机产销量世界第三，高功率光纤激光切割机世界第一，成为名副其实的隐形冠军。以手机产业链为例，我国已经有一批企业进入了苹果供应链，并且凭借其技术实力成为苹果的重要供应商，从2015年到2018年，苹果整体销售收入的平均年增速为10%左右，而反观我国进入苹果产业链的企业过去三年业务中与苹果相关部分的营收均呈现高增长态势，这主要得益于这些隐形冠军企业凭借自身实力在苹果产业链中渗透率的提升以及相对于苹果日益增强的议价能力。有了这些隐形冠军企业，我们就会在全球相关产业链中长期占有一席之地。又如富奥股份公司，该公司总部位于汽车之城长春，是国内知名汽车零部件制造企业，主要从事汽车零部件的生产与研发。该公司成立于1998年，其前身是中国第一汽车集团的全资子公司，2007 年完成国有企业改制，2013 年在中国深圳证券交易所上市。该公司下属公司 36 家，其中全资分公司、子公司 15 家，控股合资公司 9 家、参股合资公司 12 家。该公司近年来的主要创业战略是隐形冠军战略，即聚焦核心产品战略平台；持续推进运营质量改善；强化职能体系支撑；发挥资本优势，不断提升企业核心竞争力，实现可持续驱动发展，为促进中国汽车零部件工业发展贡献力量。2020 年上半年，新冠肺炎疫情暴发给汽车产业带来了极大冲击，汽车产销累计出现两位数的负增长。据中国汽车工业协会统计分析，汽车产销分别完成 1011.2 万辆和 1025.7 万辆，同比分别下降16.8%和 16.9%。1～6 月，乘用车产销分别完成 775.4 万辆和 787.3 万辆，同比分别下降 22.5%和 22.4%；商用车产销分别完成 235.9 万辆和 238.4 万辆，同比分别增长 9.5%和 8.6%。2020 年上半年，面对“大变局、大疫情、不景气、转型难”的严峻挑战，该公司把握产业趋势与机遇，应对行业增长不确定性，持续保障供应链安全，确保企业健康发展，实现了整体优于行业的发展水平。持续保持增速发展，在逆境中展现了韧性。公司实现营业收入 52.57 亿元，同比增长 14.68%；归属于上市公司股东的净利润 4.36 亿元，同比增长 2.83%。

“专业化、规模化和国际化”发展路径的选择，突显了隐形冠军企业的发展本质。又如，我国汽车行业的又一隐形冠军企业是一汽解放汽车有限公司（简称“一汽解放”），它是一汽解放集团股份有限公司（于 2020 年 5 月 20 日在深交所 A 股上市）的全资子公司。该公司成立于 2003 年 1 月，是中、重、轻型卡车及客车制造企业，整车年生产能力 29 万辆。2019 年，共生产整车 36.97 万辆，销售 33.6 万辆，其中中、重卡 28.5 万辆，市场份额为 21.8%。2020 年上半年，共销售整车 27.7 万辆，其中中、重卡 23.9 万辆，市场份额为 27%，稳坐行业第一地位。解放重卡销量连续四年行业第一，中、重卡销量连续三年行业第一，单一品牌重卡销量连续两年全球第一，牵引车销量连续 14 年行业绝对领先，轻型车销量连续四年实现高速增长。其实，华为的成长过程也具有隐形冠军企业的发展特点。

综上，隐形冠军企业的发展路径符合精一创业逻辑。运用隐形冠军企业的精一创业机制可以促进我国企业的内涵式创业发展。在操作层面上应该是实施隐形冠军企业式的机会资源一体化创业战略，即精一创业战略。实施隐形冠军企业创业战略的根本原因就在于：实施隐形冠军企业创业战略，才可能真正实现同行业内企业的错位经营和比较显性的差异化经营，从而产生行业内特色经营。

二、隐形冠军企业创业理论模型构建

从公司创业领域目前研究成果的广度和深度来看，该领域中有关公司内创业的架构已日趋完善。但有关隐形冠军企业的创业战略，尚缺乏深入的系统研究。隐形冠军企业创业过程本质上是通过机会-资源一体化创业机制定位企业的核心能力和目标市场，整合企业内外部资源，捕捉重大商业机会，开创专门化事业，以激活组织活力、增强凝聚力和战略定位能力，以提高公司绩效与竞争优势为核心的精一创业过程。这类创业课题属于公司层面的长远发展战略问题，应该成为创业学领域重大的前沿研究课题。

隐形冠军企业既不像传统大企业的“大而全”（范围过大），也不是小企业的“小而精”（企业规模很小），而是不同于两者的“中而专”（小行业细分市场卓越）。在实践中，隐形冠军企业的创业逻辑是:精一创业机会开发(聚焦细分市场),精一创业资源整合,精一创业团队建设和精一创业文化构建。在理论上,就是整合精一观和创业理论,构建精一创业导向的概念体系,包括内涵、维度及其测度。基于这个逻辑,我们构建了基于 Timmons 创业模型的精一创业理论模型。详见图 2。

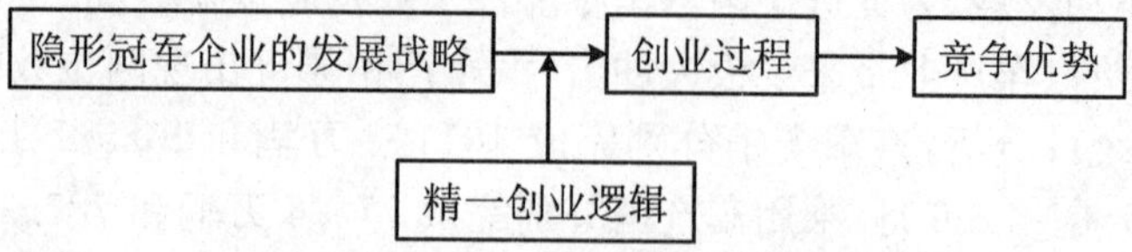

图 1　隐形冠军企业的创业概念模型

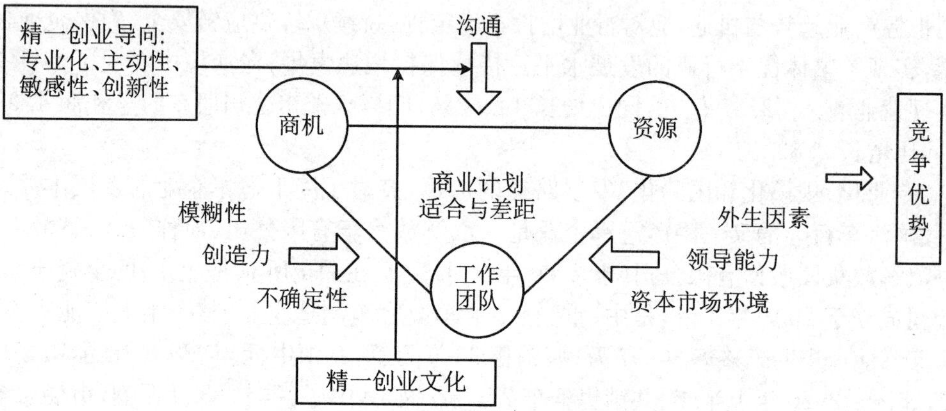

图 2　基于 Timmons 创业模型的精一创业理论模型

三、隐形冠军企业的精一创业过程模型构建

运用创业逻辑解构隐形冠军企业的发展战略,关键的科学问题及其破解思路是:基于当代全球技术经济发展的特点和我国转型经济背景,以我国各行业中的隐形冠军企业为对象,借鉴系统思维、精一思想和过程观,系统研究隐形冠军企业创业过程中的相关因素、隐形冠军企业机会-资源一体化创业过程、隐形冠军企业创业过程中的重大商业机会识别与开发、隐形冠军企业创业过程中的内外部资源开发与整合、服务于隐形冠军企业机会-资源一体化创业的公司治理、战略定位和网络关系等关键问题,揭示隐形冠军企业机会-资源一体化创业过程及机理,在理论上可以进一步完善公司创业理论、丰富创业战略管理理论,在实践上可以指导我国企业,尤其是竞争性行业的企业实施隐形冠军式的精一创业战略、制订公司精一创业计划,从而有效应对贸易战和国内外激烈竞争的挑战,实现企业的高质量、可持续发展和区域经济社会的长期和谐稳定。我们认为,隐形冠军企业的创业战略是指已建公司的机会-资源一体化创业决策过程及其结果,它是建立在开发细分市场机会和资源整合基础之上的,聚焦自身的核心能力以发展公司核心事业和市场领先地位为目标的组织特征和组织战略的管理过程。

近年来,在开展国家自然科学基金重点项目群中创业理论专题研究期间,吉林大学创业研究团队在系统总结创业理论研究成果的基础上,结合我国创业实践,提出了机会-资源一体化创业理论。实际上,作为创业活动的两种重要行为,机会开发和资源开发之间的关系十分密切。在创业活动中,机会和资源是不可或缺的要素。当我们对创业黑箱深入打开时发现,单独研究机会和单独研究资源尽管都可以在一定程度上解释创业领域内的一些现象,但却往往会有一定的理论局限性。在复杂的动态创业过程中,机会与资源两者相互作用往往不可分割。机会的利用需要获取相应的资源,机会利用与资源获取存在着紧密的联系,配置资源时也会对机会利用产生影响,成功的机会开发离不开创业资源的投入,只有机会与资源两者相互匹配并且合理作用于创业过程,才能使机会在最终被有效实现并且创造价值。而隐形冠军企业创业正是基于自身的比较优势(资源和能力)聚焦其细分市场——特定产品组合,通过机会-资源一体化创业过程,实施精一创业战略,实现细分行业的市场领先地位。将东方的精一思想和机会-资源一体化创业理论相融合,我们构建了隐形冠军企业的精一创业过程模型,详见图 3。

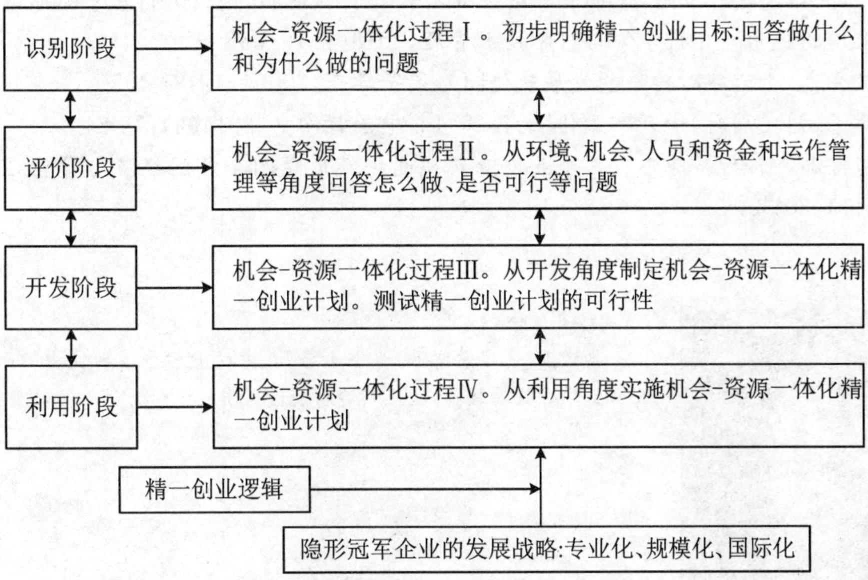

图 3　隐形冠军企业的精一创业过程模型

四、结论

大变局背景下,就如何破解当前的经济发展困境,实现双循环发展战略,提升我国经济发展质量,有多种路径可以选择。隐形冠军企业的发展战略和实践,值得我们去系统思考和总结。本文从创业视角解构了隐形冠军企业的主要特征,初步构建了精一创业理论模型和过程模型,为创业研究开辟了一个新的领域,为企业创业实践提出了一个新的发展方向。相信通过进一步凝练精一创业逻辑,扎根于隐形冠军企业案例,挖掘其创业逻辑和内在机理,将有助于创业实践的探索和创业理论的发展。

参考文献

[1] 赫尔曼·西蒙. 隐形冠军:未来全球化的先锋[M]. 张帆,吴君,刘慧宇,等译. 北

京：机械工业出版社，2015.
[2] 葛宝山，高洋，蒋大可，等. 机会-资源一体化开发行为研究[J]. 科研管理，2015(5)：99-108.
[3] Boso N，Story V M，Cadogan J W. Entrepreneurial Orientation，Market Orientation，Network Ties，and Performance：Study of Entrepreneurial Firms in a Developing Economy[J]. Journal of Business Venturing，2013，28(6)：708-727.
[4] Din F U，Dolles H，Middel R. Strategies for Small and Medium-sized Enterprises to Compete Successfully on the World Market：Cases of Swedish Hidden Champions[J]. Asian Business & Management，2013，12(5)：591-612.
[5] 张瑞敏. 海尔创业创新 33 年诠释高质量发展之道[J]. 中国经济周刊，2018(1)：15-16.
[6] 柳卸林，葛爽. 探究 20 年来中国经济增长创新驱动的内在机制：基于新熊彼特增长理论的视角[J]. 科学学与科学技术管理，2018(11)：3-18.
[7] 徐公喜. 十六字心传思想发展轨迹[J]. 朱子学刊，2000(1)：481-495.
[8] 秦峰. 刘宗周对"十六字心传"的诠释[J]. 中国哲学史，2014(2)：76-84.
[9] 葛宝山，王治国. 隐形冠军企业创业研究述评及展望[J]. 外国经济与管理，2020，42(11)：20-32.

作者简介

葛宝山，管理学博士，博士生导师，吉林大学创业研究中心副主任；长白山学者特聘教授，匡亚明特聘教授。研究方向为创业管理。

顾客参与模糊前端对服务创新绩效影响的辩证思考①

曹　勇

摘要：如何看待顾客参与模糊前端活动及其对服务创新绩效的影响，是后疫情时代我国服务企业高质量发展面临的重要理论与现实问题。本文从开放创新视角阐述了顾客参与模糊前端的主要特征及驱动因素，辩证分析了顾客参与模糊前端对服务创新绩效的影响效果，在此基础上提出了基于中国情景下深化该领域的理论探索与实证研究、提升创新绩效的宏观思考与政策建议，旨在为促进我国企业在后疫情时代有效发挥顾客参与的积极作用来提升服务创新绩效、推动高质量发展提供理论与实践参考。

关键词：顾客参与；模糊前端；新服务开发；服务创新绩效；高质量发展

随着经济全球化和高质量发展的推进，服务业结构变化加快，服务创新已成为多数企业的商业战略选择，新服务开发(NSD)已成为近年的研究热点。NSD过程包括模糊前端(FFE)、开发实施以及商业化三个阶段，其中FFE作为NSD的早期阶段，具有高度不确定性和模糊性，是创意产生及评估的重要阶段，对降低开发成本、缩短服务开发周期、促进创新成功具有重要意义[1]。在开放创新环境下，企业管理者逐渐认识到提升创新绩效需要打破组织边界与外部利益相关者协调合作与信息共享，而顾客作为NSD的重要外部主体，积极参与FFE活动成为获取客户信息的有效途径。服务主导逻辑认为，顾客对自身需求有清晰的认知，服务价值应由服务提供商与客户共同创造，即顾客在创新活动中不仅是被动的"服务接受者"，更是新产品/服务的设计者与创造者。实际上，由于服务的无形、易逝、异质及不可分离等特殊性不同于有形产品，其更注重与外部主体的合作共享。为揭示企业在模糊前端与顾客的互动机理及作用效果，本文在阐述NSD过程中顾客参与的特征及驱动因素基础上，辩证分析顾客参与FFE对服务创新绩效的影响效果，为深化该领域的理论探索与实证研究提供新思路，同时为我国服务企业在后疫情时代有效运用顾客参与来获取优质创意、实现高质量发展提供实践指导。

一、顾客参与模糊前端的特征及驱动因素

模糊前端是产生创意并形成服务概念的早期阶段，包括机会识别、创意产生和筛选、市场与技术评估、概念定义等活动。FFE的主要特征是来源于市场、技术以及资源与组

---

① 国家自然科学基金面上项目(72072139)、教育部人文社会科学规划基金项目(19YJAZH003)成果。

织等方面的不确定性，如顾客需求不明确、服务定位不清晰等[2]。开放创新环境下，服务创新绩效主要取决于获取吸收内外部知识信息资源的能力，顾客作为重要的外部知识源，掌握大量客户需求及用户经验等关键信息，参与 FFE 能帮助确定市场机会、评估新的服务概念并提供有效的市场反馈，提高服务创新绩效[3]。通过文献分析，本文从环境、经济、心理和社会等四个方面分析顾客参与模糊前端的驱动因素。

第一，环境因素。该因素主要包括企业创新环境和市场环境。随着外部环境的变化，企业允许并鼓励客户参与 FFE 活动是基于自身发展需要，主要表现为两个方面：一是随着环境的复杂性和市场竞争的激烈性，开放创新逐渐成为企业创新的主导模式，企业仅利用内部资源很难获得长期竞争优势，需要积极寻求与外界的合作来获取信息资源[4]。资源基础观认为企业成长需要从外部环境获取足够资源，而顾客的积极参与有利于快速获取客户需求和用户经验等企业成功开发新服务亟须的关键信息资源。FFE 是信息最密集的阶段，并与服务创新成功紧密相关。虽然 FFE 阶段具有高度不确定性，但管理者可通过在该阶段与客户进行积极互动，吸收利用有效信息资源，优化改进前端活动，降低前端不确定性，进而大幅提高创新成功率。二是市场需求的不确定性，由于环境的动荡性及 FFE 自身的不确定性，服务经理很难确切把握外部需求及市场变化趋势，与顾客相关的信息也只能通过顾客本身获得，因此顾客参与服务设计过程，企业可较早地吸收、转换外部知识有利于服务创新成功[5]。

第二，经济因素。顾客参与可帮助企业挖掘市场机会，产生能满足顾客需求并能在当前环境下成功开发的优质创意，从而提高 NSD 成功率，这对企业或顾客来说均可获得较高的收益。顾客参与开发过程并与企业共创的主要动机就是为了获得与 NSD 相关的经济利益，这可能是直接的物质奖励，也可能是间接的利润分享，又或者是诸如知名度、贡献度等形式的社会利益[6]。企业实施创新的主要目标就是生存发展并获得持续竞争优势，成功的 NSD 意味着快速度、高质量、低成本、优服务，顾客参与 FFE 可帮助企业快速确定消费者的需求偏好信息，企业根据顾客需求设计新产品，从而降低开发成本，有利于同时提高顾客满意度和产品质量。

第三，心理因素。客户愿意参与早期过程并与企业研发者共同开发设计还可能受到顾客心理因素的影响。首先，基于提高自我满足感和认同感的心理驱动。由于需求不确定性和信息黏性的存在，客户参与增加了消费者需求被满足的可能性，而作为新服务的共同设计者和创造者也有利于形成客户的自我满意，提升自我认知。其次，基于对现有服务不满或求新猎奇的心理。如许多处于市场发展趋势前沿的领先客户，现有服务已无法满足需求，出于对新服务的渴求以及创新的冲动并且这些客户掌握未来内市场需求变化的信息，往往具有较强的参与倾向。此外，还有部分客户基于求知心理参与早期开发过程，以便在参与过程中能获得许多新服务的知识以及相关技能。

第四，社会因素。顾客参与 FFE 还会受到价值分配、社会网络等社会因素的影响，不仅企业特征、客户特征以及双方的关系特征会不同程度地影响服务提供商与顾客之间的互动程度，企业内部组织机制在价值共创活动中与外部客户合作的重要作用，也能为顾客参与创造条件、改善客户对参与过程的认知，从而影响顾客参与的积极性。总之，无论对企业还是客户自身，在市场环境下，顾客参与 NSD 过程已成为服务企业创新发展的必然趋势，尤其是在具有高度不确定性的 FFE 阶段的顾客参与是获取创新收益和竞争优势的重要来源。

二、顾客参与模糊前端对服务创新绩效的影响效果

纵观已有研究成果，关于顾客参与 FFE 对服务创新绩效的影响，不是简单的线性过程，而是受到企业创新能力、客户特征和环境不确定性等多因素的影响，形成一种复杂的作用机制[7]。鉴于此，本文从积极影响和消极影响两方面辩证分析 FFE 阶段的顾客参与对服务创新绩效的影响效果。

(一) 顾客参与模糊前端对服务创新绩效的积极影响

第一，促进企业内外部知识共享，降低不确定性。在服务开发过程中，通过与客户的积极互动来获取新知识，是吸收客户知识以及转变新服务理念的前提。顾客的需求信息和消费经验是成功开发新服务所需的关键资源，但由于服务企业客户需求难以预测，研发者难以准确把握，而顾客可洞察消费者需求偏好，FFE 阶段与客户积极互动建立良好的客户关系，可获得顾客知识资源投入，有效促进企业之间以及企业内部的知识共享，以及外部市场信息与专业知识在企业内部的及时传递，帮助企业了解客户需求偏好以确定未来产品趋势、合理安排与利用资源，有针对性地开发新服务产品。顾客参与程度越高，从外部获取的知识与信息越多，更有利于降低企业 NSD 过程中来自市场、资源、技术等方面的不确定性，增加研发成功的可能性，从而提升服务创新绩效。

第二，缩减开发时间，加快创新速度。FFE 阶段对新产品或服务创新的最终成功至关重要，在该阶段与客户积极互动有助于缩短开发周期、加快创新速度、获取竞争优势[8]。在 FFE 阶段顾客参与企业服务创新，拓宽了信息来源渠道，为企业获取优质产品创意、为创意筛选与评估以及形成初步的新产品概念等提供更多选择，早期持续的客户反馈会减少后期做出更改的可能性，从而加快开发速度。顾客参与 FFE，还能更好地获取市场环境信息，使企业能及时有效地应对各种威胁并获得成功。

第三，提升服务质量，增加顾客满意度。服务质量是衡量最终服务是否满足顾客需求的关键。服务质量不佳往往源于对客户需求不了解，顾客参与 FFE 可帮助企业较早理解不同消费者的需求偏好，完善开发计划，改善服务质量来提升服务创新绩效。顾客参与对服务质量的影响主要表现在：一是能改善实际服务质量，对顾客而言，各种服务都存在不同程度的风险，通过与企业互动，可在了解客户的真实需求基础上进行生产，实现个性化服务；二是提升感知服务质量，服务质量取决于顾客感知，而顾客感知直接影响顾客满意。当客户直接参与新服务的设计开发过程时，顾客会对这项服务形成更准确的未来心理预期，有助于提升客户感知质量和顾客满意度。

第四，降低服务成本。特别是定制化程度较高的 NSD 项目，顾客作为一种资源投入，能在一定程度上降低研发成本。NSD 项目的成本控制需要在各阶段进行，尤其是在 FFE 阶段，顾客与企业相互补充、交换知识与信息，提出更具创意、更符合市场需求的新想法，这样可减少人力资源和市场调研费用。客户早期参与能够降低成本主要表现在两方面：一是降低货币成本，即实际资金投入；二是非货币成本的降低，包括时间、精力和心理等方面的投入。服务成本的降低可大幅增加销售利润，有效提高 NSD 财务绩效，对降低 NSD 项目总成本具有重要作用。

（二）顾客参与模糊前端对服务创新绩效的消极影响

首先，客户自身缺乏专业性，无法明确其需求。分析市场信息、理解客户需求是产生有价值创意的前提。长期以来人们一直认为客户能提供企业内部缺乏的与需求和解决方案相关的知识，实际上由于专业背景的差异，即使客户与企业之间有很强的合作意愿，因客户自身能力有限等导致难以提供潜在多样的信息途径，也不能明确地将需求信息传递给制造商，导致服务产品概念模糊，最终开发的服务难以满足客户需求，还可能引起品牌、声誉的负面传播，不利于企业长期发展。

其次，过度定制化风险。顾客参与 FFE 可帮助企业获得与需求相关的知识、提炼优质创意并进行评估，可提高 FFE 创新效率，但如果缺乏有价值的创意，客户可能会成为有限的创意来源，产生负面影响。Gassmann 等[9]指出，客户在早期阶段的参与可能会导致企业过度依赖客户的创意，过度定制产品从而只服务于单一利基市场；虽然服务设计及开发计划可随时调整，但由于新服务的某种特性需要较早确定，导致项目开发更容易受到顾客参与造成的过度定制压力，不利于提高整体绩效。

再次，增加管理难度。企业与客户的频繁互动增加了前端活动的复杂性，导致管理难度加大。一方面，顾客参与 FFE 使组织结构发生变化，增加了组织不确定性，加大了前端阶段管理难度；另一方面，当顾客参与人数较多时会产生大量新创意，对这些信息的处理工作更加繁杂，可能出现内部信息过载导致开发过程混乱的情况。另外，协调企业目标和客户利益的复杂性也会增加，顾客所追求的目标可能与企业战略不一致，容易产生分歧，从而对服务创新绩效产生负面影响。

三、结论与政策建议

本报告针对现有研究的不足，从顾客参与的特征入手，对顾客参与 FFE 的驱动因素及其对服务创新绩效的作用效果进行梳理评述，得到两点结论：第一，顾客参与 FFE，并与企业员工共同开发新产品新服务的驱动力包含环境、经济、心理和社会等多因素。第二，需要辩证分析顾客参与 FFE 活动对服务创新绩效的影响效果。一方面，顾客的积极参与能降低 FFE 阶段市场、技术、资源等方面的不确定性，提高服务创新绩效；另一方面，由于企业属性或环境特征的差异，顾客过早参与也会导致企业过度依赖顾客的创意、增加管理的复杂性，对服务创新绩效产生不利影响。

基于上述分析，本文为基于中国情景进一步深化该领域的理论探索与实证研究，促进在模糊前端阶段的顾客有效参与、提升服务创新绩效，提出以下理论思考与对策建议。

第一，进一步深化顾客参与模糊前端的驱动因素及作用机制研究。随着科技进步和市场环境的快速变化，顾客参与的程度及方式也会发生变化，不能仅局限于现有视角，需要考虑在人工智能和数字经济等特定环境下顾客参与的特征及影响因素，揭示不同驱动因素的顾客参与对服务创新绩效的作用路径与影响机制。同时，应该考虑将企业创新能力和环境不确定性作为顾客参与的调节变量，解析不同驱动因素下顾客参与 FFE 对服务创新绩效的作用效果差异。

第二，拓展基于中国情境下的本土企业理论探索与实证研究。顾客参与 FFE 活动的已有研究多以欧美国家为背景，国内研究相对较少。一方面，由于我国服务企业在规模特征、员工关系及制度文化等方面与西方有明显差异，西方情景下的研究结果不一定适用中国实际；另一方面，我国正处于经济转型期，市场环境的不确定性和制度环境的不断优化给服务企业发展带来机遇与挑战。开展本土企业的顾客参与对服务创新绩效影响的理论探索与实证研究，既有利于拓展该领域的研究范围和深度，也为后疫情时代推进我国服务企业高质量发展提供实践指导。

第三，引导我国企业辩证看待顾客参与模糊前端对服务创新绩效的影响效果。当企业创新能力不足时，顾客作为外部信息的主要来源，早期阶段的参与可帮助企业将外部市场需求与内部专业知识进行共享，提炼创意并进行评估，对服务创新绩效具有积极影响；但当企业具备高水平的创新能力时，能快速吸收内外部知识信息，较容易产生创意并进行开发评估，此时引入外部客户对 FFE 创新并没有较大价值，反而因人员变动会增加前端组织的不确定性，不利于管理，即顾客参与对 NSD 有负面影响。因此，企业在吸引顾客参与的过程中应根据外部环境和企业经营状况的变化，有选择性地吸收客户信息，避免产生不必要的负面影响。

参考文献

[1] Khurana A, Rosenthal S R. Integrating the Fuzzy Front End of New Product Development [J]. MIT Sloan Management Review, 1997, 38(2): 103-120.

[2] Rizova P S, Gupta S, Maltz E N, et al. Overcoming Equivocality on Projects in the Fuzzy Front End: Bringing Social Networks Back in [J]. Technovation, 2018, 78:40-55.

[3] 曹勇，孙合林，蒋振宇，等. 新产品开发模糊前端的不确定性管理模型研究[J]. 中国科技论坛，2015，26(3):54-59.

[4] Cui A S, Xiao Y. The Role of Market and Technical Information Generation in New Product Development [J]. Journal of Product Innovation Management, 2019, 36(3):305-330.

[5] 张欣，姚山季，王永贵. 顾客参与新服务开发的驱动因素:关系视角的影响机制[J]. 管理评论，2014，26(5):99-110.

[6] Li Y, Li G, Feng T, et al. Customer Involvement and NSD Cost Performance: the Moderating Role of Product Innovation Novelty [J]. Journal of Business & Industrial Marketing, 2019, 34(4):711-722.

[7] 曹勇，孙合林，蒋振宇，等. 模糊前端不确定性、知识共享与新服务开发绩效[J]. 科研管理，2016，37(5):24-32.

[8] Chang W, Taylor S A. The Effectiveness of Customer Participation in New Product Development: A Meta-analysis [J]. Journal of Marketing, 2016, 80(1): 47-64.

[9] Gassmann O, Kausch C, Enkel E. Negative Side Effects of Customer Integration [J]. International Journal of Technology Management, 2010, 50(1): 43-62.

作者简介

曹勇，日本东北大学经营学博士、博士后，武汉纺织大学管理学院阳光学者特聘教授、博士生导师，日本九州大学商学院客座教授，中国软科学研究会常务理事，中国技术经济学会理事，湖北省新侨联理事，湖北省人文社会科学重点研究基地——湖北省纺织制度及政策研究中心主任，武汉纺织大学学术委员会委员、欧美同学会副会长。主持完成了中日国际合作项目、国家自然科学基金面上项目及重点项目子课题、国家社会科学基金重大项目子课题、教育部人文社会科学基金项目、教育部留学回国基金项目、国家知识产权局招标项目等国家和省部级课题17项，企业委托的横向课题10多项。出版日文和中文著作5部，发表学术论文130多篇，其中SSCI/EI/CPCI收录30多篇，国家自然科学基金委认定的管理科学重要期刊近40篇；获第七届中国高校科学研究(人文社科)优秀成果三等奖、湖北省第十一届社会科学优秀成果奖、中国精品科技期刊顶尖学术论文奖、PICMET优秀学术论文奖、日本文部科学省政府学术奖等奖励，常年担任10多家SSCI期刊以及经管类中文权威期刊审稿人，并多次获杰出(优秀)审稿专家等荣誉。

政府补贴与企业突破性创新策略的选择

邵云飞

摘要：在政府补贴的影响下，企业在结合自身资源与能力基础上选择合理的突破性创新策略关系到企业的稳定发展。企业突破性创新策略选择与政府补贴的关系，是从企业的视角研究政府补贴对其自身发展的意义。通过博弈研究得到如下观点：企业过度依赖外生性资源时反而会使企业失去造血功能，远离突破性技术创新；企业打造自身的核心竞争力时，还是应该更多考虑内生性资源，而不是外生性资源；政府是否选择补贴与创新企业所属行业、所进行的项目等有很大关系。

关键词：突破性创新；突破性市场创新；政府补贴

一、政府补贴与企业突破性创新策略的关系

"创新驱动发展"已成为中国加快推动经济发展方式转变的战略举措，居于国家发展全局的核心位置。其中，能够带来产业技术架构与组件双重变革和市场颠覆的突破性创新是"创新"驱动"发展"的破局之举。为推进我国企业进行突破性创新，政府多对创新企业进行一定的补贴。创新企业获得政府补贴后可能并非用于突破性创新，而可能通过开拓市场等方式进行突破性市场创新。这一行为可能会影响其突破性创新投资及效率。突破性创新往往会赋予产品、工艺或服务全新的性能特征，并非是按照主流的市场性能需求进行改进，也可能暂时无法满足主流市场需求，需要开启新的市场[1]。面对动荡的市场环境，企业更有可能开展突破性创新[2]。企业进行创新管理的过程中，有必要选择合理的创新策略。创新策略的选择不是一项浅易、单一的工作，管理者在进行决策时必须综合考虑企业内外部众多因素[3]。企业在进行突破性创新策略选择时，往往基于自身的定位以及国家政策的变化，倾向于将资源投入技术创新或市场创新。

政府补贴一般包括拨款、税收返还、税收优惠、政府采购等多种形式。目前关于政府补贴与企业突破性创新关系的文献较少。一般认为，政府采用创新补助的方式激励企业从事研发创新活动，一定程度上能够消除市场失灵及技术外部性等问题，但同时会导致"福利效应"[4]，导致"激励"与"挤出"双重效应并存。现有文献的观点主要有三类：一是政府补贴有利于企业创新。Mukherjee 等[5]、石俊国等[6]、杨晓妹等[7]认为政府补贴对企业创新活动有显著的激励作用。持有此观点的学者认为政府补贴的资源属性可以降低企业创新投资的成本和风险，还可以通过发挥信号传递缓解融资约束的问题，进而促进企业创新[8,9]。二是政府补贴不利于企业创新。这些学者认为政府补贴对企业的研发投

入有挤出效应，且容易引起企业的寻租行为，不利于企业创新绩效的提升。Marino等[10]、唐欣等[11]、白旭云等[12]认为研发补贴对企业创新绩效有显著的挤出作用，焦翠红等[13]通过定量研究发现政府补助强度过高，会引发企业在创新策略选择中发送虚假信号，降低了政府补贴效率。三是政府科技资助对企业创新的影响不确定。黄奇等[14]通过实证分析认为政府补贴对工业企业技术创新的影响呈现"U"形关系，而Guellec等[15]、张信东等[16]、叶明确等[17]通过定量研究发现政府R&D投入对高新企业创新绩效影响呈"倒U"形关系，且中低的政府资助率对企业创新绩效的激励效应最为显著。

综上，现有研究关于企业创新与政府补贴的关系依然不够明确，政府补贴与企业创新的正向、负向和"倒U"形的关系均有文献支持，但一般认为政府补贴对企业创新能够起到激励作用，然而企业突破性创新与政府补贴是否有类似的关系？另外，现有文献对于政府补贴与企业突破性创新的博弈关系的研究也较少，那么，可否通过博弈论视角探究政府补贴与企业突破性创新策略的选择呢？

二、假设与推论

突破性创新本身所具有的高风险、高收益特性使得很多企业望而却步，这并不利于社会整体科学技术的发展。从企业实际情况来看，企业可以通过突破性创新获得大量收入，对社会具有正外部效应，在产品商业化阶段以税收的形式增加政府收入；同时，由于企业在突破性技术创新过程中获得政府补助，企业所面临的风险和成本将降低，使得企业的收益进一步增大。

本文在企业突破性技术创新决策过程中提出如下假设：

(1) 博弈双方分别为政府和创新企业，创新企业的突破性创新策略集为{突破性技术创新，突破性市场创新}，政府的策略集为{补助，不补助}。博弈双方交互影响的过程遵循有限理性、不完全信息等演化博弈的基本假设。

(2) 创新企业与政府利用策略的主观感知价值进行决策，这种感知价值的特征符合前景理论。企业与政府的博弈过程是动态反复的，根据对方策略的变化不断调整己方策略，直至达到演化稳定均衡状态。

(3) 为简化问题，假设企业会从突破性技术创新和突破性市场创新选其一。

(4) 为简化问题，假设政府可能对突破性技术创新进行补贴，而不会对突破性市场创新进行补贴。

推论一：经模型的构建与处理，(0,0)为系统的演化稳定点。这种稳定状态表示企业选择突破性市场创新、政府选择不补助，意味着企业如果仅仅突破性市场创新而不进行突破性技术创新，那么政府倾向于不补助；同时在政府选择不补助的情况下，企业倾向于进行突破性市场创新而不是进行突破性技术创新，这时企业仅仅希望通过开拓市场、创新营销策略等方式销售已有的突破性技术产品，从而为自己增加利润。

在企业选择进行突破性技术创新时，若企业的收益 φR 较小，直至小于企业所需要的投入和所需支付的税收之和，那么出于经济利益考虑企业会选择不进行突破性技术创新而仅仅进行突破性市场创新。此时若从感知价值的角度进行考虑，政府若选择补助，那么由于企业选择突破性市场创新策略所支付的罚金小于政府所提供的补助，则政府会选择不补助的策略，系统将演化至(0,0)稳定点。

推论二：经模型的构建与处理，(0,1)为系统的演化稳定点。这种情况下，在政府愿意选择补助的情况下企业最终仍选择突破性市场创新，属于政府补助无效、企业选择放弃技术创新的状态，可能是由于外部环境变化、研发失败等原因造成的。此种情况之所以政府选择补助，可能是因为企业所属的产业是国家重点扶持的或所研发的项目是国家重点支持的。

在政府选择补助的情况下，企业选择突破性技术创新和突破性市场创新的收益差小于0时，表示企业宁可受罚也不愿将资金投入突破性技术创新中，因此政府对企业的补助是无效的。即使有些企业已经选择突破性技术创新策略，在考虑了市场的激烈竞争和对利益最大化的追求后，也会放弃突破性技术创新策略。而对政府而言，即使投出去的补助款可以通过违规企业的罚款进行弥补，但这不符合政府激励企业进行突破性创新的初衷，因此该补助措施是无效的。

推论三：经模型的构建与处理，(1,0)是系统演化稳定点。此种情形下表示即使政府不补贴，企业也会选择突破性技术创新，这可能是由于企业突破性技术创新所带来的利益大于企业的投入与税额之和。对于企业而言，意味着即使没有政府提供补贴资金，企业也会保持自身的创新积极性。但同时为了满足该条件，企业需要确保其项目具有较高的成功率与收益率。此外，国家对创新型企业的税率也会影响企业对自身收益的考量。

三、结论与启示

（一）结论

本研究在企业突破性技术创新策略之下考虑其政府补贴的情况，博弈结果更加贴近现实。研究政府补贴在企业突破性创新策略的选择中所起到的作用，通过博弈推导，本文得到如下结论：

(1) 政府补贴对企业突破性创新的影响具有很大局限性，企业在有较高风险的重点产业或项目上较易获得政府的补贴，即使企业最终可能将资金用于突破性市场创新，政府还是倾向于选择支持。这表明，企业过度依赖外生性资源时反而会使企业失去造血功能，远离突破性技术创新。由于企业进行突破性市场创新的成本要低于突破性技术创新，在政府补贴的情况下，创新企业为追求短期利益会倾向选择市场创新，从而违背初衷，容易滋生短视行为。

(2) 影响企业持续进行突破性技术创新的动力源于其利润大于进行突破性市场创新带来的利润，而不决定于政府是否补贴。这表明，企业打造自身的核心竞争力时，还是应该依赖内生性资源，而不是外生性资源。创新企业应该依据自身的内生性资源选择自身发展方向，增强自身的软硬实力。外生性资源起到的是补充的作用，能够起到一定的作用，但不能起到决定作用。

(3) 对于创新企业而言，政府是否选择补贴与其所属行业、所进行的项目等有很大关系。即，如果是国家重点扶持的，政府会倾向于补贴；如果企业在所属行业、所进行的项目进行突破性技术创新本身就能够带来丰厚的利润，政府会倾向于不补贴。

总之，政府持续补贴企业的突破性技术创新不是稳定的状态，即政府可能在企业某一盈利的时间点停止补贴。可见，政府补贴与否不应当成为企业未来的战略规划考虑的重点，因为政府补贴持续的时间是有限的。

（二）启示

由研究结论可以看到，政府补贴会对企业突破性创新策略的选择具有很大的局限性，政府补贴并没有像预期的那样可以帮助企业获取竞争力，从突破性创新的角度来看，政府补贴的作用非常有限，这可能是由于政府补贴的“激励”与“挤出”双重效应所导致的。因此，本研究针对创新企业提出以下几点管理建议：

（1）创新企业不应当仅仅依赖政府补贴，因为政府补贴对企业突破性创新并没有决定性作用，应从增加内生性的角度规划企业的发展战略，充分发掘利用自身的潜在优势。因而，在推进企业突破性技术创新的过程中，企业应注重从多角度结合企业发展战略进行综合考虑。

（2）面对外生性资源，企业可以加以利用，但是不能过分依赖，应打造企业自身的核心竞争力，这样才能持续获得发展的动力。政府补贴作为企业外生性资源的一种，具有外生性资源的一般属性，不能够成为创新企业发展的根本动力。企业在打造自身核心竞争力时，应重点从创造性、差异性和延伸性进行考虑。

（3）如果企业确实需要借助政府的补贴进行发展，那么不仅应当考虑自己要发展的产业或项目是不是国家重点扶持的对象，也应当从企业自身角度考虑这样的选择是不是适合自身，是否能够在政府停止补贴的时候也能长期获利。

参考文献

[1] Kotelnikov V. Radical Innovation Versus Incremental Innovation[M]. Boston: Harvard Business School Press, 2000.

[2] Hurmelinna-Laukkanen P, Sainio L M, Jauhiainen T. Appropriability Regime for Radical and Incremental Innovations[J]. R&D Management, 2008, 38(3): 278-289.

[3] 张红，周智雄，庄伯超.营销能力对企业的技术创新的影响：基于我国中小板上市企业的实证研究[J]. 科技管理研究，2015(7):119-124.

[4] Takalo T, Tanayama, T, Toivanen O. Market Failures and the Additionality Effects of Public Support to Private R&D: Theory and Empirical Implications [J]. International Journal of Industrial Organization, 2002, 31: 634-642.

[5] Mukherjee A, Singh M, Zaldokas A. Do Corporate Taxes Hinder Innovation? [J]. Journal of Financial Economics, 2017,124: 195-221.

[6] 石俊国，陆子群，陈彬. 政府补助、市场势力与企业创新[J]. 软科学，2019,33(11): 53-58.

[7] 杨晓妹，刘文龙. 财政R&D补贴、税收优惠激励制造业企业实质性创新了吗？——基于倾向得分匹配及样本分位数回归的研究[J]. 产经评论，2019, 10(3): 115-130.

[8] Kleer R. Government R&D Subsidies as a Signal for Private Investors[J]. Re-

search Policy, 2010, 39(10): 1361-1374.
[9] 白旭云，王砚羽，苏欣. 研发补贴还是税收激励:政府干预对企业创新绩效和创新质量的影响[J]. 科研管理，2019，40(6)：9-18.
[10] Marino M, Lhuillery S, Parrotta P, et al. Additionality or Crowding-out? An Overall Evaluation of Public R&D Subsidy on Private R&D Expenditure[J]. Research Policy, 2016, 45(9): 1715-1730.
[11] 唐欣，王震，张立华. 财政资金对企业科技研发投入的政策效应研究:基于河北省1995～2014年的时间序列数据分析[J]. 企业经济，2017，36(2)：174-179.
[12] 白旭云，王砚羽，苏欣. 研发补贴还是税收激励:政府干预对企业创新绩效和创新质量的影响[J]. 科研管理，2019，40(6)：9-18.
[13] 焦翠红，陈钰芬. R&D补贴、寻租与全要素生产率提升[J]. 统计研究，2018，35(12)：80-91.
[14] 黄奇，苗建军，李敬银，等. 政府科技资助是否影响了中国工业企业技术创新效率[J]. 科技管理研究，2015，35(20)：38-44.
[15] Guellec D, Van Pottelsberghe D. The Impact of Public R&D Expenditure on Business[J]. Economics of Innovation and New Technology, 2003, 12(3): 225-243.
[16] 张信东，武俊俊. 政府R&D资助强度、企业R&D能力与创新绩效:基于创业板上市公司的经验证据[J]. 科技进步与对策，2014，31(22)：7-13.
[17] 叶明确，王昆晴. 政府R&D投入对企业创新绩效的影响:基于上海高新企业的实证研究[J]. 科研管理，2019，40(7)：78-86.

作者简介

邵云飞，电子科技大学经济与管理学院教授、博士生导师。长期致力于创新管理、新兴技术管理、组织与人力资源管理等领域的研究。在《Journal of Business Venturing》《International Management Review》《管理科学学报》《管理工程学报》《中国软科学》《科学学研究》《科研管理》《系统工程》《管理评论》《研究与发展管理》《管理学报》《预测》等国内外重要学术期刊发表论文150余篇。合作出版专著4本、教材3本。作为主持和主研完成30余项科研项目，包括国家级、省部级、科技部863及863配套项目以及四川省和成都市政府的一些应急科研项目。研究成果获省、部级奖项9项，包括四川省科技进步奖一等奖、四川省哲学社会科学优秀成果一等奖等奖项，以及教育部人文社会科学奖和成都市科技进步奖等奖项。作为子课题负责人与项目主研，参加国家杰出青年科学基金项目“管理科学若干问题的理论与应用研究”，在项目验收及评审中获“特优”等级。作为项目负责人主持的国家社会科学基金项目“提高自主创新能力的理论与对策研究”结项等级为“优秀”等。相关研究论文曾获管理领域学术会议及研究学会等优秀论文20余篇；相关教学研究案例入选《管理案例研究》《管理案例研究与评论》，以及中国管理案例共享中心案例库，并多次获得全国管理学百篇优秀案例等。

差错管理视角下的企业创新策略

杜鹏程

摘要:创新是企业保持基业长青、提升核心竞争力的基础。然而,创新往往意味着打破常规和传统,会伴随着很多差错和风险。所以,个体和组织如何看待和处理差错,是企业是否会打破传统、进行创新的关键。差错管理是指在承认差错难以避免这一事实的基础上,努力降低差错带来的负面影响,最大化差错带来的积极影响,强调从差错中发现问题,促进差错学习和交流的一种管理策略。已有研究表明,差错管理有利于促进组织创新。因此,要科学辩证地认识创新过程中的差错,建立良好的差错预防机制,采取积极的差错管理策略。

关键词:差错;差错管理;差错防御;企业创新

创新驱动发展战略是我国促进经济转型升级、统筹经济社会协调发展的重要举措。为落实这一战略,必须强化企业创新主体地位,提升企业创新能力。然而,同国家的创新战略要落实到企业创新一样,企业创新目标的落实也要依赖员工的创新实践。作为实施国家创新驱动发展战略的创新主体,企业需要尽可能地激发员工的创新行为。

创新作为一项高风险、高度不确定的工作,往往伴随着风险和差错,而这些风险和差错可能会导致创新失败,使企业面临巨大的损失。因此,企业和员工对待差错的态度和处理差错的行为倾向在创新中就显得尤为重要。那么,企业究竟应该如何看待和处理差错,才能更好地促进员工创新行为,提升组织创新绩效呢?

面对工作差错,企业和员工通常会采取两种应对策略:差错防御策略和差错管理策略。差错防御策略是指通过系统的规划、良好的设计来减少差错的发生频率;差错管理策略是指在承认差错总是难以避免这一事实的基础上,努力降低差错带来的负面影响,最大化差错带来的积极影响,强调从差错中发现问题,促进差错学习和交流。已有研究发现,差错管理氛围有利于提升员工的心理安全感[1],使员工放下对创新失败的恐惧和抵触心理,大胆进行尝试和探索。此外,差错管理氛围有利于促进员工从差错中学习和积累经验,使员工的创新自我效能感得到提升,进而表现出更多的创新行为和更好的创新绩效[2]。

基于此,本研究认为,在差错管理视角下,可以采取如下措施促进企业创新。

一、科学辩证地认识创新过程中的差错,接受差错的普遍性、不可避免性和双面性

工作差错是一种目标导向行为,它违背了事先制订的规划或不符合正常的系统标

准，从而妨碍了目标的实现或任务的完成[3]。常见的工作差错包括医疗事故、航空事故等。差错不同于效率低下，因为效率低下最终还是会达成目标；差错也不同于违反规则，因为违反规则是有意识的行为。

组织中的工作差错具有不可避免性和普遍性[4]。美国国家航空航天局对航空事故的研究发现，70％的航空事故涉及人为失误。美国医学研究所的研究也表明，每年有44000到98000人死于医疗事故[5]。正如墨菲定律（Murphy's Law）所指出的，凡事只要有可能出错，那就一定会出错。换言之，如果做某项工作有多种方法，而其中一种方法将导致事故，那么一定会有人按照这种方法去做。认知心理学中的错误管理理论（Error Management Theory，EMT）进一步从认知的角度解释了认知偏差存在的必然性。以认知偏差中的适应性偏差（Adaptive Bias）为例，它是人类在进化过程中逐渐形成的一种自我保护机制。由于这种偏差所导致的行为上的错误，主体所付出的代价远远小于无偏差行为所付出的代价，因此从某种程度上来说它是一种良性的偏差。例如，社会学的相关研究发现，个体在对他人行为动机进行推测时普遍存在着偏差，这一偏差尤其表现在对陌生人的行为动机的推论上。由此，个体在与他人进行交往时，往往带有一种防范与警惕的心理，而这种防范和警惕，从某种意义上来说，是对个体有益的，它可以使个体避免被陌生人伤害的可能性[6]。此外，工作差错是一把双刃剑，具有两面性。它虽然会给组织和个人带来诸多损失，如产品缺陷、绩效和声誉的短期下滑等，但同时也会暴露系统存在的问题，为组织和个人提供学习及改进的契机。

创新意味着对现状的突破和挑战，这一过程中存在着诸多不确定性。在不确定性的工作情境下，很多工作都是摸着石头过河，因此工作差错的普遍性、不可避免性将进一步被放大。基于此，在创新伊始，企业就需要做好创新中会出现各种差错的心理准备，对创新中的差错保持一颗平常心。差错可能会导致对创新目标的偏离，进而引发创新失败。哈佛商学院的一项研究发现，企业创新失败率高达47％。这是在市场经济比较成熟的环境中得到的研究结果。由于技术、市场、用户、政策等多方面的不确定性，中国企业实际创新项目的失败概率可能会高于47％这个比例[7]。很多大公司也曾有过创新失败的经历，如苹果推出的NEWTON手机、福特汽车推出的EDSEL、百事推出的水晶百事饮料等，都没有经受住市场的考验而被淘汰。但企业不可因噎废食，不能因为害怕差错、害怕失败而拒绝创新。此外，组织要重视引导员工直面而非回避错误，不将差错视为失败，而是视为学习、成长的机会，避免员工因差错陷入自我怀疑的负面情绪。

二、及时识别创新过程中可能存在的风险和差错，建立良好的差错预防机制

Scott和David等学者总结了企业创新过程中6个常见的差错，包括：① 要求员工想出点子，却不提供实现这些想法的机制；② 坚持要求解决方法，却又不提出值得解决的问题；③ 鼓励冒险，却又惩罚商业失败；④ 期望员工完成实验，却不提供设备齐全的实验室；⑤ 要求突破性影响力，却不提供顶尖资源；⑥ 追求颠覆性的创意，却不为他们投资[8]。而员工在创新过程中可能也会面临一些误区，比如好高骛远，认为创新就是抛弃现有的一切、创造出全新的产品。但事实是，大部分的创新并不是一蹴而就的，而是渐进式的；创新也不在于完全背离或放弃已有的技术或思路，而是利用这些技术或

思路，推陈出新。

企业需要对这些创新过程中的差错有清晰的认知，并建立相应的预防机制避免这些差错的发生，减少甚至消除差错给组织带来的损失。这些差错预防策略包括：一是营造并培育鼓励创新、宽容失败的企业文化，让创新的意识、思想深入人心。企业的管理者和员工要明确创新的目的，不能为了创新而创新，而要以解决实际问题为出发点。此外要建立起鼓励创新、不怕失败的激励机制和保障机制，使员工创新有利可图并且无后顾之忧。以著名的高新技术企业 3M 公司为例。3M 公司的精神之父、前董事长兼总经理威廉·麦克纳曾说："我认为在发生错误时，如果管理者独断专行，过于苛责，只会扼杀人们的积极性。只有容忍错误，才能够进行革新。"在 3M 公司，即使创新失败，也不会受到嘲讽和惩罚。公司还通过设立"斗士主管"、创新产品小组等方式，使创新人员具有充分的自主权，避免行政因素、官僚主义对创新的干扰和阻碍[9]。二是对创新项目进行可行性、科学性分析和论证。在实施创新项目之前，前期要进行充分的市场调研，明确创新项目面向的顾客群体及其需求特征并了解行业竞争态势，分析创新项目解决了市场中的哪些痛点、满足了顾客的哪些需求。在此基础上，了解创新项目的实施面临哪些困难以及这些困难能否得到有效的化解。科学性论证则是分析项目的财务、实施流程等是否合理、是否需要进一步优化等。三是进行充分的信息沟通和交流。创新过程的不确定性和风险性很大程度上来源于信息的不充分性，信息的不充分、失真等会带来决策的偏差。因此，企业在创新过程中，要通过社会网络、社交媒体等途径加强信息搜寻和信息交换，同时要注意对信息的多方验证，避免信息失真造成的不良影响。四是要对技术创新过程中的不确定性因素进行分析。创新过程中的不确定因素包括市场预期的不确定性、产品性能的不确定性等，这些不确定性可能会导致决策失误。因此在正式将科技成果商品化之前，可以进行产品市场效应的小规模预测试，了解创新产品的市场反应，并根据市场反应对产品性能、营销方案等进行进一步优化和改进。

三、采取积极的差错管理策略，使差错成为组织的创新之源

当前，大多数企业和个人在面临差错时，都是避之唯恐不及的态度。当这种态度成为企业员工的共有信念，即企业形成差错反感文化时，可能会带来员工工作嵌入感过低、创新自我效能感下降、创新行为减少等问题[10]。基于此，很多学者提出用更积极的态度来面对和处理差错，即进行差错管理，让差错成为组织的创新之源。差错管理与差错防御的区别之一在于，它把差错本身和差错后果区分对待。差错管理认识到差错会在工作过程发生，系统真正的威胁不是差错本身而是差错后果。例如，一个人不小心跌倒了，摔断了胳膊。在这里，跌倒是差错，而摔断胳膊便是差错造成的消极后果，差错管理强调的是应该竭力避免差错造成的消极后果——"摔断胳膊"，而非差错本身——"跌倒"，"学会跌倒而不把胳膊摔断"是差错管理的目标。差错后果可以通过加强差错预测、差错侦察和差错处理来得到良好避免。差错防御和差错管理的区别之二体现在对差错的不同认识上。差错防御是通过回避差错本身来防止负面后果；然而差错除了负面后果外，还有正面的后果，如提供学习机会，提高适应能力和创新精神等。差错管理是以更为积极的态度来对待差错，仅采用差错防御就失去了对差错的全面认识，也就忽视了其正面作用[3]。

那么如何让差错成为组织的创新之源呢？首先，要开展差错管理培训，提高员工的差错胜任、差错学习及差错预测能力。企业可以在统计差错类型、产生原因的基础上，通过开设讲座、头脑风暴、情景模拟等方式向员工传授差错处理的相关知识，鼓励员工就差错产生的原因、处理方法等大胆展开讨论，促进员工从差错中学习，从而将差错变成组织的有用资源。其次，要将差错管理制度化，建立差错报告制度、差错奖惩制度、差错处理制度等，使组织的差错管理有章可循。如通过奖惩制度改变员工差错报告的成本收益感知，对于主动报告差错的员工给予免费培训的机会或物质奖励，对于隐瞒差错导致企业损失的员工进行惩罚[11]。最后，根据已有研究，领导风格会影响组织差错管理氛围和个体差错取向。包容型领导开放性、易接近性以及可获得性的领导风格有利于组织形成良好的差错管理氛围[12]。因此，领导者在企业实际管理过程中，要理性对待员工出现的差错，宽容组织成员由于探索创新而导致的差错，避免对由于短期目标和放任出现的差错进行惩罚[13]。同时要为员工提供信息、情感、专业等的支持，引导员工从差错中学习和成长，避免员工因为差错陷入自我怀疑、自我谴责的负面情绪。

四、识别差错管理促进企业创新的边界条件，提高差错管理的情境适用性

虽然差错管理有利于促进组织和个体层面的创新已经成为多数学者的共识，但是这种促进作用是存在边界条件的。换言之，在不同的情境下，差错管理氛围（文化）与员工创新、企业创新关系的方向、强弱可能会发生变化。尹奎、孙健敏[14]等学者指出，当结果变量是组织创新等高层次变量时，有机式组织/机械式组织、行业类型、外部环境不确定性都可能对差错管理氛围的作用效果产生影响。当结果变量为个体创新时，工作复杂性、集体主义、大五人格等工作特征与人格特征变量都可能与差错管理氛围存在交互效应。企业要加强对这些边界条件的识别，提高差错管理的情境适用性，以更好地发挥差错管理氛围对创新的促进作用。

已有实证研究表明，相较于低复杂性工作任务情境，在高复杂性任务情境下，差错管理氛围更能激发员工的创新行为。这是因为，在高复杂性任务情境下，员工从事创新工作出错的可能性、对知识的需求度都更高，面临的差错压力更大。此时，当企业和领导对差错持包容态度时，一方面会减轻员工的心理压力，另一方面也有利于差错的充分交流和学习，使员工的自主需求、胜任需求、关系需求都得到很好的满足，进而表现出更多的创新行为[15]。基于此，工作任务越复杂，企业越需要营造宽松的差错氛围，鼓励员工大胆试错并为员工的探索性研究提供物质和精神保障，以缓解员工的差错压力。而当工作任务都是常规性任务时，可以采取更加保守的差错防御策略，避免差错给企业带来不良影响。DANNEELS 和 VESTAL[16]通过对 106 家制造业企业的纵向研究发现，仅仅容忍失败并不能提升企业的产品创新能力。相比之下，那些分析过去失败经验、从差错中学习的公司推出了更具创新性的新产品。并且，这种积极的促进作用在建设性冲突氛围下更强烈。建设性冲突是指员工对想法、信念和假设的建设性辩论。在一个建设性冲突氛围浓厚的企业中，员工感到提出相反的观点是安全的，他们可以自由地说话，而不受愤怒、怨恨或报复的威胁。建设性冲突条件下的失败分析会带来“情感转移”，使员工不会过分沉溺于失败的消极情绪，相反，会使员工感到精力充沛、自信、充满希望和活力，进而变得

更具创造性。因此，企业要理性对待冲突，营造建设性的冲突氛围，以解决问题为目标，鼓励员工积极建言献策，为企业的发展贡献智慧。

参考文献

[1] Guchait P, Lee C, Wang C Y, et al. Impact of Error Management Practices on Service Recovery Performance and Helping Behaviors in the Hospitality Industry: The Mediating Effects of Psychological Safety and Learning Behaviors[J]. Journal of Human Resources in Hospitality & Tourism, 2016,15(1): 1-28.

[2] 杜鹏程，贾玉立，倪清. 差错能成为创新之源吗？——基于差错管理文化对员工创造力影响的跨层次分析[J]. 科技管理研究，2015，35(09):161-166.

[3] 支富华. 差错管理及其应用[J]. 科学管理研究，2001(6):44-46.

[4] 洪自强. 工作背景下的差错管理及其应用[J]. 外国经济与管理，2000(4):2-6.

[5] Helmreich R L. On Error Management: Lessons from Aviation[J]. British Medical Journal, 2000, 320: 781-785.

[6] 李宏，郑全全. 错误管理理论：一种新的认知偏差理论[J]. 心理科学进展，2002(1):78-82.

[7] 陈光. 创新失败知多少？[EB/OL]. [2018-10-9]. https://www.sohu.com/a/258401034_465915.

[8] Anthory S, Duncan D, Pontus M A. 这6个创新错误，据说99%的企业都曾犯过[EB/OL]. [2015-8-21]. https://www.hbrchina.org/2015-08-21/3273.html.

[9] HRsee. 3M公司独特的创新型企业文化[EB/OL]. [2019-9-7]. http://www.hrsee.com/?id=1121.

[10] 杜鹏程，李敏，倪清，吴婷. 差错反感文化对员工创新行为的影响机制研究[J]. 管理学报，2015，12(4):538-545.

[11] 李忆，张小艳，黎浩. 员工差错报告意愿的影响因素：一个整合模型[J]. 经济管理，2015，37(1):139-149.

[12] 孔靓，李锡元，章发旺. 包容型领导对员工主动性行为的影响：组织自尊与差错管理氛围的中介作用[J]. 管理评论，2020，32(2):232-243.

[13] 尹润锋. 领导风格取向对员工创新行为的影响研究：员工差错学习的中介作用[J]. 领导科学，2012(20):51-53.

[14] 尹奎，孙健敏，陈乐妮. 差错管理氛围研究述评与展望[J]. 外国经济与理，2016，38(2):75-87.

[15] 赵斌，刘桂霞，宇卫昕，等. 差错管理氛围、工作复杂性对员工创新行为影响的跨层次研究[J]. 预测，2017，36(5):15-23.

[16] Danneels E, Vestal A. Normalizing vs. Analyzing: Drawing the Lessons from Failure to Enhance Firm Innovativeness[J]. Journal of Business Venturing, 2020, 35(1).

作者简介

杜鹏程，管理学博士，二级教授，安徽大学商学院院长、博士生导师，安徽大学社科联副主席，美国 University of Missouri-St. Louis 商学院访问学者，安徽省学术和技术带头人，安徽省教学名师，兼任中国人力资源开发研究会理事会理事、中国管理现代化研究会组织行为与人力资源管理专业委员会常务理事、安徽省普通本科高校管理学类专业合作委员会主任、安徽大学学术委员会委员、国家自然科学和社会科学基金项目通讯评审专家等。主要从事人力资源管理、技术创新管理等领域的教学和科研工作，先后主持各类教学和科研项目 46 项（其中国家级项目 3 项，省部级项目 19 项），以第一作者发表期刊论文和会议论文 133 篇，主编、参编著作和教材 11 部，获安徽省社会科学成果三等奖，安徽省交通科技进步特等奖，中国社会科学院“优秀皮书报告奖”三等奖，安徽省级教学成果特等奖、三等奖，安徽省高校人文社科研究成果三等奖等。

逆向技术标准锁定的形成机理和负面效应[①]

陶爱萍

摘要：逆向技术标准锁定是指技术标准锁定于非最优技术而难以被撼动或替代。相对于顺向技术标准锁定，逆向技术标准锁定的负向效应更为显著。文章分别从供需双侧规模经济、知识产权壁垒和成本壁垒、创新惰性和协同惰性三个方面深入研究了逆向技术标准锁定的形成机理，在此基础上系统分析了逆向技术标准锁定的负面效应，以期为逆向技术标准锁定的突破提供若干政策启示。

关键词：逆向技术标准锁定；形成机理；负面效应；政策启示

标准竞争是技术竞争的高级形态，在标准竞争中的胜出者，以标准技术为核心构建技术体系，制约技术演进的路径，阻碍新技术的应用和扩散，导致标准技术的既有用户难以退出、新用户又被迫选择标准技术，即为技术标准锁定。技术标准锁定有顺向和逆向之分，处于锁定地位的标准技术是最优技术时，为顺向技术标准锁定；处于锁定地位的标准技术是非最优技术甚至是劣等技术时，为逆向技术标准锁定。技术标准锁定具有较大程度的负效应。鉴于逆向技术标准锁定的是非最优技术，相对于顺向技术标准锁定，其负向效应更为显著，研究逆向技术标准锁定的形成机理和负面效应更具有代表性和针对性。

一、逆向技术标准锁定的形成机理

导致次优技术成为标准并形成锁定的路径主要有两条：一是在标准竞争中因供需双侧规模经济或偶发因素而胜出的次优技术，在后续成本壁垒和产权壁垒作用下标准地位得到强化且难以撼动而形成的锁定，即外生的逆向技术标准锁定；二是因技术优势或因技术优势和双侧规模经济两种因素作用而胜出的最优技术，为维持后续的锁定地位，其研制者滋生创新惰性，不能顺应技术革命和技术创新的潮流，适时地更新技术和加速技术演进，导致顺向退化为逆向的技术标准锁定，此为内生的逆向技术标准锁定，如图1所示。两条路径上逆向技术标准锁定的形成机理存在一定的差异，下面将分别进行分析。

（一）供需双侧规模经济驱动逆向技术标准锁定的形成机理

需求侧规模经济是指随着标准技术的使用数量即用户规模增加，标准技术能够为用

---

① 国家社会科学基金项目(11BJY027)成果。

户带来更高的效用。互联网经济下，需求侧规模经济对用户选择的影响愈发突出，传统技术价值的判断标准亦随之变化（李传荣，2008）[1]，选择一项技术不仅要考虑其自有价值，更要考虑其他用户选择对该项技术价值的影响，即技术的网络价值。技术优势未必能够带来竞争优势，次优技术因策略性行为或偶然性因素在标准竞争中胜出取得占优的市场份额，率先获得可以启动正反馈机制的用户基础，成为行业的事实标准。此后，次优标准技术的新老用户之间会形成一种互惠的网络效应促进机制：对于潜在的新用户而言，次优标准技术较大的既有用户规模向其传递较大的正向网络效应预期，诱使其做出选择标准技术的行为，一旦某一潜在用户率先做出这样的决策，大量的潜在用户就会跟进做出类似的选择，这种“羊群效应”使得次优技术累积的用户规模愈来愈大；次优标准技术既有的老用户会因为新用户的不断进入获得日益递增的网络效应，这时即使有更优的技术可以为他们带来更大的技术自有价值，他们也不愿意放弃即得的网络效应而去追求具有较大不确定性的更优技术自有价值。新用户的持续跟进选择和老用户的退出黏性使得次优标准技术的市场份额和市场势力越来越大，在正反馈机制的作用下其他更优技术替代次优标准技术的市场壁垒会越来越大，从而次优技术的标准地位越来越牢固。

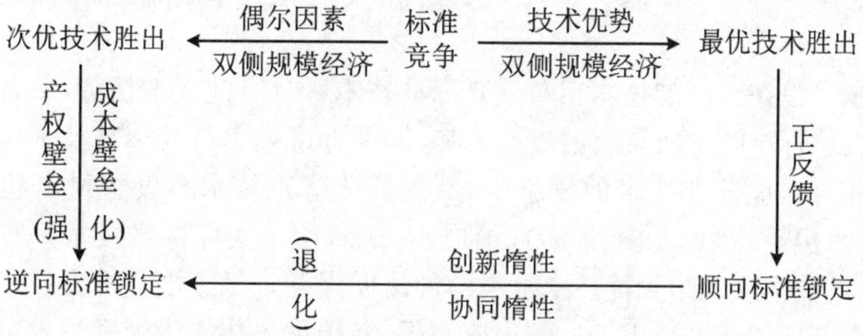

图 1 逆向技术标准锁定的形成

供给侧规模经济是由技术研发和标准研制的高固定成本、低边际成本决定的，其实现的前提是该技术或该标准具有一定的市场需求。处于标准地位的次优技术具有占优的用户规模和市场份额，相较于更优的非标准技术，其高额固定成本更容易被稀释和摊薄，因此，次优标准技术的供给侧规模经济是建立在其需求侧规模经济基础上的，其所具有的规模经济是由需求侧规模经济衍生出来的供需双侧规模经济。对技术的潜在用户来说，若采纳次优的标准技术，不仅可以基于标准技术的供给侧规模经济享受更低的接入成本，而且又因其需求侧规模经济实现可预期的市场需求，引致更多的次优标准技术追随者提供稳定、丰富的互补组件与配套技术；更优的非标准技术虽然有技术优势，但用户规模和市场份额上的劣势使其供给侧规模经济难以充分实现，若潜在用户采纳该更优技术必须分摊其高额的固定成本，支付价格高且后续市场需求具有较大的不确定性。权衡之下，理性的潜在用户必然选择次优的标准技术，从而加速次优标准技术用户规模的扩大，增进其既有老用户的双重规模经济效应，更优非标准技术的吸引力则相应不断降低，逆向技术标准锁定得以不断巩固。

（二）知识产权壁垒和成本壁垒强化逆向技术标准锁定的机理

现有研究表明不包含专利的技术标准难以实现，预先排除技术标准中的专利亦不现实(张平,2011)[2]。随着次优的标准技术被用户广泛采纳以及标准追随者的增加,标准内含的核心专利技术累积的市场势力越来越大,围绕标准技术研发互补组件和配套技术而产生的边缘专利也愈积愈多,从而形成专利簇群或专利丛林,给更优技术替代现有标准技术带来难以逾越的知识产权壁垒。在次优标准技术占据市场地位的情况下,其内含专利技术因其强大的市场势力而获得巨额的经济价值,更优的专利技术则因为难以市场化而无法实现其经济价值,在与标准内含专利技术的竞争中处于极其不利的地位。这种知识产权与市场势力交织并相互强化的一个更为严重的后果是次优标准技术的研制者凭借标准锁定地位及其内含的核心技术专利扰乱专利市场秩序,阻止对其有替代威胁的更优技术申请专利,或者在更优技术获得专利后阻止其市场化、产业化,使之成为束之高阁的"沉睡专利"。而标准追随者对次优标准技术的追随,一方面有利于拓展其内含核心专利技术的宽度,使得次优标准技术覆盖的范围更广,从而更优技术的发展空间被挤压在一个更小的范围内;另一方面又通过附加边缘专利强化标准技术的市场势力,提高次优标准技术对更优技术的知识产权壁垒,更优技术要替代次优标准技术不仅要跨越有强大市场势力的标准内含专利,而且要吸引更多的边缘专利为其赋能,核心专利与边缘专利构成的专利簇群进一步加剧了更优技术替代次优标准技术的难度,从而逆向技术标准锁定得以强化。

成本壁垒是指在位标准技术相对于非标准技术所具有的成本优势,或者说是非标准技术相较于在位标准技术所具有的成本劣势,即非标准技术替代标准技术所必须承担的额外成本。在与次优标准技术的竞争中,更优的非标准技术不仅要付出超额的直接成本,而且需要承担额外的间接成本。直接成本方面,由于次优标准技术具有双侧规模经济效应,等量的成本投入给更优技术带来的价值回报要远低于次优标准技术;换言之,更优技术要获得与次优标准技术等量的价值回报,必须付出较次优标准技术更多的成本投入,且这种超额的成本投入会随着次优标准技术双侧规模经济的积累而加剧。互补组件和配套技术供应商对次优标准技术的追随则进一步提高更优技术替代次优标准技术的成本壁垒,缺乏供应商支持的更优技术被迫自行研制互补组件和配套技术,全套技术的研制虽然有利于更优技术系统的稳定性,增强其内部兼容性,但为此付出的代价是远高于次优标准技术的昂贵成本,且创新的难度和风险性也随之增大。间接成本方面,更优技术要想成功替代次优标准技术,必须争得用户的支持,获得启动正反馈的用户规模。对于尚未做出选择的潜在新用户,更优技术研制者要通过提供技术咨询、技术培训等额外服务或价格折扣、免费试用等优惠定价吸引其加入;对于已经选择次优标准技术的老用户,更优技术要通过承担转移成本、补偿网络效应损失等方式诱使其进行技术转移。这些举措无疑会增加更优技术研制者的额外成本,即更优技术替代次优标准技术的间接成本。超额的直接成本和额外的间接成本为更优技术进入市场构筑起较高的障碍,从而次优标准技术的锁定地位因成本壁垒得到强化。

(三)创新惰性和协同惰性催生逆向技术标准锁定的机理

创新惰性是技术创新主体在外部环境或者内部条件的制约之下,在现有的技术基础上安于现状,不能积极地进行突破式技术创新的行为。创新惰性有积极和消极之分,积极惰性类似于物理学中的"惯性",指创新主体用已有的成功技术应对未来环境变化的思维定势或行为倾向；消极惰性视同于组织行为学中的“懒惰、不作为”，指创新主体安于接受现有技术的不思创新心理或疏于创新行动的行为(陶爱萍，张丹丹，2013)[3]。当最优技术在市场竞争中因技术优势或在双侧规模经济与技术优势交互作用下胜出成为行业标准后，其研制者利用标准地位强化市场势力、扩大用户规模，形成难以撼动的标准地位，此为顺向技术标准锁定。顺向锁定下的标准在位者不仅具有技术优势，而且拥有市场优势，这种双向优势使得标准在位者能够获得较大的既得利益，从而容易滋生积极创新惰性，在科技变革带来新的更优行业技术时，标准在位者不愿意顺应科技变革趋势进行颠覆式的革命性创新，而是采取“小修小补”的渐进创新模式应对来自更优技术的挑战，导致技术演进固定在原有的路径上，使顺向技术标准锁定逐步退化为逆向技术标准锁定。标准非在位者则因为在技术和市场上具有双重劣势，要超越和替代现有标准技术需要制造足够大的技术势差以弥补其在市场上的劣势，创新的成本、难度和风险性倍增，从而容易产生消极创新惰性，即被动地接受在位标准技术，不思创新。标准非在位者“懒惰、不作为”的消极创新惰性进一步助推顺向技术标准锁定演变成逆向技术标准锁定。

协同惰性是指具有协同关系的经济主体出于某种目的或需要，长期维持既定的合作方式和合作内容，不愿做出突破性的改变，即协同无效率。顺向标准锁定下，大量供应商为标准技术提供互补组件与配套技术，成为标准技术的追随者，此时最优标准技术具有强大的吸引力和辐射力，标准追随者追“高”逐“新”的协同行为是有效的。标准追随者的协同行为不仅能够依托标准技术的市场优势产生可预期的经济利益，并且利用标准技术的技术优势可以提高自有互补组件与配套技术的价值，而依附于其他非标准技术不仅会损失既得的协同收益，对于未来的收益也具有较大的不确定性。顺向标准锁定下的协同行为所带来的经济利益使得标准追随者逐渐对标准技术产生过度信任和依赖惯性，从而滋生协同惰性。即便技术市场发生变革出现了更优技术，凭借技术优势带来的收益也无法超过标准技术市场优势形成的经济利益，标准追随者不愿做出调整为更优的非标准技术提供互补组件与配套技术，而是倾向于维持现有协同行为防止经济上受到损失。此时的协同行为，尽管实现了协同主体在经济利益上的双赢，但从技术演进角度来看其协同效率已由正向转为负向，即协同非效率，更优技术则因为无法赢得供应商的支持而加剧了替代现有标准技术的难度，导致行业标准演进无法跟上技术变革的步伐，顺向技术标准锁定退化为逆向技术标准锁定。

二、逆向技术标准锁定的负面效应

技术标准锁定在一定条件下能产生正面效应，但其负面效应远大于正面效应，逆向技术标准锁定的负面效应尤为显著。逆向技术标准锁定会固化技术演进的路径，破坏“创造性毁灭”机制，阻碍技术跃迁式升级进程；并且会强化技术标准垄断，弱化技术竞争，导致技术创新收益分配失衡，抑制后续技术创新的积极性；技术标准的用户则在技术市场中陷入被动，影响其福利水平的提升①。下面主要从技术演进受阻、技术垄断强化和用户福利受损三个方面对逆向技术标准锁定的负面效应进行分析。

① 顺向技术标准锁定与逆向技术标准锁定的负面影响存在一定的共性，但考虑到双重惰性以及影响程度两个因素，将从逆向技术标准锁定视角开展论述。

（一）破坏“创造性毁灭”机制，阻碍技术跃迁式演进

新旧技术标准的替代本质上是创造新技术、毁灭旧技术的颠覆式“创造性毁灭”过程。非锁定情况下标准内核心技术的演进应当呈现波浪式前进或螺旋式升级态势，当标准技术度过成熟阶段走向衰退时，标准在位者或其他潜在竞争者会通过技术变革和技术创新研制出更优的技术替代现有的标准技术，实现技术标准的更新换代。逆向锁定下不仅标准技术的研制者没有动力进行变轨创新以推进标准技术实现跃迁式升级，而且其他潜在竞争者研发的更优技术也难以替代标准技术，从而“创造性毁灭”机制被破坏，技术演进过程受阻。具体可通过图 2 来演绎。

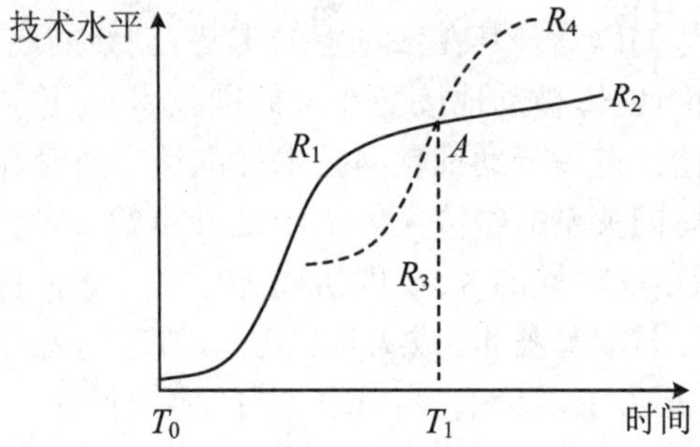

图 2　技术演进路径

A 点为非锁定情况下标准技术替换点。为方便叙述，以 A 点为分割点将技术演进路径进行划分，其中 $R_1 \to A \to R_4$ 表示非锁定时的技术演进路径，$R_1 \to A \to R_2$ 表示逆向锁定时的技术演进路径。非锁定情况下，次优技术在 T_0 时刻凭借先动优势或其他因素成为技术标准并趋于成熟，即路径 R_1；当标准技术处于成熟期时更优的非标准技术开始孕育、发展，即路径 R_3。当次优标准技术步入衰退期后，更优的非标准技术逐渐成熟并形成技术优势，在 A 点实现了技术标准替换，标准技术将按照路径 R_4 演进，社会技术水平得到提升。然而在逆向锁定的情况下，标准技术的市场优势压倒性地超越了更优技术的技术优势，阻断了路径 R_4；其研制者在技术创新上的不作为使得标准技术只能在 R_1 的基础上缓慢演进，最终形成路径依赖，技术演进路径变为 $R_1 \to A \to R_2$，从而阻碍技术跃迁。

（二）强化标准技术垄断，削弱竞争的创新激励效应

处于逆向锁定地位的标准技术研制者在高额锁定利润的驱使下，通过规模壁垒、产权壁垒等多种方式，从锁定的长度、宽度、强度三个方面扩展和提高市场势力，进而强化标准技术垄断。相较于一般技术垄断，标准技术垄断持续的时间更久、覆盖范围更广、统治力更强，对技术市场具有更为深远的负面影响。一方面标准技术垄断增强了标准内专利簇群的排他性，更容易引起“反公地悲剧”造成公共创新资源闲置，其他技术创新主体也因此无法从中获益；另一方面依托垄断势力，通过与组件供应商签订长期协议以及实施技术不兼容策略排斥其他可能取代其标准地位及突破其锁定的更优技术，导致更优技术面临较大的市场进入障碍，难以获得应有的创新回报。不仅如此，为避免过早引起标准技术垄断势力的关注乃至报复，更优技术创新愈发隐蔽，但由此可能引发“平行努力”

造成重复创新，从而导致创新资源低效化并降低更优技术为其研制者带来的额外收益，降低创新激励。当创新激励降低到某个阈值时容易让部分创新者从心理上抗拒技术创新活动，后续技术创新能力和创新绩效随之降低。

标准技术垄断导致标准间的竞争不断弱化，技术竞争的重心由标准的竞争转移到互补组件和配套技术的竞争，即标准追随者间的竞争。标准追随者间的竞争行为分为创新性行为和非创新性行为，逆向锁定中标准追随者的技术创新大多是基于次优标准技术的序贯创新，包括以他人智力成果为基础的增量创新以及以部分核心组件为基础，绕开他人智力成果的外围创新两种类型。鉴于次优标准技术研制者的庞大垄断势力，以及某些隐性的知识产权滥用，增量创新的成本分摊和收益分配往往存在严重的不平等性：标准追随者承担了主要的创新成本，标准在位者却直接享有组件创新收益和专利费用收益；而外围创新的实际价值低于增量创新，其创造的优势缺口较小，即外围创新者与其他竞争者之间的差距较小，难以形成压倒性竞争优势，并在短时间内便可能被模仿。因此在逆向锁定中，较为常见的是通过价格减免、捆绑协议等非创新性行为压制其他竞争者，竞争的创新激励作用并未得到发挥。在上游技术单一即标准技术垄断的背景下，即便存在技术创新也多为价值相对较低的外围创新，标准追随者同样处于创新动力匮乏的困境。创新收益非正常地集中于处于逆向锁定地位的标准在位者，磨灭了其他创新主体的积极性，行业技术发展愈发缓慢，不利于技术市场持续稳定发展。

（三）加剧技术逆向选择，损害用户福利水平

处于逆向锁定地位的标准技术在技术市场中占据绝对的优势地位，用户则处于相对被动的市场环境，从而导致用户的消费权益更易受到侵犯。较易受到侵犯的消费权益主要表现为被动性选择以及被动性攫取两个方面。被动性选择指用户不能完全根据自己的真实需求、偏好选择技术；被动性攫取指用户在完成技术选择后需要做出的额外支付或潜在牺牲。被动性选择主要源于用户的非对称信息和转移成本：尽管更优的非标准技术具有技术优势，可能更加契合用户需求，但锁定效应强化了次优标准技术对更优技术的排斥，造成市场上技术和产品的单一化，用户无法接触到更优技术而“别无选择”。即便能够在更优技术与次优标准技术间抉择，但因“第一个吃螃蟹的人”往往承担更大的不确定性，标准内的既有用户还要额外承担高昂的转移成本，少有人愿意率先采纳或转向更优技术；而技术标准通常意味着透明化，现有规模优势提供了更加稳定的预期，从而导致用户产生技术偏见，发生逆向选择。被动性攫取主要源于标准技术的垄断势力和次优性：逆向锁定能够降低既有用户的需求弹性，低于转移成本的价格歧视更为“合理”地侵蚀更多的消费者剩余。标准技术的次优性则导致用户较低的效用上限。标准技术产生的总效用来源于核心技术的自有价值和双侧规模经济的附加价值，自有价值是提升用户福利的关键。尽管逆向锁定中庞大的附加价值对处于劣势的自有价值有一定的弥补，但用户从中获得的效用仍只有量上的增加，难以实现质的飞跃。逆向锁定不断引诱用户购买次优的标准技术及其产品，愈发隐秘地剥夺原属于用户的权益，造成福利损失。

三、结论与启示

通过对逆向技术标准锁定的研究可以发现：逆向技术标准锁定是在双侧规模壁垒、

知识产权壁垒以及成本壁垒等多重壁垒作用下形成并得以强化，顺向技术标准锁定也会在双重惰性的催化下成为逆向技术标准锁定。逆向技术标准锁定会带来一系列较为严重的负面效应，不仅会损害创新环境，对市场竞争和用户福利也存在不利影响。由此可以得到以下启示：① 逆向技术标准锁定是多种壁垒层层叠加、强化的结果，锁定程度将随时间推移而加深，解锁将会愈发困难，越早突破逆向技术标准锁定，成功可能性越大。② 鉴于逆向技术标准锁定具有较大负面效应，因此相对于顺向技术标准锁定，"解锁"更突显迫切和必要。③ 突破逆向技术标准锁定要基于其形成机理寻找突破口，以开放共享、协作共创为特征的开放创新和开源创新有利于打破助推锁定的诸多壁垒，提高技术研制者和用户的创新积极性，政府、技术标准化组织等公共机构需要加快普及开放创新和开源创新理念，推进和推广开放创新和开源创新，加快对逆向技术标准锁定的突破。

参考文献

[1] 李传荣.基于网络效应的我国企业技术标准竞争策略分析[J].技术经济，2008，27(8)：44-46.

[2] 张平.冲突与共赢：技术标准中的私权保护[M].北京：北京大学出版社，2011.

[3] 陶爱萍，张丹丹.技术标准锁定、创新惰性和技术创新[J].中国科技论坛，2013，(3)：11-16.

作者简介

陶爱萍，经济学博士，合肥工业大学教授，产业经济研究所所长。长期从事产业经济学、网络经济学、技术标准锁定等相关领域的研究。先后主持国家哲学社会科学基金项目 2 项、省部级以上课题 10 余项。出版学术专著 2 部；在《中国软科学》《经济理论与经济管理》《世界经济研究》《科学学研究》《国际贸易问题》等 CSSCI 期刊发表学术论文 40 余篇，其中有 1 篇论文被《新华文摘》全文转载。

基于数据驱动的企业动态能力培育及相关建议

陈衍泰

摘要:本文针对企业面临的不稳定、不确定、复杂、模糊的发展环境,探讨新环境下企业如何培育和建构基于数据驱动的动态能力以获得可持续竞争优势。在针对十余家长三角地区企业的访谈基础上,提炼基于数据驱动的企业动态能力构成内涵和驱动因素,分析企业家如何培育大数据背景下的动态管理能力:要培育和建构数字感知能力;培育和建构数字捕获与抓住机会的能力。此外,学习能力、制度企业家精神和团队能力是企业数据驱动动态能力的基础和基石。基于以上研究,提出相关的政策建议。

关键词:VUCA 时代;大数据;企业动态能力;动态管理能力

一、企业面临的 VUCA 时代背景与特征

近几年全球企业经营环境发生了很大变化:组织和个体处于 VUCA 商业环境中,各行各业都正在发生颠覆性变革。

VUCA 时代的变化经常呈现跳跃性和震荡性,会产生很多破坏性的挑战。比如 ABCD(AI/人工智能、Block Chain/区块链、Cloud Computing/云计算、Data/大数据)等新技术进步虽然推动经济增长和社会变革,但大数据和信息爆炸、疫情和全球公共卫生事件等突发事件频繁、资源紧缺、员工投入度低等,给组织和企业家带来更多的风险,很多组织不能及时调整方向,没有及时适应新的外部环境变化,在日益激烈的竞争中失去竞争优势,甚至因为错误的航标而消失。

除了 2020 年全球性的新冠疫情之外,新兴大数据科技的发展及大数据广泛应用,导致创新活动的“范围”和“速度”均发生了根本性的转变。“危机”也意味着机遇与挑战并存。例如,“跨界融合”现象的出现、新产品迭代速度非常快。这些现象背后意味着作为创新基础的企业能力具有更高程度的动态性,不仅表现为企业对环境更快的适应和响应,更为重要的是对外部制度环境的研判、改变甚至创造新制度。

VUCA 中每个元素的深层含义和战略意义是亟待提高企业在 VUCA 时代的预见性和洞察力。一方面,VUCA 时代下传统制造业和服务业的发展前景面临着更加激烈的“红海”,传统模式如果再不进行突破创新,经济及企业转型都将面临巨大挑战;另一方面,疫情终将离我们远去,“未来已来到”,ABCD 等新技术将给绝大多数领域带来根本性变化,不仅将催生新的商业模式和新业态,也将引发各行业的洗牌与重构。这也给商学院的研究与 MBA 教育带来挑战与机遇。为了在激烈的竞争中基业常青,就亟待企业提

高组织和个人(特别是企业家和高管)的动态能力。

二、企业如何获取竞争优势、建构数据驱动的动态能力

企业竞争优势的寻求、建构以及如何获得并保持竞争优势,一直是管理学者和企业界人士最为关注的焦点问题。而在出现 VUCA 和大数据深刻影响的动态环境下,关于企业动态能力的研究已经日渐成为理论界研究和企业界朋友关注的一个热点。

要想在动态环境下保持可持续的竞争优势,并从创新中获取价值,企业需要具备"动态能力",即同时具备识别/感知环境的能力、获取/抓住机会的能力和自我转型的能力。在学术界里,加州伯克利大学 David Teece(2007)和哈佛大学商学院 Pisano 等学者(1997)最初提出了"改变能力的能力即动态能力"的概念,并把动态能力定义为公司整合、构建、重新配置内部和外部能力以应对快速变化环境的能力。

从全球商业发展和企业管理理论的演化历史来看,人们对企业竞争优势来源的解释经历了一个由内而外再由外而内的往返过程,其中尤以产业组织理论学派和资源观(Resource-based View,RBV)理论为主要代表。基于哈佛学派的"S-C-P"(结构-行为-绩效)范式的产业组织(IO)学派竞争优势理论(以哈佛大学商学院 Michael E. Porter 教授为代表)认为,战略设计的目的在于通过恰当的产业定位,使得企业可以提升对上游供应商和下游客户的砍价能力;同时通过构建进入壁垒,阻止现有和潜在的竞争对手对其优势地位的侵蚀。而以 MIT 的伯格·沃纳菲尔特(Birger Wernerfelt)和 UCLA 的杰恩·巴尼(Jay B. Barney)为代表的资源观理论学者们认为,企业竞争优势的来源在于其所拥有的特异性资源和能力,企业通过采取与之相应的价值创造战略获得竞争优势。这两种基本范式的差异主要在于产业组织理论学派以市场定位为基本假设前提,而资源观理论认为企业内部的独特资源才是企业竞争优势的根本来源。20 世纪 90 年代,在资源观基本理论框架内,核心能力理论流派逐步兴起。普拉哈拉德(C. K. Praharad) 和哈梅尔(G. Hamel) 认为企业核心能力具有适用性、价值性、难模仿性,能够成为企业竞争优势的来源。

VUCA 等特征的动态环境下,企业获取持续竞争优势的基本模式已经从获取持续的竞争优势转向持续地获取一系列暂时竞争优势。在超竞争的经营环境下,企业凭借产业定位者资源实力所积累的竞争优势会被诸如前文提到的 ABCD 等快速的技术创新所侵蚀。因此,企业必须迅速响应外部需求,及时调整内部资源配置和组织结构。在此背景下,基于资源观基础,同时又作为该理论的继承和发展,动态能力理论逐步形成并获得了快速发展。

大数据引发了企业商务环境"时间-空间-连接"关系的变化、企业和消费者行为与关系的变化、数字产品/服务智能和连接特征及其创造流程过程的变化,并且对高管和员工的认知与行为也产生巨大的影响。大数据情境下企业获取竞争优势的战略和模式已经完全不同于传统情境。一方面,数据驱动拓展了动态能力的内涵。传统意义下的动态能力是分析企业通过感知内外部的变化(感知)、管理组织和流程以抓住机遇(抓住)、持续地整合和重构特定的有形与无形资产(重构);这个过程中的组织惯例、修改操作能力的高阶能力被认为动态能力。大数据的特征不仅影响了企业的感知方式与过程,新情境下组织流程、设计和激励也不同于传统情境,另外,数据驱动也深刻影响组织的重构过程。

另一方面，数据驱动也影响了动态能力的发展与变化。动态能力被认为一种组织惯例，这个惯例化过程受制度环境、组织创新与个体所影响。而大数据改变了企业商务环境、组织创新过程和个体特别是高管的认知等因素。因此，数据驱动情境下，亟待重新认识和解读企业动态能力的构成与发展问题。

数据驱动的企业动态能力来源于何处？制度、组织创新、高管/个体三者互动作用及其管理，导致动态能力的提升和变化。环境动态性是动态能力的前提。从企业制度理论视角看，市场环境、政治环境等各种外部环境构成了企业发展的制度，一方面，制度为组织提供行为的标准和规范，通过趋同与合作性机制限制组织的行为选择；另一方面，组织为实现自身潜在利益，通过制度创业、集体行动而引起制度变迁。高管/个体既是企业能力的微观基础和来源，又是核心的制度创业者。大数据不仅影响企业家、高管/个体层面的认知和行为，同时也对高管团队以及组织整体层面的组织创新、制度环境产生深刻的影响。

三、如何培育 VUCA 和数字化时代的企业动态能力?

数据驱动的动态管理能力（数字感知能力、数字捕获/抓住机遇能力、数字转换能力）、学习能力、制度企业家精神、团队能力以及中国情境下的其他综合能力（如国际视野、价值观、社会责任、东方智慧等）是培育 VUCA 和数字化时代企业动态能力的关键。

培育和构建企业动态能力，首要的是保持敏锐性，快速感知和洞察环境变化；而数字化背景下，则是要培育和建构数字感知能力，包括全球宏观环境动态、产业技术变革、消费趋势变革、竞争对手动态和合作伙伴的变化等。培育高管/个体和企业整体的数字侦查、数字情境设计、数字思维定式等数字化感知能力。在中国数字经济快速发展和以浙江为代表的打造数字经济、数字社会和数字政府的大好环境下，正好是企业界培育数字感知能力的肥沃土壤。

其次，是培育和建构数字捕获与抓住机会的能力。企业家应培育战略敏捷性、快速原型设计、平衡数字资产组合等多措并举的能力，在 VUCA 时代和大数据环境下捕获/抓住外部环境动态变化的客户需求、外部竞合伙伴动态和内部的数字化能力匹配过程。不仅要重视数据驱动的商业模式创新和各类数字化新业态的培育；而且更应重视技术创新、基础研究和关键领域科技创新，将数字技术融入到已有产业技术，解决技术上被“卡脖子”问题。

再次，是培育和建构数字转化能力。企业家应把握产业平台化发展趋势，导航创新生态系统、重新设计内部结构和改善数字成熟度等举措，通过组织内部及引领所在创新生态系统的数字转化与重构能力以快速响应技术和市场变化。

此外，学习能力、制度企业家精神和团队能力是企业数据驱动动态能力的基础和基石。终身学习特别是系统性的商业知识的学习和对新技术及其对商业逻辑影响的学习是动态管理能力的基础。在企业内部，可以实行资源重组与学习；在企业外部，可以通过企业网络学习、整合资源来获得新的资源和能力。另外，在新时代应着重培育制度企业家精神和团队合作。

四、企业家如何培育 VUCA 时代下的个体(动态)能力?

在 VUCA 时代和百年未有之大变局中,机遇和挑战并存,企业家对人生价值应有深入思考。

第一,培育国际化的、长远的、动态的感知能力,系统学习商学和新科技驱动下商业逻辑的相关知识。企业家应培育全球视野、扎根祖国大地;避免将目光聚焦于短期的收入增长,而应着眼于 5 年、15 年所能达到的成就高度。系统学习商学经典著作和新思想、新理论是获得良好的感知能力的基础。因此要能从繁琐的日常经营活动中脱开,汲取商学和新科技驱动下商业逻辑的相关系统知识。

第二,不断提升领导力和行动能力,旨在打造 VUCA 时代下的抓住/捕获机遇、转化能力。不仅需要在组织内部、团队内部形成领导力,更要培育更为宽广的生态系统领导力,为未来在更加宽阔的商业舞台、促进国民经济发展的舞台上奠定良好的能力基础。培育和强化行动能力,通过价值共创和价值分享,抓住动态机会,灵活转化为商业价值和社会价值。

第三,培养社会责任和担当精神,动态地为社会创造商业价值和社会价值。社会责任和担当精神不仅是商业文明的精神内涵,也是新时代企业家动态能力的文化根源。企业家要志存高远,争当一流,胸怀经世济民的理想、信念,创造商业价值和社会价值。

五、相关政策建议

结合我国经济转型中的制度特征、社会文化情境和市场复杂性需求特征,探析促进可持续动态能力和数字创新所需的公共政策。

第一,是数字化背景下的知识产权制度的转型。结合数字技术的开放性特征和促进企业从数据驱动中获取收益的激励机制之间权衡,激励企业增加对专用性数字技术和基础设施的投资。

第二,是探析对于大数据规制政策设计及其对中国数据驱动发展和企业动态竞争优势获取的影响。科技不断深入本身促进大数据相关技术(如人工智能、5G、物联网相关技术等)不断突破。需要构建和完善相关规制政策,并分析对中国企业动态竞争优势获取的积极效应和负面影响。

第三,是分析大数据的全球治理话语权及相关公共政策设计。大数据具有天然的开放性和全球化特征,大数据相关的治理理念和主张将被转化为国际规则。应结合中国企业的价值偏好与治理策略,设计符合我国国情的大数据发展相关税收、财政、科技等“供给侧-需求侧-环境侧”整体体系。

参考文献

[1] Teece D J. Explicating Dynamic Capabilities: The Nature and Micro-foundations of (Sustainable) Enterprise Performance[J]. Strategic Management Journal, 2007, 28(13): 1319-1350.

[2] Teece D J. Business models and dynamic capabilities[J]. Long Range Planning, 2018,51(1):40-49.

[3] 陈衍泰,罗海贝,陈劲.基于数据驱动的企业动态能力构成研究:以阿里巴巴为例[J].清华管理评论,2020(2).

[4] 刘立娜,于渤.知识和组织惯例互动演化视角下后发企业动态能力的微观基础[J].管理学报,2019,16(7):1044-1053.

[5] 柳卸林,高雨辰,雪辰.寻找创新驱动发展的新理论思维:基于新熊彼特增长理论的思考[J].管理世界,2017(12):8-19.

[6] 苏敬勤,张雁鸣,林菁菁.中国企业进入新兴场域的"赶下车"式合法化策略及其构建机制研究[J].科学学与科学技术管理,2019,40(5):70-78.

作者简介

陈衍泰,浙江工业大学管理学院执行院长、教授,德国洪堡学者,兼任浙江省新型重点专业智库——浙江工业大学中国中小企业研究院秘书长,入选国家万人计划青年拔尖人才、浙江省钱江学者特聘教授等。主要研究方向为技术与创新管理(创新生态系统、研发国际化等)、中小企业成长等。主持教育部哲学社会科学研究重大攻关项目、国家万人计划青年拔尖人才项目、国家自然科学项目、国家软科学研究计划项目等。相关学术成果发表在创新管理及世界经济类SSCI期刊,以及《管理世界》《管理科学学报》《光明日报》《成果要报》等中英文报刊上,合作版电子专著3部。多篇研究成果被中央领导、国家部委和浙江省主要领导批示和相关部门采纳。

服务型制造市场的竞争与合作

李靖华

摘要:顺应新一轮的科技革命和产业变革,伴随着数字技术向工业领域的渗透融合,服务型制造新模式新业态不断涌现。与此同时,制造企业服务化转型也面临许多问题和挑战,诸如组织结构调整、企业文化重塑、资源/能力重新配置等内部影响因素受到广泛关注,但是现实中服务市场开拓难度、市场竞争激烈程度等外部制约因素却常常被低估。本文在产业融合背景下,分析服务型制造市场的竞争与合作问题,并提出企业和政府层面相应的对策建议。

关键词:产业融合;服务型制造;多主体竞争

近年来,以发展服务型制造为突破口,推动先进制造业和现代服务业深度融合,成为促进制造业高质量发展的重要方向。为此,工业和信息化部接连会同有关部门联合印发了《发展服务型制造专项行动指南》和《关于进一步促进服务型制造发展的指导意见》,以把握新一轮科技革命和产业变革机遇,深入贯彻党中央、国务院关于发展服务型制造的决策部署,促进了服务型制造新业态、新模式不断涌现。然而,发展服务型制造也并不意味着一定能成功,诸如西门子、施乐、英特尔以及沈阳机床等相继遭遇服务化困境(Servitization Paradox),甚至服务化失败(Servitization Failure)(马风华,李江帆,2019)。并且全球制造业竞争加剧,中美贸易摩擦、逆全球化思潮等不确定性因素对我国制造业产生明显的负面冲击。如何有效发展服务型制造仍是亟待解决的现实问题。制造企业服务化转型过程中,面临的组织结构调整、企业文化重塑、资源/能力重新配置等诸多挑战受到广泛关注,但是现实中服务业务市场开拓难度、市场竞争激烈程度以及随之而来的服务化风险却常常被低估。本文在产业融合背景下,以笔者长期跟踪调研的国内工业气体市场的案例为对象,分析我国服务型制造的市场竞争与合作问题,并提出企业和政府层面相应的对策建议。

一、服务型制造发展现状

服务型制造在我国企业中获得越来越广泛的认可,越来越多的制造企业实施服务化转型战略。两化融合服务平台数据显示,截至 2020 年 4 月,我国开展服务型制造业务的企业比例为 26.2%。从 2015 年至 2019 年,我国离散制造企业开展服务型制造的企业比例,由 11.1%增长至 25.3%,其中电子、交通设备制造行业开展服务型制造的企业比例分别为 31.1%、27.7%,位于离散制造行业前列(见图 1)。全生命周期各环节间产品数据互联共享以及产品智能水平的提升,成为未来深入发展服务型制造的关键点。此外,基于国家统计局数据,2017 年、2018 年和 2019 年我国新产业、新业态、新模式"三新"发展迅速,其中第二产业的"三新"经济增加值分别为 54253 亿元、62453 亿元和 70443 亿元,增速都远远高于当年第二产业增速和整体经济增速。由于第二产业的新业态、新模式大多可以体现为服务型制造,这在很大程度上反映了服务型制造近 3 年的快速发展态势(黄群慧,2020)。

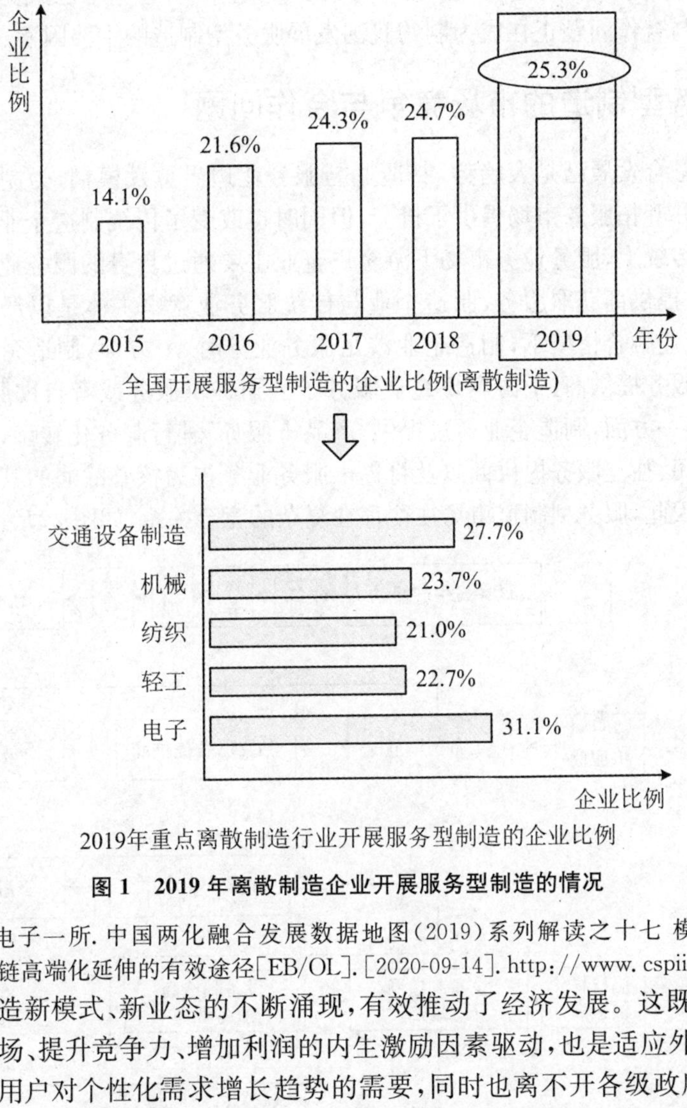

图 1　2019 年离散制造企业开展服务型制造的情况

数据来源:电子一所. 中国两化融合发展数据地图(2019)系列解读之十七 模式篇:服务型制造——企业价值链高端化延伸的有效途径[EB/OL]. [2020-09-14]. http://www.cspiii.com.

服务型制造新模式、新业态的不断涌现,有效推动了经济发展。这既有制造企业开拓服务业务市场、提升竞争力、增加利润的内生激励因素驱动,也是适应外部个人用户消费升级和企业用户对个性化需求增长趋势的需要,同时也离不开各级政府、行业协会等的推动与宣传。但是中国制造业整体以加工组装见长,服务型制造起步晚,与国际先进水平相比仍有不小差距。刘尚文和李晓华采用问卷调查的形式对我国服务型制造发展情况进行了总体分析,从服务型制造业务占制造企业销售收入比重来看,47.6%的受访企业选择"超过 20%"，其他受访企业皆低于该水平①（刘尚文，李晓华，2019）。因此，目前我国服务型制造发展整体上呈现出服务型制造企业增长迅速，但服务化水平整体较低。鉴于理论研究与国际经验表明，服务化转型具有先易后难的特征，随着服务化水平的加深，制造企业可能会遭遇服务化困境，而导致服务化失败。服务化转型前期的预期收益，驱动了越来越多的制造企业实施服务化转型战略，促进了经济增长，同时也加剧了服务业务市场的竞争，特别是在产业融合背景下，多主体动态竞争已成为常态。服务型制造市场竞争与合作问题正在成为制约我国发展服务型制造的主要因素。

二、服务型制造的市场竞争与合作问题

当今产业融合发展已是大趋势，制造业与服务业边界愈发模糊，为制造企业实施服务化转型战略并开拓服务市场提供了机会，但同时也改变了传统制造企业的市场竞争与合作的格局。传统上，服务业务市场下游客户企业主要通过自身的服务业务部门或子公司、独立的服务提供商获取服务，制造企业与传统服务业竞争主体是以产品交易关系为主。然而，在产业融合情境下，制造企业涉足服务业务时，一方面，制造企业设计和生产的产品是独立服务提供商、下游客户企业服务子公司提供服务或者自助服务的基础，具有合作关系；另一方面，制造企业通过提供"产品＋服务"进行服务化转型，又与下游客户企业服务子公司、独立服务提供商以及将提供服务业务视为核心战略的其他制造企业形成竞争关系。因此，服务型制造市场往往存在复杂的竞合关系，如图 2 所示。

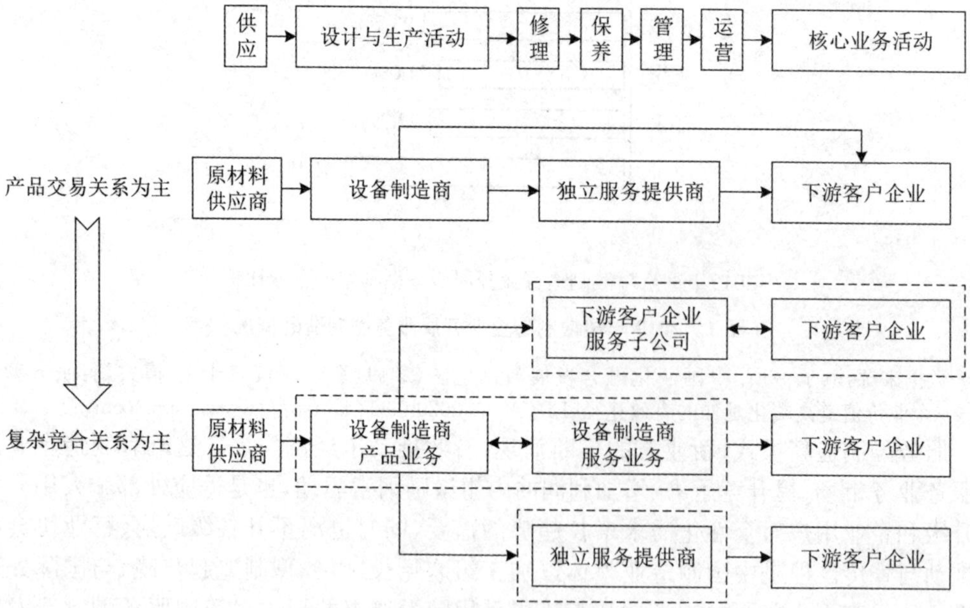

图 2　服务型制造市场的竞争者关系图

① 需要指出的是，该问卷发放范围包括服务型制造联盟成员企业、部分 2017 年和 2018 年服务型制造示范企业与示范项目参评企业，整体上属于服务型制造发展较好的企业。因此，我国制造企业服务化水平实际值可能还要低于该报告的结果。

在产业生命周期不同阶段可能面临不同的服务型制造市场竞争与合作问题和挑战。具体地说：

(1) 在产业生命周期的前期阶段，主要的挑战是服务业务市场的开拓问题。此时，以下游客户企业自我提供服务业务为主，服务业务市场化潜力大，理论上是市场饱和度较低的蓝海。但是服务型制造模式在我国整体上还是一个新事物，在许多行业制造企业追求"大而全"的发展模式，缺乏服务外包意识和意愿。例如，我国工业气体业务在早期主要以冶金、石化、煤化工等行业的龙头企业客户为主，对服务型制造模式缺乏认识，加之其特点为以大宗本地化用气为主，购买空分设备自助提供工业气体服务是主流模式。因此，制造企业服务化转型的目标市场实际容量较小。由此带来的问题是，理论上巨大的市场化潜力会吸引大量的包括服务型制造企业在内的服务业务提供商涌入，而实际市场容量可能又是有限的，极易在短期内形成竞争激烈的红海，陷入零和博弈的竞争格局，甚至难以实现工业气体服务市场化，而导致服务型制造企业的失败。

(2) 在产业生命周期的后期阶段，主要的挑战是服务业务市场的多主体竞合问题。由于制造业与服务业内在的一体关系，并且产品与服务的提供都是为了满足客户的需求，本质上是无差别的。用户可以通过不同的组合方式，获取蕴含在产品和服务中的使用价值。因此，在制造业与服务业内，提供核心产品与服务及其相关扩展产品和服务的企业，都可能是服务型制造企业潜在的和/或现实的竞争对手、合作对象。如何区分并识别竞争对手，分析各自的资源和能力，以保持自身的独特竞争优势在行业中脱颖而出，是管理实践过程中面临的一大难题。例如，在 2013 年，我国工业气体市场规模为 815 亿元，据麦肯锡公司预言，我国气体行业 2020 年将成为与美国、欧盟市场规模相当的全球三大气体市场之一①。工业气体市场相对成熟，空分设备商提供工业气体服务面临多主体竞合问题，以笔者长期跟踪调研的杭州制氧机集团股份有限公司为例，杭氧集团尽管凭借自身的核心技术与设备运作的专业性，积极开展工业气体服务，推进制造服务化转型，在工业气体领域具有差异化的竞争力，但是国际和国内的其他工业气体提供商同样具有较强的竞争优势，其服务业务内容和范围拓展面临外资供应商以及中资其他气体供应商等多主体的竞争威胁。具体的工业气体市场竞争者对比分析，如表 1 所示。

表 1　工业气体市场竞争比较分析

竞争者	外资气体供应商	中资气体供应商		
	国际气体供应商	空分设备制造商	独立供气服务商	大型钢铁厂
代表企业	林德集团、液空集团、普莱克斯公司及空气化学产品公司	杭氧、四川空分	盈德、上海加力、陕西秦风	背靠宝钢、首钢、鞍钢等大型钢企气体公司

① 上海联合产权交易所. 上海宝钢气体有限公司 51%股权公开转让[EB/OL]. [2018-6-15]. https: www. sohu. com/a/236210178_313737.

续表

竞争者	外资气体供应商	中资气体供应商		
	国际气体供应商	空分设备制造商	独立供气服务商	大型钢铁厂
竞争优势	规模、产品质量和研发技术均为领先；拥有大宗集中用气客户资源	有大宗集中用气的优质客户资源；具备空分技术及制造经验，能为客户及时解决系统维护或运营问题，最大限度减少损失	产品线丰富且有较强价格优势；已投资建立物流配送体系，能满足客户的个性化需求；在零售气体市场具有区域竞争优势	凭借多年的空分设备运行经验，钢铁企业气体部门更懂得利用自身技术优势，降低运行成本，为客户提供增值服务，包括提高产品品质、减少污染、节能降耗等
面临挑战	新兴零散用气市场份额少；服务响应速度有待提高	气体子公司的管理成本和控制难度；产品单一且有价格劣势，尤其是在转型初期；对零售气体重视不足，客户资源有限	当设备需要保养、维护或维修时，独立供气商需要依赖于空分设备制造商的人员、技术及其备品备件	客户资源：因竞争关系在冶金行业内无客户资源优势，气体供应通常被视为非核心业务，很难得到大量资源和管理者支持

资料来源：李靖华，马江璐. 制造服务化的兴起[M]. 杭州：浙江工商大学出版社，2020.

三、发展服务型制造的对策建议

本文通过在对服务型制造发展现状进行总体分析的基础上，以我国工业气体市场的案例为对象，剖析服务型制造的市场竞争和合作问题，据此提出发展服务型制造的对策建议如下：

（一）从企业层面来说

第一，制造企业应避免探索服务业务市场的“失败陷阱”，权衡自身能力与外部服务化条件，有的放矢地开拓服务业务市场。制造服务化战略虽然有利可图，且具有行业普适性，但其风险性亦不容小觑，更不应盲目实施服务化转型，特别是对于我国机床、汽车、医疗设备等行业仍是尚待开拓的服务业务市场，看似潜力无限的蓝海，实则暗藏竞争陷阱。服务业行业生命周期的早期，实施服务化转型战略，对于制造企业是一种全新的尝试、变革或者创新，本质上是一种探索式学习。如果企业无法对服务市场的开拓难度和市场实际容量做出事先判断，并根据自身的技术能力、服务知识、客户需求等要素，有针对性地提供服务业务。极易陷入马奇双元学习理论中的“失败陷阱”（March，1991），出现“服务化困境”，导致战略失败。

第二，谨防利用服务业务市场的“胜任力陷阱”，在关注企业内部运营风险的同时还应关注服务业务的外部行业竞争。服务型制造首先是产业层面的问题。在服务业务行业生命周期的后期成熟阶段，服务型制造企业围绕核心产品已经积累了一定服务业务资源/能力，形成稳定的提供服务业务的模式。随着企业越来越擅长发展现有服务业务，就会越来越频繁地从事这项活动，进而探索其他服务业务的机会成本就会越高。因此，服务型制造企业容易满足于现有服务业务的提供，陷入“胜任力陷阱”，而失去对外部行业竞争对手和客户的响应能力(March，1991)。作为企业的决策者，需要企业在识别制造服务化面临的多类竞争对手的基础上，对各竞争对手进行市场份额、客户资源、服务能力等多方面分析，并积极探索新的“产品＋服务”模式，从而找到并保持自身独特而持续竞争优势。

（二）从政府层面来说

第一，各级政府应继续加强宣传推广服务化理念和方法，打破制造业传统的认知框架。自工业和信息化部会同有关部门联合印发《发展服务型制造专项行动指南》以来，服务型制造快速发展、成效显著，涌现出一批服务型制造优秀企业、项目和平台，起到了很好的示范作用，有效推动了制造业转型升级。但是，许多行业仍停留在制造业与服务业非此即彼逻辑，对服务型制造的内涵以及具体发展模式的认识仍存在偏差，不利于制造企业实施服务化转型战略。应积极培育具有发展潜力服务业务市场，提供人才、资金、土地等资源的配套支持，引导制造业龙头企业进行服务化转型，中小型制造企业服务外包或者利用数字化智能化服务平台的赋能提供服务业务，在服务业务市场化关键的环节给予相应的激励和财政补贴，为服务型制造企业开拓服务业务市场提供支持。

第二，实施制造业与服务业一体化的产业政策体系，营造制造业与服务业内多竞争主体有序竞争的产业环境。近年来，产业融合发展已是大趋势，但是长期以来我国的产业政策以严格产业门类和政府部门职能分工为制定和运行的基本前提，各类产业政策、科技政策存在一定的协调性问题。服务型制造是先进制造业和现代服务业深度融合的重要方向，涉及制造业与服务业多竞争主体的竞争与合作。现有的产业政策支持体系相对独立，不利于引导和支持产业融合趋势下服务型制造的融合竞争。应建立定期梳理更新相关政策的制度，将发展服务型制造的目标有机地嵌入各项常规政策，建立以常规政策为主、非常规政策为辅的柔性现代化政策体系；还需理顺服务型制造与现代服务业竞争的产业规制政策，促进双方相互增强、良性互动、有序发展。

参考文献

[1] 马风华，李江帆. 制造业服务化困境研究动态[J]. 科技进步与对策，2019，36(16)：155-160.

[2] 黄群慧. 高度重视服务型制造创新发展[N]. 经济日报，2020-10-09(11).

[3] 刘尚文，李晓华. 中国服务型制造的发展现状、问题与对策[J]. 中国浦东干部学院学报，2019，13(3)：121-128.

[4] 李靖华，马江璐. 制造服务化的兴起[M]. 杭州：浙江工商大学出版社，2020.

[5] March J G. Exploration and Exploitation in Organizational Learning[J]. Organization Science，1991，2(1)：71-87.

作者简介

李靖华，博士，浙江工商大学教授、博士生导师。中国技术经济学会技术孵化与创新生态分会副理事长，技术创新创业分会服务创新专委会主任委员，浙江省创造学研究会副理事长。主要研究领域为服务创新和制造服务化(服务型制造)。主持国家自然科学基金《不确定环境下我国制造企业服务化的资源编排机理研究》《新服务开发的前后台知识转移机制及其管理策略研究》等，参与国家社会科学规划重点项目《国家复杂产品生产能力比较研究》。出版的著作有《制造服务化的兴起》(专著)、《服务创新管理》(专著)、《新服务开发的知识转移》(专著)、《制造服务化手册》(译著)、《为服务而制造》(译著)等。获 2014/2015 年全国商务发展研究成果奖二等奖、2020 年全国商业科技进步奖三等奖。

社会知识活动中的科技服务产业：一个再分类及融合发展策略①

徐雨森

摘要：同社会知识活动系统中的三类知识活动，即知识生产、知识转移和知识应用活动相对应，科技服务产业也可以相应地分为三个类型，即面向知识生产的科技服务类型、面向知识转移的科技服务类型和面向知识应用的科技服务类型。基于新的分类，可更为清晰地发现我国科技服务产业发展的不足，即面向知识生产的科技服务类型缺乏；科技服务产业作为社会知识活动系统中的主体，同其他类型主体，包括高校、研究院所等知识源头、企业和产业创新实践活动的融合发展不够密切，相应地提出促进三类科技服务组织内部融合发展以及同外部创新资源融合发展的策略。

关键词：科技服务产业；融合发展；社会知识活动系统；知识视角

随着“自主创新”活动的深入，科技服务产业应该更深入地参与到社会知识创造活动当中，不应再是传统上“中介”“服务”等字义所强调的“桥梁”“辅助”作用。现实中我国科技服务产业发展仍然面临诸多问题，服务质量尚需提高，服务能力有待加强，理论研究方面也有待加强，尤其是对科技服务产业的活动边界以及类型划分仍然缺乏统一标准。

从官方文件来看，国家科委于 1992 年 8 月发布的《关于加速发展科技咨询、科技信息和技术服务业意见》文件中指出：“要重点发展科技咨询业、科技信息业和技术服务业为主的新型服务行业，为促进第三产业与整个国民经济的发展做出应有的贡献。”显然，这个产业类型划分范围较窄。国务院 2014 年 10 月印发的《关于加快科技服务业发展的若干意见》中划分了包括研究开发、技术转移、检验检测认证、创业孵化、知识产权、科技咨询、科技金融、科学技术普及等专业科技服务和综合科技服务在内的 9 类科技服务产业。这个分类是按照工作内容划分的，类型又略有些繁多。从学术文献来看，国内学者对科技服务组织分类也尚未统一。本文拟基于一个新的研究视角，赋予其新的类型划分，以丰富科技服务产业发展规律的认识视角。

基于新的分类，可以更为清晰地发现我国科技服务产业发展的不足，即面向知识生产的科技服务类型缺乏，现有的产业类型当中，需要加强知识创造的意识，破除“中介”发展的思维；科技服务产业作为社会知识活动系统中的主体，同其他类型主体，包括高校、研究院所等知识源头、企业和产业创新实践活动的融合发展不够密切。

---

① 国家软科学项目（重大）（2014GXS2D015）成果。

一、基于社会知识活动系统视角的科技服务业再分类

就社会分工而言,社会知识活动系统是由知识生产的科技系统、知识传播的教育系统和知识应用的经济系统所组成。社会知识活动系统具有全息性,即各个分系统除了以本身子系统之外,又或多或少包含其他辅助的子系统,即经济系统、科技系统和教育系统。科技服务产业也可以相应地分为三个类型,即面向知识生产的科技服务类型、面向知识转移的科技服务类型和面向知识应用的科技服务类型(图 1)。

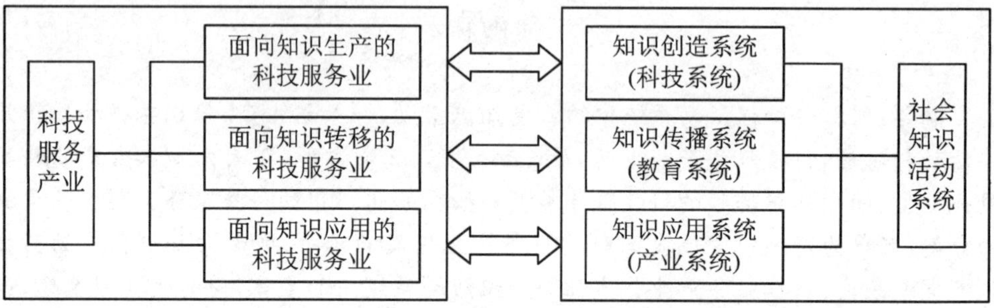

图 1　科技服务业(产业系统)与社会知识活动系统的抽象对应关系图

由于面向知识生产的科技服务业包含知识生产和创造的功能,可以与知识生产系统关联。面向知识转移的科技服务组织对应于知识传播系统。知识传播可以分为有形的和无形的知识传播,在知识传播过程中,离不开服务于知识转移的科技服务组织的参与。知识应用系统与面向知识应用的科技服务组织相对应。

(一) 面向知识生产的科技服务类型

面向知识生产或知识创造类的科技服务组织利用自身的科研和知识优势积极为其他企业和机构提供各种科研和技术创新服务。之所以把其称为面向知识生产或创造的科技服务组织,是因为这类研究机构,从企业的角度看其性质为“研究机构”,从事知识生产活动;但从社会整体看,其存在的意义不仅仅是直接从事知识生产活动,更重要的是政府主导或引导,背靠高校、研究院所,联合具有技术开发能力的企业,为产业共性技术知识的生产搭建有效的平台,为产业共性技术的知识生产提供服务,其中最为典型的就是研究开发服务。研究开发服务主要有 3 类:一是自身研究开发形成的知识产权的授权服务,典型企业如高通、ARM;二是专业的研究开发外包服务,典型企业如华大基因、药明康德新药开发有限公司;三是提供科研支撑服务,典型机构如美国巴特尔纪念研究院等。

(二) 面向知识转移的科技服务类型

此类科技服务组织是长期以来被关注的典型中介类科技服务业。这类组织在消除信息不对称、协调供给方和需求方的利益不平衡等方面有着不可替代的作用。在知识生产机构与企业之间搭建知识转移通道,包括技术转移服务和科技咨询服务等类型。技术转移服务机构围绕成果转化、技术扩散为科技型企业提供技术评估、技术交易、技术转让、技术代理、技术拍卖以及技术集成等服务。技术转移由零散、线下的技术转移服务向集成化、平台化、市场化、互联网化的技术转移服务发展。目前,国外代表性技术转移服

务机构有德国史太白技术转移中心、英国国际技术转移集团、欧盟创新驿站网络计划、以色列工业研究开发中心等,国内代表性的技术转移服务机构有中国技术交易所、中国医药科技成果转化中心等。科技咨询服务包括科技战略、科技评估、科技招投标、工程技术、知识管理、科技信息等内容。新的经济条件下,科技咨询服务由单个、松散的项目咨询向长期稳定的战略咨询合作转变,专业化、外包化成为科技咨询发展的主要方向。

(三) 面向知识应用的科技服务类型

面向知识应用的科技服务组织是基于知识的生产、扩散和转移的基础上,实施科技成果和知识的产业化活动。创业孵化服务和知识产权服务、科技金融等都属于此种类型,尤其是各类孵化机构是服务于知识应用科技服务组织的典型代表。创业孵化服务是指围绕企业成长生命周期,在想法、创业等环节为项目或初创企业提供包括投资、创业辅导、专业技术服务、物理空间等一系列服务的活动。孵化器提供一个集中的空间,在企业创办初期或新技术使用的初期,为企业提供良好的创业环境和条件,帮助企业健康成长。目前,创业孵化服务由早期的提供简单的物业租赁服务向提供高质量创业增值服务转变,服务专业化、社会化和网络化程度不断加深,建立在天使投资网络下的"第三代"孵化服务业态逐渐涌现。典型的孵化器有国外的 YCombinator、橡子园创投、即插即用技术中心等以及国内创新工场等。

知识产权服务逐渐由低级的知识产权代理等服务向较高端的知识产权布局、知识产权运营发展,呈现出内容专业化、服务集成化、运营商业化等新趋势。典型的知识产权服务机构有美国高智发明公司、贝克·麦杰逊国际律师事务所、兰登知识产权公司、罗斯知识产权事务所等。

科技金融服务包括天使投资、创业投资、科技银行、政府科研投入等服务。科技金融服务呈现出以下发展趋势:一是不断深入科技创新链条的前端,为科研活动提供金融支持;二是融合互联网,通过网络众筹的形式建立资本筹集新机制。科技金融机构国外典型的有美国的红杉资本、IDG 风险投资公司、软银股份有限公司等,国内除了各大传统银行科技支行外,还有天使汇、各类科技投资有限公司等。

二、科技服务产业内外部融合发展策略

推动科技服务产业发展,需要采用融合发展策略。一是促进三类科技服务组织之间承接、联结;二是加强科技服务组织同社会知识活动系统中其他主体的融合。基于共生和协同理论,科技服务产业与社会知识活动系统中的其他主体构成了一个合作系统,相互间存在互惠共生关系,具体包括加强与国内外知识生产活动的联结、融合;加强与产业系统的联系,即加强与国内外产业链的共生、融合;科技服务产业发展还需要放到国际化的时空背景下,加强与国际科技资源和产业资源的联系。

(一) 加强产业内部融合,推动三类科技服务组织的承接、联结

在知识活动过程中,知识生产活动、知识转移活动和知识应用活动三者未有严格的界定和区分,知识从研发、转移到实际生产是一个复杂的动态过程,相应的科技服务组织围绕着知识活动,根据不同的知识活动进程或者环节提供相应服务,所以三类科技服务

组织的功能存在着重叠部分。面向知识生产的科技服务组织、面向知识专业的科技服务组织和面向知识应用的科技服务组织三者紧密关联,共同构成科技服务产业系统。

在知识生产服务、知识转移服务、知识应用服务三类科技服务组织行使职能和具体的操作中,往往是三种活动同时进行、功能交叉、相互承接的。

三类科技服务组织之间的内部承接、融合关系如图 2 所示。

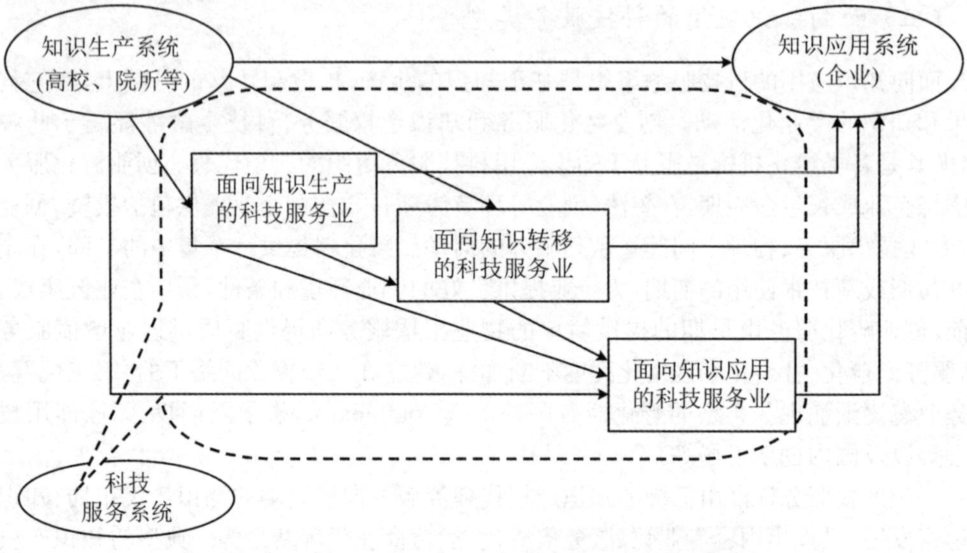

图 2　科技服务产业系统内部承接、融合关系示意图

无论是哪一种科技服务组织,其单独发挥作用的情况是比较少见的,三者之间都具有不同程度的重合,只不过重合度大小不同而已。知识生产类科技服务机构的研究成果可能存在两种可能:成熟技术和非成熟技术。成熟技术是指可以直接转化为生产力,能够应用到企业的生产实践中去的技术,此类技术可以从知识生产方直接转移给企业,或通过专业化的面向知识转移的科技服务组织转移给应用企业。更多的技术成熟程度不够,还需要进一步熟化再转化。在这个过程中,就需要三类科技服务组织的协同作用。在熟化过程中需要借助面向知识生产的科技服务组织。此类组织提供了一个公共的服务平台,将高校、科研机构等知识生产组织研发的各相关资源整合于平台之上,吸收相关企业形成研发联盟,加快了熟化的过程。熟化过程中必然伴随知识转移服务。作为成熟度不高的技术,必然需要面向知识应用的科技服务组织进行孵化,才能更有效地推向市场。

(二) 加强与外部融合,加强与国内外知识源头活动环节的联结、融合

大学和科研院所是知识生产环节的重要主体,是新技术和新发明的源泉。大学和科研院所学科交叉综合、人才基础雄厚、学术氛围宽松、科研资源聚集、科技信息灵捷,在知识生产活动中具有显著优势,能通过各种方式成为新技术的提供者。大学和科研院所还承担了一定的"孵化器"作用,使最新科技成果转化为直接的现实生产力,辐射和带动区域经济的发展。

从社会知识活动系统的全息性理论来看,社会分工的高度专业化决定了不同知识子

系统之间知识结构差异存在的客观性。知识分工一方面使社会不同知识子系统之间知识差异增大，另一方面又使社会组织之间构建知识联盟的必要性加大。知识经济时代，任何一个组织都不可能控制和掌握它所需要的所有知识资源，拥有不同知识结构和知识层次的组织走向协同合作是知识经济时代的必然趋势。

尤其是对于研发服务和产业共性知识创造类的服务机构，其发展离不开知识创新源头的支持，该类科技服务组织从源头性技术创新机构获取创新性知识、研发人才以及突破性技术来提升组织服务能力，这类科技服务组织可以被称为“前向共生型”科技服务类型。这要求该类组织需要具备较强的“知识协同能力”，能够整合组织内与知识源头的相关能力进行合作创新，并通过知识关联建立起与该类科技服务组织的协同共生。

（三）加强与外部融合，加强与国内外产业链的共生、融合

科技服务业作为专业知识生产者和传播者，已经开始融入到制造企业的创新过程中，过去那种单一的以制造企业为基础的创新模式被打破，取而代之的是科技服务业与制造企业日益紧密的互动创新过程。科技服务业与制造企业的互动创新作为一种新的创新范式，日益受到理论界与实践界的关注。科技服务业为客户提供服务的过程是一个双边互动学习过程，它提供的服务在内容和质量上很大程度是由作为服务提供商的科技服务业和作为客户的制造企业之间的互动过程和联系方式决定的。科技服务业起先被认为是提供单向的转移专业信息服务的，后来被认为不仅是知识的提供者，更是知识的合作生产者，在此过程中客户企业密切参与。科技服务业不仅发送知识，而且在知识整合方面发挥着重要作用。通过与制造企业进行互动合作，促进了知识的编码化、知识体系的多样化、双方吸收能力的提高和新知识的创造，扩展了各自的知识基础，从而更加有利于它们各自的创新。科技服务业对于制造企业发展有巨大促进作用，科技服务业与制造企业互动创新的过程就是知识转移与创新的过程，通过互动，能够增加双方的知识存量，促进创新。

对于技术支持和咨询的服务组织，其服务绩效的发挥往往取决于同产业各链环节的协同关系。此类科技服务组织可以谓之为“后向共生型”科技服务类型。后向共生型科技服务组织服务能力的提升是建立在科技服务链与产业链共生基础上的。后向共生型科技服务组织为了更好地服务于产业发展，需要联结科技服务链前向，在一定程度上形成产业集群或结成服务联盟，通过构建科技服务资源共享平台把科技服务全产业链条整合起来，这同样需要组织的“内部耦合能力”。

（四）加强与外部融合，加强与国际科技和产业资源的联系

随着越来越多的企业加入国际化行列，企业的技术和能力积累与跨国化成长相互促进，且呈正相关关系。国际化过程使科技服务组织与国际领先创新环境相容，通过与跨国公司零距离学习、同场创新、合作创新来提升自身的技术水平和创新能力。国际联结往往遵循先易后难的方式进入国际市场，初始阶段往往会把本土较为成熟的技术进行产业化出口或者直接对外提供科技型服务，通过国际实践参与到国际市场竞争中，可以称之为技术的跨国界利用，通过技术跨国界转移进行技术输出，实现科技服务与国外产业链的关联。其次，科技服务组织通过与国际科技服务机构合作，通过国际合作关系的拓

展和加强，积极引进外国先进科技服务配套支持提升科技服务能力，在国际范围内提供包括孵化、金融、咨询及转移等综合性科技服务。最后，为了充分利用国内外双方在科技研发方面的互补优势，选择国际知名高校和科研院所建立合作研发中心，从国际范围内进行知识寻求，拓宽技术创新源头，进行技术引进和消化，实现技术和知识的跨国界寻求。但对于后发国家科技服务组织而言，国际联结的路径则是反向的，表现为“技术跨国界寻求－技术国际合作－技术跨国界利用”的发展轨迹。

除了与技术源建立国际联结外，科技服务组织还通过与国外科技服务机构进行合作构建跨国界的服务链共生体系。此外，国际联结还表现在服务链与产业共生方面，通过主动开拓国外市场，提供基于核心技术的产业化服务，实现技术的跨国界利用。

参考文献

[1] 刘则渊，韩震．知识活动系统与大学知识管理[J]．大连理工大学学报(社会科学版)，2003，24(2):31-35.

[2] 徐雨森．社会知识活动系统中的技术中介[M]．北京:科学出版社，2009.

[3] 孟庆涛，徐雨森，李海波．科技服务组织类型与支撑能力组合研究[J]．科研管理，2020,41(10):156-163.

[4] 徐雨森，张巧．高技术势差背景下工程技术服务企业何以实现创新追赶？[J]．科学学与科学技术管理，2015,36(12):139-148.

作者简介

徐雨森，管理学博士，佛山科学技术学院经济管理学院(质量与标准化学院)教授，广东省社科研究基地——创新与经济转型升级研究中心成员。研究领域为科技管理、产业技术创新、区域创新管理等。原为大连理工大学教授、博士生导师。曾主持国家软科学重大课题，入选辽宁省百千万人才工程，出版专著5部。

创新光谱：创新经济时代下的16项商业特征

汪严磊

摘要：从原始的旧石器时代至今，在人类演化的大约300万年漫长岁月中，创新始终伴随着我们进化的步伐并在其积累到一定能级的时候带来时代的变革。其中，受创新影响最大的当属经济和商业的发展。从新知识及其知识网络的创造（创智）到最终将这些知识一一转化成生产力影响时代经济发展的属性和商业运作的特征，创新行为已经被历史证明是人类演变和社会进步的重要抓手。身处在由创新行为驱动的经济（创新经济）发展长河中，认清时代下的商业特征将有利于我们找到发展未来商业的明灯，同时也影响和加速人类对真实世界的认知。本研究成果——创新光谱，是通过对全球近十年来4331篇相关样本文献及其关键词进行统计分析和聚类分析以及对各行业创新领域专家的调研验证，并基于笔者在业内从事管理咨询尤其是区域经济产业发展咨询、人力资本咨询和全球创新业务实践过程中多年积累的经验综合得出的。最终发现自2011年以来，创新经济驱动下的商业时代分别在意识形态、战略导向、管理效能、能力要求、环境特点、价值属性、组织构成这7大领域中表现出16条具有时代鲜明特点的商业特征。

关键词：创新；创新经济；商业；商业特征

一、从一个经济时代的商业特征说起

从原始的旧石器时代至今，在人类演化的大约300万年漫长岁月中，创新始终伴随着我们进化的步伐并在其积累到一定能级的时候带来时代的变革。其中，受创新影响最大的当属经济和商业的发展。从新知识及其知识网络的创造（我们也叫创智）到最终将这些知识一一转化成生产力影响时代经济发展的属性和商业运作的特征，创新行为已经被历史证明是人类演变和社会进步的重要抓手。由创新行为驱动下的经济模式，我们称之为创新经济。身处在这一经济发展的长河中，认清其时代下的商业特征，将有利于我们找到发展未来商业指南针，同时也影响和加速人类对真实世界的认知。

2014年，德勤发布了基于数字化时代的商业特征模型——数字化DNA（Digital DNA）[1]。通过针对这一时期下全球数字化领域领先企业全面商业研究以及服务洞察，德勤在这一模型中描述了数字化时代下的23条商业特征。在这些特征描述的指引下，德勤全球各机构又纷纷根据当地业务的需求接续开发出企业数字化成熟度评估工具、企业数字化领导力建设方法论、企业数字化转型理论框架等，从而在其包括战略咨询、人力资本咨询、技术咨询、财务咨询、法律咨询等诸多业务方面，为全球企业实施了数字化管理的赋能和提升。由此可见,准确描述某一个商业时代的核心特征,在企业业务能力提升、区域产业发展、国家经济建设、全球生态构建过程中起着重要作用。

笔者通过对 4331 篇来自 Web of Science 核心合集数据库(Web of Science Core Collection,以下简称 WoSCC)的文献进行分析后发现,从 2015 年开始,全球学术界在创新经济时代下商业特征方面的研究成果开始有了显著的增长。可见,对创新经济时代下的商业特征进行系统性研究、归纳和描述变得十分迫切。

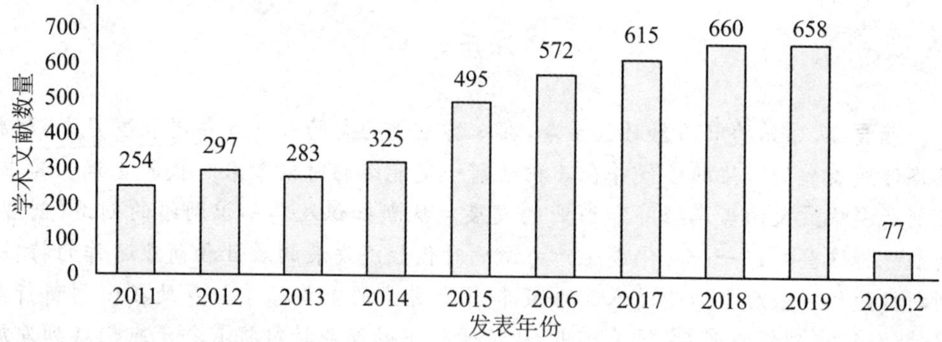

图 1　2011 年 1 月至 2020 年 2 月 WoSCC 学术样本文献发表数统计

二、从商业、管理、经济的综合视角看未来世界

从 4331 份文献来看,商业、管理和经济是审视创新经济时代下商业特征的主要视角。细化来看,行业市场(不同行业间的差异性研究)、人力资源(领导力、胜任能力、学习与发展、企业文化等方面研究)、企业创新(商业模式、转型变革研究)、组织行为、企业战略(数字化、价值定位研究)、企业治理(社会责任、可持续发展研究)这 6 大领域的相关研究和结论尤为突出。这也进一步反映了对创新经济时代下商业特征进行有效和准确的描述需要从社会、经济、人文等多方面来综合考量,而在人类发展的过程中,受其影响最显著的将是经济发展、商业繁荣和管理提升。

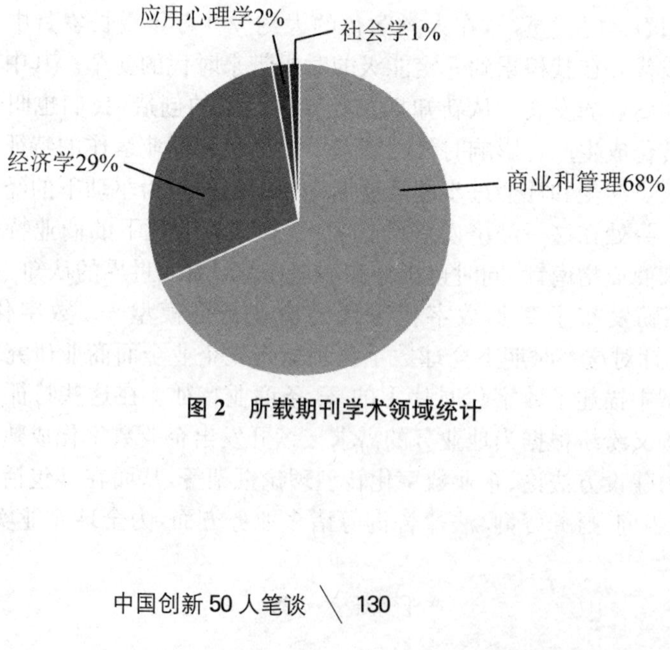

图 2　所载期刊学术领域统计

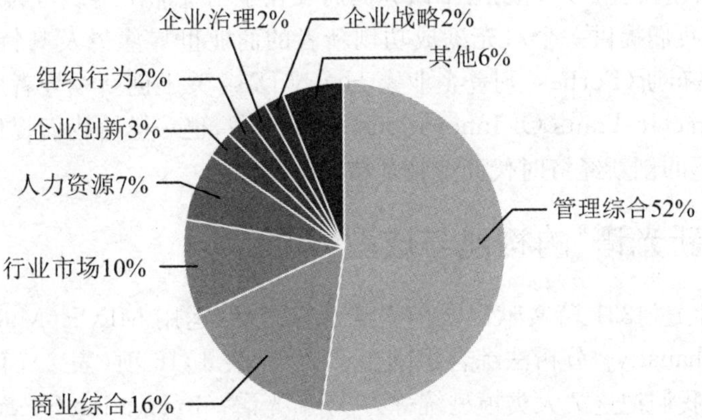

图 3　商业和管理期刊细分领域统计

回顾近 30 年经济管理研究，其实关于创新商业时代特征的研究也是星星点点般存在的。

1997 年，英国经济学家 Christopher Freeman 和 Luc Soete 将其共同出版的著作《The Economics of Industrial Innovation》更新至第 3 版。在这一版当中，他们依然凭借对工业革命开始之后的世界经济变迁进行讲述[2]，并且始终站在所谓创新的视角来归纳和理解各时代下经济演变的原因和规律。根据书中作者的洞见，持续的创新引起持续的收益；用想象来确定未来潜在市场；研发、生产、销售三位一体的协同关系等被认为是工业创新驱动的新经济时代下最与众不同的特征。该著作对本研究的核心借鉴意义在于让我们明确研究创新不是从当下起步的。人类历史发展的长河中，创新是伴随我们发展始终如一的话题。这也是本研究认为要进一步提升国家乃至世界经济发展的需要，鉴古论今，从历史视角进行归纳是研究结论是否完整的关键所在。

2003 年，美国新墨西哥大学教授 Everett M. Rogers 出版了《Diffusion of Innovations》一书的第 5 版[3]。该书正式提出其创新扩散模型，系统地分析和阐明了一切新想法和新事物在社会中传播，从而引起不同人群对创新反应的规律。其中，他认为创新的传播受众有 5 类，包括创新者(Innovator)、早期采用者(Early Adopters)、早期大众(Early Majority)、晚期大众(Late Majority)和落后者(Laggards)。创新在与这些受众交互的过程中会遵循认知(Knowledge)、说服(Persuasion)、决定(Decision)、实施(Implementation)以及确认(Confirmation)这 5 个步骤，并且不同的受众在经历这些步骤之后的表现和反应也有所不同。Rogers 教授的研究成果在长时间的商业创新过程中被逐渐验证，并成为影响当今商业创新与人类社会交互关系的重要归纳参照。

2011 年以来，创新的话题开始越来越多地被人提及。2013 年，哈佛商业评论(Harvard Business Review)刊登了伦敦大学学院以及美国哥伦比亚大学商业心理学教授 Tomas Chamorro-Premuzic 关于“成功创新者所具备的五项特质”(The Five Characteristics of Successful Innovators)的洞察文章。文章中明确指出 5 项特质分别是：一颗机遇导向的头脑(An Opportunistic Mindset)，正规的教育和训练(Formal Education or Training)，积极和极强的坚定意志(Proactivity and a High Degree of Persistence)，精准有效的风险趋避技巧(A Healthy Dose of Prudence)，怀揣社会关系作为财富(Social Capital)[4]。这5条创新者个人特质对本研究的启发在于当叠加了组织行为理论和滚雪球效应的积聚后，为我们提供一个对充满成功创新者的商业世界愿景及其特征的宏观展望。同样，2015年福布斯(Forbes)刊登企业家Henry Doss关于创新领导者所应具备的5项特质(Five Character Traits Of Innovation Leaders)[5]，也一样给我们提供了形成基于未来但引发自当下的创新经济时代商业特征描述的框架。

三、"创新光谱"的构建与成型

基于笔者上述4331篇文献以及前人的观点之后，运用MECE(Mutually Exclusive Collectively Exhaustive)分析法综合识别出7大类(表1)16项(表2)商业特征描述项。为了便于记忆，我们把这7大类模型统称为"创新光谱"(Innovation Spectrum)：

表1　创新经济驱动下时代商业特征描述模型

序号	描述领域(谱线)	描述项
1	意识形态	创智引发新认知革命 开放的内外创新态度
2	战略走向	创新链与价值链协同 内生创新健全生态圈
3	管理效能	创新受高效产能保障 稳定的创新链上下游
4	能力素质	持续的知识发现缔造 健全的知识应用管理
5	价值属性	无处不在的价值实现 创新和迭变驱动增长
6	组织阵型	多元化生态成为主流 生态网络同步化发展
7	环境交互	对客观环境资源依赖 跨界竞争成主要威胁 未知市场需求可预测 供需主被动性更复合

表2　创新经济驱动下的时代商业特征描述项及对应描述简述

序号	描述项	描述简述
1	创智引发新认知革命	知识创造对社会产生超出商业领域的影响
2	开放的内外创新态度	开放思维和感知力造就出更好的创新环境
3	创新链与价值链协同	知识信息会成为计量企业价值的第二载体

续表

序号	描述项	描述简述
4	内生创新健全生态圈	内生创新成为生态圈构建引入资源新渠道
5	创新受高效产能保障	企业创新前提是传统产能持续稳固的支撑
6	稳定的创新链上下游	存在知识创造到转化应用的可靠高效方法
7	持续的知识发现缔造	可持续的知识创造才能催生新的经济模式
8	健全的知识应用管理	需要具备健全的知识转化体系和保护机制
9	无处不在的价值实现	商业价值实现在整个创新链的每一个环节
10	创新和迭变驱动增长	创新和转变将诱发或指引出新的增长空间
11	多元化生态成为主流	企业融入商业生态网络的形式更为多样化
12	生态网络同步化发展	企业的成长将带动整个关联业务生态提升
13	对客观环境资源依赖	创新的核心原则是与自然和谐共处共发展
14	跨界竞争成主要威胁	市场跨界竞争者比同业竞争者更具威胁力
15	未知市场需求可预测	发生于未来的隐性市场需求将能准确预判
16	供需主被动性更复合	满足已有需求和孵化未知需求将同步出现

（一）意识形态

每一个时代都会伴随着人类意识和认知形态的变化或演进。谱线1对创新经济商业时代下人类的意识形态特征进行了描述。

创智引发新认知革命。创智本身就是一个知识创造或重组的认知过程。在这其中，人类所得到的不仅是对一类客观新事物的认知，在主观上也会增强所谓的认知策略。举个例子，在前两次工业革命之时，人们充分认识到了科学技术的演进对经济效能增长的影响。直到当下，人类开始意识到，当技术的演化进程遇到瓶颈之时，唯一能够触及商业新蓝海的还有商业模式的创新。于是有一天，在各大书店的推荐新书上那些关于计算机技术以及人工智能、数字化、大数据技术的书籍，突然变成了如何打造商业模式、如何发掘商业需求等等标题的书籍。而像“设计思维”“TRIZ”这样的方法论热度也一下子被拉平甚至盖过了数据库、编程等技术性话题。剖析来看，这些关注焦点的变化其实伴随着人的认知从单纯的客观技术创造转变为对已有知识/信息的重新组合来达到相同目的。根本上来看，这就是认知策略的变化。

开放的内外创新态度。笔者认为，创新经济必将伴随着人类知识网络一轮又一轮的爆发式扩张。也就是说各种各样新颖的概念、理论、辞藻会在不经意的一个谈话间被创造出来。比如“取关”（取消关注）这个词，第一次听说的人应该也只有在特定语境和话题下才会理解。此时，回顾整个谈话过程双方意识和认知的时候，一定会包含对前后对话内容的回顾；通过对他人表情、神态的理解猜测另一方可能表达的意义等。此时，我们经常提到的同理心和接纳心也就被发挥得淋漓尽致了。所以说，开放包容创新态度的养成和普及将是商业时代对创新进行理解和转化加速的一大必备条件。

（二）战略走向

一直以来，创新被人们当作一种商业行为。但现在我们应该明白，创新也是一种战略，因为有了这个战略，组织内部的各个部门才会产生创新商业行为。这就是谱线 2 所需要表达的内涵。

创新链与价值链协同。创新链是知识/信息从创造/重组到转化为经济价值效能的全循环过程。价值链是迈克尔·波特早年提出的概念，他认为价值链末端的环节将更能引起利润的获得和增长。在创新经济体系下，创新链上的各个环节都会有独立的价值链衔接。换句话说，知识链的每一个环节都可以作为单独的业务而存在。在这其中，价值的产生和增长除了依靠资本的循环流动外，还有知识/信息的不断流转所获得的价值增长。因而创新的转化和价值的持续增长将相辅相成。

内生创新健全生态圈。以往商业世界的供应链和价值链都是靠外部企业的联合才得以健全的。在创新经济时代下，企业内部新业务的孵化将与外部联合来健全整个生态网络。在国内，诸如华润、腾讯、阿里都已经有类似的机制来保障内生式生态的健全和增长。

（三）管理效能

创新经济，从技术的视角更多是为了寻得业务的新蓝海，从效率的视角是为了提升知识/信息向价值转化的效能。谱线 3 就是描述如何通过管理手段增强创新行为的效能。

稳定的创新链上下游。这一条的内涵在前述的基础上相信不会有过多质疑。毕竟保障创新链全环节上下游关系的稳定才能通过开环和闭环实现价值增长。同时我们也看到，未来企业更多还是应该关注在一个或少数几个创新环节，而非样样精通，从而保证自身业务的专业性。

创新受高效产能保障。如前所述，创新链既有开环的成分来吸收外部营养，又有闭环的成分来实现自主迭代。而后者必须要有高效产能的保障。目的有两个，一是保证了前端创新活动所必要的资源投入；二是通过产能提升的程度来验证创新成果自身的有效性。

（四）能力要求

前文已经论述过，创新是一种战略，一种商业行为、更是一种能力。这种能力体现在战略的高瞻远瞩、经营的稳定可持续性以及实施的高效性。谱线 4 即描述了上述三个特点。

持续的知识发现缔造。这是保障创新经济永续发展的根本假设。

健全的知识应用管理。这是保障创新经济体处于市场竞争上峰且可持续的必要条件，也是自身生态网络业务参与竞争的议价筹码。

（五）价值属性

创新经济时代商业的价值除了资本，还有知识/信息，就像现今无数企业意识到的那样，数字化时代下“数字即资产”。但更广泛的创新经济时代下包含数字在内的“知识/信息”将成为资本流通和增值的重要载体。

无处不在的价值实现。由于知识/信息在流通的过程中会发生变化。在这些变化里，有些知识/信息失真了，所以其价值可能会降低；有些知识/信息被进一步归纳、提升和演绎，成为业务发展的关键参考，所以增值了。这种知识/信息的流通在当今世界无处不在，只要对原有知识/信息有思考和认知就有价值的变化。

创新和迭变驱动增长。基于知识/信息承载价值的特点，新知识/信息的产生势必就伴随了价值的增长，因此任何知识/信息的创新以及迭代、变化都会引发企业价值的浮动。组织的使命之一就是有效地挖掘和定位这些价值浮动的根源和内涵，从而保障增长并避免减值。

（六）组织阵型

组织是开展一切商业活动的阵型。通过不同阵型的形成和调整，能够使组织应对不同的商业环境和任务，并表现出积极的和保守的态势。创新经济下的组织也有着其根本的特点。在这些特点之上进行阵型的调整可更好地应对创新经济时代的核心使命。

多元化生态成为主流。如上述讲到，生态圈的建立是基于不同业务实体的参与，来让某一新兴技术在各领域、各环节“全面开花”产生价值。因此多元化的生态网络构成必定是创新经济下商业阵型的主流。

生态网络同步化发展。生态圈是创新经济商业时代的组织基础。最近几年，著名人力资源专家大卫·尤里奇及其团队就提出了一种叫作无边界型组织的新商业阵型。笔者认为，不论这类组织形态是理想的还是真实能够实现的，其最大效用的发挥还是在由不同业务实体组成的生态网络合作中。放眼当今世界的重大商业活动(这里的重大指规模大、投入大、经济意义大)，如美国的商业航天计划、全球各国/地区的人脑计划，都在探索以生态合作的阵型进行着。而生态合作的意义也显然不只是顾及其中个别企业的利益，而是生态网络中所有成员的共同进退。

（七）环境交互

创新经济时代下的市场环境是复杂而多变的。但当我们把市场当作一个黑箱进行处理时，依然会重点关注自身业务与输入资源、输出对象以及竞争环境的交互。谱线 7 就是对这些方面的描述。

对客观环境资源依赖。如今，创新的使命被越来越多的人群所提及，其中一股强大的声音让我们意识到和自然环境的和谐共处是知识创新过程中不可逾越的红线。其原因还是在于发展的可持续性。

跨界竞争成主要威胁。跨界竞争意味着支撑创新产品/服务的技术更为复合和交叉。比如传统零售靠的是重资产、全供应链以及优质服务的投入。但是当电子商务依托互联网、大数据和人工智能崛起的时候，谁会想到 IT 企业几乎替代了专业零售商成为颠覆重资产、强化供应链和提供个性化服务的先驱。到如今，一切所谓传统的行业，都被以信息技术为核心的企业所替代或挤兑。这种跨界竞争将延续，而我们也拭目以待替代信息技术行业的下一个盟主又会是谁?

未知市场需求可预测。这是让创新经济体能够抢占先机获得市场份额以及持续引领行业的必备要素。

供需主被动性更复合。基于谱线 4 的阐述，我们知道在创新经济时代下组织需要主动去探求消费者诉求的直接和间接变化。更多时候这些变化是消费者自身也没有意识到的。一个典型的例子就是 2008 年前后，当苹果开始用电容屏作为手机最大且最核心的交互工具时，当时的手机行业之王诺基亚更多还是以发展全键盘或传统电阻式触摸屏开展交付体验。然而正是因为苹果的电容屏满足了高灵敏、真体验，突然让消费市场意识到下一代的手机应该是怎么样的。于是乎，诺基亚被苹果瞬间挤下了王座。在此过程中，市场消费群体并没有在苹果开发电容屏之前就明确表示这一技术应用的必要性，但恰恰是苹果通过与消费者更深入的互动，并创新且大胆地尝试去孵化和激发消费者的新需求才获得了成功。可见，创新经济驱动下，主动供需和被动供需将更为均衡，尤其是主动孵化消费者未知的需求将成为市场对商业组织提出的新要求。

四、行业应用展望与下一步研发计划

“创新光谱”是为开发一系列发展和管理实用工具所生。这些工具将用于打造创新经济体，并通过企业赋能实践来加以实现。长期以来，创新经济一直伴随着全球的发展。在人们谈到工业经济时代、信息经济时代、数字经济时代以及已经开始的智能经济时代的时候，创新经济一直都在幕后扮演着引导和推进的作用。因此，在已经识别和明晰创新经济大环境商业特征的基础上，我们需要进一步开发企业创新驱动力评估工具来评估企业创新的齐备度和优化领域；开发创新领导力模型来提升现有企业领导者在商业创新方面的能力以及制订未来创新领导力的继任计划；开发创新战略解码地图来帮助制订生态圈整体创新战略体系和与之配套的绩效保障体系等。上述这些后续工具的开发将是创新理念向区域经济和产业经济创新渗透及实施的关键，并且在一定程度上需要整个社会经济体共同完成和普及应用。

参考文献

[1] Deloitte. Digital DNA：How to Organize，Operate，and Behave for the Digital Age[DB/OL]. [2020-3-16]. https://www. deloittedigital. com/dd/us/digitaldna. html.

[2] Freeman C，Soete L. The Economics of Industrial Innovation [M]. 3rd Edition. US：The M. I. T. Press，1997.

[3] Rogers E M. Diffusion of innovations [M]. 5th Edition. US：Free Press，2003.

[4] Premuzic T C. The Five Characteristics of Successful Innovators[DB/OL]. [2013-10-25]. https://hbr. org/2013/10/the-five-characteristics-of-successful-innovators.

[5] Doss H. Five Character Traits Of Innovation Leaders[DB/OL]. [2015-9-16]. https://www.forbes.com/sites/henrydoss/2015/09/16/five-character-traits-of-innovation-leaders/.

作者简介

汪严磊，德勤中国创新部门暨勤创空间经理，中国技术经济学会神经经济管理专委会副秘书长。国家二级心理咨询师、GPST注册心理咨询师、全国心理测量师、国家绘画心理分析师等资质获得者。中国心理学会、中国神经科学学会、上海市心理学会、国际罗夏与投射测验法学会、美国心理学会等个人会员。擅长创新、战略以及人力资本相关领域的政府及企业实战咨询和能力提升。曾服务或项目交付于中国航天科技集团有限公司、临港集团、临港科技城、宝武集团、中国太平洋保险集团、苏州银行、中国平安、上汽集团、宝马汽车、香港科技大学等。

中国创新50人笔谈

50 Essays on China's Innovation

区域创新

以创新驱动战略提升我国区域发展质量效益的路径[①]

张治河

摘要：随着我国经济发展从规模扩张向质量效益的转型，创新将在发展过程中发挥越来越重要的作用。本文基于这种发展动因，提出了构筑大平台、培育大团队、开发大市场、实现大协同、建立大系统的五条战略路径。

关键词：创新驱动；发展质量；创新系统

根据创新理论之父熊彼特的观点，“创新”就是“发展”。相对要素驱动而言，创新驱动是经济发展到一定阶段的标志，在一定程度上体现了经济发展的质量、效益水平。著名经济学家迈克尔·波特依据驱动要素，将经济发展分为要素驱动、投资驱动、创新驱动、财富驱动四个阶段。世界经济论坛亦根据竞争力水平将不同国家和地区划分为要素驱动、效率驱动、创新驱动三种类型，表明竞争力是与发展的质量、效益正相关的。对于后发区域而言，适时启动创新驱动战略，将是在保证质量、效益的前提下实现技术跨越追赶的有效手段。

创新驱动是我国的一项国家战略。2006 年 2 月 9 日，国务院发布了《国家中长期科学和技术发展规划纲要(2006～2020 年)》，提出要加强自主创新，建设创新型国家，首次将创新提升到国家战略层面。2012 年底召开的党的十八大明确提出“科技创新是提高社会生产力和综合国力的战略支撑，必须摆在国家发展全局的核心位置”，强调要坚持走中国特色自主创新道路、实施创新驱动发展战略。2015 年 3 月 13 日，中共中央、国务院发布了《中共中央　国务院关于深化体制机制改革加快实施创新驱动发展战略的若干意见》，就如何营造激励创新的公平竞争环境，建立技术创新市场导向机制，强化金融创新的功能，完善成果转化激励政策，构建更加高效的科研体系，创新培养、用好和吸引人才机制，推动形成深度融合的开放创新局面，加强创新政策统筹协调等方面进行了统一部署。2016 年 5 月发布的《国家创新驱动发展战略纲要》，提出“2020 年进入创新型国家行列，2030 年跻身创新型国家前列，2050 年建成世界科技创新强国”的创新驱动发展“三步走”战略目标。已有研究表明，“世界科技强国一定是创新型国家，并有一定规模”(穆荣平，2016)，因此，“创新驱动发展是建设世界科技强国的必由之路!”

我国区域经济发展极不平衡。既有科技教育高度发达的国际化大都市，又有较为落后的山村、乡镇；既有相当规模的代表先进技术的各类开发园区，又有规模庞大的传统制

---

① 本文是教育部哲学社会科学研究重大课题攻关项目《健全技术创新的市场导向机制研究》(14JZD010)部分成果。

造业产业体系。发展的不平衡，决定了不同的区域可能处于不同的发展阶段，同时也决定了解决我国区域发展问题，必须要有系统的思考，立足国情，要以创新的思维、全球的视野，切实关注如下“五大”战略：

大平台。即密切追踪大科学计划、大科学工程、大科学项目。重大科技基础设施对基础科学和前沿技术突破具有不可替代的支撑作用，对于培育新的经济增长点和优化产业结构具有不可替代的支撑作用。历史经验表明，“重大科技基础设施是一个国家建设世界科技强国的重要物质技术基础”。二战期间，美国建造粒子加速器、实验型原子反应堆等重大科技基础设施，为率先研制出原子弹提供了重要支撑。依托这些设施，美国设立了洛斯阿拉莫斯、橡树岭、阿贡等国家实验室，在宇宙观测、粒子物理、物质微观结构等领域傲视群雄，在核电、生物医药、先进材料等产业领域长期保持全球领先。受曼哈顿工程影响，英国、法国、德国、日本等也纷纷加入以重大科技基础设施为焦点的科技和综合国力竞争。

柳卸林教授在2018年《中国区域创新能力评价报告》发布会上对19年来区域创新格局的变化进行了分析。在呈上升态势的区域中，贵州省最为抢眼，从原来的第29位上升到第16位。究其原因，平台的支撑作用功不可没。首先是天眼工程，即被誉为“中国天眼”的500米口径球面射电望远镜。据《贵州蓝皮书：贵州社会发展报告(2017)》分析，以“中国天眼”为代表的一大批标志性重大基础设施工程的建成引领着贵州经济社会快速发展。另一个典型是贵阳大数据中心。从2013年开始，贵阳市人民政府与中关村科技园区管理委员会签订战略合作框架协议；2014年，《贵阳大数据产业行动计划》发布后，贵阳以中关村贵阳科技园为统筹，建立与北京市政府、中关村管委会的长效交流合作机制。据不完全统计，贵阳从北京先后引进了总额超过1800亿元的260个项目。截至2018年底，贵阳市积极推动大数据与相关领域深度融合，大数据与实体经济总体融合指数达到45.3，2018年完成地区生产总值3798.45亿元，增长9.9%，保持经济增速连续6年位居全国省会城市第一。

因此，积极借助重大科技项目、国际大科学计划和大科学工程等大型平台的力量，实现重大基础理论和前沿技术的突破，对优化产业结构，提升区域创新能力和经济发展质量具有重要意义。

大团队。优秀团队的功能是培养顶尖人才。据统计，在诺贝尔奖获奖机构中，美国128个、德国53个、英国40个、法国26个、日本14个、瑞士10个、瑞典8个、澳大利亚8个、意大利7个、荷兰6个、丹麦6个、加拿大6个、苏联5个、比利时4个、奥地利4个、以色列4个、俄罗斯3个。仅从2004年到2015年的诺贝尔科学奖分布看，美国43人次，日本8人、英国8人、法国6人、德国5人，以色列和澳大利亚各3人，加拿大和挪威各2人，瑞典、比利时、荷兰、爱尔兰、俄罗斯、中国、土耳其各1人次。我国知名的杨叔子团队，19年培养出5位院士。可见团队具有培育、聚集一流顶尖人才的重要功能。通过团队造就“商界精英、政治领袖、学术奇才”，通过人才带动知识的流动，促进经济的持续、健康发展是已被实践证明的有效途径。

大市场。技术创新的本质是新，创新成功的重要标志是市场价值的实现。因此，实现创新驱动，实质上就是要健全市场导向机制，让市场在创新资源配置过程中起主导作用。使创新型技术、创新型产品、创新型商业模式不断涌现，以创新的思维开发新的产品和服务，为发展注入新的活力，推动经济的高速度、高质量发展。

大协同。协同问题就是要解决科技、教育、文化、经济协同创新关系问题。科技、教育、文化和经济作为不可分割的子系统存在于国家创新系统之中，不是单独起作用的，它们之间有着紧密的联系，形成了一个互为因果、互相制约和互相促进的统一体。但就目前的现状来看，其互相的推动和促进作用还有很大的提升空间。因此，区域经济发展，必须注重协同效应，协同创新将是提高经济发展效益的重要途径。

大系统。创新驱动区域经济发展的重要支撑就是创新系统。一个健全的创新系统主要由以下要素构成：创新行为主体，各行为主体的内部运行机制，行为主体间的联系，创新政策、市场、文化、重大基础设施等社会环境，相应的评价体系。从系统科学的角度看，创新系统是一个复杂的巨系统，如何充分发挥协同作用，提高区域经济发展质量和效益水平，将是当前和今后一段时期内应该重点关注的问题。其着力点将以创新系统理论为指导，构建支撑、服务"一带一路"等重大战略的高端平台，促进知识在该区域的有效流动。基于世界各国对要素合作的普遍谨慎，对创新驱动普遍需求的现实，积极探索基于跨国创新系统增强合作的发展模式，使"一带一路"沿线国家真正变成"利益共同体、命运共同体和责任共同体"。

参考文献

[1] 李钊."中国天眼"建成引领贵州经济社会发展[N]，中国科技报，2018-1-17.

[2] 中国日报贵州记者站. 发展大数据，贵阳正逐步影响世界[N]. 中国日报，2019-5-24.

作者简介

张治河，陕西师范大学国际商学院二级教授，博士生导师，陕西省软科学研究基地——陕西区域创新与改革发展软科学研究基地（省级科技智库）主任，首批"教育部新世纪优秀人才支持计划"学者，中国地质大学(武汉)"杰出人才计划特聘教授"，教育部重大招投标项目主持人，陕西省三秦学者津贴获得者，教育部高等学校经济学类专业教学指导委员会委员。主持了包括1项教育部重大招投标项目、2项国家自然科学基金和1项国家软科学研究计划项目在内的国家和省部级课题20余项，受聘《科研管理》《技术创新与战略》《西大经济评论》等期刊编委。在科研选题上特别重视前沿理论与现实需求的结合，率先面向"中国光谷"系统研究产业创新系统，开创了有价值的"光谷"创新管理研究方向，初步建立了"创新学"理论框架，其"产业创新系统论"被纳入了中国创新学派体系。

京津冀、长三角、粤港澳：2035 跨区域协同创新“三驾马车”①

杨耀武

摘要：战略抉择未来，行动赢得发展。中国科技自立自强，区域创新任重道远。国家战略使命驱动区域协同创新。京津冀、长三角、粤港澳如何加大改革开放步伐，如何加速创新发展进程，如何加强示范引领功能，本文基于区域创新战略预见，做出综合判断，提出意见建议，以供决策参考。

关键词：区域创新；战略规划；愿景驱动；长三角；中长期

京津冀、长三角、粤港澳“三大区域”无疑是领跑全国区域创新发展的“三驾马车”。就这“三驾马车”如何担当起跨区域协同创新国家战略使命的问题，中共中央、国务院先后印发了《京津冀协同发展规划纲要》《长江三角洲区域一体化发展规划纲要》《粤港澳大湾区发展规划纲要》等重要文件，做出了前瞻系统的战略部署。“一分部署，九分落实”，如何将宏观愿景的设计图变成具体任务的施工图，仍是“十四五”乃至到 2035 年京津冀、长三角、粤港澳“三大区域”创新发展面临的重大时代课题，亟须重视抓好窗口机遇、愿景驱动、模式再造、政策链接、主体建设等重要工作。

一、抓区域创新窗口机遇

区域创新实际上是国家布局、区域演变、科技创新、产业变革、国际竞争、时代进步的复杂综合体。京津冀、长三角、粤港澳“三驾马车”领跑前行，把握机遇挑战，至关重要。需要重视把握：

（1）新一轮科技革命和产业变革蓄势待发，有利于抢占网络化、数字化、智能化的发展先机。

（2）在新发展理念引领下，我国进入高质量发展新阶段，推动经济发展质量变革、效率变革、动力变革，以及科技与经济社会可持续发展，有利于激发科技创新市场需求。

（3）国家治理体系和治理能力现代化，有利于全面深化改革，打破行政壁垒，破解体制机制难题，为全国区域一体化发展提供示范作用。

（4）当今世界面临百年未有之大变局，全球治理体系和国际秩序变革加速推进，有利于完善我国改革开放空间布局，更好地代表国家参与国际合作与竞争，实现从“引进来”

---

① 上海市软科学研究计划项目(19692114400)成果。

到“走出去”的全球化重心转变，建设世界级创新城市群，建立与国际通行规则相衔接的制度体系等。

二、抓区域创新愿景驱动

愿景或场景驱动是塑造未来的重要方式。京津冀、长三角、粤港澳“三大区域”创新发展目标，既在凝聚思想愿望共识，更在期待实践行动共建。关键目标在于：

(1) 科技创新中心区。围绕国家创新发展战略，精心组织在基础科学、战略高技术、产业共性技术等方面的联合攻关，力争攻克一批关键技术和核心技术，在一些重要领域实现自主创新能力的跨越式发展，成为全国技术创新综合实力和知识竞争力最强、区域创新体系运转最高效的区域，在全国科技创新发展中起到引领示范作用和龙头带动作用。

(2) 科技资源共享区。突破区域科技创新体系建设中的行政壁垒，为区域科技创新提供体制支撑和机制保障。加快建设区域科技研发服务平台、科技专业服务中介机构，促进基地、平台、人才、项目一体化发展，实现区域科技资源自由流动与共享，打造成为全国乃至全世界科技资源最密集、共享程度最高的区域之一。

(3) 科技生活宜居区。应对区域人口、资源、环境、能源等方面的严峻挑战，以替代、节约、修复、再利用和循环等特点和功能为方向，促进生态良性循环、资源高效利用、污染全面控制，促进自然生态、人居生态和产业生态和谐，提高生活质量，营造良好的人居环境，率先在全社会形成低碳、绿色的科学生活方式和消费模式，在应对气候变化、促进节能减排、建设资源节约型和环境友好型社会等方面，走在全国前列。

(4) 科技产业创造区。以产业共性技术研究开发与示范应用为重点，结合重大工程建设和重大项目研发，加强高新技术研发和成果转化。开发具有高度技术关联性和产业带动性的重大战略产品，主攻自身具有潜在优势的战略性新兴产业，尽快培育和形成新的创新型经济增长点，促进由“制造”向“创造”转变，成为全国乃至全球科创＋产业发展水平最高、科技创新创业最适宜的地区之一。

三、抓区域创新模式再造

创新战略是制胜之道，模式再造是关键之举。需要重视做好：

(1) 实现战略理念从各自为政向协同创新转变。打破行政区划界限，推动形成开放联动、优势互补、相互融合、互利共赢的区域创新体系，推动科技合作由临时性、对话性向制度性、战略性转变，由点对点向系统对接、战略协同转变，在更大范围、更广领域和更高层次上整合和优化配置科技资源。

(2) 实现战略体系从单一战略向战略集成转变。既要将不同地方政府部门之间的决策集成衔接，也要将部门、产业、行业以及企业战略“聚焦”和“集成”，还要将科技发展战略、经济发展战略以及开放引进战略等战略集成。

(3) 实现发展动力从要素驱动向创新驱动转变。科技赋能，重点围绕民生科技重点领域，加强联合攻关和关键技术示范。

(4) 实现创新模式从跟踪模仿向卓越创新转变。摆脱核心技术和关键价值环节受制于人、对外技术依赖严重的问题，力争在国际竞争中掌握更多的主动权。

（5）实现科技合作从政府主导向市场拉动转变。区域合作的主体是企业，是事业单位，是法人单位，甚至是每一个公民。

（6）实现体制改革从单向突破向系统建构转变。以科研院所改革为突破口，向整体推进区域创新体系建设转变，解决影响全局的、结构性的、机制性的问题。

（7）实现国际合作从积极引进向主动出击转变。要确立在全球范围内配置科技资源的战略思想，加快形成国际化研发体系，通过全面提升国际科技合作层次、规模来服务国家和区域创新发展。

四、抓区域创新工程项目

规划指导未来，项目推动发展。重大项目、载体平台及工程建设，是跨区域协同创新的关键抓手。加强区域共性技术联合攻关，区域创新集群联动发展，区域科技服务系统链接，区域民生科技示范引领，区域创新政策先行先试，提高区域创新目标认同度、活动协调度、资源共享度，构筑区域价值链、创新链、产业链、服务链、政策链，是工程项目评价重要标准。

（1）加快产业向高端攀升。发挥区域优势特色，加快发展战略新兴产业，占据国际产业前沿，成为创新经济增长点。既重视发展产业前端的创意策划、工业设计、产品研发，也重视产业后端的品牌建设、市场营销、增值服务，加快产业从加工制造向研发和服务两端延伸。

（2）打造区域创新产业集群。"壮点"，即选择扶持关键企业，加速优势资源向集群区域集聚。"通线"，即为促进和加强产业集群之间的联系，打破障碍，推进集群企业跨地区联合。"拓面"，是为促进技术标准、规范、资质认证制度的统一。

（3）协同开展共性关键技术联合攻关，占领产业技术制高点。围绕区域产业和经济社会发展重大需求，着眼于拉长产业链和价值链，集成优势科技力量，开展重大关键共性技术联合攻关，掌控产业高端技术。培育一批能够代表国家乃至国际先进水平的战略产品和自有品牌。以战略产业等为切入点，以区域间的产学研合作及战略联盟为抓手，提升产业科技自主创新能力，实现战略产业的技术跨越。

（4）联合共建区域重大科技平台，提升持续创新能力，加强国家实验室、国家工程（技术）研究中心等重大科技基础设施的建设与布局，通过国家地方联动、区域共建形式，将条件成熟、优势明显、符合定位的科技平台纳入国家体系。

（5）推动科技基础资源互联互通，在大型科学仪器设备运行保障、技术交易、科技信息、科研试剂等资源共享服务及若干行业技术服务方面加强合作，打造资源集聚、体系健全、功能完善、服务一流的区域公共服务平台体系。

五、抓区域创新机构建设

创新机构是创新发展之源。跨区域协同创新，根本在于打造世界一流创新机构，关键在于创新机构主体建设。既要提高创新机构的主体意识和能力，又要促进创新机构成为市场主体、发展主体等。当前，由于地方科技机构改革相对滞后，跨区域创新最大的问题，仍然是跨区域规划实施主体，特别是跨区域创新发展主体缺位错位越位，以及区域创新优势特色缺乏、资源配置分散等，这都制约了院所自主权的落实，束缚了主观能动性的发挥，弱化了自主创新的抉择，降低了可持续创新的能级，以致创新驱动发展的机构内动力仍然不足等。需要重视加强：

(1) 更高质量。新的发展阶段，打造一流机构，培育一流人才，产出原创成果更为重要，着力推进"数量型"向"质量型"转变。

(2) 面向国际。适应国际科技合作竞争挑战，加强国际化发展前瞻布局，抢占学科前沿热点和国际科技制高点。

(3) 效果导向。推进产学研深度融合，加快科技成果转移转化，强化科技创新价值实现。

(4) 系统创新。既要国家区域整体创新产业链共同建设打造，也要适度的差异化区域竞合分工。深化政府"放管服"改革，落实院所自主权，明确创新主体定位，激发创新主体活力，健全现代科研院所制度，推进国家区域创新治理体系和治理能力现代化。创新主体建设将带来机构改革的新跃升，也将带来创新发展的新跨越。

六、抓区域创新人才枢纽

人才引领创新，创新成就人才。人才链、创新链、产业链相辅相成。人才驱动区域一体化发展趋势越来越凸显，科技创新人才区域分布越来越呈现"高地＋枢纽"特征，人才流动将越来越成为跨区域协同创新的核心驱动力。推动区域科技人才发展从科技人才向科创人才、从集聚人才向成就人才、从支撑作用向引领作用、从人才项目向人才生态、从人才高地向人才枢纽系统转变。为此建议：

(1) 联合编制区域科技创新人才一体化规划，推进枢纽型科技创新人才区域布局，完善高层次人才开发合作机制。

(2) 健全区域整体人才资源开发制度评估和反馈体系，推进区域人才开发一体化的制度化建设。

(3) 打破人才资源配置上"各自占用"的区域性壁垒，加强各种资质水平的省际、城际互认，从整体上降低人才跨区域流动成本。

(4) 建立区域人才品牌特色，实现"不求所有、但求所用"的联动培育模式。建立健全区域人才共同市场，鼓励企事业单位柔性引进外省市创新人才，人才流动"一卡通行"，在更大范围内实现创新人才资源的共享。

(5) 聚天下英才而用之，从全球范围选人用人，集聚人才，成就人才，成就事业。加快科技人才国际化进程，既要"引进来"，更要"走出去"，显著提升中国科技人才的全球影响力。

七、抓区域创新政策链接

协同创新需要政策张力。跨区域协同创新是"在结合中整合，在整合中融合"的发展进程，使得地方-区域科技政策的对接、协调与统一成为必然要求。政策链接，建设区域创新政策体系，应以科技需求为导向，从国家、区域和地方三个层面，围绕科技项目、科技成果、科技人才、科技机构和科技投入等主要环节，形成调控有效、执行有力、协调有序的政策系统，增强科技创新政策的知晓度、覆盖面和兑现率。区域创新政策路径，可分三个阶段逐步推进。

(1) 开放与对接。在对现有政策进行系统梳理的基础上,找出相互矛盾和不衔接、不配套的地方,并逐步消除。促进科技计划及科技政策的相互开放,促进科技资质及技术标准的统一。

(2) 整合与协调。建立通畅的政策协商和对话机制,促进政策的衔接与配套,在政策制定、执行过程中加强对话,共同行动。联合出台若干区域性的科技政策法规,初步建立起比较完备的区域科技政策法规体系。

(3) 融合与统一。区域内实行统一的政策规章,建立"一体化"区域科技政策法规体系,"一网通办"科技政务,实现区域"无障碍"科技政策全覆盖,提供有力、有序、有效科技政策支持,建成区域创新政策体系。

八、抓区域创新竞合平衡

京津冀、长三角、粤港澳"三大区域"之内、之间、之外,既有竞争更有合作,就如何实现协同溢出效应,需要重视做好:

(1) 超前谋划,软科学先行。协同创新的过程首先是研究、协商到认同的过程,以便发现利益共同点,找到工作结合点,这将需要软科学研究特别是技术预见先行一步,提供科技智库的决策辅助支持。

(2) 共享与交流,公益性领域取得突破。科学技术在表现出功利性的同时,也表现出公益性,它本质上是属于全人类的,能够超越地理边界和利益冲突。在公益性领域取得大的突破,讲共享与共赢,应该是区域协同创新的重点之一。

(3) 分工与合作,互补性领域取得拓展。由于地理特点、发展阶段和社会类型的不同,区域创新存在很大的互补空间。互补性领域取得大的拓展,讲分工与合作,应该是协同创新的必然选择。

(4) 梯次与错位,竞争性领域取得提升。在科技全球化的时代,不可避免地面临共同市场、共同资源等的竞争,并且这种竞争将越来越激烈。在竞争性领域取得新的提升,讲梯次与错位,通过竞争促进发展,应该是区域协同创新的重要内涵,以实现在更高层次形成互动良性竞争。

(5) 内外统筹,系统化推进。整体考虑,系统推进,应是区域协同创新的科学要求。这需要进一步研究世界科技及各国发展的外部影响,也需要研究全国几大区域科技的相互关系,探索突破现实障碍的、可行的交流与合作方式,实现各区域创新体系的系统对接等。

九、抓区域创新规划落实

京津冀、长三角、粤港澳"三大区域"规划纲要落实落地,需要重视做好:

(1) 细则配套,让规划内容可操作。制定实施细则,出台操作办法,编制实务手册等。

(2) 责任到位,让规划执行可监督。分解任务,明确责任,开展民主监督,建立推进落实机制。

(3) 培训宣传,让规划事项可知晓。把宣传贯彻摆在重要位置,专题研究部署。组织大范围全覆盖的“宣讲团”和推进会，应用新媒体等传播手段，确保政策界定清晰，落实有据。

(4) 试点示范，让规划路径可通行。针对落实中的深层次体制机制性问题和难点痛点政策问题，采取试点示范的方式进一步探索推进，将试点出来的实施结果再进行复制推广。对重点院所企业开展点对点服务，多部门联合办公方式解决落实政策上的部门性障碍等。

(5) 机制建设，让规划效果可持续。强化“国家-区域”统筹协调，建构中央和地方科技发展新型关系。加强区域创新组织建设，强化部区会商和跨区域沟通协调。设立区域创新共同资金，构建一体化技术转移服务体系，促进人流、物流、资金流、技术流、信息流的无障碍流通。

创新的本性是面向未来的，这要求创新的活动和制度安排是超前的和有远见的。京津冀、长三角、粤港澳“三驾马车”引领全国跨区域协同创新进程，有其历史逻辑、理论逻辑和实践逻辑，其关键在于增强发挥全球资源配置、科技创新策源、高端产业引领、开放枢纽门户四大功能。从跨区域创新城市群走向超区域创新共同体，以全球化推进区域化，以区域化走向全球化，“三驾马车”正在笃行致远，砥砺前行。

参考文献

[1] 穆荣平，蔺洁. 2019 中国区域创新发展报告[M]. 北京：科学出版社，2020.

[2] 陆大道，樊杰. 2050：中国的区域发展[M]. 北京：科学出版社，2009.

[3] 杨耀武. 技术预见学概要[M]. 上海：上海科学普及出版社，2006.

[4] 创新发展的战略预见研究组. 创新发展的战略预见[M]. 北京：知识产权出版社，2011.

[5] 中国科技发展战略研究小组. 中国区域创新能力评价报告 2019[M]. 北京：科学技术文献出版社，2019.

[6] 中国科学学与科技政策研究会. 2016～2017 科技政策学学科发展报告[M]. 北京：中国科学技术出版社，2018.

[7] 王建平. 上海科技人才发展研究报告 2020[M]. 上海：上海交通大学出版社，2020.

作者简介

杨耀武，上海科学技术政策研究所所长、研究员，上海科技管理干部学院学术委员会主任，中国科学学与科技政策研究会理事兼区域创新专业委员会秘书长，上海市科学学研究会秘书长、理事等。主要从事区域创新、科技人才、创新管理等软科学研究工作。主持完成国家级、省部级软科学研究项目 30 多项，多项研究成果得到领导批示、决策应用和社会好评等。获国家中长期科学和技术发展规划战略研究“重要贡献奖”、上海中长期科学和技术发展规划编制工作“重要贡献奖”、上海市科学技术二等奖等。致力于全国地方科技智库建设及区域创新学科发展，支撑服务国家区域创新发展战略落实落地。

科技成果转化的三要素与对策研究

——以成都市为例

银　路

摘要：以连续几年成都市上千家企事业单位科技成果转化的调研数据为基础，凝练出了影响科技成果转化的三要素；论述了三要素与科技成果转化的内在关系，讨论政府在科技成果转化中的工作定位；结合成都市的实际情况，提出了当前促进科技成果转化的对策建议。

关键词：科技成果转化；三要素；对策

在我国，科技成果转化早已成为老生常谈的问题，如何化解我国科技成果转化难的状况，断断续续已经过了三十多年的研究，可以说理论界的研究成果层出不穷，政府的举措也源源不断。关于我国科技成果转化到底难在何处，前期研究得出了数十种原因，主要包括缺乏转化资金、体制机制制约、科技人员缺乏转化积极性等；提出的对策建议及地方政府的举措大多集中在资金支持、体制机制设计、优惠政策等方面。但实际情况却不尽如人意，我国的科技成果转化并未呈现出显著的提升，甚至在一些时期还出现了徘徊不前的局面。

以成都市为例，经过连续几年的实际抽样调查显示，成都市科技成果转化率基本维持在一个大体相近的水平，2018年的调查结果还出现了小幅下降；而几次调查反映出来的科技成果转化中存在的困难、希望地方政府的举措和企业拟采取的措施等，没有实质性的差异。也就是说，实际成效不显著，困难基本依旧。因此，我们有理由认为在化解科技成果转化这一难题上，是否存在着关键因素抓得不准、地方政府工作定位不清的问题。

本文拟从一个新的角度，即从科技成果转化的关键要素的角度入手，对科技成果转化进行探讨，同时讨论地方政府在科技成果转化中的角色定位，并结合成都市科技成果转化的实际调查，提出促进科技成果转化的对策建议。

一、科技成果转化要素分析与地方政府的工作定位

通过理论分析并结合对成都市科技成果转化连续4年的实际调查，在分析近8000份调查问卷的基础上，从抓关键因素的视角出发，我们认为，一项科技成果要想得到成功转化，原则上离不开三个要素：成果质量、资金供给和相关专业知识。当然，除了这三个要素之外，还有一些辅助因素也会促进科技成果转化，如政府政策的引导、媒体的宣传、破除体制障碍、通过制度设计调动企事业单位和科技人员转化科技成果的积极性等。从目前的情况看，对影响科技成果转化的主次因素认识不清、着力点不准，也直接影响了我

国科技成果转化的成效。

科技成果的质量高低，是决定该项科技成果是否能成功转化的内在基础。首先要有高质量的科技供给，才会有高的科技成果转化率。科技成果的质量高低主要反映在技术含量、市场需求以及转化风险、配套环境等方面。科技成果的质量高低直接决定了其市场需求和使用价值，也决定了其转化的难易程度和转化后的经济、社会效益，质量低劣的科技成果无论采取什么办法都是难以得到真正转化的。

科技成果转化是一项高投入和高风险的活动，这种高投入是由社会资金而非政府投入来完成的，因此社会资金的供给是科技成果转化的外在保证和必要条件。科技成果的承接方（企业）是这种高投入和高风险的主要承担者，也是科技成果转化后经济效益的主要受益者。各级地方政府既不是科技成果转化的资金主要提供者，也不是风险的主要承担者。当宏观经济持续向好、资金面相对宽松时，科技成果转化会相对活跃；反之则会相对迟缓。

科技成果转化是一项需要专业知识的活动，而且与技术研发的专业知识完全不同，这种专业知识是连接科技成果供需双方的重要纽带。从目前的问卷调查和案例分析中不难发现，科技成果供需双方对转化中的专业知识都相对匮乏，同时相应的专业服务机构不仅数量少，而且生存与发展也举步维艰。不少进入实际转化环节的科技成果，最终出现夭折的一个原因，就是对转化专业知识的缺失，以至于供需双方难以达成一致。因此，科技成果转化专业知识的培训和普及，以及对相应服务机构的扶持，是我国当前科技成果转化工作中急需开展的一项工作。

地方政府找准在科技成果转化中的定位十分重要。从严格意义上讲，地方政府与上述三个要素并无直接关系，但却又存在着千丝万缕的间接联系，如通过政府科技资金的投入帮助企事业单位提高科技成果的质量，通过财政金融政策引导社会资金的投入，通过制度设计提高企事业单位转化科技成果的积极性，帮助科技成果的供需双方获得与科技成果转化相关的专业知识等等。因此我们认为，地方政府在科技成果转化中的作用在“促进”二字上，这种“促进”作用就是要为上述三个要素的有机结合提供催化剂和润滑剂。

换句话说，政府的“促进”作用又可细分为“催化作用”和“润滑作用”，虽然这两种作用无法截然分开，但各有其侧重点。“催化作用”主要是指地方政府通过政策措施调动科技成果供方转化和需方承接科技成果的积极性，如加大对科技成果转化重要性的宣传力度，提高企事业单位对科技成果转化重要性的认识，建立科技成果转化基金，引导社会资金加大对科技成果转化的投入强度，通过政府激励手段调动企事业单位转化科技成果的积极性等。“润滑作用”则主要是指针对科技成果转化中的难点提出有针对性的措施，如为了提高科技成果的质量，政府对研发活动给予一定的资金支持，通过财政金融政策在一定程度上降低科技成果转化的风险，普及科技成果转化的相关知识，通过制度设计和政策措施引导企事业单位生产适销对路的高质量科技成果并进行转化等等。

二、从三要素看科技成果转化成效不够显著的原因

下面结合科技成果转化的三个要素，对科技成果转化成效不够显著的原因进行分析。

(一) 宏观层面资金吃紧

科技成果转化是一项需要大量资金供给的活动，而社会资金是科技成果转化资金供给的主角，政府的各项优惠政策和资金支持都只能起到辅助性作用。我国经济在经历了多年的高速增长之后开始进入新常态，2018 年 12 月召开的中央经济工作会议，对我国当前宏观经济形势的基本研判是：经济运行稳中有变、变中有忧，外部环境复杂严峻，经济面临下行压力。在这种大的经济环境之下，加之科技成果转化具有较高的风险性，社会资金对科技成果转化的追逐和投资会变得更加谨慎，资金的"惜售"情绪加大，更加注重风险控制，因此会对拟转化的科技成果的质量更加挑剔。我们认为这是科技成果转化成效不够理想的最主要原因。而这种谨慎或"惜售"，其实更主要的是投资者的心理预期在发挥作用，一旦跨越这段过渡期，新常态成"常态"后，谨慎或"惜售"的心理预期将逐渐弱化，社会资金对科技成果转化的供给会得到逐步增加。

被调查单位也认可资金问题是科技成果转化中的最主要困难，这又从微观层面佐证了资金供给偏紧的现实。但同时我们必须清晰地认识到，宏观层面资金供应吃紧的状况不是地方政府所能解决的，所以地方政府不必过分纠缠于资金供给问题，更不能因为资金供给吃紧就无所事事，而是要把工作的重心放在地方政府可以有所作为的地方。

虽然当前所处宏观经济环境会使科技成果转化的资金供给相对减少，但创新驱动发展战略作为国家层面的长期发展战略，又为科技成果转化提供了强有力地长期支撑和持续需求；国家对大力发展高技术产业、战略性新兴产业的信心和决心从来没有变化，高技术产业、战略性新兴产业的发展必须依赖于科技创新、依赖于高质量科技成果的有效转化；我国经济发展进入新常态，经济增长的速度仍然在世界上处于高位，当宏观经济环境稳定后，在创新驱动发展战略和大力发展战略性新兴产业的政策引导下，追逐高质量科技成果的社会资金将会明显增加。因此我们要对科技成果转化的前景充满信心，把当前的重点工作放在提高科技成果质量和加强科技成果转化知识的普及和宣传等方面。

(二) 成果质量不高

科技成果质量的高低是直接影响科技成果转化的难易和转化率高低的关键因素，"好酒不怕巷子深"的道理在科技成果转化中同样适用。社会需求的是高质量的科技成果，科技含量高、市场需求大、具有自主知识产权、突破国外"卡脖子"的科技成果，紧跟世界科技发展潮流、引领科技发展方向的前沿技术、突破性技术或新兴技术等，都将是社会资金追逐的重点。无论从西方发达国家的成功经验，还是从我国的具体实践来看，这类科技成果的转化都受到了社会各类资金的青睐，从来就不缺转化所需的资金。

从成都市的情况来看，科技成果尤其是专利技术的质量不高，是导致成都市科技成果转化率徘徊不前的主要原因。成都市 2018 年被调查的专利技术转化率仅为 55.11%（发明专利的转化率为 37.54%），比 2017 年下降了 10.53%（发明专利的转化率下降了 29.90%），上述数据充分体现了专利质量不高这一事实。事实上，专利质量不高是近几年来我国存在的一个普遍现象，由于我国对专利工作考核体系存在的缺陷和大多数地方政府过分看重专利数量上的"政绩"，使我国近年来在专利工作中"重数量、轻质量"的现象越演越烈。这种"重数量、轻质量"不仅误导民众对我国科技创新能力的判断，浪费了宝贵的社会资源，拉低了我国专利的整体质量，同时也对我国科技成果转化率的提高造成了不利影响。

为了进一步了解成都市专利的质量情况，我们选择“专利被引次数”这一反映专利质量的重要指标做一简要分析。我们从2013～2018年成都市授权专利中随机抽取了3万件，在所抽样本中，被引次数为0的专利占比高达85.7%，被引次数在1～10之间的专利占比为13.7%，而被引次数为10以上的专利占比几乎可以忽略不计。上述抽样分析结果与国内不少学者认为我国专利中有85%为“垃圾”专利的判断基本吻合。由此不难看出，成都市专利的整体质量是不高的，大量的低质量专利要么无法得到转化，要么只能勉强自用。因此如何有效地提高科技成果的质量，尤其是专利技术的质量，是全国和成都市下一步促进科技成果转化的重点工作。

（三）相关知识普及不足

从理论上讲，科技成果转化的相关理论并不十分复杂，同时也是一个带有中国特色的问题，其主要原因是西方发达国家80%的研发活动在企业，而我国80%的研发活动在高校院所，因此我国科技成果转化的重点是高校院所向企业的转化。国内有众多学者结合我国的实际情况对科技成果转化的相关问题开展了大量的研究，取得了许多符合中国国情的科技成果转化的相关研究成果，如科技成果转化的模式或途径以及选择的依据，影响科技成果价格的因素和科技成果定价的基本原则及方法，科技成果供需双方需要树立的基本观念和前期准备等。这些理论和方法已基本能够为我国的科技成果转化工作提供有力的支撑，目前稍有欠缺的是科技成果转化的定价问题尚未得到有效突破，这也是国内外理论界公认的难题。

通过这几次对成都市科技成果转化的调查和分析，我们深切地感到有一个共同的问题一直没有得到有效解决，这就是有相当多的被调查单位对科技成果转化的基本知识相当匮乏。通过对调查问卷的分析和交流座谈，有相当一大部分被调查单位的统计人员对科技成果转化的相关知识还很不熟悉，大部分科技成果较多的大中型企事业单位，如大中型高科技企业、科研院所、高等院校等，没有专门负责科技成果转化的人员，即便有也主要处理一些事务性工作。所以大部分企事业单位科技成果的对外转化工作都变成了科技人员的事情，而科技人员在洽谈科技成果转化时，也没有时间或不太愿意花费时间去熟悉与科技成果转化相关的知识，很多事情完全凭想象，很容易与科技成果的需求方产生意见分歧，这又进一步拉低了科技成果转化的成功率。

加强科技成果转化相关理论的培训和宣传，是全国和成都市下一步促进科技成果转化的一项重点工作。尤其是拥有高质量科技成果的单位，如果能够加强科技成果转化知识的培训和普及，相信科技成果转化工作会取得很大进展。

三、促进科技成果转化的对策建议

根据上述分析和总结，结合典型单位的走访调研和对原始问卷的挖掘，我们就当前形势下成都市促进科技成果转化、提高科技成果转化率提出如下对策建议。

（一）着力解决科技成果转化相关知识匮乏的问题

从表面上看，缺乏转化资金是阻碍科技成果转化的首要原因，但通过对回收问卷的深入分析和实地访谈，我们认为更深层次的原因之一是对科技成果转化相关知识的匮乏，无论是对影响科技成果转化原因的调查，还是问卷调查和座谈反映出的问题，都能明确反映出这一实质性问题。因此我们认为，从地方政府的角度看，应将着力解决成都市企事业单位科技成果转化相关基础知识匮乏的问题作为下一步工作的切入点和抓手。

首先，加大对科技成果转化相关知识的培训。具体可分两个层次来展开：重点培训和普及性培训。对高校院所、高新技术企业、有技术输出或接纳意愿的企业、政府科技管理部门甚至相关中介机构的相关人员开展重点培训，培训的目的是让上述单位指派专人尽快掌握科技成果转化的系统知识，培训可采取政府服务外包的形式，委托对科技成果转化有深入研究的机构来实施。普及性培训的主要目的是让更多人员了解和掌握科技成果转化的基础知识，为后续的科技成果转化做准备。我们相信这将是一项投入不大、花钱不多、收效明显的工作。

其次，加大对科技服务企业的支持力度。解决当前科技成果转化相关知识匮乏的另一途径是加大对相关科技服务类企业的支持力度。我国服务于科技成果转化的企业一直面临生存压力，现在专门从事科技成果转化的服务机构已是凤毛麟角。解决目前企事业单位科技成果转化相关知识匮乏的问题，完全依靠培训仍显不够，尤其是对于中小科技型企业，很难有专人来负责科技成果转化工作，当这类企业涉及科技成果转化时，往往需要借助外部的力量(其他企事业单位有时也需要这种外部的力量)，这种外部力量主要就是掌握科技成果转化相关知识，具有科技成果转化实践经验的服务类企业(机构)，而目前这类企业的数量还太少。为在一定程度上解决这一问题，可鼓励科技服务类企业、管理咨询公司等开展科技成果转化方面的服务工作，优选部分管理咨询公司、资产评估机构、知识产权代理机构和有科技成果转化经验的服务机构加以重点扶持，使之成为促进成都市科技成果转化的重要力量。重点扶持的措施主要包括：对这类机构进行认证和授牌，使被认证的机构便于进行市场拓展和树立品牌，同时也促使这类机构将业务领域向科技成果转化倾斜；政府通过购买服务的方式在资金上给予这类机构一定的支持等。

（二）通过政府资金支持增加高质量科技成果供给

科技成果质量的高低在很大程度上决定了科技成果转化率的高低，如果没有高质量的科技成果，那么科技成果转化就无法从根本上得到大幅提高。政府财政科技投入资金中有相当一部分用于支持企业和高校院所开展技术研发，因此如何有效运用政府财政科技投入来引导和提高科技成果的质量，也是促进科技成果转化工作中值得考虑的一个问题。

第一，通过财政科技投入增加高质量科技供给。建议在研发项目立项和验收评审中增加对科技项目质量的评价指标，鼓励原始性创新、突破性创新和集成创新，重点支持与地方主导产业相关的共性技术、核心技术的研发，以及突破性技术、前沿技术、“卡脖子”技术、市场期待已久的热点技术等的研发。这项措施虽然在促进科技成果转化中见效相对缓慢，但只要持之以恒，作为一项长期工作加以坚持，定能促进生产出更多高质量、高价值的科技成果，并促使科技成果转化率的持续提高。

第二，快速扭转在专利申请中“重数量、轻质量”的问题。专利质量不高是导致成都市科技成果转化率下降的重要原因之一。国家层面已开始通过强有力的措施来提高专利质量，成都市也应积极根据成都市的实际情况制定相应的政策措施，采取循序渐进而非一刀切的思路在较短时间内扭转专利质量不高的窘境。我们认为扭转在专利申请中“重数量、轻质量”的政策措施主要包括：调整地方知识产权工作目标任务，减少数量指标、增加质量指标的要求；修订专利资助政策，将专利申请、授权和维持费的资助采用后评估机制，视专利质量的差异给予不同的资助额度，并逐步过渡到不再资助低质量专利；在各类评价体系中，增加专利质量的指标和权重，如政府支持的科技研发项目和产业化立项，高新技术企业认定和复核等，压缩与专利数量相关的指标和权重，增加专利引用次数、专利维持时间、专利权利要求项数等与专利质量相关的指标和权重等。

（三）继续在财政金融和税收优惠上支持科技成果转化

结合中央关于实施更大规模的减税降费的精神，继续在财政金融和税收优惠上支持科技成果转化。结合成都市当前的实际情况，工作的重点主要包括三个方面：一是对当前涉及科技成果转化的税费征收进行梳理，不仅要尽量避免多重征收的情况，还要更大程度上降低各类税收和费用。二是要将有限的政府财政资金切实用在刀刃上，根据不同的时期和特点，确定相应的支持重点，极力避免普遍开花的支持方式，建议将支持的重点放在突破性技术创新、前沿技术和“卡脖子”技术的研发和转化，提高技术研发的质量以及科技成果的二次开发上。三是主动让符合条件的企事业单位享受到政府政策措施的红利，目前成都市政府出台的政策措施已相对健全，但调查发现一些企业和高校院所对政府政策不够熟悉，该享受的优惠政策未能充分享受，因此要加大对政策措施的宣传力度，主动兑现优惠政策，让他们享受到政策的甜头，以此来提高广大企事业单位对政府政策措施的关注度，同时也可促进更多的企事业单位更加关注政府的政策措施，以免政策流于形式。

（四）支持科技成果在本地转移转化，提高本市企业承接技术转移的能力

本地生产的科技成果，地方政府总是千方百计希望其在本地实施转化。但对成都市的调查显示，成都市生产的科技成果在本地的非自我转化率明显严重偏低，尤其是高等院校的科技成果大多数都在外地实施转化。出现这种状况的主要原因，我们认为一是本地企业承接科技成果转化的意愿和能力亟待增强，二是政策措施的针对性和执行力还需要加强。解决成都市企业承接技术转移的意愿和能力不强的主要措施包括：通过行业协会、技术创新联盟、产学研合作等平台加强成都市同行业企业与高校院所之间的技术交流；由政府牵头举行全市或分行业的技术交易会、博览会；鼓励以高等院校为主举办技术推介会；加大对高质量科技成果的宣传力度；对成都市重点发展的高技术产业，由政府主导建立产学研协同创新联盟；鼓励行业内建立技术创新联盟；鼓励企业与高等院校联合开展技术研发等。

（五）针对成都市的具体情况加大相关研究和经验总结推广

成都市在促进科技成果转化的政策措施方面走在了全国的前列，一些相关研究也在

持续开展，下一步可重点支持对科技成果转化中的热点、难点问题的研究和对典型经验的提炼总结并做好宣传和推广工作，使成都市在科技成果转化的理论研究和实务也走在国内的前列。一是对成都市近年来投入大量资金重点建设的“一校一带”、“校地合作”园区、军民融合园区，可不断提炼他们在科技成果转化中的先进经验、典型案例并加以总结推广；对面临的具体困难进行调研和剖析，并提出有针对性的解决方案。二是对高校院所科技成果转化的成功案例进行总结提炼。三是对企业、高校院所各种非自我转化途径的典型案例的提炼总结，形成可供借鉴的操作实务。

作者简介

银路，电子科技大学经济与管理学院教授，博士生导师。现主要从事技术创新管理、新兴技术管理等方面的研究工作。曾获四川省哲学社会科学优秀成果一等奖、三等奖，获机械电子工业部“优秀科技青年”称号、四川省青年科技奖、霍英东青年教师管理科学研究奖，1994年起享受国务院政府特殊津贴待遇。承担及参与科研项目数十项，5次作为申请人获得国家自然科学基金资助；在《经济研究》《中国软科学》《数量经济技术经济研究》《管理工程学报》《通信学报》《科研管理》等刊物发表论文200多篇；出版《质量经济效益分析》《技术创新管理》《新兴技术管理导论》等专著、教材20余部。

基于科技资源共享的京津冀协同发展思考[①]

杨为民

摘要：科技创新是国家创新驱动战略的重要内容，科技资源是科技创新的重要基础和载体，随着国家科技投入加大，科技资源的支撑作用愈加明显。然而，由于京津冀社会经济发展水平存在差异，科技资源在积累、发展和应用中，在一定程度上还存在着发展不平衡、不充分的问题。本文基于共享经济理念，探讨科技资源在京津冀协同发展中实现共享的作用机理及有效途径。

关键词：科技资源；共享；效率；协同

2014年2月26日，习近平总书记提出京津冀协同发展战略，使京津冀协同发展上升到国家战略层面。习近平总书记指出，实现京津冀协同发展，是面向未来，打造新的首都经济圈、推进区域发展体制机制创新的需要，是探索完善城市群布局和形态、为优化开发区域发展提供示范和样板的需要，是探索生态文明建设有效路径、促进人口经济资源环境相协调的需要，是实现京津冀优势互补、促进环渤海经济区发展、带动北方腹地发展的需要，是一个重大国家战略，要坚持优势互补、互利共赢、扎实推进，加快走出一条科学持续的协同发展路子来。习总书记特别强调了要推进京津冀协同发展的"互补、合作、共赢"，推进京津冀协同发展，要立足各自比较优势、立足现代产业分工要求、立足区域优势互补原则、立足合作共赢理念，以京津冀城市群建设为载体、以优化区域分工和产业布局为重点、以资源要素空间统筹规划利用为主线、以构建长效体制机制为抓手，从广度和深度上加快发展，努力实现优势互补、良性互动、共赢发展。从习近平总书记的讲话精神中，我们不难看出"创新"与"共享"的发展设计。

一、科技资源是科技创新的重要支撑

当今世界，科技创新成为大国博弈的重要砝码，在一定程度上，谁掌握了核心科技，谁就有了话语权和掌控力。以华为为代表的中美科技对决，正是这一"创新为王"时代的一个诠释。党的十八大明确提出"科技创新是提高社会生产力和综合国力的战略支撑，必须摆在国家发展全局的核心位置。"强调要坚持走中国特色自主创新道路、实施创新驱动发展战略，这有力地推动了科技发展。科技资源是科技创新的重要支撑，它涉及人力资源、物力资源、信息资源、财力资源等诸多资源，是科技创新的基础与要素集合。

---

① 科技部平台中心项目《雄安新区及京津冀一体化建设中科技资源共享机制研究》成果。

党的十九大报告指出，经过长期努力，中国特色社会主义进入了新时代，我国社会主要矛盾已经转化为人民日益增长的美好生活需要和不平衡、不充分的发展之间的矛盾，这是一个科学论断。在科技资源领域，由于京津冀在经济、科技等发展水平上存在较大差距，科技资源投入和积累客观上也存在着不平衡和不充分。如北京、天津作为直辖市，其教育资源、科技资源、总部经济优势明显，科技创新能力很强，表现出“高大上”的属性。而河北省的发展其创新能力则多少受到科技资源的制约。值得注意的是，科技资源的投入只是科技创新的一个基础性“动作”，对于它的应用和产出才是重中之重。在发展实践中，我们注意到一个现象：一些部门或者单位对于科技创新“重投入、轻产出”，强调投入彰显“重视程度”，侧重于科学仪器设备引进、科研环境打造等“硬件建设”，甚至成为科研力量的主要“显示度”。不必讳言，也的确存在着资源利用率不高、高质量成果产出较少等尴尬现象。科技资源的地域所有性、单位所有性等在一定程度上制约了科技资源的“交流”，使得有的单位“找米下锅”，有的单位“有米存着”，客观上造成了科技资源的重复建设和浪费。因此，科技资源的共享问题成为当前必须重视的一项重要工作，它不仅可以促使科技资源有序流动，大大提高科技资源利用率，还有助于科技资源管理机制创新，从而建构“以资源带科创”的创新驱动新局面。

二、科技资源共享是提高资源利用的有效途径

在国家发展战略实施中，具有顶层设计的发展路径对于共享理念十分重视。2019年1月18号，习总书记对推动京津冀协同发展提出了六个方面的要求，其中涉及：向改革创新要动力，发挥引领高质量发展的重要动力源作用。要集聚和利用高端创新资源，积极开展重大科技项目研发合作，打造我国自主创新的重要源头和原始创新的主要策源地。要立足于推进人流、物流、信息流等要素市场一体化，推动交通一体化。要破除制约协同发展的行政壁垒和体制机制障碍，构建促进协同发展、高质量发展的制度保障[1]。在共享经济兴起的今天，依托于京津冀的自然资源禀赋、产业发展以及科技资源等形成创新驱动优势，科技资源共享可以打破区域壁垒和创新主体间的壁垒，充分释放人才、资本、信息、技术等创新要素活力，促进京津冀尤其是雄安新区科技创新资源共同协作、相互补充，实现创新价值最大化。从而打造京津冀科技资源协同创新共同体，形成具有全球有影响力的创新高地和区域发展的核心增长极，也是实现雄安新区战略发展的关键。

当今世界全球“大区域创新”成为国家科技竞争角逐的重要战略部署，以美国为例，陆续发布了《空间力量：建设美国创新共同体体系的国家战略》《空间力量 2.0：创新力量》等报告，并基于此提出了“美国创新共同体”。科技资源共享就是科技协同创新驱动的重要载体和归宿，通过以市场为导向，以科技进步为前瞻，借助共性技术平台、产学研合作平台、信息共享平台等促进科技资源在一定区域和空间聚集，形成纵向与横向相互交织的合作创新网络，充分发挥共享协同效应，激发社会创新活力，形成科技发展的重大引擎。

三、科技资源共享的内在逻辑

（一）科技资源共享的合作博弈

社会发展过程中，不可避免地涉及各方利益，为了达到某种平衡，各方在“讨价还价”中，不断地将利益的砝码尽可能地寻找一个“利益均衡点”。这种博弈关系，正是基于利益的稀缺性和攫取利益最大化的原始冲动而进行的“力量平衡”。京津冀协同发展战略是“一盘棋”的战略布局，长期的行政区划势必带来利益之间的博弈，如何更好地解决相互之间的博弈关系，有效降低交易费用，是一个庞大而复杂的系统工程，需要经过长期的“合作博弈”的“碰撞”。其实在大局观和战略层面，京津冀协同发展已经基本解决了彼此之间的功能定位和“错位发展”，但在具体“细节”和“落地”工作方面，的确需要思想统一、机制创新，而雄安新区在环境治理、生态宜居、科技创新等方面要率先垂范。

合作博弈也叫正和博弈，是指博弈的结果使双方的利益均有所增加，或者至少是一方的利益增加，而另一方的利益也不会受到损害，因而整个社会的利益是有所增加的。这是一种对己有利或至少无害，而社会利益有增无减的结果。合作博弈强调的是集体主义、团体理性（Collective Rationality），是效率、公平、公正。在京津冀合作博弈中，这是一种社会的期待。从社会利益来看，合作博弈肯定是一种正向的，但具体到如何实现合作博弈则表现出一些值得关注的约束：首先是不同级别政府之间的合作博弈，在国家发展战略上，各级政府积极响应和认真落实是不容置疑的，而一旦涉及人财物等具体问题，就需要具体问题具体分析。科技资源共享既是科技问题，也是经济问题和社会问题，甚是还是一个战略可持续发展的政治性问题。由于各级政府之间所掌握的资源存在一定的差异，所以，在任务分解与落实方面亦存在一定的差异。合作博弈是一种收益结果的分配，各方在利益分配中的相对公平性得以体现，而公共资源会得到更为有效的利用。这种集体性理性决策，从集体利益出发会尽可能遏制公共资源枯竭，以确保个人利益的有序性和可持续性。所以，政府的职能就是要避免“公地悲剧”，使得科技资源利用得以良性循环。

综上，合作博弈与共享在一定程度上都是促进公共资源的有序性与合理性应用，都是促使社会公共利益的可持续性。因此，它们具有一定的相通性和互补性。京津冀协同发展决策也需要拿出共享的精神与勇气，来不断调整地方经济与整体利益、眼前利益与长远利益的关系，做好“取舍”，彰显大智慧。共享的东西要具有稀缺性、可靠性，特别是要具有“公共”价值。

（二）共享带来效率

在京津冀协同发展中，共享理念（精神）可以提高协调的工作效率。一是思想共享，通过思想交互，可以清楚彼此在想什么、对于某些事物是如何认识的、这种认识在后续的工作中会有哪些影响。这是一种智慧共享，做到群策群力，是做好真正沟通的关键。二是机制共享，我们在协调中往往是停留在“利益博弈”层面，协调中暗含着一定的利益之争，因为“赢者为王”，但从某种角度来看，是一种机制的碰撞。不同机制之间的摩擦，也是一种内耗。所谓机制共享，其实是一种机制统一，大家协同共进，才能更好地减少由于机制差异所形成的工作形式，以及长期所形成的惯性思维所带来的理解差异。当机制在共享中形成协同性，内耗会有效地削减。三是学会“弹钢琴”，各地区在进行利益平衡时，共享不仅是一种精神，更是一种工作状态，当共同完善成为整体的意志，就会提高效率。

结合京津冀协同发展实际工作，共享机制归根到底是一种制度安排。“制度在社会中的主要作用是通过建立一个人们互动的稳定（但不一定是有效的）结构来减少不确定性。然而，制度的稳定性丝毫不否定它们处于变迁中这一事实……制度总是处在演化中因而也在不断地改变着对我们来说可能的选择。”[2]。因为，我们要通过共享机制最终建立一种高效率的协同机制，而机制的建立恰恰使我们的工作不断地从创新到新的常态。从战略角度考虑，共享机制的建立与发展是一种高层次的智慧集合。在公共产品属性的战略性协同管理方面，任何高屋建瓴的建议都是弥足珍贵的，努力减少“机会主义”①，所以共享机制客观上要求制度创新。

（三）共享的本质之一是价值传播

价值是凝结在商品中无差别的人类劳动，“有效的价值”可以理解为具有可以满足人们某种切实需要的属性，共享的基础是具有有效需求和有效供给。它实际上是在解决一个“困惑”：政府、企业、公众都存在一定的需求和供给，但由于相互之间缺乏一个共性价值予以连接，尤其在经济利益层面似乎难以破局。显然，传统的生存与发展模式是一种在有限资源面前近乎掠夺式的竞争。共享则在一定程度上颠覆这种传统的价值取向，它的核心理念是“给予”，把好东西拿出来分享，当然要维持这种分享需要建立全新的道德秩序、法律秩序以及市场秩序，甚至需要重新架构新的商业模式和市场机制。

共享之所以被视为一种价值传播，其实是对整个社会治理的一种新的挑战，共享要有共享的环境，要把公众意愿和需求转化为政府、企业的自主行为。首先要在人的意识方面达成共识，这是一种社会共识，就是“人人为我，我为人人”，将自己的利益与发展融入社会发展之中，这就需要切实提高社会公共道德和社会治理水平。其次，这种有效价值一定是具有公共产品属性的载体，得到了政府、企业和社会公众的广泛认同，这种价值传播是迅速和容易为大家所接受的。再次，有效价值实现仍然需要迎合社会以及环境的需求，并且必须通过市场化运作找到合适的商业模式，才具有现实的可操作性。因此，合理的盈利模式（不仅仅是经济利益，还有社会和生态效益）必须具有“可视性”，看得见、摸得着的利益才具有市场吸引力。科技资源共享是共享经济的有机组成，对其作用机理的思考，有助于我们在科技资源共享中以理性的思维来面对多元利益诉求的现实。

四、实现科技资源共享的对策建议

京津冀协同创新发展是国家战略，具有长期性、全局性、艰巨性、复杂性、系统性等特点，创新驱动、科技引领应当成为“大城市群”以及雄安新区建设的核心力量。

---

① “机会主义”是著名经济学家奥利弗·威廉姆森（Oliver·Williamson）提出来的，他认为，在经济生活中，人总是尽最大能力保护和增加自己的利益，显现出自私的本能，而且，为了一己之利，甚至不惜损害他人利益……而正是这种人的机会主义行为，提高了市场交易费用。

（一）构建科技资源共享长效机制

全面促进京津冀协同发展以及雄安新区创新驱动战略实施，要做好顶层设计。首先，要建立起基于区域之间科技创新资源共享理念的统一思想、统一指挥、统一行动的协同系统，以国家发展战略为出发点和落脚点，高起点、高质量规划科技资源共享的顶层设计。其次，建立以需求为导向、市场为机制、政府引导，通过体制机制创新、保障实施的制度安排，实现包括高层协调沟通的长效机制。

（二）推进科技资源共享落地

一是通过“借智”，提高科研创新能力。以“政府搭台、科技合作”的方式，促进京津冀科技资源形成有效连接。

二是以项目为载体，建立长期稳固的合作关系。通过项目申报及实施作为科技扶持工作的“传帮带”，加快推进产业发展转型升级。

三是强化实施科技成果转化，建设科技创新平台。通过科技创新平台建设，形成“科研→开发→产业化”创新链，实现科技创新平台资源共享。

（三）协同发展，创新升级

通过科技资源共享为载体的协同创新，促进京津冀科技创新分工协作、产业升级、结构优化，实现区域之间经济社会协调、平衡与充分发展，共同打造国家新的经济增长极。

参考文献

［1］习近平在京津冀三省市考察并主持召开京津冀协同发展座谈会[EB/OL].[2020-9-8]. http://china.cnr.cn/news/20190119/t20190119_524487062.shtml.

［2］道格拉斯·C.诺思.制度、制度变迁与经济绩效[M].杭行，译.上海：格致出版社，上海三联书店，上海人民出版社，2008:7.

作者简介

杨为民，管理学博士，北京农学院教授、图书馆馆长；中国技术经济学会理事，中国农业技术经济学会常务理事，农业农村部农产品加工业专家委员会委员，九三学社北京市委农林专业委员会副主任。长期从事市场营销、农村区域发展等方面的研究工作。主持教育部人文社会科学研究项目及省部级项目多项，荣获北京市高等教育教学成果二等奖等省部级奖项。两次荣获九三学社中央委员会授予的“全国参政议政先进个人”。

人工智能、通用技术创新与区域经济高质量发展

洪　进

摘要：技术进步是经济高质量发展的关键引擎，近年来人工智能已经成为新一轮技术变革和工业革命的关键技术，并日益体现出通用技术所具有的渗透性、创新互补性等基本特点。本文首先以通用技术为视角，将通用技术的理论框架与新一代人工智能的现实特点相结合，分析了新一代人工智能的通用技术特性；以此为基础，进一步讨论了新一代人工智能对经济高质量发展的影响机制，并结合安徽省经济发展的现状和未来，分析了新一代人工智能对安徽经济高质量发展的可能影响，提出了相关的政策建议。

关键词：通用技术；人工智能；高质量经济发展；区域经济

技术进步是经济增长最重要的动力来源，而作为通用技术（General Purpose Terchnology，GPT）的重大技术进步，往往会引起经济增长的巨大跨越。近年来，在移动互联网、物联网、大数据、云计算和脑科学等新一代理论和技术的驱动下，新一代人工智能作为引领第四轮工业革命的关键性技术，正在成为全球科技竞争的制高点，也正在成为全球经济发展的新引擎和产业变革的核心驱动力，其发挥作用的广度和深度堪比历次工业革命，而这场全新的变革的核心是在信息化基础上的智能化，新一代人工智能正成为未来经济的主要增长点之一。根据麦肯锡的预测，人工智能将每年为中国经济增长贡献0.8至1.4个百分点，预计到2030年，可以为全球经济活动增加13万亿美元，并为全球GDP增长贡献1.2个百分点。与此同时，后疫情时代将是全球经济重建和社会转型的重要时期，这为人工智能的发展打开了新的窗口期和丰富的实践场，一个“泛在智能”的世界正在加速成为现实（《2020腾讯人工智能白皮书》）。

对于中国而言，发展新一代人工智能是一个历史性的战略机遇。当前中国经济已由高速增长阶段转向高质量发展阶段，传统发展过程中的各项红利逐渐消失，经济增长的新动能亟待形成，而作为GPT的新一代人工智能不仅能与实体经济深度融合，深刻地改造已有产业结构和形态，而且能催生诸多新的技术和产业，创造新的发展机会和空间。因此，积极发展人工智能将成为中国未来经济实现可持续发展和高质量发展的必然选择。

一些国家已将人工智能上升为国家重大发展战略。如美国在2016年10月发布了《国家人工智能研究与发展战略计划》，英国在2017年10月发布了《在英国发展人工智能》报告，德国在2018年7月发布了《联邦政府人工智能战略要点》等。我国也已制定国家战略并采取多种措施促进人工智能技术及产业的发展。2017年7月，国务院颁布了

《新一代人工智能发展规划》,该计划是所有国家人工智能战略中最为全面的,目标是到2030年使中国人工智能理论、技术与应用总体上达到世界领先水平,成为世界主要人工智能创新中心。2019年3月19日,中央全面深化改革委员会第七次会议上通过了《关于促进人工智能和实体经济深度融合的指导意见》,会议指出,促进人工智能和实体经济深度融合,要把握新时代人工智能发展的特点,坚持以市场需求为导向,以产业应用为目标,深化改革创新,优化制度环境,激发企业创新活力和内生动力,结合不同行业、不同区域特点,探索创新成果应用转化的路径和方法,构建数据驱动、人机协同、跨界融合、共创分享的智能经济形态。

一、通用技术与人工智能

经济学家们早已经从理论上对重大技术变革进行了考察,并提出了与通用技术类似的概念。Mokyr(1990)将没有明显先兆情况下出现的根本性创新定义为"宏观发明",而将微小的、逐步递增的提高,对已存在技术的改造和流水线化定义为"微观发明"。Lipsey和Bekar(1995)提出了"赋能技术"(Enabling Technologies)的概念,并认为赋能技术不提供最终解决方案,而是开启新的技术机会,为进一步的技术创新提供平台。然而,这两个早期概念都没有成为公认的理论框架。

通用技术这一概念最早是Bresnahan和Trajtenberg(1995)提出的,他们认为,整个技术进步和经济增长的时代都表明经济增长是由少数通用技术推动的,通用技术具有普遍渗透性(Pervasiveness)、技术进步的内在潜力(Inherent Potential of Technical Improvements)以及创新互补性(Innovational Complementarities)等主要特征。之后的通用技术研究大多沿袭了这一定义。随后,Lipsey等(1998)对GPT的概念做了更广泛的考察,将通用技术定义为一种起初存在很大的改进范围、最终导致广泛的应用,并有多种不同的用途,以及存在大量希克斯互补性和技术互补性的技术,并指出能够满足大量需求、具有通用功能、外生的、没有明显先例的、激进的技术并不一定就是通用技术。

在通用技术的实证研究过程中,学者们对于历史上具有通用技术特征的重大创新展开了一系列的研究,如蒸汽机(Crafts, 2004)、电力(Moser和Nicholas,2004;Ristuccia和Solomou,2014)、生物信息学(Appio等,2017)、信息通信技术等(蔡跃洲和张钧南,2015;Petralia,2020)。同样的,人工智能作为新时代一种潜在的通用技术,随着其快速的发展,有关它对经济的影响引发了学术界新的关注。关于人工智能的研究,从20世纪四五十年代即开始兴起,而1956年由约翰·麦卡锡等人组织的达特茅斯会议被认为是开创了人工智能(Artificial Intelligence,简称AI)这个研究领域的历史性事件(Moor,2006)。在会议上,人工智能这个术语首次被正式提出。目前,关于人工智能并没有直接统一的定义。根据麦卡锡的定义,人工智能是制造智能机器,尤其是智能计算机程序的科学工程。

随着人工智能逐渐改变现代和未来经济社会的方方面面,有关人工智能对经济、收入不平等、就业等方面影响的文献与日俱增。现有文献中的一个普遍观点是人工智能会提高生产率,促进经济增长。例如,Brynjolfsson和McAfee(2014)就认为,基于人工智能、数字化革命等推动的第二次机器革命将实现空前的技术进步。近年来大量的理论和实证研究关注了人工智能对经济增长的促进作用，其中生产率决定了在资本、劳动力等生产要素投入不变情况下的经济增长速度，是文献中衡量技术进步和经济效率的一个常用指标。在 2017 年初举办的美国社会科学联合会（ASSA）年会上，几位著名经济学家在其前期研究成果（Acemoglu 和 Restrepo，2016；Agrawal 等，2016；Nordhaus，2015）的基础之上，组织了关于人工智能与经济的讨论会。在 2017 年 9 月由美国国家经济研究局（NBER）举行的“人工智能的经济学”会议上，众多经济学家也展开了有关人工智能对经济或生产力增长、就业、收入分配、贸易等经济各个方面影响的探讨（Aghion 等，2017；Brynjolfsson 等，2017；Aurtor 和 Salomons，2017；Stiglitz 和 Korinek，2017；Goldfarb 和 Trefler，2017），同时也讨论了人工智能或深度学习技术的发展对于经济学方法的拓展等相关议题（Athey，2017；Camerer，2017；Mullainathan 和 Spiess，2017）。研究人工智能对经济的影响，可以帮助我们更好地理解人工智能发展的积极和消极效应，从而设计出合理的公共政策，以应对其可能带来的风险和挑战。

二、新一代人工智能对区域经济高质量发展的影响分析——以安徽为例

经过半个多世纪的积累与演化，新一代人工智能已经发展为具有通用技术特征的革命性技术。不同于通常的科技进步，这种 GPT 技术具有普遍渗透性、技术进步的内在潜力、创新互补性等基本特点，对于产业和经济系统具有广泛、持久、深刻的连锁式影响，可以与蒸汽机、电力技术等技术革命相媲美，正在世界范围内引起一场深刻的科技和产业革命。传统的经济学研究关注通用技术对经济增长带来的影响，然而与之前的几代通用技术革命不同的是，新一代人工智能出现了高度的创新性、技术的自我学习以及大数据作为新的生产要素等特点。这些新特点使得新一代人工智能相较于前几代的通用技术对经济发展的影响显现出新现象、新机制、新结论。从理念的角度出发，高质量经济发展的核心在于新发展理念，高质量的经济发展就是经济更加的创新、协调、共享、开放和绿色。从实证的角度出发，高质量经济发展区别于传统经济发展只注重经济总量的增长，更关注于经济体的生产率提高、要素配置更加合理，以及收入差距的逐步缩小等。

显然，新一代人工智能对经济高质量发展的作用机制研究是一个极其复杂和前沿的学术问题。在实现我国经济高质量发展的新阶段，新一代人工智能本质上代表的是新技术创新，有必要厘清新一代人工智能在推动和影响经济高质量发展过程中的作用路径与机理，剖析两者之间因果关系的“黑箱”。第一，人工智能对经济增长会产生直接和复杂的影响，包括提高或降低相关产业部门的生产率、催生新的产业或部门、升级或改造已有产业或部门等。第二，对劳动力就业的影响，包括工作岗位自动化引发的失业增加、劳动力就业结构的变化（如就业极化、中间技能人员更容易被替代）。第三，对收入不平等的影响，如资本和劳动力收入份额的变化、劳动力收入不平等的增加、中低技能及中产阶级收入的可能下降。第四，人工智能应用引发的风险及其治理问题，包括经济风险、技术风险、社会风险等。因此，人工智能技术发展和应用将会深刻地影响到我国区域经济发展进程，值得高度重视。

作为中部省份的安徽具有一定的典型性和代表性。正如习近平总书记指出的，世界正处于百年未有之大变局。但大变局中亦有大机遇，人工智能的异军突起正是提供给安

徽经济跨越式发展的大好时机。由于以中国科学技术大学为代表的科研力量的长期努力和积累,安徽已经成为我国人工智能研究与产业应用的领先地区之一,创新高地已然成型,这对安徽经济高质量发展和数字经济的形成壮大产生了积极影响。展望"十四五",如果我们抓住人工智能这一创新制高点,利用和连接好量子信息科学的战略机遇,必将能推动安徽经济的跨越式发展,在高质量发展的战略转型中占得先机。但是,人工智能技术对于安徽经济和产业的影响又是复杂的,既包括积极的一面,也有一些潜在的隐忧,如人工智能产业的发展对传统产业的冲击以及可能带来的失业问题、已有优势产业可能衰退等,这需要加强研究和预防。

近年来,安徽省委、省政府着力发挥长三角区域一体化发展、中部崛起等国家战略的叠加优势,紧紧抓住国家新一代人工智能发展的机遇,把人工智能产业列入五大发展行动计划,依托"四个一"创新主平台和"一室一中心"建设,坚持研发攻关、产品应用和产业培育"三位一体"推进,全方位深化与沪、苏、浙的分工合作,在智能语音、类脑智能研究、智慧医院等人工智能全产业链多个环节初具优势,成为全国人工智能产业的重要集聚区。不仅如此,安徽在人工智能产业集聚区建设、成果转化落地、发挥龙头企业作用、与制造业深度融合、智能机器人产业发展、智能网联汽车发展、智慧医疗建设、5G 网络建设等诸多方面取得长足发展,力争在推进长三角高质量一体化发展中扬皖所长、借势登高。新一代人工智能作为新一轮产业变革的核心驱动力,正在深刻改变人类生产生活方式,推动经济结构调整和社会生产力进步。因此,大力发展人工智能产业,可以为安徽经济增长带来新动能、抢占新一代人工智能的发展新机遇可以使得安徽省的经济高质量发展迈向新的台阶,成为安徽省在国内国际双循环经济环境中培育优势产业、发展比较优势,推动安徽省产业由传统粗放式经济发展转变为创新驱动的高质量发展。

三、关于推动新一代人工智能发展和应用的政策建议

基于上述分析,新一代人工智能对区域经济发展具有深远的关键作用,而对处于内陆的安徽省来说,更是跨越式发展的重大战略机遇,因此需要制定相应的政策措施来加以推进。

第一,重视和持续支持人工智能领域的基础研究和关键技术的研发。由于新一代人工智能具有明显的创新性和自我学习特征,基础理论研究的深度将决定整个人工智能产业最终的天花板,而关键技术则决定了产业发展的瓶颈。安徽省在人工智能方面的科研实力雄厚,基础扎实,拥有中国科学技术大学和合肥工业大学为首的国内双一流理工科大学,以及科大讯飞等重要企业,完全有可能成为我国人工智能基础理论的开拓者和行业领头羊,形成和巩固若干研究领域的领先地位,如语音技术、量子通信等。因此,有必要集中优势力量,持续加大对基础研发的投入,注重原始创新。

第二,构建产学研一体的技术开发平台。新一代人工智能作为新一代的通用技术,体现出通用技术所共有的替代性和渗透性。对基础理论和关键技术的开发只是基础,新一代人工智能要在经济高质量发展发挥关键作用还在于要对各个应用领域和应用场景进行全覆盖结合,技术成果的及时转化,以及从理论到应用到商业实现形成完整的闭环。政府需要发力打通高校、政府和市场之间的壁垒,克服科学研究与产业应用的割裂,构造产学研一体的开发平台,形成知识发现到知识应用的良性循环。

第三，立足于双循环，发挥区域优势特色，合理布局产业结构。目前，全国各地都掀起发展人工智能的热潮，各地区之间在产业布局上既存在竞争关系，也存在合作关系，正在形成国内国际的双循环态势。安徽省应当以这次新一代人工智能产业革命为契机，加快长三角三省一市的区域融合与合作，积极扶持新兴人工智能产业发展，加快对智能制造和新工业的布局。对于省内不同区域，根据其不同的区位特点，有重点、有特色地进行产业结构布局，避免同质性、低效性、无效性的区域竞争。目前，国际的知识和产业循环遭遇到非常严峻的挑战，但安徽省必须坚持开放的理念来发展人工智能，参与国际大循环和大分工，充分利用国际资源，形成比较优势。

第四，鼓励高校和企业加强各类层次的人才培养。人工智能及相关技术领域的研发和应用发展迅速，处于爆发成长期，人才需求量大，而供给量则严重不足，难以支撑这一新兴行业的健康持续发展。因此，政府需要鼓励高等院校强化和扩大相关专业人才的培养，引导企业积极开展应用型人才的培养。

第五，政府引导布局，充分发挥市场主体作用，形成良好的创新生态系统。新一代人工智能作为重大技术创新，具有非常强的技术外溢效应，相关产业的发展既离不开政府的大力引导、政策和资金上的大力支持，也离不开市场主体对产业发展的作用。因此，需要平衡好市场与政府的关系，界定好市场与政府的边界。

同时，积极部署人工智能相关政策的调查研究，既要有效推进这一新兴行业的快速发展，又要分析其带来的不利影响，理性分析，科学决策。值得注意的是，就短期而言，人工智能技术的应用并不必然带来生产率和经济效益的提高，反而可能导致既有生产系统的紊乱、失业、投资风险增加等负面效果。但从战略和长期的角度看，政府需要有战略定力和政策稳定性，持续稳定地推动安徽省人工智能的良性发展。

参考文献

[1] Agrawal A, Gans J S, Goldfarb A. The Economics of Artificial Intelligence: an Agenda[M]. Chiago: The University of Chicago Press, 2019.

[2] Bresnahan T F, Trajtenberg M. General Purpose Technologies 'Engines of Growth'? [J]. Journal of Econometrics, 1995, 65(1): 83-108.

[3] Jovanovic B, Rousseau P L. General Purpose Technologies[C]. National Bureau of Economic Research, 2005: 1181-1224.

[4] Lipsey R G, Bekar C T, Carlaw K I. The Consequences of Changes in GPTs. General Purpose Technologies and Economic Growth [M]. Cambridge: MIT Press, 1998: 194-218.

[5] Mokyr J. Lever of Riches: Technological Creativity and Economic Progress[M]. New York: Oxford University Press, 1990.

[6] 蔡跃洲，陈楠. 新技术革命下人工智能与高质量增长、高质量就业[J]. 数量经济技术经济研究，2019，36(5)：3-22.

作者简介

洪进，博士、教授，合肥工业大学经济学院院长，安徽省科普文化产业协会副会长，中国技术经济学会技术管理专业委员会理事，中国科学技术大学科普产业研究所副所长；曾任澳大利亚科庭大学（Curtin University）高级研究员（adjunct senior research fellow），西澳大利亚大学、瑞典隆德大学、加拿大滑铁卢大学等的访问学者。长期从事创新经济学、高技术产业和数字经济、区域经济等方面的研究。主持和参与数十项国家及省部级研究项目，发表论文100余篇，出版专著4部、教材2部。获得加拿大管理学年会最佳论文奖、安徽省自然科学优秀论文二等奖、安徽省社会科学文学艺术出版奖（社会科学类）三等奖，王宽诚教学奖一、二等奖、安徽MBA优秀教师等。

推动江苏产业链创新链深入融合的思考

戚 湧

摘要：推动产业链创新链深入融合，是江苏省率先构建自主可控的现代化产业体系和“以我为主”的双循环发展格局，实现产业链创新链“双螺旋”发展的有效路径。江苏应促进产业升级，释放创新驱动效能；强化基础研究，突破关键核心技术；统筹要素资源，促进市场有效配置；营造良好环境，激发主体双创活力；推动区域协同，加速长三角一体化。

关键词：产业链；创新链；融合

习近平总书记指出，“要围绕产业链部署创新链、围绕创新链布局产业链，推动经济高质量发展迈出更大步伐”。这为我国现代化经济体系建设指明了方向。一方面，围绕产业链部署创新链，有利于突破产业关键核心技术，提升产业链迈向中高端，进一步完善现代化产业体系；另一方面，围绕创新链布局产业链，有利于发挥不同区域和主体间的创新发展优势，实现创新资源的有效集聚和合理配置，进一步优化产业空间布局。江苏作为制造业大省和创新大省，产业发展水平和创新能力处于全国前列，但科技、经济“两张皮”的现象依然存在。“百年未有之大变局”的时代背景下，如何把握“一带一路”和长三角一体化发展战略契机，推动江苏省产业链创新链深入融合，率先构建自主可控的现代化产业体系和“以我为主”的双循环发展格局，实现江苏省产业链创新链“双螺旋”发展，是当前亟须研究解决的重要问题。

一、江苏推动产业链创新链深入融合的短板

（一）核心关键技术有待进一步突破

第一，工业产业占主导地位，多为劳动密集型产业，核心技术研发环节、关键零部件环节和知名品牌多来自国外，服务型高新产业占比仍较小。第二，从数量规模来看，中小型企业数量庞大且新产品产值率低。第三，企业内部缺少高学历研发人员和高层次经营管理人才，偏向从国外引进创新成果，缺少整合上下游资源、带动产业做大做强、提高产业显示度的终端产品。第四，产业研究链条不完整、相互分离且链条不长。近年来实施的多个重大科技专项大多是工程项目，以他人理论为基础，原创性不足，“卡脖子”问题依旧存在。

（二）创新资源要素有待进一步集聚

第一，地区政策壁垒造成创新要素不能自由流动。江苏省还未建立起市场导向的创新人才要素流动模式，创新主体收入和知识产权收入分配制度存在一些缺陷，成果的市场定价机制还不成熟，创新资源流动受阻。第二，制度路径依赖性阻碍了创新要素的集聚。现有的户籍和社会保障制度一定程度上阻碍了人才的自由流动。江苏省产学研结合过程中存在一些困难，从而阻碍了成果转化。知识产权管理体系中存在产权所有者合法权益的保护问题，阻碍了创新要素集聚。第三，地区经济发展不平衡阻碍了创新要素集聚。江苏各市区经济发展水平存在差异，由于产业结构差异对创新要素集聚水平的要求不同，不对等创新要素阻碍了要素的有效集聚。

（三）科技成果转化有待进一步推进

第一，知识产权保护意识薄弱。江苏省绝大多数企业还未建立保护知识产权的组织机构，企业对无形资产的投入和保护意识较弱。第二，创新成果转化资金投入不足。企业受资金投入影响，对创新成果转移和转化的重视程度不够，规模较小的企业难以承担高额的转化资金和资金投入风险，忽视创新成果的转化。第三，创新成果评价指标体系不健全。缺乏规范的中介服务市场，创新成果转化收益分配体制机制不健全、激励机制不够完善，科技成果的处置权、收益权不对等，从而挫伤了研发人员的积极性，影响了科研工作者成果转化的热情。

二、江苏推动产业链创新链深入融合的建议举措

（一）促进产业升级，释放创新驱动效能

一是加快培育先进制造业集群。围绕江苏省各重点产业集群建立先进制造业联盟，充分加强行业资源整合和企业合作。在联盟组建和运营过程中注重积累产业资讯，加强产业发展、决策咨询和战略规划研究。加快实施“百企引航、千企升级”计划，分类制定集群骨干企业培育政策，形成一批具有国际影响力的名企、名品、名牌。二是加快产才融合。推动江苏高校尤其是理工科院校调整学科布局和专业结构，设立智能制造装备、先进复合材料、节能减排工程等“新工科”专业，将其纳入省重点专业进行培育建设，鼓励相关高校与企业共建实习实践基地，提高“新工科”人才的产出规模。将战略性新兴产业人才的精准引进纳入人才工作重点，依托专业机构绘制重点产业全球人才地图，搭建行业领军人才大数据平台，为重点领域的精准引才提供“定向导航”。三是推动产业科技创新中心建设。省、市、县（区）三级联动，聚焦重点企业、重点产业发展需求，实施科技企业“小升高”“高升规”计划和“独角兽”企业培育发展计划，推进先进制造业集群化、国际化发展，发展一批千亿级战略性新兴产业集群。建设面向产业化应用的全链条市场化技术转移体系，深入实施新兴产业创新能力提升工程和智能制造提升工程等创新工程，推动形成科技创新的体制机制创新区、产业链创新链融合区、国际合作承载区。

（二）强化基础研究，突破关键核心技术

一是加强重点实验室和重大科技基础设施建设。聚焦国家战略和江苏优势产业发展，对标国际最优最好最先进水平，将网络通信与安全紫金山实验室打造成国家实验室。充分赋予省级重点实验室在研究方向选择、科研立项、技术路线调整、人才引进培养、职称评审、科研成果处置和经费使用等方面的自主权。推动国家重大科技基础设施落户江苏，促进重大科技基础设施开放共享与服务，吸引国内外优秀科学家和团队依托重大科技基础设施协同开展基础性、前沿性应用研究。二是优化基础与应用基础研究基金资助体系。完善联动机制，组建省基础与应用基础研究基金，实施长三角地区、省际、省企等联合基金项目，推动形成立足江苏、面向全国乃至全球的开放型科学基金。持续稳定支持未来网络与通信、人工智能、区块链和物联网等产业前瞻领域的基础与应用基础研究重大项目，围绕江苏省基础领域、前沿领域以及多学科交叉领域的优势方向，推动高校、科研院所和企业发起或参与国际大科学计划和大科学工程。三是发挥基础和前沿领域的企业作用。坚持“一张蓝图”下的攻关和创新，建立产业目标导向科学问题库。加快高新技术企业树标提质，向企业开放省基础与应用基础研究基金申报渠道，提升企业开展基础与应用基础研究能力。引导大中型骨干企业聚焦江苏优势支柱及战略性新兴产业，建设技术创新中心、研究院和重点实验室。鼓励企业建立跨区域、跨国界的新型研发机构，布局建设海外研发机构，引导企业研发机构开展应用基础研究。

（三）统筹要素资源，促进市场有效配置

一是发挥高校科教资源优势。实施“助推计划”，发挥高校科研成果资源优势，更好地为中小企业转型发展服务。充分利用各类展会平台，展示推广高校科技创新成果，促进产学研对接与合作。鼓励产业龙头企业牵头整合高校院所科教资源，引导高校院所人员在企业兼职从事技术创新活动。二是创新科技资源共享服务模式。基于科技创新的研发、生产、销售与服务等全过程，将各种科技资源进行全面梳理和重新分类，建立科技人才、科研机构、科学数据、科技金融、科研条件等十大资源分类清单，统筹形成面向全行业的基础数据库。建设全省科技资源搜索引擎，建设科技资源数据中心，实现“一站登录、一网通办”。引入专业服务机构开展市场化运营服务，采取资产所有权和经营权分离的手段，实现开放科技资源的最大化利用。三是优化整合国际科技资源。支持江苏省机构参与全球科技创新合作，与“一带一路”沿线国家（地区）共建联合实验室和研发中心。积极争取国际科技组织或其分支机构落户江苏，吸引更多的全球知名高校、科研院所和科技服务机构来苏设立分支机构。支持外资机构在苏开展科技创新活动，支持外商投资企业设立和发展全球性研发中心，参与江苏省研发公共服务平台、众创空间等建设，支持外商投资企业承担政府科研项目。合规支持海外研发机构和科学家与江苏省有关机构联合申报科技计划项目。

（四）营造良好环境，激发主体双创活力

一是加强知识产权保护。加快中国（南京）知识产权保护中心建设，加强相关保障。支持苏州、无锡申建知识产权保护中心。完善特色产业知识产权快速维权体系，加快省

级维权援助中心建设布点，支持有条件的地方建设知识产权快速维权中心，并根据需求建设地区分中心。二是完善科技金融服务。促进风投创投发展，协调推进创投小镇、基金小镇、财富小镇等功能区建设，推动各地区根据实际情况出台风投创投政策，吸引私募股权、创业投资机构、人才落户江苏。三是营造鼓励双创氛围。完善政府守信践诺机制，建立健全政务和行政承诺考核制度，规范招商引资行为。大幅放宽市政公用、电力、电信、交通、天然气等领域市场准入，着力打破城市基础设施建设垄断经营，在项目核准、融资服务、财税政策、土地使用等方面对各类市场主体一视同仁。加强负面清单的管理制度，深入推进"一口受理、并联审批"改革，加快推进企业登记全程电子化，打造网上受理、办理、反馈、查询在线审批直通车。

（五）推动区域协同，加速长三角一体化

一是完善区域创新协同顶层设计。推动长三角区域合作办公室工作机制改革，更好地承担统筹谋划、综合协调和督促落实等职责。做好政策衔接，梳理三省一市现有发展政策，对能够有效促进长三角协同创新产业体系建设的优秀政策进行区域叠加，并在兄弟省市内创造条件复制推广，进一步发挥区域整体优势和效益。针对原有与当前协同创新产业体系建设的政策及时做出调整，并使正在编制的产业、科技等政策充分体现区域协同导向。二是加强区域创新协同机制建设。相互开放国家级和省级重点实验室、中试基地和科技经济基础数据等信息资源，形成科技文献资源共建共享网络与服务平台，提高科技成果的展示和交易服务能力。共同成立科技创新产业投资基金，对长三角区域重大科技攻关项目、重大科技产业化项目进行联合投资，实现风险共担、利益互惠的长效机制。在园区共建方面开展股份合作模式、援建模式、托管模式、产业招商模式以及"异地生产、统一经营模式"，共同分享产业园区带来的投资收益。三是打造区域产业创新共同体。共建规则体系，按照长三角一体化规划的战略目标和具体行动计划的要求，携手铲除地方性的"小政策"和"小规定"，推倒地方保护的"小篱笆"，进一步消除市场壁垒和体制机制障碍，共建国际市场一体化规范运作体系，建设规则相同、标准互认、要素自由流通的统一市场，推动政务协同、监管协同、服务协同。

参考文献

[1] 胡乐明. 产业链与创新链融合发展的意义与路径[J]. 人民论坛，2020(31)：72-25.

[2] 任志宽. 推动产业链与创新链深度融合[J]. 支部建设，2020，503(23)：14-15.

[3] 郭占苗，田国杰. 推动江苏产业链、创新链与人才链空间融合问题研究[J]. 宁波职业技术学院学报，2020，24(3)：93-98.

[4] 匡茂华，李海海. 创新链和产业链双向融合路径探析[J]. 人民论坛，2020(15)：190-191.

[5] 张越，万劲波. 构建关键核心技术融合创新攻关体系[N]. 学习时报，2020-9-2.

作者简介

戚湧，教授、博士生导师，南京理工大学知识产权学院院长，创新管理与评价研究中心主任，江苏省苏科创新战略研究院副院长，江苏人才发展战略研究院区域人才研究中心主任。

提升京津冀制造业全要素生产率

武义青

摘要：京津冀协同发展是重大国家战略，提高制造业全要素生产率对实现高质量发展具有重大意义。基于第三、四次经济普查数据，利用势效系数法改进传统C-D生产函数对京津冀制造业全要素生产率进行测算，并分析现状、发展趋势及存在问题。发现京津冀制造业全要素生产率相对较低且呈下降趋势，京津冀制造业同时存在区域间全要素生产率差异较大、资本产出效率及规下企业效率相对过低等问题。为提高京津冀制造业全要素生产率提出建议：一是加快技术进步、促进科技创新，二是优化资源配置，三是提高要素投入质量，四是注重小微企业发展。

关键词：京津冀协同发展；全要素生产率；制造业；高质量发展

党的十九大报告指出我国经济已经由高速增长阶段转向高质量发展阶段，并提出提高全要素生产率的紧迫要求。京津冀协同发展是重大国家战略，提高制造业全要素生产率以推动高质量发展，对加快京津冀世界级城市群建设具有重要意义。

一、京津冀制造业全要素效率现状

2018年京津冀制造业全要素生产率为96.71①，三省市中全要素生产率最高的为天津市(109.68)，其次为北京市(105.54)、河北省(91.45)。可见京津冀制造业全要素生产率在区域间存在较大差异。河北省制造业资金生产率(85.18%)虽高于北京(63.59%)、天津(83.62%)，但劳动生产率(98.17万元/人)却远低于京(175.16万元/人)、津(143.84万元/人)两市。进一步分析知，河北省制造业劳动生产率低是资金装备率相对京津地区过低导致，河北省资金装备率(115.25万元/人)仅为北京的41.84%，天津的67.00%，京津冀制造业平均水平的76.32%。所以，河北省全要素生产率低主要是资金装备率相对京、津两市过低进而使劳动生产率相对较低导致。

京津冀制造业30个行业(不包括烟草制品业)中，全要素生产率高于制造业平均水平的有8个行业，分别为：石油、煤炭及其他燃料加工业(295.21)，黑色金属冶炼和压延加工业(175.06)，有色金属冶炼和压延加工业(127.97)，汽车制造业(125.76)，农副食品加工业(120.75)，计算机、通信和其他电子设备制造业(112.55)，皮革、毛皮、羽毛及其制品和制鞋业(107.54)，化学原料和化学制品制造业(96.85)。

① 单位为：万元/$\sqrt{万元·人}$，下同。

二、京津冀制造业全要素生产率变化趋势

2013～2018年京津冀制造业规上企业全要素生产率呈下降趋势，五年下降6%。三省市中，只有北京全要素生产率呈上升趋势，五年提高9%；天津市与河北省五年分别下降9%、8%。京津冀制造业规上企业劳动生产率呈上升趋势，五年增长20%，京、津、冀三省市制造业规上企业劳动生产率分别增长58%、16%、12%；京津冀制造业规上企业资金生产率五年下降27%，京、津、冀三省市制造业规上企业分别下降24%、28%、25%。可见，京津冀制造业全要素生产率下降主要是由资金生产率普遍下降导致。

从行业大类来看，京津冀制造业31个行业大类中，仅7个行业全要素生产率呈上升趋势，全要素生产率较高的8个行业中也只有黑色金属冶炼和压延加工业、化学原料和化学制品制造业两个行业全要素生产率提高。

三、三大经济圈全要素生产率比较分析

(1) 京津冀制造业全要素生产率低于长三角、珠三角

2018年京津冀制造业全要素生产率为96.71，低于长三角(99.57)、珠三角(97.32)。进一步对比三大经济圈劳动生产率与资金生产率发现，2018年京津冀制造业的劳动生产率(118.84万元/人)高于长三角(98.83万元/人)、珠三角(82.16万元/人)，但京津冀制造业资金生产率(78.70%)却仅为长三角(100.32%)的78.45%，珠三角(115.27%)的68.27%。因此，资金生产率过低导致了京津冀制造业全要素生产率低于长三角、珠三角地区。

(2) 京津冀制造业规下企业要素生产率过低

京津冀制造业全部企业的全要素生产率虽然低于长三角、珠三角地区，但制造业规上企业的全要素生产率却高于长三角、珠三角地区。2018年京津冀制造业规上企业全要素生产率为118.10，高于长三角(118.01)、珠三角(110.55)。京津冀制造业规上企业全要素生产率为全部企业的1.22倍，而长三角、珠三角这一比例分别为1.19、1.14。因此，京津冀制造业的规下企业可能存在较严重的规模不经济现象，使规下企业要素生产率相对长三角、珠三角地区过低。

(3) 京津冀制造业资产投入增加，收入不增反降，使资金生产率大幅降低。2013～2018年京津冀制造业规上企业全要素生产率呈下降趋势，五年降低6%。同期长三角、珠三角制造业规上企业全要素生产率呈上升趋势，五年分别增加1%、11%。从劳动生产率和资金生产率来看，虽然三大经济圈劳动生产率都为上升趋势、资金生产率都为下降趋势，但京津冀劳动生产率增速(20%)慢于长三角(23%)、珠三角(46%)，资金生产率下降幅度(27%)大于长三角(17%)、珠三角(16%)。从单要素的投入产出来看，三大经济圈制造业规上企业都呈现出从业人员减少、资产增加趋势，长三角、珠三角收入增加，京津冀制造业规上企业收入却在减少。京津冀制造业资产投入增加，收入不增反降，致使资金生产率大幅降低，导致京津冀制造业全要素生产率下降。

四、提高京津冀制造业全要素生产率的建议

（一）加快技术进步，促进科技创新

（1）加大科研投入。京津冀制造业规上企业R&D经费投入强度远低于长三角、珠三角地区，且低于全国平均水平。2018年京津冀制造业规上企业R&D经费投入强度为1.38%，同期，长三角珠三角分别为1.60%、1.58%，全国制造业规上企业平均水平为1.83%。可见，京津冀制造业的创新投入过低，因此加快技术进步，鼓励创新应加大R&D经费投入。

（2）完善创新激励机制，加强对知识产权的保护力度，鼓励科研人员对本地区当前技术难题进行攻关。

（3）加快研发成果转化与落地使用。京津冀尤其北京市科研成果丰硕，应将创新成果在京津冀区域内积极投入使用，提高制造业技术水平。

（4）鼓励创新的同时注重技术引进。技术引进是技术进步的另一途径，京津冀制造业在鼓励自主创新同时也应加大对外开放程度，注重引进国内及国际先进技术，缩小与发达地区差距，提高制造业技术水平，以提高全要素生产率。

（二）提高资源配置效率

（1）优化制造业内部结构。钢铁、汽车、电子等为京津冀制造业中全要素生产率较高且具有一定规模的优势行业。对这些行业应重点培养，鼓励技术创新，加大要素投入，以带动京津冀制造业整体全要素生产率的提高。

（2）注重体制机制创新以消除体制机制障碍。对土地制度、户籍制度、金融体制等进行改革，促进要素自由流动，保障企业在获得生产要素时公平参与市场竞争。使资源从低效率行业自由转向高效率行业，资源配置效率得到提高，从而使制造业的全要素生产率得到提升。

（三）提高要素投入质量

要素投入的质量直接决定着产出效率，因此，提高制造业全要素生产率，一方面应淘汰落后机器设备，使装备设施向数字化、智能化升级，加快数字基础设施建设，推动制造业向数字化转型；另一方面应提高从业人员整体素质，注重相应研发人才及研发团队培养，营造良好氛围以提高科研人员创新积极性；同时对一线生产人员进行技能培训，提高一线员工劳动效率。

（四）注重小微企业发展

通过对京津冀制造业与长三角、珠三角进行比较发现京津冀制造业的规下企业全要素生产率过低。因此，今后也应注重小微企业发展，提高小微企业效率也是提高京津冀制造业整体全要素生产率的一个关键点。为促进小微企业快速发展，政府应营造良好的营商环境，完善信用体系以降低小微企业融资成本。小微企业自身应注重人才培养，加强对工作人员的技能培训，提高员工素质，以提高劳动生产率；注意设备的更新换代，提

高设备利用率，资金使用效率，以提高全要素生产率。

参考文献

[1] 徐生霞，刘强，姜玉英．全要素生产率与区域经济发展不平衡：基于资本存量再测算的视角[J]．经济与管理研究，2020，41(5)：64-78.

[2] 本刊记者．以提高全要素生产率推动高质量发展：中国社会科学院副院长蔡昉访谈[J]．宁波经济（财经视点），2019(8)：3-4.

[3] 盖庆恩，朱喜，程名望，等．要素市场扭曲、垄断势力与全要素生产率[J]．经济研究，2015，50(5)：61-75.

[4] 肖宏伟，王庆华．我国全要素生产率驱动因素及提升对策[J]．宏观经济管理，2017(3)：49-53.

[5] 武义青，窦丽琛．提高全要素生产率的路径选择[N]．河北日报，2016-3-25(7).

作者简介

武义青，管理学博士，河北经贸大学副校长，校学术委员会副主任，二级研究员，《经济与管理》主编。中共河北省委、河北省人民政府决策咨询委员会委员，河北省推进京津冀协同发展专家咨询委员会委员，河北省人民政府参事；中国人民大学博士生导师，北京大学首都高端智库学术委员会委员，京津冀协同发展联合创新中心副主任；中国数量经济学会副理事长，全国经济复杂性跨学科研究会副理事长，中国技术经济学会荣誉常务理事；全国政协委员，全国优秀科技工作者，第七届中国科协全国委员会委员。出版学术著作多部，发表学术论文百余篇。多项报告建议得到国家领导人、省部级领导的批示采纳。

建设以科创走廊为大动脉的区域创新内循环体系

谢科范

摘要:本文就逆全球化趋势对我国科技创新的影响进行了分析,认为科技创新内循环是国内大循环的重要组成部分,提出加快建设以科创走廊为大动脉的区域创新内循环体系。分析了我国科创走廊建设的若干特点,建议将科创走廊建设纳入国家战略,并将全国各地的科创走廊连接起来,连廊成网,构建区域创新内循环体系的大动脉。最后提出了建设以科创走廊为大动脉的区域创新内循环体系的若干举措。

关键词:逆全球化;内循环;科创走廊;区域创新

逆全球化的思潮由来已久,有学者认为逆全球化是发达资本主义国家应对大危机的基本战略[1]。过去,逆全球化不过是暗流涌动,而在最近,有两件事情使得逆全球化逐渐浮出水面,一是特朗普的美国优先战略以及采取的“退群”行动,二是英国的脱欧行动。新冠疫情的暴发,则加剧了逆全球化的趋势,特别是特朗普政府针对中国采取的一系列行动,使得中国成为逆全球化负面冲击的主要承受者。逆全球化还可能伴随着去中国化,中国需要关注和防控逆全球化的未来演化趋势及其可能带来的风险。中国既要拥护全球化,又要反对和防范去中国化,要探索新形势下全球化转型发展之路[2]。逆全球化将对我国的科技创新体系产生深刻影响:一方面是以美国为首的西方国家对我国的技术封锁以及“卡脖子”技术、关键设备和零部件的断供;另一方面,逆全球化还可能导致技术分野。以5G为例,可能会形成一套以华为为代表的5G技术和以美国为主导的另起炉灶的5G或跨越性的6G技术;另外,新冠肺炎疫苗的研发,中国和美国的路数和依据的技术原理也不一样,也很有可能形成技术分野。未来类似的技术分野以及基于此的技术基础架构和标准,会导致同一产业技术领域形成互斥或相安的多个体系。

面对逆全球化的加速,我国应当怎么办?习近平总书记在看望全国政协十三届三次会议的经济界委员和参加联组会时指出,要逐步形成以国内大循环为主体、国内国际双循环相互促进的新发展格局,培育新形势下我国参与国际合作和竞争新优势。这为我国在逆全球化趋势下的转型发展指明了道路,即要形成国内大循环、构建国际国内双循环。就科技创新而言,也需要形成科技创新的国内大循环,以及科技创新的国际国内双循环。关于科技创新的国际循环,可能会出现两个趋势,一是科技创新领域的国际组织的影响力和国际协同力将受到削弱;二是科技创新的国际循环将会在规模上退化,全球性的合作可能会退化为多国的区域性合作。我国的科技创新国际循环战略要点:一是要尽量保留在国际科技组织中并支持其发展;二是加快建设“一带一路”科技创新共同体的建设。

关于科技创新的国内大循环，则主要是要形成三个维度的循环：一是创新链循环，即要在若干重点产业、重点领域构建全创新链；二是产学研循环，亦即，加强产学研之间的合作并实现创新链、产业链、资金链、政策链、人才链、服务链的六链统筹；三是区域科技创新大循环，其中的重点是将全国各地的科创走廊打通，打造全国的网状科技创新大走廊。

一、我国科创走廊建设的现状与特点

在国内，科创走廊的建设正如火如荼。目前，明确提出并正在加紧规划落实的有长三角 G60 科创走廊、京雄科创走廊、粤港澳大湾区科创走廊(广深科创走廊之升级)、郑开(郑州到开封)科创走廊以及光谷科创大走廊，正在酝酿中的还有环渤海湾科创走廊(或齐鲁科创走廊)、成渝科创走廊和西安(西安＋长安)科创走廊。目前，走在前面的是长三角 G60 科创走廊和粤港澳大湾区科创走廊，其共同点，一是已经进入国家的区域规划，二是将科创走廊与国家科学中心和全球产业创新中心的建设结合起来。其个性化的特点是：粤港澳大湾区科创走廊正在不动声色地启动以新基建为先导的基础设施建设和布局高新产业走廊；G60 科创走廊则在积极推进长三角区域创新一体化进程[3]。湖北省正在抓紧规划建设光谷科创走廊(或称“光谷科技创新大走廊”)，依托东湖国家自主创新示范区，布局建设光谷科学岛和中国科学院东湖科学中心，旨在打造具有全球影响力的科技创新策源地。狭义的光谷科创走廊是以高新大道为主轴，以关山大道、光谷五路、左岭大道三条千亿大道为延伸的核心承载区(简称核心区)；广义的光谷科创走廊则拓展至鄂州、黄石、黄冈部分区域(可称为湖北省内段)。光谷科创走廊的规划、建设和发展任重而道远，其中一个重要的任务是实现区域协同与开放合作，实现科技创新、产业创新和体制机制创新的互促。

我国各地的科创走廊建设有以下特点：一是自发性。科创走廊不是源于国家的顶层设计，而是源于各地实施创新驱动发展战略的客观需求，以及区域之间寻求优势互补的内在动力。二是延展性。目前，国内成功启动的科创走廊都是跨省市的，只有少数科创走廊(如郑开创新走廊)暂时局限于省内。其中，有些科创走廊还经历了区域延伸的演进过程，例如，广深科创走廊演进成为粤港澳大湾区科创走廊；目前的长三角 G60 科创走廊属于 3.0 版本，是在 2016 年的上海松江区 1.0 版本和 2017 年沪嘉杭联动的 2.0 版本基础上演进而来的(如表 1 所示)。三是一体化趋向性。京雄科创走廊向京津冀科创走廊的延展无疑是受到了京津冀一体化的影响；而反过来，长三角 G60 科创走廊倒逼了长三角一体化的进程。四是科创中心依托性。即大多数科创走廊都是把建设科创中心作为重要的支撑，例如，京雄科创走廊(或将来的京津雄科创走廊)依托的是北京怀柔综合性国家科学中心；长三角 G60 科创走廊依托的是上海张江综合性国家科学中心和合肥综合性国家科学中心，粤港澳大湾区科创走廊依托的是深圳综合性国家科学中心，光谷科创走廊正在争创国家中心以及加快建设具有全球影响力的产业技术创新中心。

表1　各地科创走廊的延展升级

科创走廊地域	1.0版	2.0版	3.0版
长三角	松江科创走廊	沪嘉杭科创走廊	G60科创走廊（在建）
珠三角	广深科创走廊	粤港澳大湾区科创走廊（在建）	泛珠三角科创走廊（可能）
京津冀	京雄科创走廊（在建）	京津雄科创走廊（概念阶段）	
中三角	光谷科创走廊武汉段（在建）	光谷科创走廊湖北段（概念阶段）	中三角科创走廊（可能）

二、建设以科创走廊为大动脉的区域创新内循环体系的基本思路

形成国内经济大循环的关键是建设以科创走廊为大动脉的区域创新内循环体系。其要点是：

（1）将科创走廊建设上升为国家战略。目前，长三角G60科创走廊被纳入国家《长江三角洲区域一体化发展规划纲要》，成为长三角一体化发展国家战略的重要组成部分，从而获得国家层面的认可并享受相应的制度红利。同时，粤港澳大湾区科技创新走廊也已纳入国家发改委发布的《粤港澳大湾区发展规划纲要》中。建议将我国的科创走廊体系建设整体纳入国家"十四五"规划，并在"十四五"科技创新规划中制定具体落实方案；建议出台支持各地科创走廊建设的政策，并鼓励各地积极探索科创走廊的建设模式，做到一廊一特色。

（2）实现科创走廊之间的大连接，建设全国科创大走廊。建议分三步走：第一步，按照各区域现有的自行布局，支持各地建设各具特色的科创走廊。第二步，支持天津加入京雄科创走廊演进为京津雄科创走廊，郑开科创走廊延伸至河北并与京津雄科创走廊对接，成渝科创走廊与西安科创走廊对接而形成局部循环，光谷科创走廊升级为连接鄂湘赣的"中三角科创走廊"并与长三角G60科创走廊和粤港澳大湾区科创走廊对接。第三步，建设环渤海科创走廊，并分别连接京津雄科创走廊和长三角G60科创走廊，然后向俄罗斯延伸从北面切入"一带一路"科技创新体系，成渝科创走廊、西安科创走廊进一步延伸至南宁并从西部切入"一带一路"科技创新体系。

（3）实现区域之间的大协同。包括决策会商、政策互通、区域一体化、科技基础条件资源共享、区域产学研合作、产业布局协同规划、对口支援等。

（4）推进大创新。关键是要依托科创走廊建设重点产业的全创新链。这需要加强三个方面的建设，一是把强基计划落到实处，具备原始创新能力的人才培养要从大学本科开始，应视情况增设本硕连读、本硕博连读项目，并适当实施工程博士项目；二是在R&D方面大力推进"从0到1"基础研究计划，改革科技评价方式，提倡基础研究人才的坐冷板凳精神，对其实施长周期考核制或免考核制度，并建立宽容失败机制；三是要扶植大型企业开展产业前端性基础研究，要多建立一些类似华为的数学研究所、阿里的达摩研究院等基础性或综合性研究机构，在行业头部企业形成产业科技创新微循环。

三、建设以科创走廊为动脉的区域创新内循环体系的举措

(1) 强化科创中心建设。首先要高质量建设一批国家级产业技术创新中心，将其建设成为国际产业创新特区、全球产业科技研发高地和国际区域创新极核。其次要加快建设国家综合科学中心，使其成为具有全球影响力的知识创新策源地。建议批准建立以武汉为基地、联合长沙和南昌的“中三角国家科学中心”，未来还可以在西部地区和东北各布局符合科创走廊需要的国家科学中心[4]。

(2) 建设自由创新特区。以科学岛的形式在科创走廊建设国际化的自由创新特区，引进全球先进的科研管理制度，结合中国情境进行机制创新，解除对各类人才的桎梏，赋予科技人员较大的自由度和权限，提供宽松和容错的创新环境。探索建立离岸创新区、专利特区、人才飞地、科学家候鸟休闲区以及非全职博士后基地；实行各类专家及研发人员的弹性工作制、年薪制、长周期考核制等制度。

(3) 建设环大学创新经济圈。环大学创新经济圈具有以下特点[5]：一是学城结合。由于后疫情时代的特点，可以考虑先去除大学与周边之间的无形的围墙，暂时保留有形的围墙，在大学周边建设各类创业基地、孵化基地和培训基地。二是学政结合，即高校与所在地的区政府进行合作，包括政务合作、基础设施合作和社区合作等，并与周边共享体育文化设施、学生生活设施和医疗设施。三是学产结合，即高校与附近的企业进行合作，开展成果转化和合作研发，共同建立创业公司或合作建设科技园区等。建议在科创走廊大力建设环大学创新经济圈，为科创走廊的创新驱动发展提供新引擎、新动能。

(4) 建立中央高校对地方高校的对口支援制度。一是可以推广专业学位研究生培养模式改革襄阳示范区的经验，支持教育部高校与地方高校合作，在科创走廊区域建立各具特色的、符合当地产业发展方向的专业学位研究生培养试验区、分校、新校区或研究院，为当地就地培养高层次产业创新人才。二是强化教育部高校到地方高校挂职的制度，特别是派遣教育部高校的教授到地方高校挂职，担任院级领导或学科带头人。三是建立本科高校对职业技术学院的对口支持制度，探索中职、高职、应用型本科的对口链式贯通培养的路径。

(5) 充分发挥中科院在科创走廊建设中的作用。要充分利用中国科学院的资源来建设科创走廊。一是要尽快融入中国科学院主导的“一带一路”科技组织联盟以及未来可能形成的“一带一路”科技创新共同体，使得科创走廊有效切入“一带一路”科技创新对外开放合作。二是要弥补产学研合作中“学”“研”之间合作的短板，特别是在科创走廊区域协同中加强高校与中国科学院的合作。例如，鼓励各省高校与中科院联合申报重点实验室(中心)、共建和共享文献情报中心和实验与研发平台、建设博士点和博士后流动站、共同开展本科生培养等。

(6) 推行创新券与创业券制度。京雄科创走廊以及长三角 G60 科创走廊都在全面推行科技创新券，且实现科技创新券在科创走廊内不同地域之间的通用与互用。未来可以推广到全国的科创走廊，且实现各区域联合发行创新券并实现一券通用。建议在科创走廊推出创业券，创业者可以用创业券支付创业过程中发生的各种费用，并实现创业券区域间通用。

参考文献

[1] 郭强.逆全球化:资本主义最新动向研究[J].当代世界与社会主义,2013(4):16-21.

[2] 徐坚.逆全球化风潮与全球化的转型发展[J].国际问题研究,2017(3):1-15.

[3] 刘潇忆,王承云.长三角地区科创走廊建设模式研究[J].科技与经济,2019(1):16-20.

[4] 谢科范.加快建设科技创新国内国际双循环体系[J].中国发展观察,2020(15):49-51.

[5] 谢科范,杜娅,冼蕾,等.武汉环大学创新经济带的建设思路研究[J].武汉学研究,2020(1):45-56.

作者简介

谢科范,博士,日本京都大学博士后,加拿大多伦多大学访问学者;武汉理工大学管理学院二级教授、博士生导师。中国技术经济学会复杂科学管理分会理事,中国科学学与科技政策研究会常务理事,中国软科学研究会常务理事,湖北省科学学与科技管理研究会副理事长,武汉市人民政府参事。发表学术论文180余篇,其中SCI、SSCI收录国际期刊论文28篇;共主持和参加完成50余项科研项目,主持完成5项国家自然科学基金项目,主持1项国家社会科学基金重点项目、1项马克思主义工程重大项目子课题、1项国家软科学研究计划重大项目。获省部级科技奖励12项。主要著作有《技术创新风险管理》《非常规突发事件的集群决策》等9部,主编《管理经济学》《企业风险管理》等教材。

以创新生态构建为切入点，打造京津冀协同发展新动能①

张　贵

摘要：当前世界科技经济之争愈发表现为以创新生态为核心的综合创新能力之争。京津冀协同发展根本要靠创新驱动，要把京津冀区域创新生态系统构建提升到战略高度。构建的战略思路应侧重加快搭建创新链，努力提升创业链，积极打造产业链；构建的重点任务主要包括着力聚集科技资源创新要素，着力完善科技服务体系化，着力推进科技金融便利化；构建的着力点则是重视创新价值实现，健全创新资本体系，集聚创新人才，完善社会分工体系，构建创新创业服务体系，加强科技创新载体建设，推动形成开放创新格局。

关键词：创新生态构建；京津冀协同发展；新动能

京津冀协同发展是习近平总书记亲自谋划、亲自部署、亲自推动的重大国家战略。"十四五"时期是我国全面建设社会主义现代化强国新征程的重要开端，也是京津冀协同发展关键阶段，亟待协同发展的新思路、新方案、新举措把京津冀协同发展提升到新高度。

一、创新发展的根本动力是构建创新生态系统

当前，随着新一轮科技革命和产业变革孕育兴起，全球创新态势已发生深刻变化，世界创新中心东移渐成全球共识，科技经济之争愈发表现为以创新生态为核心的综合创新能力之争。同时，美国在21世纪初提出要在企业、政府、教育家和工人之间建立一种新的关系，形成一个21世纪的创新生态系统，这就是著名的"国家创新倡议"(NII)。日本明确要实施重大的政策转向，从技术政策转向基于生态概念的创新政策。欧盟也公布了关于欧盟国家(区域)构建创新生态系统的理论和实践构想。为顺应发展趋势，近两年京、沪、深先后提出要建设科技创新中心，而创新创业生态建设成为了关键。

习近平总书记指出，京津冀协同发展根本要靠创新驱动，要形成京津冀产业共同体和创新共同体，建立健全区域产业体系和创新体系。党的十九大报告指出，创新是引领发展的第一动力，是建设现代化经济体系的战略支撑，中国正行走在又一个创新的春天里，京津冀协同发展站在了新的历史起点上，科技创新正处于从量的积累向质的飞跃、从

① 国家社会科学基金重大招标项目(18ZD044)成果。

点的突破向系统能力提升的重要时期。为此，亟须契合实际实践，深植“创新基因”，牢牢抓住创新驱动这个“牛鼻子”，创造发展新优势，激发创新新动能，加大力度、加快进度推进京津冀区域创新生态系统建设，各类创新要素加速成长、融合互动，为经济社会发展提供源源不断的内生动力，加快建成更具创新特质的智造高地，加快建设世界级城市群建设，打造高质量发展“全国样板”。

京津冀协同发展六年多，取得了显著成效，同时也出现了一些新情况和新问题。区域内部经济发展分化态势明显，疏解北京非首都功能需要新方案，治理体系和治理能力现代化成为协同发展新课题，区域发展动力极化现象日益突出，城市群分工体系与空间关系亟待调整等。要用历史大尺度度量京津冀协同发展进程，要用发展思维去考察和解决区域协调发展过程的新情况。这就是习近平总书记再三强调的“我们必须适应新形势，谋划区域协调发展新思路”。

为此，本文从以下三个方面建议推进京津冀区域创新生态构建，探索出人口经济密集地区优化开发模式。

二、构建京津冀区域创新生态系统的战略思路

（一）加快搭建创新链，形成要素集聚的生态高地

以“创新源—创新组织—创新种群—创新群落—创新网络—创新生态系统”为主线，着力围绕京津冀三地共同的优势支柱产业和战略新兴产业部署创新链，从创新源头抓起，聚焦国家战略和区域发展目标，突破关键核心技术，加大科技成果转化力度，鼓励和支持“万众创新”，形成分工明确、特色突出、富有活力的“双创”生态系统。以“双创特区”的构想为契机，积极发挥政府引导作用，提升各类创新主体的研发强度。以“人才特区”的构想为契机，打造“高端领军人才”和“高端技能人才”的双高人才高地。强化科技引领和产业渗透，以科技创新为主导的群落与其他领域的群落形成有机互动，在已有的文化、金融、民生、产业等经济社会各个领域进行自觉性渗透，创造出新型业态和新的商业模式。

（二）努力提升创业链，再造追逐梦想的生态乐园

以“无成本创业、无障碍准入、无差别服务”为发展理念，让创业投资的年轻人可以享受到低廉的办公场所租金、快捷的行政审批流程、体系化的服务咨询、专业的培训等初创企业所需的必要支持，构成创业生态链条。为此，京津冀三地应立足各自创业的优势，创建“育成中心—孵化器—加速器—生产基地”等多种“双创”平台，建设创新研发、孵化转化和产业化“三位一体”的高水平创新型载体，加快鼓励和支持大众创业，创建具有区域竞争力的创新创造创业生态乐园。探索以创业链为纽带，鼓励龙头企业打造开放平台。发挥企业在整合创新资源、带动产业链整体创新方面的作用，搭建以企业特别是大型骨干企业为核心的开放式创新平台，吸引、整合上下游的产业资源、创新资源，实现市场化的集成。

（三）积极打造产业链，打造多点支撑的生态格局

以“缺链补链、短链拉链、弱链强链、同链错链”为发展思路，形成自研发设计至终端产品相对完整产业链的整体优势；依照京津冀协同发展总体规划和三地的产业体系规划，引导各区县差异化、特色化发展，打造多点支撑与和谐互促的生态格局，最终建成一个“研发—育成—孵化—转化—生产—服务”良性循环的产业生态体系。在未来发展中，要促进国家自主创新示范区、天津和河北自由贸易试验区、京津冀协同发展合作平台等新三类功能性区块的协同创新，实现“1＋1＋1＞3”的协同效应，形成多样化、宽领域、全方位的城市内外部协同发展格局，成为天津研发、制造、金融、商贸服务四大业态的“高地”，支撑着京津冀协同发展朝向高质、高端、高新、高效的方向发展。

三、构建富有活力的生态系统的重点任务

（一）着力聚集科技资源创新要素

一是在园区健全科技支撑架构。政府、园区、企业要与研究院所、高校建立密切联系、相互支撑的产学研政体系，全力打造自创园的地域品牌。二是与周围区域协同发展。实施“外溢式”发展战略，引导企业由自发性对外布局转变为有组织的区域合作，维持动态向上的创新创业生态系统；应借鉴新加坡经验，实施“科技企业总部基地”和“科技园区扩散”互动策略，推进京津冀深度一体化。三是开展跨行业跨区域合作。鼓励有实力的科技型企业开展品牌延伸、资本渗透、跨国经营、海外合作等，推动跨行业、跨区域合资合作，积极抢占市场竞争制高点。

（二）着力完善科技服务体系化

一是加快完善高端人才服务体系。完善人才在企业、高等院校、科研院所之间的双向流动机制，搞有形和无形的“人才特区”，凝聚特区内创新创业文化特质。二是重点完善创新服务体系。围绕京津冀三地的主导产业、战略性新兴产业，重点建设若干“研发中心”“工程技术中心”“企业重点实验室”等技术创新平台，完善科技情报信息、资产评估、会计事务、信用评价等各类科技中介服务，支持产业技术创新战略联盟、各类服务创新创业的协会建设。三是加快完善创业服务体系。扶持创业投资、入股经营、风险投资等创业方式，大力促进优秀的青年创业项目发展，推动大学生创业基地、预孵化基地、企业创新创业基地的建设发展，建立创新人才、创业辅导、融资服务一体化的创新创业社区。

（三）着力推进科技金融便利化

一是强化政策支撑。整合现有财政科技专项资金，建立政府引导、社会参与的产业投资引导基金和产业扶持基金，用于产业建设和扶持产业化项目，鼓励敢于冒险投资处于种子期和起步期的创业企业。二是拓展融资服务。依托科技金融服务中心等融资服务平台，设立硅谷式科技银行，引导银行、担保等金融机构与企业开展金融对接，共同参与开展银政合作模式，为科技型企业成果转化提供融资服务。三是完善融资担保。探索建立适合市场需要、符合京津冀区域特点的多层次的融资担保机构，逐步形成以解决企

业融资问题为导向的、多元化注资结构的融资担保体系。四是推进金融创新。鼓励开展融资租赁、公司理财、账户托管和商标权、专利权等无形资产的质押贷款，以及担保费用补助方式、政策性担保贷款贴息、担保费用补助和担保贷款风险抵押等方式试点，探索适合我市经济发展实际需要的金融产品和服务创新。

四、创新生态系统构建的着力点

一是重视创新价值实现，加强校企联系。一方面，明确创新成果的商业性价值。企业始终是创新活动实施的主体，主导着从科技创新到商业创新和产业化的全过程。另一方面，加强高技术企业与高校之间的紧密联系。高校的原始基础创新，经过企业进一步的商业创新，研发出新产品、新服务，培育出新产业、新业态，有效促进科研成果的商业化，实现科技与经济、创新与商业的紧密结合。

二是健全创新资本体系，确保系统活力。健全的创新资本体系，是确保创新生态系统活力和效率的核心要素。首先，建立多元创新资本体系。构建以市场为主导的风险投资体系，同时政府和社会资本共同建立创新资本体系。其次，让民间资本“唱主角”。充分发挥民间资本在科技研发资助、初创企业培育等方面极其重要的作用，使民间资本活力充分涌流，提供丰富多样的投资品种。再次，形成完整资本链条。高校、研究机构和创新型企业是创新活动的“发球手”。企业发展的初期，风投资本应扮演好“接球手”的角色，经过多轮融资逐渐发展壮大。最后，投资方深度介入。积极参与从科技创新到商业化和产业化的全过程，促使创新活动快出成果，缩短创业投资回收周期。

三是实施高效激励措施，集聚创新人才。首先，制定有效的人才激励政策，包括收入高、发展空间广、成长机会多、创新氛围好等，此外通过技术入股、股权奖励等获得持续收入。其次，制定鼓励创新人才合理流动机制。支持创新人才在不同企业间流动，鼓励员工离开企业自主创业；积极营造宽容失败的创新文化氛围，对新员工、新理念、新机遇等持开放态度，面向全球广聚英才。最后，完善法律法规。注重平台经济的法律保障，赋予其法定优先豁免权，为天津市平台经济发展营造良好的法律环境。

四是完善社会分工体系，鼓励竞合发展。首先，细化产业链。拥有核心技术、创新能力、先进服务模式的创新型企业，专门做技术和产品研发；规模大、制造能力强的外包企业，主要从事产品加工生产；中小企业主要向外包企业提供零部件和服务；其他如物流等生产性服务由各种专业化公司承担。其次，小公司与大公司竞合发展。初创公司和小公司机制灵活、创新效率高，不断推出有价值的研发成果；大公司通过资金投入、企业并购、人才培训等方式与小公司合作，帮助其成长壮大。最后，充分发挥高校在创新分工体系中的核心要素作用。高校提供的大量高素质人才和高水平科技成果，是天津市创新体系形成和发展的关键因素。

五是构建创新创业服务体系。一方面，支持社会组织建立创新创业服务体系。支持产业技术创新战略联盟、各类协会等社会组织建立创新人才、创业辅导、融资服务一体的创新创业社区、创业导师、创业服务机构，促进研发、专利、检测检验、创业孵化、科技咨询等聚集发展。另一方面，搭设“一站式”平台服务企业。政府服务对接企业需求，提供技术转移、科技咨询、企业诊断、经营发展路线、技术发展路线等全方位、专业化、高水平的“一站式”服务。鼓励和引导各类科技服务机构和组织举办各种类型的产学研洽谈会、产学研对接会、技术供需交流会，组织企业参加国内外科技合作与交流活动。

六是加强科技创新载体建设。首先，建设一批开放式的重大科技基础设施。推进京津冀区域重大科研基础设施和大型科研仪器向社会开放，支持大型互联网平台企业向社会开放创新创业平台、计算存储设施和数据资源，鼓励共享共用，提高科技资源利用效率。其次，组建基础研究机构。规划诺贝尔奖科学家实验室，优化重点实验室、工程实验室、工程(技术)研究中心和企业技术中心，打造具有世界影响力的创新平台，夯实创新发展基础。推动物联网、云计算、大数据、移动互联网等技术在企业生产中的应用，推动传统企业基础设施向企业互联网基础设施演进升级。再次，打造开放共享的科技创新平台。以示范区的核心区和分园为主，支持与高校、科研院所合作建立产业公共技术平台。依托互联网完善众创、众包、众扶、众筹等支撑平台，大力发展新型专业研发机构，促进创新平台向专业化、功能化、规范化方向发展。最后，推进虚拟大学园、大学科技园、留学生创业园等各类创新机构建设。争取国家发展改革委、科技部、工信部等部门支持，将更多的创新机构落户京津冀。支持央企与京津冀企业合作建设一批创新载体。

七是推动形成开放创新格局。首先，以“一带一路”建设为统领。坚持“外引内出”原则，提高创新开放水平，以更主动的姿态融入全球创新网络，充分发挥京津冀开放优势，吸纳全球创新资源，鼓励创新要素跨境流动。加强与“一带一路”主要科技创新中心的联系，积极参与新疆“丝绸之路经济带创新驱动发展试验区”建设、喀什“中巴经济走廊”建设，携手开拓中亚、南亚、东北亚市场，实现共赢发展。加快京津冀全面创新改革试验区建设，着力构建科技园区协同创新共同体、产业协同创新共同体、科技服务共同体。其次，采取更为主动的措施。通过对外投资、促进国际产能合作、科技创新交流等方式，积极参与开展全球研发分工与合作。创建一批以企业为主体的国际产业技术创新联盟。再次，引资与引技、引智更好结合。注重提高利用外资质量，实行对外资准入前国民待遇与负面清单管理新模式。建设知识产权跨境交易平台，支持国际学术组织、产业组织等搭建创新交流合作平台，形成国际科技交流合作新模式。

作者简介

张贵，南开大学经济与社会发展研究院教授、博士生导师，兼任国际区域科学协会理事会员、中国技术经济学会理事、全国经济地理学会常务理事兼京津冀协同发展专业委员会主任、中国工业经济学会理事兼工业发展专业委员会副主任、天津市经济学会副会长兼秘书长、天津市城市经济学会副会长、北京城市管理学会副会长、河北省宏观经济研究学会副会长、河北省推进京津冀协同发展专家咨询委员会专家委员、河北省政协咨询委员会委员等。围绕“创新生态系统”和“京津冀协同发展”在《经济研究》《中国工业经济》等刊物发表重要学术论文70多篇；出版了10多部有关创新的学术著作。目前主持国家重大社会科学基金招标项目《雄安新区创新生态系统构建机制与路径研究》，完成了国家社会科学基金重点、一般项目3项；参与国家和教育部重大招标项目3项，主持完成省部级以上项目30多项；获得天津市社会科学优秀成果一等奖1项、中国高校人文社会科学研究优秀成果二等奖、三等奖各1项。近年来30多份咨询报告得到中央政治局委员、国务院副总理以及河北省和天津市领导的高度重视，获得50多人肯定性批示。

中国创新50人笔谈

50 Essays on China's Innovation

制度创新

发挥重点国有企业“母工厂”建设的战略示范作用

李开孟

摘要:加快推进我国共性技术“母工厂”建设是适应全球制造业转型发展新形势的必然要求。中国特色“母工厂”的建设要强化集聚各方优势科技资源,提高行业共性技术的研发、试验和应用效率。国有重点企业参与中国“母工厂”建设的基本思路是:在建设环节以企业为主导加强产学研合作;在示范推广环节创新知识信息的传播机制,包括加强对“母工厂”的知识产权确权与保护;完善标准体系、构建并发布“母工厂”信息服务网络地图;将“母工厂”信息服务网络建设纳入各地公共服务体系;以“母工厂”网络为主体开展国际合作交流。

关键词:国有企业;共性技术;母工厂;科技创新

制造技术体现中国现代产业体系的核心竞争能力,是推动我国现代产业体系建设的共性技术。“母工厂”是中国制造业创新体系的重要组成部分,同时也是当前制约我国重大科学技术成果工程化、产业化发展的主要瓶颈。加快推进具有中国特色的“母工厂”和“母子工厂体系”建设,应成为中央企业等重点国有企业完善现代产业体系的重要抓手。

一、日本实施“母工厂”战略的主要经验

20世纪80年代中期,受日元升值的影响,很多日本企业开始到国外投资建厂,如何处理国内部门与海外工厂的关系,成为企业战略决策的重要课题。与美国多数制造企业将制造和工厂全部转移至海外的做法不同,更多的日本企业选择在国外与国内实施“分工”制。如松下公司对国内工厂的功能进行调整,在国内新建生产高附加价值产品的工厂;美蓓亚精密电机公司(Minebea)把国内工厂定位成研究开发基地;还有企业将国内工厂指定为国外工厂的样板,由该工厂负责向国外提供工厂的设备、工艺、员工培训以及适应当地的技术开发等。这种将国内工厂作为国外子公司的技术依托及国内技术创新种子基地的做法,被称为“母工厂”制。

(一)日本“母工厂”制的战略功能定位

(1)技术支援功能。当企业在国外建立工厂、全盘实施日本式管理时,“母工厂”就担任了转移隐性知识的功能。转移方式有三种:一是从“母工厂”派人到国外工厂实施指导,二是从国外工厂派人到“母工厂”接受培训,三是分享“母工厂”经验。

(2)开发试制功能。“母工厂”一般在本企业的国外工厂之前使用新技术,就像一个试制工厂,不仅要进行企划、设计、产品开发,而且还要进行技术改进和完善,如确定标准

生产方法、批量生产技术等。如此下来，“母工厂”就积累了丰富的开发试制经验，可供国外工厂借鉴。

(3) 维持本国技术地位的功能。为了使国内工厂保持技术领先地位，防止核心技术和工艺诀窍外流，一些企业把关键部件、高附加价值产品的生产放在“母工厂”；一些企业只在国外工厂生产零部件和半成品，并将其运回日本，由“母工厂”进行产品的最终组装。有的企业为了积累和留住磨合型产品的高度制造诀窍，把技术相对简单的非磨合型产品放到国外工厂生产，在国内工厂则生产技术较复杂的磨合型产品。

(4) 满足本国市场需求的功能。近年来，日本国内市场需求增长缓慢，但需求高度细分化。为了适应市场环境的新要求，“母工厂”多数采用弹性生产方式，实施多品种小批量生产。

(二) 日本“母工厂”战略定位的调整

在“第三次工业革命”所驱动的先进制造技术的快速发展、美国“制造业复兴”战略背景下，日本的“母工厂”战略正在进行重新定位和调整。

(1) 以“母工厂”为载体进行技术创新。国外劳动力成本低是日本企业到国外建厂的最重要原因之一。虽然近年来国外劳动成本在大幅上涨，但日本的劳动力成本仍然高于其他国家。因此，日本企业一直在探索能够突破成本瓶颈的新生产技术，并不断取得新的进展，如使用机器人、无人搬运机的自动化工厂和无人工厂，使用“细胞生产方式”等。

(2) 通过研究开发部门和“母工厂”的协同合作加速创新。随着企业到国外建厂，企业间、部门间的协同合作愈加困难，一定程度上影响了技术创新。部分日本企业认为，要解决这个问题，必须在尖端技术的研究开发部门附近，设立拥有尖端生产技术的制造部门(即“母工厂”)，以便把制造部门的信息及时反馈给研究开发部门，通过其密切合作加速技术创新。佳能公司近年缩减了国外的数码照相机业务，在国内主力工厂进行产品的最终组装，这样可以把有竞争力的零部件厂家、材料厂家留在日本，从而从新产品的企划阶段就加强合作，开发更好的产品。

(3) 从战略上重视“母工厂”的生产技术开发能力。日本企业的全球化战略，是把生产体系转移到国外工厂，利用国外廉价劳动力赚取利润。为了实现这一目标，“母工厂”不仅要向国外工厂提供新产品技术，还要能够提供适合国外工厂需要的、且有竞争力的设备、工序、工艺、模具、工具等生产技术。例如，MABUCHI MOTOK是生产小马达的世界知名企业，该公司采取成本领先战略，非常重视开发有竞争力的量产技术，根据客户要求选择80种产品进行标准化，并使所有国外工厂的设备、工序、员工培训标准化，根据各工序特点配备不同设备和员工，实现了人和设备的最佳平衡，克服了成本与效率的二律背反命题。

(4) 从全球视角构建“母工厂”体系。随着日本企业国外业务的增大，“母工厂”所承担的技术援助任务越来越繁重。此外，完全依托本土“母工厂”的做法拖延了国外工厂产品升级的速度。为了解决这些问题，日本企业开始在全球范围内设置“母工厂”体系。例如，丰田汽车公司建立全球生产中心(GPC)。GPC设在日本，但在美国、英国和泰国设置了其下属组织。GPC有两个功能，一是面向国内外员工开发培训工具，二是缩短车型升级时间。GPC内设有车身、涂装、组装的试验生产线，如果哪个工厂要进行车型升级，就可派人来这里，提前进行批量生产准备。过去国外工厂要通过“母工厂”才能积累批量生产经验，而现在则可以通过亲身参加批量生产准备直接积累知识和经验。由于设置了GPC，大大减轻了“母工厂”的技术支援负担，也缩短了国外工厂的车型升级周期。

二、重点国有企业推进“母工厂”建设的战略取向

（一）满足制造业转型升级的现实需求

加快推进“母工厂”建设，是我国工业化发展阶段转换和全球制造业竞争范式转变的必然要求。我国已经进入工业化后半阶段，制造业转型升级进入关键时期。一方面，我国过去依靠低成本要素投入的发展模式在从农业大国向工业大国的历史性转变中发挥了至关重要作用。但是，在我国从工业大国向世界工业强国的历史性转变中，必须更加重视创新在制造业升级中的根本性作用，通过价值创造抵消成本上升形成的制造业发展压力。另一方面，全球制造业格局调整和新一轮产业变革激化了国家之间产业竞争程度，全球工业强国也在积极推进国内技术能力的升级，并积极利用智能制造等新的生产方式加强其生产制造能力，恢复其逐渐丧失的生产制造优势，对我国制造业的传统发展模式形成严峻挑战。

中国迫切需要针对产业转型升级过程中出现的现实问题、面向新一轮全球产业竞争新格局，构建更加有效的创新体系和政策体系。我国制造业转型升级的政策需求主要体现在：① 对广大传统产业改造升级提供技术支援；② 对新兴技术、工艺和产品提供开发试制平台；③ 在全球竞争加剧的前沿技术领域形成国际领先地位；④ 为应对我国消费升级的趋势提供更有效的解决方案。“母工厂”模式为解决我国制造业转型升级面临的上述问题提供了重要途径。典型的“母工厂”具有技术支援、开发试制、维持本国技术地位、满足本国市场需求等功能。同时，在新的全球产业竞争背景下，工业强国还出现了以“母工厂”为载体进行技术创新，通过研究开发部门和“母工厂”的协同合作加速创新，建立集中、开放的研发体系提高效率与速度，从战略上重视“母工厂”的生产技术开发能力，以及从全球视角构建“母工厂”体系的新趋势。以日本为代表的工业强国经过多年探索与实践所形成的“母工厂”模式，在相当大程度上契合了我国制造业转型升级的现实需求和未来发展方向。

虽然企业已经成为我国最主要的R&D经费支出主体，规模以上制造业企业R&D经费占全国R&D经费支出的比重达到68.3%，但是我国工业企业的R&D强度仅为0.84%，制造业的R&D强度仅为0.91%，不及全社会R&D强度的一半，与工业强国的R&D强度仍有很大差距。我国工业企业不仅R&D强度低，而且其R&D支出趋向于解决企业短期生产和工艺技术问题，对共性技术投入相对较弱，行业共性技术供给不足。特别是在要素结构和产业结构加速调整的背景下，大量中小企业仍然面临着强烈的技术需求，但受限于自身的技术能力，绝大部分企业技术升级依靠外部技术。与此同时，我国科研院所在全国科技活动分工中承担着从事基础研究和共性技术开发的功能，拥有较强的科研能力和团队，近年来科技成果加速涌现。但是，长期科研分工体制导致高校与企业R&D活动目标之间存在显著差异，导致科研院所科技成果转化率低、转化层次低、转化机制失灵，企业普遍存在的共性技术和前沿制造技术升级需求长期得不到满足，成为

制约我国制造业升级的主要“瓶颈”。

建设“母工厂”就是要以企业为载体，以企业现实需求为导向，集聚各方优势科技资源，提高行业共性技术的研发、试验和应用能力。通过创新主体与创新目标的调整，转变过于依赖科研院所提供共性技术而造成科研与产业“两张皮”的问题，有效缓解我国制造业共性技术供求脱节的“瓶颈”。“母工厂”建设与国家制造业创新中心建设协同推进，共同解决我国科技成果转化的工程化“死亡之谷”问题。

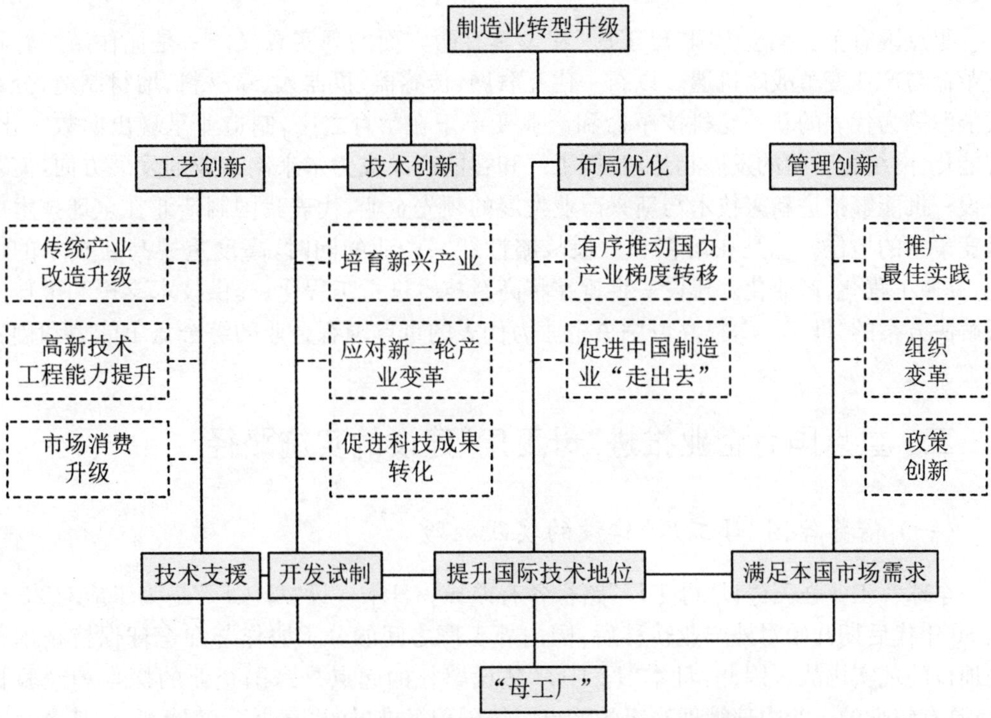

图 1　中国制造转型升级与“母工厂”的支撑功能

（二）抓住“第二种机会窗口”的战略机遇

世界经济发展的历史表明，当一种技术体系在发达国家趋于成熟后，发展中国家可以利用“第一种机会窗口”、依靠劳动力成本低廉的比较优势进行追赶，但由于发达国家占据了技术创新的制高点，发展中国家在成熟技术领域很难有追赶的机会。当处于酝酿阶段的新技术革命发生时，发达国家与发展中国家几乎处在相同的起跑线上，如果发展中国家能够以更快的速度进入新的技术体系，就能够实现跨越式发展，这种“第二种机会窗口”是发展中国家实现赶超的更可能的机遇。未来中国制造业的发展必须抓住新一轮全球科技革命和产业变革带来的战略机遇，争取在新技术创新、市场化应用等方面与发达国家同步，实现在新兴产业领域的赶超，同时利用新兴行业技术改造提升传统产业。抓住“第二种机会窗口”需要新的政策载体，迫切需要发挥“母工厂”的创新载体作用。

我国制造业与发达国家的差距是系统性的，两者的巨大差距不仅表现在高技术产业，还表现在中等技术和低技术产业。各个产业之间是相互关联、相互影响的，高技术产业的发展需要来自中、低技术产业的投入。中、低技术产业的差距不仅拉低了整个制造业的技术水平，而且成为高技术产业发展的瓶颈。例如，我国高端装备产业发展的落后，不仅是高端装备产业自身的研发、设计水平问题，还受到上游原材料、零部件等产业的制约。随着我国劳动力成本优势的逐步被削弱，基础产业和传统优势产业必须要实现从低端向中高端的升级，这既是基础产业和传统优势产业自身发展的需要，也是为了给高技术产业、战略性新兴产业发展、提高中国制造业整体能力奠定坚实的物质基础。

（三）推动企业自身创新发展

重点国有企业推进中国“母工厂”建设具有两方面的现实意义。一是抓住新一轮科技革命与产业变革战略机遇。以新一代互联网、传感器、机器人、新材料、增材制造、分布式能源等为代表的新一轮科技革命和产业变革正在孕育之中，制造业呈现出向数字化、智能化、网络化转型的发展趋势，智能工厂和智能产品成为未来制造业的发展方向，需要建设一批能够推进新兴技术与新兴产业发展的领先企业，代表我国制造业在全球技术前沿竞争中的地位。二是在培育和发展战略性新兴产业的同时，高度重视高新技术的快速、高质工程化、产业化。建设一批旨在将高新技术进行工程化、提供技术支援和最佳实践解决方案的“母工厂”，提高以中央企业为代表的重点国有企业的综合竞争能力和创新能力。

三、重点国有企业推进“母工厂”建设的实施路径

（一）借鉴各国“母工厂”建设的实践经验

全球各工业强国建设“母工厂”路径各有差异。日本建设“母工厂”是为了应对20世纪80年代后期开始对外产业转移后，国内外工厂之间的分工协作与在全球保持技术领先地位的现实挑战。因此，日本“母工厂”建设路径的起点是跨国企业的探索和经验积累，具有较强的企业内部管理升级的特点。德国积极推进的“工业4.0”计划，在其庞大的实施方案中，“智能工厂”建设具有基础性地位，试图以“智能工厂”为核心重构和升级其产业价值链。虽然“智能工厂”建设以代表德国制造最高水平的工业企业为主力，但是在此过程中，德国政府和公共部门（科研院所、行业协会）都扮演着重要的角色，在先进技术突破方向、知识产权、技术标准的部署和组织等方面发挥着不可替代的作用。特别是德国在推进中小企业智能化改造方面，更是设计并逐渐完善了公共服务体系。因此，德国的“智能工厂”建设的社会服务属性更强。我国重点国有企业在推进“母工厂”建设过程中，应吸收各工业强国“母工厂”建设模式的经验，推动具有中国特色的母工厂和母子工厂体系建设。

（二）完善“母工厂”研发体系建设

我国重点国有企业“母工厂”建设，应以企业为主导加强产学研合作，提升“母工厂”的创新效率，有效组织科研与生产资源。一是自下而上以企业面临的现实技术与管理问题为导向开展产学研合作，设计相应的工作组，集中企业和科研院所的优势科技资源开展合作研发，加快先进产品技术、制造技术、质量标准、绿色制造、管理工具的突破与应用，强化技术研究资源和生产环节之间的匹配效率。二是自上而下细化我国产业共性技

术需求、应用场景信息目录。引导企业在“母工厂”建设的技术方向选择方面，考虑国家和行业的需求，并对企业在科技创新方面提供相应的政策支持。对国家重点支持的技术创新成果，优先在“母工厂”进行后继的产业转化。

（三）完善“母工厂”技术推广应用体系建设

在重点国有企业“母工厂”示范推广环节，加强创新知识与信息传播，鼓励和引导“母工厂”超出企业自身边界，向相关企业提供技术支援、代为研发试制等服务。

一是加强对“母工厂”的知识产权确权与保护。由公共部门、行业协会协同各利益相关方，编订“母工厂”对外提供技术支援、代为研发试制等公共服务的格式合同，明确服务范围、方式和违约处理机制，降低服务交易成本。

二是完善标准体系，构建并发布“母工厂”信息服务网络地图。动员各企业（特别是中小企业）积极参与到“母工厂”体系当中，根据自身的技术与管理需求快速配对相应的“母工厂”。充分利用新一代互联网技术，开发“母工厂”在线地图，发布各“母工厂”所提供的技术服务项目和应用场景信息，降低企业接入“母工厂”的信息成本。

三是将“母工厂”信息服务网络纳入各地公共服务建设体系。“母工厂”应借助公共服务体系融合诊断、创新创业、投资融资、管理培训等服务功能，打造“一站式”服务，减少公共服务体系的重复建设。对承担公共服务职能的“母工厂”，应从公共服务体系支持政策中给予资助。

四是以“母工厂”网络为主体开展国际合作交流。将过去由我国政府直接参与和工业强国开展技术合作的方式，转变为支持“母工厂”积极参与全球制造业技术创新和技术标准的交流与合作。完善“母工厂”向在发展中国家投资企业提供服务的商务和法务服务体系，指导“母工厂”在全球范围内进行战略布局。加强“一带一路”沿线国家和我国对外产能合作的重点区域母子工厂体系建设。

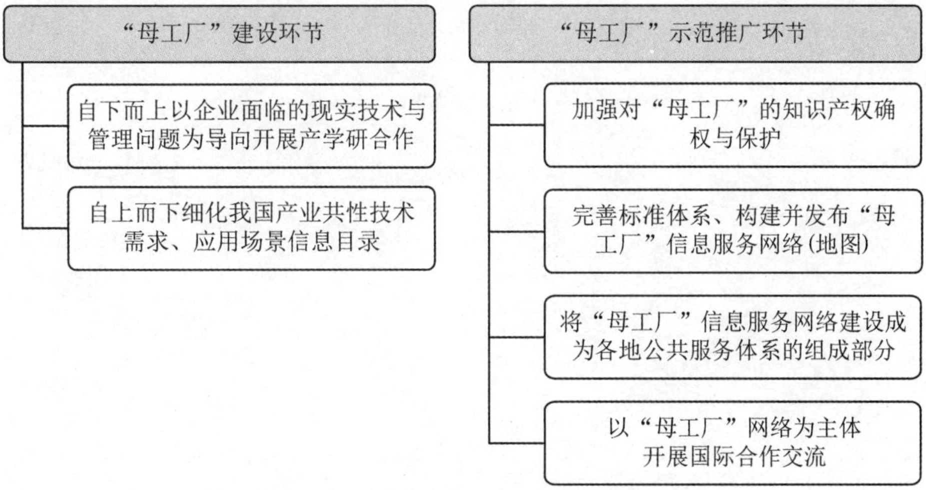

图2　分阶段推进“母工厂”建设的公共服务体系

作者简介

李开孟，中国国际工程咨询有限公司研究中心主任，研究员，享受国务院特殊津贴专家。中国技术经济学会副理事长兼投融资分会理事长，中国工程咨询协会技术经济专业委员会秘书长，中国自然辩证法研究会工程哲学专业委员会常务理事兼副秘书长，国务院国资委中央企业智库联盟研究员，联合国欧洲经济委员会(UNECE)政府间PPP工作理事局副主席，世界银行、亚行开发银行等国际组织咨询专家，美国斯坦福大学访问学者，英国布拉德福德大学访问研究员。被建设部授予“全国工程建设标准定额工作先进个人”称号(2004年)，被中国技术经济学会授予全国“优秀可行性研究与项目评价专家”称号(2003年)，“中国技术经济杰出贡献奖”(2020年)、“中国技术经济学会40周年特别贡献奖”(2019年)获得者。拥有注册会计师、咨询工程师(投资)、监理工程师、资产评估师、美国项目管理学会专业项目管理师(PMP)、亚洲风险与危机管理协会注册高级企业风险管理师、澳大利亚项目管理协会高级注册项目管理师等执业资质。出版专著40余部，发表论文百余篇。研究成果获得国务院国资委中央企业青年创新金奖1项，国家发展改革委等部委优秀研究成果一等奖3项、二等奖5项、三等奖6项，中咨公司及全国工程咨询行业优秀成果奖20余项。

优化科技创业环境，促进创新引领发展的对策建议

林迎星

摘要：推动科技创业，最关键的是要营造完善的科技创业环境。当前我国科技创业环境面临着国内外的一些新情况，也存在着诸多尚未解决的问题，基于 GEM 九个维度的创业条件，结合科技型企业的特点和当前我国科技创业环境存在的问题，提出了当前我国优化科技创业环境、促进创新引领发展可采用的对策。

关键词：科技创业；环境；对策

我国所提倡的大众创业、万众创新活动最显著的一个特点就是，把创新与创业紧密结合在一起，特别是大力推动科技服务于经济。众所周知，创新和创业是相辅相成、无法割裂的，创新是创业的手段和基础，而创业是创新的载体。创业尤其是科技领域的创业，是社会经济发展中最具创新动力、最活跃的经济活动，它推动了技术进步，带来了新产品、新服务和物质财富。可以说，在各种创业中，最有意义和价值的创业就是科技创业；而推动科技创业，最关键的是要营造完善的科技创业环境。

一、当前我国科技创业环境面临的国内外新情况

从国际形势来看，当今世界正经历百年未有之大变局，这必然带来全球各方面关系的持续调整。同时，当前世界范围内新一轮科技革命和产业变革正在加速演进，重大颠覆性创新不断涌现并不断创造出新产品、新需求、新业态，特别是量子科技正在引领新一轮科技革命和产业变革的方向。总体来说，我国科技创业环境面临的外部环境更加复杂。特别是出现了以下新情况：

(1) 新冠肺炎疫情在全球大流行。可以说，新冠肺炎疫情是百年来全球发生的最严重的传染病。据 Worldometer 网站的实时统计数据，截至北京时间 2020 年 10 月 17 日 6 时 30 分左右，全球累计确诊新冠肺炎病例 39529264 例，累计死亡病例 1108007 例，109 个国家确诊病例超过万例。当前，新冠肺炎疫情仍在全球肆虐，使世界百年未有之大变局加速演进，世界经济低迷，全球产业链、供应链面临着严重冲击。

(2) 美国当权者借助政治力量打压中国高科技企业发展。特朗普及其团队以莫须有的罪名，滥用国家力量打压华为等中国企业。这是一种经济霸凌行径，是对美国一贯标榜的市场经济原则的公然否定。实际上，当前美国当局从对中国产品加征关税、TikTok 禁令到用“功夫流感”诋毁中国，表现出面对中国时越来越大的挫败感，动用国家力量，泛化国家安全，不断滥用出口管制等措施，加紧对中国企业进行打压、遏制。这是对世界自由贸易规则的严重破坏，是对全球产业链、供应链安全的严重威胁。

（3）当今全球主要的资源与环境问题进一步恶化。这些全球主要的资源与环境问题包括全球气候不利变化、大气臭氧层破坏和损耗、全球酸雨污染、土地荒漠化、水资源危机等。

从国内发展来看，“十四五”时期是我国全面建成小康社会、实现第一个百年奋斗目标之后，乘势而上开启全面建设社会主义现代化国家新征程、向第二个百年奋斗目标进军的第一个五年，我国将进入新发展阶段。这个新发展阶段具有以下明显的新特点：

（1）经济发展从数量扩张为主转向高质量发展。在数量扩张为主的时期，可以“投”字当头，“增量扩张”为本。投钱、投人、投地、投项目，就会有新增产出并带来经济增长；而在质量提升时期，需要“提”字当头，“存量提升”为本，投入的要点是提升质量。

（2）科技发展进入“跟跑”“并跑”“领跑”并存，并且“并跑”“领跑”分量不断加大的时期。过去我国科技发展以“跟跑”为主，引进国外先进技术，提升我国科技特别是产业技术水平。“跟跑”时无需自己定方向，加速跟上、缩短差距就行。而现在，我国科技发展已经进入了“跟跑”“并跑”“领跑”并重的时期，情况已发生很大改变，表现在技术开发进入高度不确定状况，无人领航，无产业链条，市场需求不明，甚至不知是否有人跟随。这时候，我们只能加大基础研究投入，持之以恒，做出原创性的成果。同时，以企业为主体配置科技资源，加强产学研合作，在创新的同时拓展市场和产业链。这是比以往更艰巨、更复杂的科技任务。

（3）数字技术在全社会各领域广泛深入应用。今后，我们面临着用数字技术治理经济、治理社会，在经济调节、市场监管、社会管理、公共服务和环境保护各方面都广泛应用数字技术。同时，要对数字技术本身进行治理，包括算法问题、个人隐私保护问题等。实际上，数字技术往往具有两面性，同一种应用，既能赋能个人、企业和政府行为，也能赋能各种侵害权益和逃避监管的行为。

总体来说，当前我国正加快形成以国内大循环为主体、国内国际双循环相互促进的新发展格局。

二、当前我国科技创业环境存在的问题

一般来说，所谓环境是指存在于组织外部且影响一个组织形成发展的各种条件因素和力量的总和。创业环境，则是指围绕创业活动而变化，并足以影响或制约创业企业发展的一切外部条件的总称[1-4]。相应地，科技创业环境，是指围绕科技创业活动而变化，并足以影响或制约科技创业企业发展的一切外部条件的总称。

当前，我国科技创业环境所面临的主要问题有：

（1）创业融资难度较大。风险大、资金难以筹措是科技型企业在创业初期面临的最大困难。因此，资金问题依然是困扰我国科技创业环境的首要问题。科技型创业企业融资主要有两大难题：一是债权性融资体系尚未健全。中小企业创业无法提供可抵押和担保的有形资产，难以从金融机构获得债权性融资；二是创业投资机制不完备。科技型企业的创业由于风险大、收益不确定等特征决定科技创业投资是一种高风险投资，具有极大的不确定性。科技创业投资的对象是科技创业企业，技术风险、市场风险都很大，现实生产力能否转化也不确定，许多传统的融资手段，如发债、银行贷款等比较难介入，因此在国外科技创业环境方面基本上需要创业投资的支持。另外，目前创业投资扶持政策还

不健全，其中最主要的障碍就是退出渠道不畅，由于投资主体的行为偏于谨慎，因此不愿意参与创业投资。国内外经验表明，创业投资通过支持科技型企业的创建，有利于促进技术创新与产业升级、优化经济结构、提高社会就业率。科技企业缺乏创业资金，许多优秀的科技成果就难以转化，也将许多新创企业挡在获得新技术的门外，严重阻碍了科技型企业的创业。

(2) R&D经费投入有限。目前，我国研发投入力度的持续加大，为我国科技创新能力的提升奠定了坚实基础。据统计，2012～2019年，我国全社会研究与试验发展(R&D)经费从1.03万亿元增长到2.17万亿元，年均增速达到11.3%，是世界第二大研发投入国；R&D经费占GDP的比重从1.91%提高到2.19%，已超过欧盟平均水平。但科学研究与试验发展经费支出总量还是落后于美国、日本、德国等发达国家，这表明我国的科学研究与试验发展经费(R&D)的投入仍然要加大。

(3) 政府对科技企业创业的总体支持力度不够。政府对科技企业的支持力度不够主要表现在相关扶植政策的执行力度还不够。据许多科技创业者所述，企业在政府优惠政策的吸引下进入了软件园、科技园区，但之后不久便感觉不到政府对新创科技型企业的扶植和关注。不仅如此，某些地方政府还在一定程度上影响着企业的经营，如政府要求的某些形式上的评选活动，如果没有通过评选，该企业就有可能不再享受某些相关优惠政策。此外，一些科技创业政策的制定并没有从科技企业的需求角度看问题，只是单方面从政府需要和社会影响的角度出发，这些政策看似有利于科技企业的中长期发展，但却可能给科技企业创业初期的发展造成一定的负面影响。另外，目前我国绝大部分科技型中小企业未承担各类科技发展计划项目。这主要有三方面原因：第一，面向科技型中小企业的科技创新计划经费总体较少；第二，由于信息不对称，即使有政府的科技资助计划，相关科技型企业也不知道；第三，基金资助申报往往要求严格、复杂，申报比较繁琐。

(4) 创业教育发展落后。我国创业教育处于发展的初级阶段，特别是中小学教育中非常缺少对市场经济及创业的关注，更别说科技创业了。从根本上来说，我国的高校创业教育和大学生创业活动起步比美国晚了大约20年，在一定程度上，是效仿和照搬了美国高校创业教育和大学生创业活动。

(5) 人才缺乏问题突出。实际上，人才缺乏问题一直困扰着我国科技型企业创业事业的发展。人才问题主要表现在两个方面：一方面，懂技术、会管理的高新技术企业管理人员十分缺乏；另一方面，熟练掌握科技创业投资技巧的基金管理人员严重不足。

(6) 中介服务体系薄弱。目前我国在社会科技服务平台的建设上日益进步，包括科技园、软件园、创业园等在内的科技创新体系和科技服务体系已初步形成，但政府支持不到位、机制不完善、服务链条不健全、个别重要环节有缺失的问题还很严重。科技中介机构由于自身存在缺乏科学的管理体制与运行机制，缺乏高素质、结构合理的中介队伍等问题，使得其无法发挥自身优势，促进科技企业的发展。

三、科技型企业的特点与基于GEM模型的我国科技创业环境的分析框架

（一）科技型企业的特点

一般地，所谓的科技型企业是指那些研制、开发、生产、销售科技型产品的企业，它不同于一般企业的本质特点是在为社会提供产品或劳务的过程中涉及的基于新兴科学知识和技术含量比较高。在国际上，科技型企业通用的称呼是高技术企业。

科技型企业与非科技型企业相比，一般具有如下的特点：

(1) 科技含量较高。这种科技含量一般指的是可以转化为现实生产力的科技成果。这就意味着科技型企业的无形资产较大，而可供贷款抵押的有形资产较少。

(2) 经营风险较大。目前美国科技型公司的成活率在5%～10%之间，我国改革开放以来涌现出的一批民营科技型企业，至今只有20%～30%的企业还存活着。科技型企业在发展过程中，在技术、市场、财务、管理、环境等方面都存在着大量的不确定性，因此经营风险较大。

(3) 高成长性和高回报率。科技型企业的产品或服务一旦在市场上获得成功，其在技术诀窍、知识产权、特许经营等方面就有明显的市场优势，企业因此可以超速成长。而且科技型企业的产品科技含量较高、附加价值大，经济效益比较好，一旦获得成功其投资回报率高。

(4) 管理弹性较大。科技型企业的成果产出和创新过程具有很大的不确定性，且其管理重点是脑力劳动密集型的研发活动和信息加工业务等不确定性因素较多的工作，因此要求其管理灵活性和弹性较大。

基于科技型企业的特点，科技创业环境的核心是围绕科技成果的商业化应用来展开的，这是科技创业环境与一般创业环境最大的不同点。

（二）基于GEM模型的科技创业环境的分析框架

GEM是Globe Entrepreneurship Monitor（全球创业观察）的英文简称，是由英国伦敦商学院和美国百森学院共同发起成立的一个旨在研究全球创业活动态势和变化，发掘国家创业活动的驱动力、创业与经济增长之间的作用机制，评估国家创业政策的研究项目。GEM已经成为一个名副其实的全球创业研究项目，其世界研究报告和各国或地区的研究报告受到了广泛关注，已产生明显的国际和国内影响。

GEM提出了一个新的国家经济增长模型（图1）[5]，在这个模型中，促进经济增长的条件分成一般的国家条件和创业条件，前者是现有大中小企业发展的基础和环境，后者是创业活动的基础和环境。

GEM的一般条件包括开放程度、政府、金融市场、技术和研究开发、基础设施、管理、劳动力和制度等，这是由全球竞争力报告发展出来的八个方面。

GEM的创业条件是由GEM开发出来的用于反映对创业部门产生显著影响的主要经济和社会特性。创业条件由九个方面组成，分别是：金融支持、政府政策、政府项目、教育和培训、研究开发转移、商业环境和专业基础设施、国内市场开放程度、实体基础设施

的可得性、文化及社会规范。

鉴于 GEM 国际影响力和认可度，本文认为可以借用 GEM 九个维度的创业条件，结合科技型企业的特点，来分析科技创业环境。

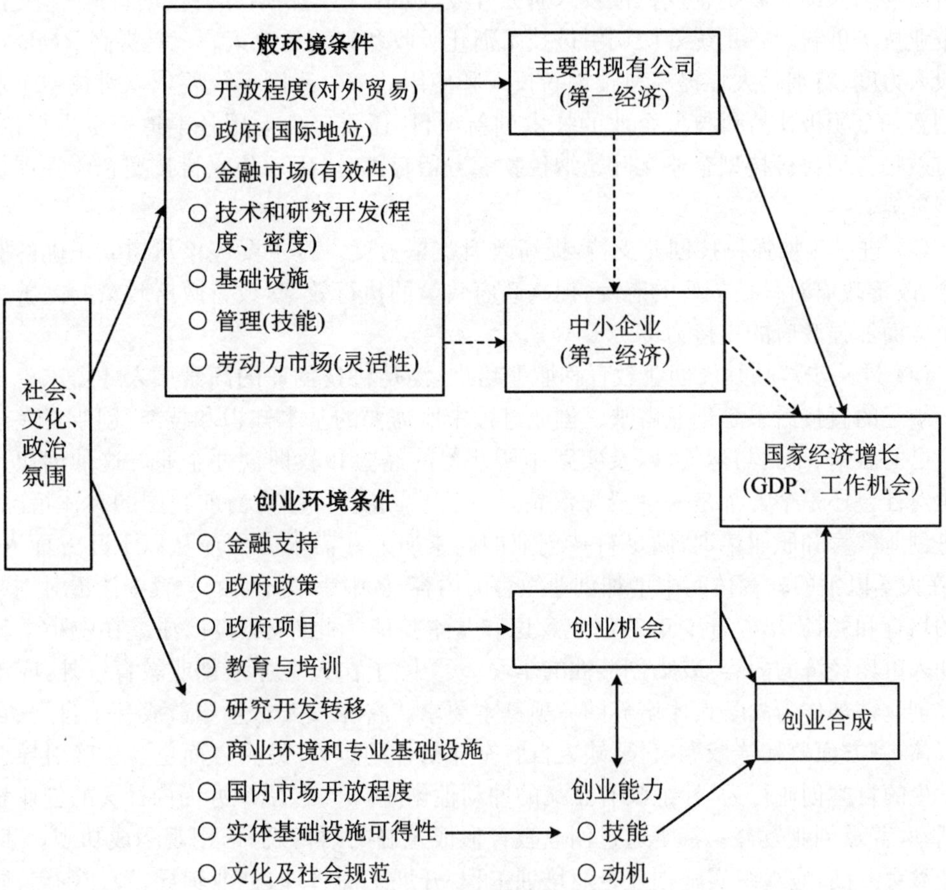

图 1　GEM 概念模型

四、基于 GEM 模型的当前我国科技创业环境的优化对策

根据 GEM 九个维度的创业条件，结合科技型企业的特点和当前我国科技创业环境存在的问题，本文认为，当前我国优化科技创业环境、促进创新引领发展可采用以下对策：

(1) 拓展科技创业的融资渠道，提升金融支持。促进科技创业的金融支持力度仍然是改善科技创业环境的重点，政府部门应发展面向科技创业企业的权益融资机构，发展面向科技创业企业的债务融资机构和工具，开发促进科技创业的政府项目；需要从单纯提供资金支持，向提供创业帮助和创业环境的项目和政策转变；需要建立科技风险投资、银行贷款和社会融资等多渠道的投资体系。

(2) 进一步激励科技创业，健全技术创新扶持体系。技术创新是许多科技型企业创业的源泉和动力之一，而技术可持续的、高效率的、源源不断的创新需要健全的政策扶持体系。企业要发展就要有创新，这点对科技型企业尤为重要。加强自主创新需要科技、经济、贸易、财税等相关政策的有机结合、共同推动。要力争在以下技术创新政策上实现新的突破：一是促进企业成为技术创新主体、激励其自主创新，运用贴息、担保等对创新进行激励和扶助。鼓励企业积极投入研究开发、吸引、稳定和培养科技创新人才，支持中小企业技术创新。二是统筹协调引进技术消化吸收和创新的政策。三是提高 R&D 经费的投入力度，特别是大幅提高科技创新投入和使用效率。我国不仅要依靠科技型企业技术创新基金积极扶持科技型企业的技术创新项目，还要努力运用各渠道资金进行帮扶，如可鼓励各地将科技型企业实际缴纳税款地方留存部分，用于建立科技型企业专项扶持发展资金。

(3) 进一步加强科技创业支持，提高政府支持力度。这主要应该从树立正确的服务观念、改善政府对科技创业的态度，提高政府政策的执行效率，改善政府政策的完善程度三个方面加强政府的支持力度。

(4) 进一步鼓励开展创业教育和职业培训，满足科技创业的高素质人才需求。创业教育缺乏的直接后果是创业者缺乏创业过程中所需要的基本知识和技能，创业者完全凭着自己的激情、干劲与运气，以及实践中所获得的经验和教训创办企业。这种创业过程无论对社会还是个人都是一种资源浪费，一般很难成功。针对当前我国的具体情况，在促进创业教育和职业培训，满足科技创业的高素质人才需求方面应从以下几方面入手：① 在大学以下的教育体系中增加创业教育的内容，从中小学开始的教育中渗透对创业精神的培育和弘扬，培养青少年的创业意识和基本技能。此外，还应该注重在中小学教育中加入市场经济的内容，鼓励创造性的学习。② 除了在大学加强创业教育以外，应该把培养创业精神作为大学人才培养的一项基本要求。将在校大学生塑造成一个自立、自主的群体，一方面要杜绝依靠家长、缺乏自我奋斗精神的行为；另一方面也要正确引导在校大学生的自主创业行为，杜绝没有意义的冲动性创业。③ 鼓励举办面向社会的创业教育和活动，普及创业教育。希望通过创业教育形成正确的财富观、信用观和成功观。④ 在职业教育方面，应组织实施创业企业培训工程，开展工商管理、创业辅导、管理咨询、质量管理、企业诊断、信用制度、信息网络技术、产业集群等中小企业急需的知识培训，为创业企业提供创业者、职业经理人、专业管理人才、职业技术工人等人力资源培养和供应工作，为广大创业企业提供全方位、多层次、形式多样的培训服务，提高创业企业素质。

(5) 进一步加强技术市场建设，大力促进科技成果转化。我国各地应建立和健全区域综合性和行业性相结合的技术市场，克服部门分割、重复建设的组织模式，加强集成，推动组织结构的合理调整和重组。我国各地应采取政府资助、民间自筹等多种方式，发展壮大符合社会不同层面需要的公益型和盈利型共存的技术市场服务机构，引入虚拟组织管理方法，推进技术市场组织网络化，进而为形成技术市场的行业自律奠定基础。我国各地应建立一批作为政府与科技型企业在推进技术转让和技术转移联系的新型技术转移机构，增加技术市场的有效供给和有效需求，使之成为技术资本与企业资本、金融资本结合的桥梁与纽带，促进科技成果转化，提高科技企业的创业效率。

(6) 进一步完善高效率、优质量的中介服务体系，优化商业和专业基础设施。我国科技型企业创业中介服务体系的建设，既要建立健全为科技型企业创业活动开展而提供专门服务的特殊中介机构，如知识产权估值机构，也要对传统、一般中介服务机构中存在的问题进行改进和完善。

(7) 进一步开放市场,鼓励国际科技合作与交流。我国应进一步扩大先进技术、关键设备及零部件等的进口,为我国科技创业、产业升级提供资源要素支持。鼓励外商投资战略性新兴产业、先进制造业、现代服务业和现代农业,促进我国科技创业、产业结构调整和优化升级。

(8) 加快推进新型城镇化,完善科技创业有形的基础设施。"十四五"时期,我国应加快推进新型城镇化,提高科技创业可利用的有形资源的质量和可获得性。

(9) 优化鼓励科技创业的文化氛围和社会风尚,推动"双创"升级。当前我国经济已由高速增长阶段转向高质量发展阶段,对推动大众创业、万众创新提出了新的更高的要求。而开放包容、追求卓越、敢闯敢拼、宽容失败的文化环境能够催生大量有活力有激情的科技创业者,造就一批企业急需的有思想、有务实精神、能够艰苦奋斗的人才。因此,我国应进一步打造有利于创新创业的良好环境,优化鼓励科技创业的文化氛围和社会风尚,努力推动"双创"升级。

总之,科技创业环境涉及面甚广,其改善优化是一个系统工程,并非在少数几个方面有所突破就能使科技创业环境得到很大的改观。我国需要全社会的共同努力,以发展的观点、系统的视角改善和优化科技创业环境,使之成为真正的科技创业的乐土和科技成果成功转化的家园。

参考文献

[1] 葛建新. 创业学[M]. 北京:清华大学出版社,2004.

[2] 陆立军,等. 科技型中小企业:环境与对策[M]. 北京:中国经济出版社,2001.

[3] Nighter K. Entrepreneurial Metaphors and Concepts: An Exploratory Study[J]. International Small Business Journal,2000,18(1):13-34.

[4] Roberts E B. The Personality and Motivation of Technological Entrepreneurs[J]. Journal of Engineering and Technology Management,1989,6(1):5-19.

[5] 姜彦福,等. 全球创业观察 2003:中国及全球报告[M]. 北京:清华大学出版社,2004.

作者简介

林迎星,管理学博士,福州大学经济与管理学院教授、博士生导师,经济与管理学院教授委员会常委、学位评定委员会委员,兼任中国技术经济学会理事、福建省技术经济与管理现代化研究会常务理事、福建省人民政府发展研究中心特约研究员等。2007 年入选福建省高等学校新世纪优秀人才支持计划,是 2007 年中共福建省委组织部认定的首批福建省干部教育培训师资库师资之一。在各种期刊上发表学术论文 60 多篇,出版学术专著 5 部;科研成果获福建省社会科学优秀成果二等奖 3 项(其中独立 1 项,合作 2 项)、三等奖 1 项;教学成果获福建省优秀教学成果一等奖 1 项(合作)。

政府补贴下的中国社会企业成长

吴伟伟

摘要:随着我国市场经济的发展,社会企业的出现成为了必然。近年来,我国的社会企业在教育、环境、扶贫、医疗健康等多个领域呈现快速发展的趋势,但是同一些国家相比,还存在政府对社会企业的支持力度不足、社会组织市场化能力相对薄弱、外部市场的投资与资源不充沛等问题。因此,如何促进社会企业成长已成为理论界与实务界共同关注的重要问题。通过分析政府补贴对社会企业成长性的影响,以及公司治理机制对此过程的差异性影响,提出适合我国国情且促进社会企业发展的对策建议,帮助中国社会企业摆脱目前推动力不足的局面,使其真正成为由政府、公民社会、市场共同推动的经济主体,进一步促进我国经济发展和社会繁荣。

关键词:社会企业;企业成长;政府补贴;公司治理

近年来,全球范围内正掀起发展社会企业的热潮。作为填补政府部门在社会服务提供能力不足和改善私营企业在社会服务方面“市场失灵”的一种新兴的企业形式,社会企业在改善社会福利和优化社会环境等方面具有重要作用[1]。但与一般企业相比,社会企业的规模通常较小,市场竞争能力先天不足,导致其在市场竞争中通常处于劣势地位。因此,探索如何促进社会企业成长就成为理论和实践中迫切需要解决的问题。

一、社会企业成长的重要意义

经济合作与发展组织(Organization for Economic and Development,OECD)在 1999 年提出社会企业的概念,指出社会企业是以公司战略为基础的为公共利益而进行私人活动的企业,其目的不是利润最大化而是实现一定的社会目标。2003 年,OECD 对社会企业的定义进行了补充,指出社会企业是介于公共部门和私营部门之间的组织,主要形态是利用交易活动来实现财政自主和社会目标的非营利组织。在此基础上,社会企业光谱理论认为社会企业处在传统企业与非营利组织之间,是一个多元混合的综合体[2]。社会企业最主要的特征是:第一,在很长一段时间内放弃把利润最大化作为唯一目标,这是社会企业与传统企业的区别;第二,利用商业化手段实现社会目标,这是社会企业与公益组织的区别。

社会企业是以解决明确的社会问题为首要目标,明确对政府和市场失灵的问题进行改变,使用创新性的解决方法,并且有一种实践性和体系性的操作防止其社会目标被商业目标破坏的组织。社会企业目标的完成以其顺利成长为前提。传统企业成长一般反映在具体的经济指标上,而社会企业成长更为复杂,不仅包括经济层面的成长,还包括社会层面的成长。社会企业成长受到来自企业内外部多种因素的影响,其公共属性决定了政府是其重要的外部影响因素。

当前,我国正处于市场经济转型持续深入的发展阶段,政府在改善社会福利和优化社会环境等方面的作用正逐渐被社会企业所取代,这更加要求大力发展社会企业,使其承担促进经济发展与解决社会问题间的平衡的角色。首先,社会企业成长有利于扩大就业、减少贫困、建设和谐社会。目前,中国正处于社会转型期,社会矛盾处于多发状态,社会企业能够重新整合劣势就业群体,使其融入社会劳动领域,提升其社会地位,促进社会融合与社会和谐。其次,社会企业成长有利于促进政府转变职能,改善公共服务。在社会发展的新阶段,社会企业可以利用自身的优势弥补政府和企业在社会服务方面的不足,提升社会性公共服务水平。最后,社会企业有利于促进公益组织创新,提高公益组织效能。我国的民间公益组织普遍面临资金不足的问题,社会企业通过运用商业模式能够提高公益组织的效能,突破公益组织对第三方的资源依赖,开创自我运营的公益模式,为公益组织解决资源不足和资源依赖等问题提供新思路。因此,促进社会企业成长对创造社会价值具有重要意义。

二、社会企业成长过程中的政府补贴效应

政府补贴是政府直接或间接向微观经济活动主体提供的一种无偿的转移。社会企业的“双重身份”使得政府补贴成为企业成长的重要资源之一[3],然而在社会企业成长的过程中,对政府补贴的作用仍旧存在不同的认识。

一方面,政府补贴对社会企业的成长具有激励效应。在社会企业的运营过程中,政府补贴能够增加企业的资源补给,使企业获得资金支持,降低企业的运营成本,帮助企业在激烈的竞争中占据优势地位,进而影响企业的发展方向和前景。首先,政府补贴会直接增加社会企业的实际年收入总额,即产生收入效应。其次,通过改变政府补贴的投资方向来引导社会企业的发展方向,促进企业进行生产结构的调整,优化资源配置,进而提高企业的绩效,即产生替代效应。最后,通过政府补贴充实社会企业的运营资金,为企业急需发展的板块提供资金支持,扩大生产规模,使得企业能够利用规模经济实现生产效益的提高。因此,适当的政府补贴能够产生激励效应,促进社会企业的成长。

另一方面,政府补贴对社会企业的成长也会造成一定的挤出效应。在社会企业运营过程中,政府补贴激励作用的发挥依赖于社会企业能否有效地利用补贴资源提升经济绩效和社会绩效。如果社会企业单纯地依赖政府补贴,则可能会扭曲相关机制,产生挤出效应,甚至产生大量的“僵尸企业”。首先,当给予社会企业的政府补贴过高时,可能会诱发企业的管理者试图通过寻租活动来提升公司绩效,导致管理层缺乏动力发现和解决经营管理中存在的问题,不利于企业的长远发展。其次,尽管政府补贴能够帮助社会企业获取资金支持,使其能够在较低的绩效水平上继续生存,然而过多的政府补贴在一定程度上也会导致社会企业形成“懒症”,过度依赖政府补贴,缺乏实施创新战略和活动的积极性,不利于其成长。更重要的是,政府补贴还可能会产生“示范和追随”效应,引导其他社会企业寻求政府补贴,从而导致企业沉迷于“寻补贴”,忽略对自身发展能力的建设,由此偏离企业自身的经营方向,对企业的长远发展产生负面影响。因此,过度的政府补贴会对社会企业带来挤出效应,进而对其发展造成不利的影响。

总之，虽然政府补贴能够帮助社会企业降低融资成本，缓解资源约束，实现更快发展，但其挤出效应也会为企业带来负面影响。因此，在社会企业的成长过程中，需要辩证地看待与应用政府补贴。

三、社会企业成长过程中促进政府补贴作用发挥的治理选择

在现代企业中，企业所有者与企业经营者间是委托-代理的关系，由于信息不对称等问题的存在，可能会发生企业经营者以损害股东利益为代价而追求个人目标等的机会主义现象。委托代理理论认为，对企业经营者实施有效的激励机制和监管机制能够提高公司经营者和所有者利益的一致性，促使公司经营者更加积极地参与公司的经营活动。因此，只有通过不断完善企业的治理机制，对企业经营者进行有效的激励和监督，使得企业经营者与企业所有者的利益达到较高的关联度，才能确保企业的经营者以企业的利益和长远发展为前提进行决策与管理。具体地说，与激励和监督企业经营者有关的治理机制包括薪酬激励、股权激励和董事会制衡三个方面。

高管薪酬是对企业经营者进行激励的重要方式。较高的薪酬水平既能够满足企业经营者的物质需求，也是对企业经营者人力资本价值的认可，会提高其对管理工作的投入程度。当社会企业给予经营者较高的薪酬时，能够内在地激发其更加积极地投入企业的经营之中，充分发挥自身的管理能力制定出更有利于企业利益长期化的政府补贴使用策略，并通过设计有效的管理流程保证将政府补贴的资源投入有利于企业长远发展的项目中，强化政府补贴对社会企业成长过程的激励作用。然而，当社会企业给予经营者的薪酬水平低于其人力资本价值时，将导致经营者对企业利益的关心程度下降，其在企业经营决策上的投入程度也相应降低，过度依赖政府补贴的资源供给，将管理重点放于寻求政府补贴，忽视对企业长远发展的战略规划，加剧了政府补贴对社会企业成长性的挤出效应。由此，在社会企业的成长过程中，较高水平的高管薪酬能够强化政府补贴的激励效应，削弱其挤出效应。

与高管薪酬相比，高管持股把企业所有者和企业经营者的利益直接关联起来，是对企业经营者的长期性激励。当社会企业的经营者未持有企业股票时，由于自身利益与企业利益之间缺乏一致性，导致其为企业长期价值最大化投入管理人力资本的动力降低，此时其可能更加依赖政府补贴的外部资源，产生过度寻求政府补贴的短视行为，扭曲了政府补贴对企业成长的激励机制，从而加剧政府补贴对社会企业成长产生的负面影响。但当社会企业的经营者持有公司股票时，其自身的利益和企业利益的关联程度增强，受持股激励的影响，为了追求双方的利益最大化，经营者会充分发挥其组织和协调能力，制定更加合理的战略规划以及实施有效的管理，更加合理地整合与运用政府补贴的资源，提升经营效率，实现政府补贴的激励效应最大化。由此，在社会企业的成长过程中，较多的高管持股能够强化政府补贴的激励效应，削弱其挤出效应。

在对企业经营者的监督方面，独立董事制度已成为提高董事会决策水平，避免企业经营者掏空的重要手段，在企业治理过程中发挥重要的制衡作用。独立董事是在企业中担任董事且不存在其他实质性利益关系的外部非执行董事，独立董事的引入能够有效提升董事会的相对独立性，通过提高对企业经营者的管理行为的监督水平，使企业的经营战略和决策更加合理。在社会企业中设立独立董事职位，能够增强对企业经营者的监督

力度，约束其在管理决策过程中的自利行为，降低其对政府补贴的过度依赖，使其能够在获得政府补贴后开展合理的战略调整，充分优化政府补贴资源的配置，提升企业的长期绩效，由此强化政府补贴的激励效应。除此之外，独立董事一般具备良好的教育背景和职业背景，通过在社会企业中设立独立董事职位，能够借助独立董事的专业特长和社会资本，为经营者在管理政府补贴资源的过程中提供指导和资源支持，使其能够更加合理地运用政府补贴资源，进而增强政府补贴的激励作用。由此，在社会企业的成长过程中，独立董事的设立能够强化政府补贴的激励效应，削弱其挤出效应。

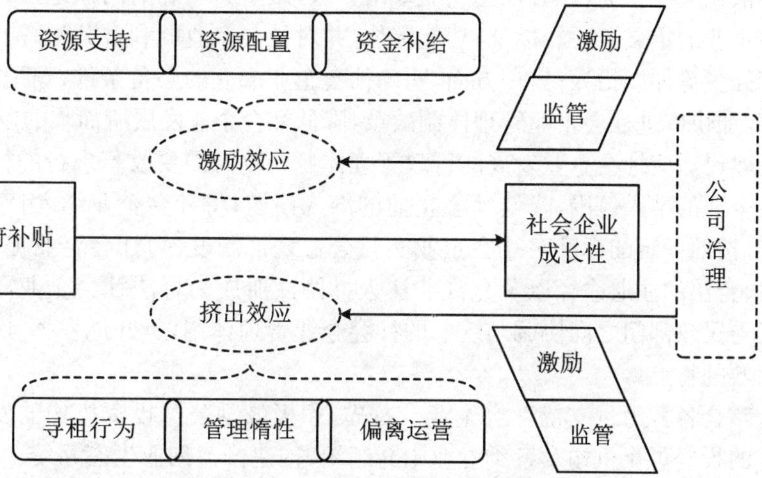

图 1　政府补贴驱动下的社会企业成长的概念示意图

四、政府补贴驱动下的促进社会企业成长的对策建议

作为兼具经济性和社会性的创新型社会组织，社会企业既不同于商业企业追求股东利益最大化，也不同于传统的非营利组织依靠政府资助或慈善捐赠。社会企业利用商业模式解决社会问题，与其他社会组织相比，社会企业在履行公益服务职能时具有规模、效率、持续性、灵活性等多方面的优势。当前，中国经济社会发展面临严重的不平衡、不充分问题，社会公益服务供需不匹配现象日益突显，亟须充分发挥社会企业这一组织形式的积极作用。政府补贴对社会企业成长性存在激励与挤出的双重效应，公司治理对社会企业成长过程中政府补贴的效应发挥具有重要影响，因此只有实现政府和企业间的动态平衡，才能打开社会企业的发展空间。

（一）强化政府补贴的积极作用，构建合理运用政府补贴的政策逻辑，助力社会企业健康成长

政府补贴对社会企业的成长具有重要的作用，政府应当充分发挥政府补贴对社会企业发展的引导作用，对社会企业进行合理的政府补贴。由于适当的政府补贴对社会企业的成长具有促进作用，政府应当完善政府补贴政策体系，优化政府补贴分配机制，对社会企业进行合理补贴，进而促进社会企业成长。但是过多地对社会企业实施补贴会造成社会企业过度依赖政府补贴，长此以往不利于其成长，因此政府需要将社会企业的补贴控

制在合理的范围内，并加强对社会企业的监管，提高社会企业对政府补贴的使用效率，降低社会企业对政府补贴的资金依赖，使社会企业能够通过政府补贴真正积累发展能力，促使社会企业实现可持续发展。

为保证政府补贴对社会企业的成长发挥积极作用，政府应当构建合理运用政府补贴的政策逻辑，优化政府补贴发挥激励效应的环境。

一是构建规范发展社会企业的配套制度体系。根据社会企业的发展实际，逐步制定和形成配套的、不同层次的法律法规体系，改革管理体制，为政府部门制定相关支持政策提供法律依据。一方面，针对社会企业专门立法，赋予其明确的法律地位，包括从法律上界定社会企业的定义、范围、标准、功能定位，并对社会企业的利益分配、治理模式选择和剩余资产处置等加以指导；另一方面，明确社会企业成立的必备条件、登记管理的机关及必经程序，加快推进社会企业管理体制改革，降低社会企业发展所面临的制度性成本。

二是建设适应社会企业发展的行政管理体制。政府需要改革现行的行政管理体制，放宽社会企业的准入范围，降低社会企业的准入门槛，将社会企业纳入特殊社会组织的管理范畴，按照一定的标准对社会企业实行公益认证制度，为社会企业提供易于识别的法律身份、合法的注册途径以及允许非法人社团注册成为合法社会企业，从而建立业务主管部门与民政部门之间协调与统一的社会企业管理体制，更好地发挥社会企业公益性和灵活高效的特点。

三是整合各方力量支持社会企业。首先，积极鼓励公益投资机构的发展，培育支持公益创业的投资孵化机构及各类专业中介组织，构建公益创业生态系统。政府可专门支持符合条件的传统非营利组织、事业单位等转型为社会企业，在壮大社会企业队伍的同时提升公益服务体系的筹资能力。其次，引导公益投资基金等民间资本投资社会企业，在支持社会企业发展的同时保证民间资本的活力。最后，政府可以搭建以社会企业为主体，涵盖政府部门、私营企业、公益组织、普通公众等主体的沟通和协调平台，并支持以社会企业为服务对象的信用评估公司、培训机构等中介机构的发展，为社会企业尤其是创办者提供多元化、专业化的培训、咨询、信息等服务，为社会企业制定战略规划、调整经营模式等提供支持，提升社会企业的经营效率，更好地协调各方力量支持和发展社会企业。

四是规范社会企业的标准化评估。无论是为社会企业提供财政支援，还是通过公共服务采购购买社会企业产品和服务，帮助社会企业建立销售渠道，政府都应该对社会企业进行标准化评估，选择符合资质要求的社会企业或者社会创业项目予以扶持，这样才能实现资源利用的效益最大化。通过建立社会企业评估制度，帮助社会企业建立信用体系，促使社会企业完善管理，规范运作，引导和激励公益创投基金和有意愿投资社会企业的商业企业发现和选择优质的社会创业合作伙伴。

五是大力宣传社会企业的发展观念，引导民众形成对社会企业的正确认识。首先，通过网络媒体、平面媒体和电视台开展对社会企业的普及和引导，使大众清楚认识社会企业的性质和作用，转变对社会企业和社会企业创业者的偏见，正确认识社会企业的价值，树立对社会企业的信心，打造有利于社会企业营运的社会环境。其次，设立奖项，展示和推广优秀社会企业家的事迹和优秀社会企业的案例，向其他非营利组织和商业企业推荐社会企业的成功模式，帮助社会企业获得企业和公众的支持和信任，同时也在社会上宣传公益理念和公益精神，提高全民的公益意识和公民意识，间接为社会企业的发展积累社会资本。

六是培养符合中国国情的社会企业家队伍。在推进“大众创业、万众创新”深入发展时，要加强对公益创业理念的宣传、普及与培训，积极培育社会企业家精神，让更多的个人、企业和社会组织愿意投身于社会企业的相关实践之中。支持高校和科研机构通过开设相关课程、开展专项研究等形式为社会企业培育专业人才，并鼓励大学生积极参与社会企业活动，在实践过程中培育和传播社会企业家精神。另外，为社会企业的创业与发展营造良好的文化氛围，使拥有社会企业家精神的人能够有足够的空间施展其才能，实现从以社会企业家的个人魅力维持生存到依靠制度建设实现发展的跨越式发展。

（二）强化公司治理，创新管理体制，促进社会企业快速发展

公司治理对政府补贴下的社会企业发展具有重要的规制与引导作用，因此，社会企业在发展的过程中需要注重发挥公司治理的作用，并结合自身发展情况采取多种措施寻求发展之路。

一是充分利用公司治理加强社会企业自身建设。在对企业高管进行适当的薪酬和股权激励的同时，要对高管进行有效监督，减少高管的自利行为，从而减轻政府补贴对社会企业成长性产生的负面影响，强化政府补贴对社会企业成长性的正面作用。适当增加董事会中独立董事的比例，充分发挥独立董事的专家职能作用以及监督作用，为社会企业的成长提供保障。

二是建立健全信息披露机制。聘请独立的第三方审计机构对社会企业的财务报告进行客观专业的审计评估，提高其财务公开的可信度。充分利用互联网平台，及时向利益相关方进行披露，将组织所拥有的公共资源，例如资金来源与流向、项目进展、受益人情况介绍、志愿者数量等公众较为关注的内容在网上予以披露，提高社会企业的信息透明度。

三是采用机会共创的经营理念，引入更多的利益相关者参加社会企业的创建和运营，凝聚更多的社会力量，促进商业机会识别与开发以及商业模式的构建与实施，构建持续升级的生态系统，让社会企业和利益相关者共同治理和机会共创，缓解社会企业资源匮乏的约束，从而解决社会问题，并推动社会企业的持续发展。

四是建立社会企业联盟。社会企业之间应该有意识地进行联合与合作，尽快组建行业性质的联盟机构。集合分散资源，避免零和博弈，不仅可以在物资、物流上降低成本，减少恶性竞争，还可以搭建资源共享平台，更好地获得各个社会企业所需的信息、知识等资源，提升社会企业的整体地位，弥补单个社会企业资源汲取能力的不足。

社会企业是弥补政府失灵、市场失灵和志愿失灵的一柄利器。社会企业虽是新生事物，然而其肩负着经济发展与社会公益的双重使命，其发展必须引起切实的重视。中国政府应当积极支持社会企业发展，充分发挥社会企业在提供公益服务、融合社会力量等方面的作用，为解决新时代普遍存在的发展不平衡、不充分问题奠定坚实的社会基础。然而，中国的社会企业不能只靠政府，还要结合自身实际，处理好经济价值创造和获取、社会价值创造和获取的关系，创新商业模式，走出一条适合我国国情且促进社会发展的创新之路，发挥社会企业的最大功效，进而形成并促进我国经济发展与社会发展的良性生态循环。

参考文献

[1] Bhatt B, Qureshi I, Riaz S. Social Entrepreneurship in Non-munificent In Stitutional Environments and Implications for In Stitutional Work: Insights from China[J]. Journal of Business Ethics, 2019, 154(3): 605-630.

[2] Dees J G. Enterprising Nonprofits: What do You do When Traditional Sources of Funding Fall Short[J]. Harvard Business Review, 1998, 76(1): 55-67.

[3] Wry T, York J G. An Identity-based Approach to Social Enterprise[J]. Academy of Management Review, 2017, 42(3): 437-460.

作者简介

吴伟伟，哈尔滨工业大学经济与管理学院教授、博士生导师，美国麻省理工学院 SPURS Fellow，中国技术经济学会理事，中国技术经济学会技术孵化与创新生态分会副理事长兼秘书长，中国企业管理研究会新兴技术未来分析与管理专业委员会副会长，中国科学学与科技政策研究会企业创新与产业政策专业委员会委员。担任《管理科学》副主编，曾任《Chinese Management Studies》(SSCI)区域副主编，以及多本 SSCI 期刊的客座编辑。致力于从事技术管理与创新管理研究，研究成果被编入普通高等教育国家级规划教材。主持国家自然科学基金项目 3 项、国家社会科学基金重点项目子课题 1 项、省部级科研项目 10 余项，出版专著 1 部，发表论文 100 余篇。获得黑龙江省社会科学优秀成果奖 4 次、黑龙江省高校人文社会科学研究优秀成果奖一等奖 1 次、中国技术经济学会优秀成果奖 1 次。

优化营商环境生态，促进我国高质量创新创业

杜运周

摘要：促进创新创业，有利于提升国家经济软实力，增强国际竞争力。面对我国创新创业中基础研究不足、创新成果转化困难的双重困境，优化我国国内营商环境是有效突破口。本文分析了当前我国创新创业困境，并在明确营商环境丰富内涵的基础上，提出以"过程化"和长期主义逻辑指导营商环境生态的优化，以解决创新创业难题，持续促进长期导向的高质量创新创业，具体优化包括营商环境法治化、便利化、双循环化以及生态化四个方向，以供实践参考。

关键词：高质量创新创业；营商环境；长期主义；法治化；便利化；双循环化；生态化

创新驱动发展战略在我国持续推进。创新创业作为这一战略的关键环节，与我国供给侧结构性改革、高质量发展和建立现代化经济体系密切关联。当前，我国陷入创新创业活力不足困局，如何激发创新创业活力成为经济转型升级和高质量发展的突破口。近年来，优化营商环境成为热词，在国家大力推动下，各地方、各部门相关政策文件频出，也成为解决创新创业难题的新思路。但是，如何通过优化营商环境，进一步激发创新创业活力，提高创新创业质量，有待深究。

一、创新创业面临双重困境

2014年9月，第八届夏季达沃斯论坛在天津开幕。在该论坛上，李克强总理提出"大众创业、万众创新"，引起各界热议，各地区、各部门推动创新创业政策落实。2016年5月，国务院办公厅印发《关于建设大众创业、万众创新示范基地的实施意见》，系统部署了大众创业、万众创新示范基地建设，指引创新创业向更高层次发展。2018年9月，《关于推动创新创业高质量发展打造"双创"升级版的意见》出台，更多强调以创新驱动为引擎，推动创新创业高质量发展。

创新创业能够促进经济转型升级和社会进步，是保障就业、改善民生的重要动力源泉。中国经济经历了一段时期的高速增长，正在努力向高质量增长转变。但在此过渡期，创新创业难题凸显——创新创业活力不足，阻碍了经济转型升级步伐。创新创业活力不足具体体现为基础研究薄弱、创新成果难以转化两个方面。

其一，基础研究薄弱，创新源头不足。基础研究指为了获得自然和社会规律、逻辑及现象相关新知识的研究活动。习近平总书记多次强调"基础研究是整个科学体系的源头，是所有技术问题的总机关"。基础研究是创新的源头。随着经济全球化的发展、技术轨迹的快速演变，国家之间的竞争向前端聚集，即向基础研究端靠拢，基础研究实力成为

国家综合实力的重要组成部分。欧美国家的基础研究史比我国基础研究史更长久，基础研究体系也更完善，这造成我国基础研究实力在起点就落后了一大截，基础研究薄弱严重阻碍创新的发展，导致了知识积累和技术积累的后发劣势。当前，“引进—消化—吸收—再创新”仍是我国技术创新的重要方式，很多企业往往止步于引进而忽略了消化吸收，造成技术落后，失去在国际竞争中的话语权。此外，大学以“SCI至上”为评价科研人员科研能力的主要指标，部分学者将发表论文甚至唯外文，当作产生新知识的目的而非手段，陷入“唯论文”的功利主义、短期主义陷阱。过度的短期结果导向和唯论文导向等，不仅不利于长期创新，还会进一步放大原有劣势。基础研究需要长期投入，只有深入潜心探究基础研究黑箱，建立基础研究成果的中长期评价机制（如在论文发表后3～5年再做评估）等长期主义倾向和做法才能弥补差距和劣势。党的十九大报告明确指出，要强化基础研究，要在前瞻性基础研究以及引领性原创成果上取得重大突破。近几年来，基础研究几乎从“0”起步的中国在量子科技、5G、芯片、人工智能及新能源等方面不断取得重大突破，基础研究能力大大加强。但相比发达国家经济体，在能体现基础研究能力的重大理论、定理发现等方面，以及基础研发投入、产出上，中国相较而言还处于劣势。我国在基础研究领域仍需深耕，保持长期的投入。2020年8月，国家自然科学基金委提出开展“管理与经济科学新理论方法和新范式”原创探索项目研究，是管理与经济领域对基础研究缺乏这一问题的回应。对原创项目、基础研究的探索，有助于树立底层逻辑，从根本上发展新理论、新方法和新范式，用新理论、方法、范式解决中国情境下的本土问题。基础研究有利于提高创新能力，是建设创新型国家的根本动力和源泉；而基础研究的缺乏，往往导致创新活力不足，社会经济发展更多依靠形式而非底层创新，不利于技术积累，错失发展机遇，这与可持续发展理念背道而驰。

其二，创新成果难以转化，创新创业动力不足。创新创业人才何处寻？创业资金何处融？创业经营何人管？……一系列创新成果转化难题摆在眼前。大企业高级管理人才、科研人员、大学生等都是创新创业的重要主体，如果能够发挥所长，就能促进创新创业。如何激发创新创业主体发挥主动性、创造性优势是缓解创新成果转化难题的重要环节。当前，重要创新创业主体受到多重阻碍，深受财税支持不足不精、融资困难、知识产权制度不够完善以及绩效评价导向单一等困扰。在财税上，对于小微企业、初创企业以及成长、成熟企业等不同类型、处于不同阶段的企业没有足够针对性的政府政策，研发扣减优惠等税收优惠不足，企业受到政策助力较小、负担较重。在融资上，缺乏多样化的融资渠道，金融机构金融产品、服务不够精准，融资条件过于僵化，企业面临融资难、融资贵的难题。在知识产权制度方面，商标权、专利权及著作权等知识产权法律法规不够完善，山寨货、赝品冲击原创产品的市场竞争力，损害原创者的利益，挫伤其信心和长期创新的积极性。在绩效评价体系方面，大学以论文数量、期刊质量等作为主要评价指标，片面评估科研人员科研能力，缺乏科研成果转化方面的相关评价指标，降低了其进行科研成果转化的积极性和动力；在企业内部，往往采用简单的财务经营绩效作为考核标准，这不仅不利于高级管理人才创新管理潜力的发挥，也抑制了科研人员创新想法的萌芽和成长。目前，创新成果转化仍面临着重重阻碍，这直接体现为创新成果转化率的降低，不仅浪费科研成果，浪费人力、物力、财力等社会资源的投入，也抑制了市场活力，阻碍社会进步。

二、正确认识营商环境的重要内涵

李克强总理曾言“好的营商环境就是生产力”。良好的营商环境能够激发市场活力，吸引资金、人才、项目等，提高全要素生产率，增强国家或地区的综合实力。近年来，党中央、国务院切实推动优化营商环境工作，部署出台了一系列相关的政策文件。2018年，国务院首次常务会议提出部署进一步优化营商环境的议题。随后，国务院设立了优化营商环境专题组，先后出台了《关于部分地方优化营商环境典型做法的通报》《关于聚焦企业关切进一步推动优化营商环境政策落实的通知》等政策文件，为优化营商环境提供更多支撑。近两年，为持续深化“简政放权、放管结合、优化服务”(简称“放管服”)，改革优化营商环境，更大激发市场活力，经国务院同意，又先后发布了《优化营商环境条例》《国务院办公厅关于进一步优化营商环境更好服务市场主体的实施意见》等政策文件。各地方政府在中央的指导下，陆续开展优化营商环境工作，出台适宜本地区发展的政策文件。营商环境建设在我国得到了极大的重视。

关于何为营商环境，各界从企业生命周期、政府市场关系、营商环境特点等方面做出解读。世界银行认为营商环境是企业从开始创业到结束创业整个过程中各个活动或环节，遵循政策法规所需要的时间和成本等条件的综合。我国《营商环境优化条例》第一章第二条指出，营商环境是指“企业等市场主体在市场经济活动中所涉及的体制机制性因素和条件”。我国一些学者也从系统性、整体性的角度思考营商环境的丰富内涵。李志军指出营商环境是企业从事创业活动时所面临的综合性的生态系统，具体包括政府服务、公共服务、金融服务、市场环境、创新环境和人力资源六大项[1]。简言之，营商环境于市场主体如同水与鱼，鱼离不开水，市场主体离不开良好的营商环境。

自2003年起，世界银行对参评经济体营商环境便利度进行评估，并发布《营商环境报告》。该报告受到各国广泛认可和接受，是投资者们投资的风向标，对经济体经济吸引力、竞争力分析等具有重要参考价值。在其发布的《2020年营商环境报告》中，中国的全球营商便利度排名2019年跃升15位，升至全球第31位。基于世界银行营商环境评价指标，结合我国实际国情，我国政府、研究院、学者们对营商环境指标评价体系进行了深入的探索。如近年来，国家发展改革委深入贯彻落实党中央、国务院的决策部署，牵头研究建立并不断完善中国营商环境评价体系。2018年上半年，国家发改委同相关部门和地区，初步构建了具有中国特色、与国际可比的营商环境指标体系。2020年9月，国家发展改革委员会编著的《中国营商环境报告2020》正式出版，梳理了中国营商环境评价制度和评价方法，整理了行之有效的典型经验，展示了各地区优化营商环境差异化的做法。这些有益探索有助于进一步明确营商环境在中国具体实践中的内涵意义，深化了对营商环境的理解，找到了更多优化营商环境的有用经验和发展路径。

三、优化营商环境以破解创新创业难题

2020年10月，李克强总理在出席全国大众创业、万众创新活动周时指出，“要深化‘放管服’改革，打造市场化法治化国际化营商环境，持续提高开放水平，对中外企业一视同仁，让中国始终成为全球创业创新的沃土”。营商环境的好坏体现国家经济软实力的

强弱，对一个国家或地区的创新创业能力具有重要影响。优化营商环境有助于突破创新创业困局，便利创新创业活动，增强创新创业主体信心，激发创新创业活力，提高创新创业质量。营商环境的优化是一个“止于至善”的过程，没有终点，因此本文提出以“过程化”和长期主义逻辑指导营商环境生态的优化，从营商环境法治化、便利化、双循环化以及生态化四个方向，持续促进长期导向的高质量创新创业。

其一，营商环境法治化，注重知识化过程的考核，加强创新成果保护，营造公平公正可预期的市场环境，促进长期导向的高水平创新创业。习近平总书记指出，“法治是最好的营商环境”。创新知识产生是一个过程，应该用“知识化代替知识”。比如，论文只是知识化过程的初始环节，难以全面衡量知识化，应该注重知识化过程的考核。高水平的创新创业同样也是一个过程，需要长期持续的投入，因此需要稳定、可预期的法治环境保障。法治化是营商环境的重要表征，是建构良好营商环境的关键着力点。营商环境法治化指的是加快建设具有公平、公正的法律、法规及监管的营商环境，是市场主体正常进行经营活动的重要保障。知识产权保护制度化、法治化是营商环境法治化的重要组成部分，是保护创新成果的有效手段。众多实证研究结果表明，恰当的知识产权保护对创新研究具有显著的促进作用[2]。知识产权保护制度能够保护产权所有者合法持有创新成果，享受部分独占性收益，激励发明和创造，推动基础研究进步。探索并落实知识产权评估、保护、转移等制度建设，建立并完善商标权、专利权及著作权等知识产权法律法规，推进产权保护走向制度化、法治化。从反向发力，要建立与知识产权侵权相关惩罚制度，坚决抵制侵权违法行为，切实保护创业创新者的产权，避免创新创业主体信心因侵权事件、伪冒假劣产品遭受挫伤。法治建设涉及立法、执法、守法等若干环节，在建设法治营商环境时需要注重法制建设全过程，推动营商环境法治化整体建设。2019 年 10 月国务院发布《优化营商环境条例》，这是我国颁行的第一部专门指导优化营商环境的行政法规，是推动营商环境法治化的立法表征，鼓励和支持各地区、各部门结合实际，制定优化营商环境政策条例，探索原创性、差异化的优化营商环境的举措。但专门针对营商环境的法律法规还较少，需要进一步立法和完善；行政执法是关键环节，营商环境法律法规是否有用、有效与执法是否到位密切相关。政府要做到“有所为有所不为”，在发展环境优化上做到“有为”，在应该市场发挥主导作用的地方尽量“无为”，可以由市场自由竞争解决的问题绝不干预，也要做好放权和监管相结合，严格监管市场中违法违规行为；营造全民守法氛围，促进市场经济主体依法经营、诚信经商。促进营商环境法治化有利于营造公平公正的市场氛围，创新创业主体获得平等发展机会，保障市场各类主体公平有序参与市场竞争，稳定创新创业预期，增强长期创新创业的信心，推动市场主体长期投入基础研究、创新知识生产及创业活动。

其二，营商环境便利化，降低交易成本，促进创新成果转化，激发创新创业活力。学者们通常从便利化的角度出发，评价不同国家或地区的营商环境好坏，如同法治化，便利化也是营商环境的重要组成部分，与政府放管服改革密切相关，涉及企业开办、经营、退出全过程。涉企事务办理的时间和资金成本可以衡量营商环境的便利程度，便利的营商环境能够大大缩短企业注册、登记、获得信贷、获得施工许可等的时间，也能大幅缩减制度性交易成本，激励创新创业主体进一步创新，促进创新成果商业化、产业化，获得可观的经常性收益。更重要的是，较短的行政审批和办理时间，能够有效减小创新成果错过市场化良好时机的风险概率，促进更多以市场为导向，以消费者痛点为基点的创新成果转化，满足人民日益增长的美好生活需要。推动营商环境便利化，要进一步推进“放管服”改革。一是要梳理现有办事流程，清除不必要环节，加强部门协作，减少办事所涉部门数量，提高办公人员职业技能和专业能力，增强横向业务能力，精简优化整体办事流程，进一步简化企业生产经营审批和条件。二是鼓励引导动产融资服务，建立多层次、多样化、多渠道的投融资体系，鼓励银行、天使投资、创投等金融机构协作，支持项目团队、初创企业发展，为创新创业企业融资助力，缓解融资难融资贵难题。三是要降低市场准入门槛，实行全国统一的、适时调整的市场准入负面清单制度，除负面清单涵盖领域外，各类市场主体均享同等进入市场的机会。四是全面推行“互联网＋”，建设高效的线上政务平台，及时发布相关政策文件，可线上办理业务尽量减少线下办理，提高办事效率；此外，充分利用数字化技术，整合政务数据，“实现政务服务跨地区、跨部门、跨层级数据共享和业务协同”，提高公共服务供给效率。五是政策统筹，尤其是创新创业政策统筹，实现不同部门之间政策文件规定、标准协同一致，促进企业有效整合利用丰富的要素和资源以进一步促进创新创业；政府“有形之手”的帮助，有助于进一步清除市场经济主体生产经营障碍，与市场的长期协调配合，更有利于实现创新创业加速度，释放创新创业活力。

其三，营商环境双循环化，发挥“嫦娥精神”更加自主地坚持基础研究，同时借助开放倒逼基础研究进步，提高创新创业质量，服务以国内大循环为主体、国内国际双循环相互促进的新发展格局。党的十九届五中全会通过的《中共中央关于制定国民经济和社会发展第十四个五年规划和二〇三五年远景目标的建议》提出，要加快构建以国内大循环为主体、国内国际双循环相互促进的新发展格局。在坚持国内循环的基础上，也要注重国内国际双循环，建立安全有序开放合作的国内市场。营商环境国际化是指立足于国际视野，建立对标国际的市场经济运行机制和体系。要以国内大循环为主体，推动营商环境国际化，是整合利用国内外资源，促进经济发展迈向新台阶的内在要求。通过建立开放、公平、竞争有序的市场秩序，有利于吸引更多优质资源，为创新创业提供沃土，引导我国创新创业向高质量发展；有利于丰富市场主体的多样性，形成市场自发的良性竞争局面，淘汰不符合市场运行规律、不适应社会需求的市场经济主体，促使加快基础研究，增强创新创业动力。“引进—消化—吸收—再创新”是我国技术创新长期以来遵循的发展路径，国际化的营商环境有利于学习并进一步利用国外基础研究成果。但是，面对百年未有之大变局，在我国面临若干“卡脖子”问题的关键时刻，要意识到基础研究是买不来的，需要坚持“嫦娥精神”长期持续的投入，更加自主地坚持基础研究，同时借助国外研究成果打开基础研究黑箱，树立底层逻辑思维，提高自主创新研究能力，补齐我国基础研究短板是重中之重。为了从国际化维度优化营商环境，要做好“一加一减一平”：做好“一加”意味着进一步对外开放，与发达创新国家建立更多的联系，吸引更多国外创新资源和优质生产要素，融入国际化的创新平台，使得中国企业能从中挖掘更多良好的发展机遇；做好“一减”，指的是减少外资外贸企业在我国的投资经营限制，积极推进重大外资投资项目落地，优化通关流程，进一步促进投资、贸易自由化；“一平”，指建立公正平等的市场环境，保障内资或外资企业等各类市场主体依法平等使用各种生产要素和公共服务资源，在政府资助、税收政策、许可经营等方面确保外资企业享有公平待遇。营商环境国际化会促进形成更加开放、包容的市场环境，促进创新创业，推动企业、研究院校在广泛了解国外研究成果的基础上，深入探索，推动自主创新及基础研究进步。

其四，营商环境生态化，系统思考、统筹规划，统筹创业环境，厘清政府与市场共生、共栖或主导关系，促进营商环境生态内要素的良性耦合，以高水平营商环境生态促进创新创业向更高质量发展。在生态视角下，营商环境是一个完整的、复杂的生态系统。营商环境生态化指的是政策制度、教育、公共服务、创新创业文化、创新环境、金融及市场环境等营商环境的综合，以及关注营商环境生态系统内部的复杂互动[3]。如何把握政府与市场更深层次、更细致的关系，促进营商环境生态要素更好地耦合，创建良好的营商环境生态系统，是促进创新创业的关键着力点。相较熟知的“帮助之手”“掠夺之手”“看不见的手”三种政府逻辑[4]，政府与市场间存在更复杂多元的共生、共栖或主导关系[5]。在我国关键的转型阶段，在社会主义市场经济体制下，简单的政府或市场主导逻辑不利于健康发展，政府逻辑和市场逻辑将长期共存。当政府和市场发挥“互惠之手”，两者能够在相应生态位互相增强时，营商环境生态能够提高环境的承载力，激发创新创业活动[5]：第一，政府通过优化营商环境生态，提供人力、物力、财力、知识产权以及先进技术等资源支持，可以提升环境可承载的组织数量，促进创业，提高创业活跃度[6]；第二，建设生态化的营商环境，有利于创建统一、协调的创新创业环境，激发企业家敢于进取、创新创业精神，发挥企业家才干，精准、快速识别可行、合意的创业机会，推动新企业进入市场；第三，新企业的涌入有力促进在位企业合理利用资源，持续创新，营造创新创业的良好氛围；第四，在市场可以优化资源配置的领域，要转变思维，避免政府逻辑呈现“掠夺之手”。政府“掠夺之手”的出现会传递市场强烈的负面影响：资源配置失调、企业经营自主权受到限制，导致创新创业活跃度下降。因此，营商环境生态化需要政府进一步统筹规划，厘清与市场共生、共栖或主导关系，促进营商环境生态内要素的良性耦合，形成政府和市场长期互惠的和谐生态，形成经济、政治、文化、社会领域合力，为创新创业提供系统性、整体性的发展环境。诚然，建设营商环境生态是一个系统性工程，需要政府各有关部门持续不断发力，坚持不懈推进，步步为营，以促进高质量创新创业。

参考文献

[1] 李志军. 中国城市营商环境评价[M]. 北京：中国发展出版社，2019.

[2] 卢万青，陈万灵. 营商环境、技术创新与比较优势的动态变化[J]. 国际经贸探索，2018，34(11)：61-77.

[3] 李志军，张世国，李逸飞，等. 中国城市营商环境评价及有关建议[J]. 江苏社会科学，2019，303(2)：36-48，263.

[4] Frye T, Shleifer A. The Invisible Hand and the Grabbing Hand[J]. American Economic Review, 1997, 87(2): 354-358.

[5] 杜运周，刘秋辰，程建青. 什么样的营商环境生态产生城市高创业活跃度？——基于制度组态的分析[J]. 管理世界，36(9)：165-179.

[6] Aldrich H E, Ruef M. Organizations Evolving[M]. London: Sage, 2006.

作者简介

杜运周，东南大学经济管理学院教授、博士生导师。国际比较方法专家网络 COMPASSS 咨询委员会全球 50 位专家之一，中国企业管理研究会副理事长、中国企业管理研究会管理哲学专委会会长，中国管理模式 50 人成员。主持国家自然科学基金项目“营商环境多生态要素的耦合机制：组态视角与方法的探究”（72072030）；参与国家社会科学基金重点项目“新时代中国营商环境评价体系研究”（20AGL001）。出版著作《QCA 设计原理与应用：超越定性与定量研究的新方法》《重新设计社会科学研究》《QCA 方法从入门到精通：基于 R 语言》。2017 年发起中国 QCA 工作坊，2019 年发起了首届“管理哲学、研究方法与中国管理实践”研讨会。兼任《外国经济与管理》（研究方法、创业和东方管理栏目）编委、《管理学报》（中国企业家管理思想专栏专家委员会委员）、《管理学季刊》领域编辑。获教育部第八届高等学校科学研究优秀成果奖（人文社会科学）“青年成果奖”（2020）等。

推动中国创意管理学发展

杨永忠

摘要：创意，无疑是当下比创新更重要、更具有开启意义的钥匙。第二次文艺复兴在艺术与商业结合下的广阔而深远的创意发展背景，无疑为管理学，特别是创意管理的诞生提供了丰厚的土壤，催生着创意管理学的发展。创意管理学试图从微观管理视角，为一个新兴产业梳理与之匹配的微观管理理论体系。作为一门正在迅速成长的、充满勃勃生机的新兴学科，创意管理学亟待国内学者特别是管理学学者的研究和探索。

关键词：创意管理学；第二次文艺复兴；发展

一、创意是当下比创新更具有开启意义的钥匙

创意作为管理的对象，是把创意作为个人或组织可以利用和发掘的重要资源，甚至是关键资源。这一资源通过管理，可以转化为资本，创造出不可估量的国民财富。

把创意作为管理的研究对象，并非今日才有，可以追溯到创新管理，创意作为创新管理的模糊前端被提及。但由于创新管理关注的核心和重点是创新问题，因此，数十年来这一模糊前端始终处于较为模糊的状态：或者一笔带过，或是寥寥数行，或是以头脑风暴表述，或者以合理化建议呈现，总之，是一种轮廓化的“素描”。所以，到今天，西方还没有像创新管理一样，形成一个系统化的创意管理研究领域，构建起一个管理学的分支学科。在中国，追随西方创新管理的思维与逻辑，也自然局限了我们对创新管理的反思与批判，及对创意管理的想象与探索。

事实上，沿着创新的管理路径溯流而上，当我们重新审视创意，也许会发现创意这一广袤的大地，一如长江之上壮阔的青藏高原。我们会惊讶，创意本身蕴藏的巨大力量。这一力量，并不局限在创新范畴——仅仅作为创新的前端而存在而附属。创意，本身就是资源的富矿，是资本的引爆点，是新经济的推进器，是老产业的催化剂。这一巨大的力量背后，其强有力的支撑，正是文化！

乔布斯推动的苹果公司给全世界带来的一波又一波创新性的冲击，深刻地改变了人们的生活方式，其灵魂恰恰是乔布斯的伟大创意。他的创意，来源于东西方文化的融合，来源于乔布斯在喜马拉雅山脉对东方文化的朝圣之旅。所以，与其说苹果是创新的产物，不如说苹果是创意的结晶。它高高飘扬的经幡，诠释了文化的博大精深。

放大创意的土壤，我们会发现，没有创意的释放和怒放，如何在创新的前端孕育出伟大的思想；缺乏伟大的思想，又怎么可能有令全世界尊重的产品和品牌。缺乏创新的症

结，或许正是缺乏创意的迸发；而创意缺乏的背后，正是文化的软弱！

当回到文化的源头，我们意识到，从创新视角去观察创意，仅仅是创意大幕的开启，并不足以展示创意磅礴的力量。或许，这根本上是一种西方式的研究表达。从文化的视角，才能更宏大地发现创意，才能更根本地把握创意，也才能更加自信地去重拾起我们这片古老的大地上那份曾经耀世的荣光，也才能在今天更加开放也更加紧张的世界格局中把我们文化的伟大进行更具有核心竞争力的表达。

对今天处于新时代的中国，我们看到了这种可能。创意，无疑是当下比创新更重要、更具有开启意义的钥匙。伴随着文化自信，中国必将迎来创意的春天，一个更伟大的创新时代也必然可以期待。

二、创意管理应运而生

任何新兴管理的出现，都有其广阔而深远的社会背景。创意管理的兴起与第二次文艺复兴息息相关。众所周知，第一次文艺复兴出现在 13 世纪末叶，当时的意大利最早产生了萌芽，新兴的资产阶级希望冲破神学的束缚，在复兴古希腊、古罗马文化的名义下发起了人文主义运动。这一运动在意大利各城市兴起后，逐步扩展到西欧各国，16 世纪盛行于欧洲。

第二次文艺复兴则兴起于 20 世纪末，以 1998 年英国政府颁布的《英国创意产业路径文件》为标志。英国曾经是世界上最强大的国家，在即将到来的新千年，为重振雄风面临何去何从的战略决策。英国政府认为，与美国的技术创新比较，文化是英国具有优势的资源，这一资源有可能通过创意而成为有竞争力的新兴产业，成为国家的竞争优势。《英国创意产业路径文件》颁布后，迅速引起全球的关注，美国、澳大利亚、日本、韩国、中国、印度等发达国家和发展中国家，纷纷从国家层面制定了创意产业（或版权产业、内容产业、文化产业）的发展战略。短短十余年的时间，创意产业盛行全球。以韩国为例，2000 年韩国创意产业占 GDP 的比重仅为 2%，到 2019 年这一比重超过了 10%，创意产业成为韩国当之无愧的新兴支柱产业。

第一次文艺复兴与第二次文艺复兴均起源于欧洲，但第二次文艺复兴却能够迅速扩展到全球，反映出文化经由创意而产生的影响力，已经远远不止于社会和思想层面，更在经济和实践层面深刻地吸引和影响着全人类。与第一次文艺复兴比较，第二次文艺复兴主要有以下三个方面的发展：第一，以人文精神为中心发展到以人文创造为中心；第二，从艺术大师推动到创意大师推动；第三，以艺术作品为代表发展到创意精品为代表。第二次文艺复兴为创意的价值及其商业实现提供了丰厚的土壤，也从微观层面为创意管理的诞生奠定了坚实的基础。或者说，正是微观层面逐步深入的实践和变革，呼唤着创意管理的出现。微观层面的变革，可以概括为人的属性和企业属性的变化。

首先从人的属性来看，在机器工业的驱动和经济学的影响下，长期以来人通常被理解和塑造为抽象的经济人，极大忽略了人的其他属性，其中最为重要的是崇尚个性、追求美好生活、以文化为基础的“文化人”属性。我们这里所说的“文化人”，不是狭义上的文化工作者、艺术工作者，而是每一个普通的个体。在“文化人”的背景下，人人都是文化人，个个都是艺术家。

作为人的多元属性的“文化人”的凸显，也体现出有限理性下消费日趋不确定的效用多元回归。这是因为经济上的越来越多效用对人们的满足渐渐饱和，不断上升的经济效用日趋不确定和效用递减，使得人们可以用文化效用替代和弥补经济效用，从而使个人综合效用实现最大化。

其次，就企业的属性而言，企业不只是生硬的、冰冷的追求利润最大化的经济主体，更是生动的、温暖的追求个性和创造美好生活的文化主体。企业与文化结合的意识正日益明显，氛围正日益浓郁，程度正日益上升。举例而言，苹果企业就不单纯只是一家制造企业、一家科技企业，更是一家文化企业，它是文化与科技融合的典范，展现了制造业文化化的必然趋势。中国具有代表性的两家企业：万达集团在经历了住宅地产、商业地产后，正向文化地产进军；阿里巴巴 2013 年在令业内人士惊讶地宣告组建音乐事业部后，2014 年更是巨资控股香港上市的文化中国，由此进入数字娱乐的版图。以上昭示，一种“个个都是文化企业”的发展气势在今日之中国，已是山雨欲来风满楼。

企业强调文化治理，追求成为文化企业，也凸显出有限理性下生产日趋不确定的价值多元回归。也就是说，在日趋激烈的市场竞争下，产品的经济价值日趋不确定，因此生产者可以增加和丰富产品的多元价值，特别是文化价值，以满足消费者日益凸显的多元价值的消费需求，从而提高产品生产价值的确定性。

以上社会的变革到企业的变革、人的变革，呼唤着创意管理的出现，由此构成了创意管理产生的深厚的时代背景。

三、创意管理的五个基本特征

一是产品的新奇特征。创意产品是生产者和消费者适应新奇观念的市场，因此，新奇是创意产品的重要标志，是创意产品产生经济效益的引擎。

二是生产的合作创作特征。创意产品是文化和经济的合作演化，因此，单纯的文化创作或纯粹的经济行为，都不能完整表达创意产品的实质，或导致文化缺乏经济活力，或导致经济失去文化依托。基于此，创意产品的生产过程相比于一般产品的生产过程，更强调文化从业人与生产经营者的合作创造。

三是消费的文化身份特征。消费者对创意产品的新奇性进行消费，从其消费偏好，反映出消费者的文化品位，从而本质上体现出消费者对自身潜在的文化身份的一种认同和追求。这种身份的认同和追求，不同于一般意义的高档产品消费。在高档产品消费中，尽管消费者也体现出一种身份，但主要是基于经济身份，具有炫耀性。而文化身份，是消费者对自身精神活动的一种追求，具有较强的隐秘性。这一对文化身份的消费，是一种比炫耀性消费层次更高的消费，是在工业文明基础上发展出来的一种更高层次的文明。

四是价格的社会网络特征。由于创意产品的新奇性，使得创意产品对消费者而言，具有更大的信息不对称，其定价表现出更大的不确定性；但同时，由于文化创意的社会特质，使得创意产品的价格确定可以借助更加显著的社会网络实现。即是说，面对不确定的创意产品，消费者的选择不仅仅取决于传统的市场价格，更取决于复杂的社会系统中其他个体消费者的消费行为。

五是空间的体验特征。产品的新奇特征，要求通过一定的体验完成；消费的身份特征，也要依赖于个体行为与其他个体行为的相互体验实现。因此，创意产品的市场空间，不仅仅是一般产品市场的简单买卖空间，更应是适应创意产品的新奇特征、满足个体消费者互动需求的体验性空间。通过体验性空间，可以更好地实现消费者与产品、消费者与生产者、消费者之间的关系互动和相互认同，促进创意产品市场的发展和繁荣。

四、推动创意管理学的建设

（一）学科界定

创意管理学是从微观管理角度系统研究创意管理活动的基本规律和一般方法的一门正在迅速成长的、充满勃勃生机的工商管理新兴学科和交叉科学。其研究目的，是在资源约束的条件下，企业如何基于文化资源，通过创意，从商业化角度对文化价值进行发现、挖掘、呈现和延伸，以实现文化价值和经济价值的综合价值最大化。

不同于文化管理学或艺术管理学，创意管理学是以文化或艺术为研究基础，以文化创意或创意为主要研究对象，以管理学方法为主要研究工具，以创意的价值及其商业化实现为主要研究内容，也就是创意的微观管理问题。

（二）理论创新空间

创意管理学的出现，经历了文化产业理论、文化经济理论、创意产业理论的发展过程。但创意管理学本质是企业管理学范畴，作为一种新兴的管理现象所隐含的创意管理问题，现有的企业管理理论却难以给予充分的解释。

从演变历史来看，企业管理理论经历了古典管理理论、现代管理理论到当代管理理论的发展变化。我们注意到，现有的企业管理理论是以工业时代为背景，以技术创新为取向发展起来的，其主要特点是效率和系统。成本导向的效率恰恰导致手工、民间艺术等生存空间的消失，而讲究集成的系统则抹杀了文化的个性，大批量生产的同质化产品无法体现出创意产品的的灵魂性和新颖性。

后工业时代发生了重要变革，从社会的变革到企业的变革、人的变革，在变革中企业管理的实践和理论面临重构，新当代管理理论有待创造性地建立。新当代管理理论面对的一个重要事实是，文化要素成为经济增长新的要素，文化资本成为经济增长新的动力。源于文化并通过创意而形成的文化资本，正在从宏观、中观和微观层面形成经济增长新的驱动力。而随着文化资本成为经济增长新的驱动力，新当代管理理论的一个重要内容就是创意管理学的形成与发展。

（三）国外发展概况

创意产业首先在英国兴起，而后席卷全球，但从微观研究层面，基于管理学进行系统研究和深入分析的创意管理，却在起步中。目前，涉及创意管理学的研究成果呈现碎片状的特征，其中较为代表性的有：Bilton 著的《Management and Creativity》是西方学者从文化经济学、创意产业学转向创意管理研究的重要跨界作品，侧重从组织结构、企业战略角度讨论了创意管理问题。Holt 和 Cameron 合著的《Cultural Strategy》是文化创意在品牌战略管理方面理论与实践结合的一部优秀著作。此外，Kao 所著的《Jamming：The Art and Discipline of Business Creativity》、Colbert 著的《Marketing Culture and the

Arts》等，也对创意管理的早期发展具有推动意义。

从学科层面来看，以英国为代表，已经形成了较为完整的创意产业管理学科和教学体系。他们的研究主要立足于文化传媒学科，具有跨学科的视角。以英国利兹大学创意产业管理硕士专业为例，他们开设的主要课程有艺术管理、文化评判、文化政策、企业咨询、创作、观众体验等，而立足微观管理视角的创意产品开发、创意生产管理、创意产品营销等核心课程则是缺失或不同程度缺乏的，相应更缺乏工商管理的研究方法支撑。

（四）国内发展展望

正像第一次文艺复兴带来了文学、美术等人文学科的发展，第二次文艺复兴在艺术与商业结合下的广阔而深远的创意发展背景，无疑为管理学，特别是创意管理的诞生提供了丰厚的土壤，催生着创意管理学的发展。

近几年来，中国管理学界一直在热烈讨论和深切关注中国管理学者对世界管理学发展的贡献。我们应该意识到，相比于西方专注于创新管理——由文艺复兴人文思想解放后引致的创新探索，中国管理学者更需要重视创意管理——由全球“第二次文艺复兴”所带来的人文创造力释放，才可以更好、更持久地支撑创新。这是中国式创新的一种内生表达，也是中国管理学者的内生性创新路径。这种更加突出厚重的中国文化所激发的管理思想，也才能更加彰显中国的内在力量。

参考文献

[1] Throsby D. Economics and Culture[M]. Cambridge: Cambridge University Press, 2001:45-48.

[2] Graeme Evans. Creative Cities, Creative Spaces and Urban Policy[J]. Urban Study, 2009, 46(5&6):1003-1040.

[3] Baumol W J, Bowen W G. Performing Arts: the Economic Dilemma[M]. New York: Twentieth Century Fund, 1966:161-209.

[4] Miege, Bernard. The Capitalization of Cultural Production[M]. New York: International General. 1989:9-12.

[5] Chris Bilton. Management and Creativity[M]. Oxford: Blackwell Publishing Limited, 2006.

[6] Douglas Holt, Douglas Cameron. Cultural Strategy[M]. Oxford: Oxford University Press, 2010.

[7] Kao J J. Jamming: The Art and Discipline of Business Creativity[M]. New York: Harper Business, 1996.

[8] Francois Colbert. Marketing Culture and the Arts[M]. New York: Paul & Co Pub Consortium, 1995.

[9] 熊彼特. 经济发展理论[M]. 何畏，易家祥，等译. 北京：商务印书馆，1990:109.

[10] 本雅明. 机械复制时代的艺术品[M]. 李伟，译. 重庆：重庆出版社，2006:1-18.

[11] 赫斯蒙德夫. 文化产业[M]. 张菲娜，译. 北京：中国人民大学出版社，2007:8-12.

[12] 霍克海默，阿多诺. 启蒙辩证法[M]. 洪佩郁，蔺月峰，译. 重庆：重庆出版社，1993：120-132.
[13] 凯夫斯. 创意产业经济学：艺术的商业之道[M]. 孙绯，译. 北京：新华出版社，2004.
[14] 理查德・佛罗里达. 创意阶层的崛起[M]. 司徒爱勤，译. 北京：中信出版社，2010.
[15] 约翰・霍金斯. 创意经济：如何点石成金[M]. 洪庆福，译. 上海：上海三联书店，2006.
[16] 杨永忠. 创意管理学导论[M]. 北京：经济管理出版社，2018：1-26.

作者简介

杨永忠，中国创意管理学的开创者；四川大学商学院教授，博士生导师，四川大学创意管理研究所所长，中国创意管理联盟联合主席，国家创意管理专委会主任。先后担任《中国创意管理前沿研究系列丛书》主编、《创意管理评论》主编、《国际创意管理前沿教材系列》主编，发起成立的中国创意管理论坛产生了广泛的社会影响。代表作《创意管理学导论》。

“标准化”助推制造业数字化转型的对策建议①

王黎萤

摘要：高度重视和发挥技术标准的顶层设计和引领规范作用，是实现数字经济高质量发展的重要任务。加快先进标准供给，深入实施“标准化+”行动，是促进制造业数字化转型升级的关键举措之一。本文在分析标准化推动制造业数字化转型重要意义的基础上，分析了中国制造业数字化转型及标准化建设存在的主要问题及其原因，提出了中国制造业数字化转型中加快标准化建设的思路和对策。

关键词：标准化；数字化转型；制造业

数字经济成为全球主要国家抢占新一轮经济发展制高点和提升国际地位的重要抓手。在世界主要国家积极布局数字经济发展的背景下，标准正成为各国竞争和制造壁垒的重要手段，对中国制造业数字化转型带来新挑战。标准作为国家质量技术基础（NQI）的核心要素，已经成为全球经济贸易活动和产业合作最重要的技术基础和技术规则，在推动产业数字化转型中发挥重要的桥梁纽带作用。中国在经历了“DVD事件”“3G标准之争”“中美WAPI之争”等众多“标准之痛”后，政府、企业和社会组织逐步重视和加强标准化在经济产业发展中的引领作用，大力推动标准化与产业融合发展的长效机制建设。国内外数字技术快速发展对标准化推进产业数字化转型形成倒逼机制，数字技术标准发展特征也对产业数字化转型带来独特影响。为此，制造业数字化转型应紧跟国家推动“标准化”的战略机遇，建立健全技术标准与产业数字化转型的协同机制，充分运用“标准化”助推制造业数字化转型的综合实力和国际竞争力的提升。

一、“标准化”助推制造业数字化转型的重要意义

当前，全球数字产业正处在产业格局规模化扩张的窗口期，美、德、日等国围绕核心标准、技术、平台等加速布局。数字产业竞争实质是标准竞争，美国的“再工业化”、德国的“工业4.0”和日本的“创新2025”战略等都把标准化作为重要战略支撑。构建合适战略路径和机制推动技术标准与我国数字产业创新深度融合，驱动数字产业化和产业数字化高阶演进，是实现我国经济高质量发展和提升国际竞争力亟须研究的重要问题。制造业数字化转型是通过数据集成、平台赋能与各类制造业垂直融合再造新业态新模式的创

---

① 国家社会科学基金重大项目《技术标准与知识产权协同推进数字产业创新机理与路径研究》(19ZDA078)成果。

新过程。据中国信息通信研究院测算，2019年我国产业数字化增加值约为28.8万亿元，占GDP比重为29%，其中服务业、工业、农业等数字经济渗透率分别为37.8%、19.5%和8.2%[1]。数字化技术与先进制造技术深度融合，在工业通信、工业软件等技术综合集成应用基础上组建全要素、全产业链、全价值链连接的平台枢纽，实现资源高效配置、海量异构数据汇聚和建模分析、工业经验知识转化复用，涌现出工业互联网平台、数据中台、数字化转型等新模式新业态，打造新型产业生态体系。整体来看，制造业数字化转型发展还处于初级阶段，产业创新与标准化共识正在形成，产业设备连接、产业数据采集、产业大数据应用、产业机理建模分析、产业微服务、产业应用开发环境、平台间兼容等重点领域正在成为标准化和产业推广布局重点。随着工业APP产品推出及试点应用标准化工作成为更迫切需求，急需围绕工业APP架构、开发部署、运维管理、测试验证等关键领域开展标准研制和产业化推广。

二、"标准化"助推制造业数字化转型面临的主要问题

(1) 标准化顶层设计不完善。一是适应制造业数字化转型的标准框架不全面。与工业发达国家相比，中国工业互联网标准体系不完善成为产业数字化转型的重要"短板"。工业设备网络化难、数据采集标准不兼容、多平台间互联互通的接口规范有待建立、工业互联网平台标准亟须统一、缺乏工业APP标准研制和产业化推广。二是指导制造业数字化转型的相关标准亟待补充。我国修订的300多项数字化转型标准，主要涉及基础共享标准和关键技术标准，仍有大量关键技术和内容需要标准化，亟待深挖基础共性标准、智能装备标准、智能工厂标准、智能服务标准、智能赋能技术标准、工业互联网标准以及制造业各行业的应用标准。

(2) 关键技术标准有待统一。一是制造业设备种类繁多、应用场景较为复杂，不同环境有不同的工业协议，数据格式差异较大，不统一标准就难以兼容，也难以转化为有用的数据资源，因此制造业数字化转型所需的关键标准亟须统一。二是标准联盟和标准必要专利池的建设相对滞后，标准专利池许可方式既可能促进标准统一和普及，也可能存在垄断风险，因此需要加强探索适合制造业数字化转型的标准必要专利的许可协议和标准联盟的运作机制。

(3) 标准化应用推广不充分。一是标准化工作试点示范效应不显著。针对数字化转型中的数据集成、互联互通等基础性瓶颈问题，以及跨领域、跨行业的系统集成需求，亟须开展基础共性和行业应用标准试验验证，搭建兼容性好、开放性强的数字化转型标准体系。二是标准推广为行业标准的动力不够。许多涉及基础共性类标准、关键技术类标准以及行业应用标准的内容，需要第三方专业标准服务机构参与进行数字化转型标准在原材料、装备、电子等多领域的应用普及和推广，推动企业标准上升为行业标准并最终获得推广落地[2]。

(4) 标准化国际对接不足。一是我国制造业技术标准被IEEE、IEC、ISO等国际标准组织采纳的数量有限，对国际标准组织的制修订程序和运作规则参与度还有待提升。推动企业标准国际化，亟须加强与国际标准组织间合作，推动数字化转型标准的国际互认。二是参与国际标准制定的意识还不够强，参与国际化标准组织的会议次数不多，亟须加强制造业企业的国际标准参与意识。

(5) 标准化与知识产权协同机制有待健全。一是技术标准与知识产权协同发展仍缺乏合理配套的政策，尚未形成健全完善的管理机制，间接地打击了标准采纳知识产权的积极性，阻碍了技术标准与知识产权协同推进科技成果产业化的进程。二是我国制造业数字化转型共性技术还未提炼，技术成果转移及应用创新的环境还有待营造，标准、测试评估等支撑体系仍在建设，跨领域企业融通以及区域协调的格局还未打开，联盟、企业、供应商、第三方等产业链上下游资源还未有效对接，全产业链、全价值链协同发展的态势还未形成。

三、“标准化”助推制造业数字化转型的对策建议

(1) 完善服务数字化转型的标准顶层设计。一是根据制造业数字化转型全生命周期的具体情况，开展数字化转型标准部署工作，研究制定基于国家数字化转型标准体系基础上的更加具体和适合制造业数字化转型的标准体系。二是鼓励制造业企业进行数字化改造，提高数字化转型效率。鼓励实力较强的制造业企业积极学习国外及国内先进地区对应行业标准经验，通过标准先行战略做好自身数字化转型的标准制定，鼓励该类企业开展企业标准的自我公开声明，并助力其将企业标准推广普及为行业标准，进而开展团体标准应用的试点示范。

(2) 加快数字标准研发构建数字化转型生态。一是研究制定国际先进、国内一流的先进标准体系，紧密围绕智能工厂、智能服务、工业软件、大数据和工业互联网等重点领域，凝聚产学研用各方共同开展基础通用、关键核心技术标准制定，积极参与构建数字化转型综合标准化技术体系。二是推荐和完善标准化试点项目，加快完善相关制度体系和治理体系。传统制造业中小企业建设基于信息物理系统的智能装备产业生态，发展以机器人设计、生产和集成应用为主的数字化转型，鼓励传统制造业中小企业以数字化、数字化装备的开发与应用，加快由大规模生产向柔性化、个性化定制等服务转型，切实发挥“标准化＋”对“创新、协调、绿色、开放、共享”发展的规制、引领和支撑作用。

(3) 加大对制造业参与国际标准制修订的扶持。一是鼓励制造业企业参与国际合作的同时积极参与“标准化＋数字化转型”“标准化＋现代服务”，鼓励探索设立专门负责标准化管理的组织机构，不断强化中小企业“标准化＋”意识。二是开展对主导产业国际标准、重点国家和地区的标准研究，推进标准认证和国际互认，继续整合国内标准化资源，加强与标准组织、行业龙头企业、上下游企业联系沟通，积极参与新标准制定，构建标准引领发展模式。三是积极参与国际核心标准化组织的交流沟通，充分利用中德数字化转型“工业 4.0”标准化工作组平台，开展标准化领域更深层次合作，加强具有自主知识产权的标准制定与产业化，建立兼容性好、开放性强的数字化转型标准联通体系。

(4) 鼓励第三方标准服务组织发展。一是加强标准化中介及平台建设，提升标准化服务体系水平，拓展标准研发、标准实施咨询等服务，完善建立标准信息公共服务平台，促进建立政府主导制定与市场自主制定的标准协同发展、协调配套的新型标准体系。二是建立一批创新战略联盟，形成共享产能、协同合作、共同接单、柔性生产等聚合协同效应，推动工业电子商务平台、第三方物流、互联网金融等形成业务协同创新和互动发展的“跨边协同”效应，鼓励开发开放数字化转型数据中台和数字化转型集市，使制造业企业能够便捷地获得高度实时性的基础设施，降低制造业企业打造制造执行系统(MES)的开

发及使用成本。

(5) 加强标准制定的要素保障。一是加强组织领导，建立标准化行动工作协调机制，统筹协调解决重大问题。加强标准化政策与各省经信厅、科技厅、市场监督局等机构的政策融合，打好政策组合拳。二是加强地方标准、团体标准、企业标准的制定，做好企业标准“领跑者”计划的评选，支持做好先进标准的推广、普及工作，并给予企业或团体一定比例的事后补助。三是加强队伍建设，鼓励高校开展有关标准助推企业发展的科学研究，培养有关标准化推广应用的专业型人才，鼓励党政机关领导学习标准，加强对标准的认识重视，鼓励高校、科研机构研究人员广泛开展有关标准的国际学术交流。加强舆论宣传，通过有效宣传加大社会各界对标准工作的认识和参与，选择一批代表制造业数字化转型的先进标准进行舆论宣传。

参考文献

[1] 中国信息通信研究院. 中国数字经济发展白皮书(2020 年)[Z]. 北京，2020.

[2] 王黎萤，李平，包海波，等. 中国制造型中小企业创新发展路径与政策支持体系研究[M]. 北京：中国社会科学出版社，2020.

作者简介

王黎萤，博士，教授、博士生导师，现任浙江工业大学中国中小企业研究院副院长，国家社会科学基金重大项目首席专家，浙江省中青年学科带头人，浙江省经济社会科学专家组成员，入选浙江省“151 人才工程”，中国科学学与科技政策研究会理事、数字创新管理专委会秘书长，浙江省知识产权研究会理事，浙江省中小企业研究会理事。主要研究方向为数字经济与产业创新、知识产权与科技政策、中小企业创新创业管理等。主持国家社会科学基金重大项目 1 项、国家社会科学基金重点项目 1 项，主持和参与国家自然科学基金重大国际合作项目等国家级项目 10 余项、省部级项目 30 余项、重大决策咨询课题 20 余项，多项研究成果被省级政府部门批示采纳。曾获全国高等学校科学研究优秀成果二等奖、浙江省科学技术三等奖、浙江省哲学社会科学优秀成果三等奖、浙江省高校优秀科研成果奖一等奖。

构建新型研发机构群助推产业链创新的对策建议①

隋剑光

摘要：新型研发机构作为新型科技产业力量，具有运行机制灵活、研发活动自主、创新要素集成等多方面优势，是科技创新的策源地和主战场。本文在总结广东、北京、江苏开展新型研发机构建设先进经验基础上，指出目前浙江省新型研发机构群建设存在的主要问题，提出进一步加大新型研发机构群建设力度，助推产业链创新的具体建议，以供现实工作参考。

关键词：新型研发机构；产业链；创新驱动

2018 年政府工作报告正式并首度提到新型研发机构："以企业为主体加强技术创新体系建设，涌现一批具有国际竞争力的创新型企业和新型研发机构。"新型研发机构群的建设是顺应新时期科技创新发展的要求和趋势，是积极面对复杂新形势的迫切需要，是建设创新强国的战略选择。新型研发机构萌芽于珠三角地区，目前已成为不可忽视的新兴科技产业创新力量，有力地驱动了地方制造业高质量发展。以习近平新时代中国特色社会主义思想为指导，紧密结合经济社会发展重大战略需求，瞄准世界科技前沿，引育新型研发机构群，着力实现前瞻性基础研究、引领性原创成果重大突破，全面提升创新能力。

一、先进省市新型研发机构建设经验

新型研发机构是我国特有的产物，最早的新型研发机构——深圳清华大学研究院成立于 1996 年。我国新型研发机构发展迅速，目前累计达到上千家，其中广东（297 家）、江苏（346 家）和北京（近 300 家）三省市的新型研发机构数量和质量处于全国领跑水平，有力推动了经济高质量发展。国内先进省份已经建立起多元化投资、现代化管理、市场化运营、灵活的用人机制等多种机制，并总结出多种运行模式，推动区域产业创新。

（1）引导各类资本投资发展新型研发机构

广东、北京大力推动多元化投入机制和产权组合新机制，支持新型研发机构成为创新经济发展的关键主体，有效解决科技经济两张皮问题。广东省通过"国有新制"改革，鼓励清华珠三角研究院运用自有资金、社会资本和政府产业基金投资孵化出 80 多家科创企业。北京市采用"民办官助"模式，鼓励外资投资新型研发机构，引入盖茨基金会，与

① 国家社会科学基金重大项目（19ZDA078）成果。

北京市政府、清华大学三方成立全球健康药物研发中心。北京协同创新研究院实行“研究院＋母基金”模式，由北大等 14 所高校及 100 多家高新技术企业共同运作总规模 10 亿元协同创新母基金，引导和鼓励其他高校院所、社会资本围绕特定领域建立协同创新子基金，重点支持成果产业化，打造国际公益性创新平台。

(2) 运用政策优化激发新型研发机构创新活力

广东、北京、江苏积极推进科技领域“放管服”改革，出台新型研发机构专项指导意见和管理办法。广州市率先出台“负面清单”，指导政府共建新型研发机构的经费使用，放宽科技经费使用门槛，简化审批流程，赋予科技项目负责人更大支配决策权。北京市实行“个性化合同管理制度”，对新型研发机构采用“一机构一议”的创新支持政策和服务保障，强化机构对人员聘用、经费使用、运营管理的自主权。江苏省推动“科技成果产权化”改革，推进权能分离的知识产权资本化运作，构建以创新成果转化和知识产权评价为核心的新型研发机构分类评价体系。

(3) 强化梯度引育新型研发机构运营生态

广东、北京、江苏紧扣国家重大专项和产业链布局，部署创新链、产业策源、人才培育和企业孵化的新型研发机构运营生态。广东省采用“梯度培育”，分专项建设高水平新型研发机构、粤东西北新型研发机构以及省市各级新型研发机构，梯度推进新型研发机构示范基地建设。北京市强化“顶端突破”，着力支持培育与国际接轨的世界一流新型研发机构，聚力引进一批战略性科技创新领军人才及其高水平创新团队，积极探索原始创新到产业化的新模式，推动新型研发机构衍生孵化瞪羚独角兽企业。江苏省按照“一区一产业一机构”规划布局，组建产业技术创新战略联盟并承担各类科技计划和工程项目，建立公共技术创新平台和产业技术研发体系，提升重点产业技术创新能力和国际竞争力。

(4) 突破体制藩篱助力新型研发机构持续健康发展

北京、广东、江苏推动新型研发机构管理变革，打破行政边界和部门分割向新兴产业共同体转型。广东深圳鹏城实验室实行“实验室平台”模式，建成“云脑”“靶场”“云网”三大科学装置平台，开展跨学科、多领域、大协同的基础研究和应用研究。北京石墨烯研究院推出“研发众包”协同创新机制，与燕园众欣公司组建 5 个研发众包中心，共同推进石墨烯涂料研发和产业化。江苏省产业技术研究院创新“一所两制”运行机制，探索“技术研发＋专业孵化＋投资基金”的运营方式，已建设新型研发机构 47 家，衍生孵化科技型企业 504 家，累计实现研发产业产值超 2000 亿元，有效发挥产业创新策源的功能与效用。

二、新型研发机构群发展面临的主要困难

浙江省是最先提出创建国家实验室的省份。之江实验室是国内首个混合所有制事业单位性质的新型研发机构，阿里巴巴达摩院致力于开展基础科学和创新性技术研究。但浙江省新型研发机构群建设短板依然突出，仍存在一些机制体制障碍，极大地制约新型研发机构群的进一步发展。

(1) 体制机制“突破难”

部分省属科研院所、高校下属科研机构仍受传统单位属性束缚，回避市场机制，产权

激励、资本运作、人事制度等运行机制仍较为僵化，研发机构市场活力受到极大抑制。正在转型的传统研发机构存在治理结构不适应，权责利关系不够清晰合理，在项目管理、人才流动、经费使用等方面仍缺少自主权。已建成的混合所有制的新型研发机构存在融资约束障碍，引入社会资本投资占比仅为两成，多元化投资机制尚未成熟。

(2) 政策扶持"力度弱"

专项政策缺位，各市区对新型研发机构认定和建设的重视程度、财政经费投入比重等存在较大差异，对新型研发机构发展仍缺乏精准定位，缺乏对新型研发机构的分类扶持计划和分类管理评价。部分市区缺乏面向非营利科研机构的普遍性的支持政策，尤其是鼓励各类资本以不同形式开展科研活动、建立各种运作机制研发机构的政策支持。现有扶持政策存在落实难度较大，财政建设资金、土地要素保障等受限，机构融资、承担国家科技计划等方面受阻，新型研发机构建设中遇到资金、人才及设备等新难点。

(3) 运营模式"禁区多"

目前部分已建成的新型研发机构由于建设投入大、回报慢，很难从市场筹集足够的建设经费，扶持经费不仅数额有限，而且受制于政府资金的投入和管理方式，导致支撑产业所需的规模和能力难以发展起来。民办新型研发机构在社会资本引入，尤其是外资引入过程面临法律法规不完善、执行流程不明确，无法保障研发机构获得稳定而持续的运营资金支持。浙江省实施"一法两条例"促进科技成果转化成效显著，但为避免国有资产流失，仍存在高校与科研院所游离于产业创新体系之外、传统研发机构的研究成果与市场需求脱节的问题，导致新型研发机构自身造血能力不足。

三、推进新型研发机构建设的对策建议

第一，加快战略布局和分类引导新型研发机构群建设发展，构建洼地效应超强的区域创新系统。一是紧抓国家促进新型研发机构建设的重大战略机遇，以推动新型研发机构高质量发展为抓手深化创新型省份建设，明确新时期新型研发机构的发展定位、规划布局和战略任务，进一步完善有关创新平台、创新组织建设的政策文件、规划指引，明确把新型研发机构作为中心环节和建设重点，使省市创新平台创新组织建设发展更加聚焦聚力，建构区域创新生态坚实高效的组织单元系统。二是突出新型研发机构的梯度培育和差异定位，探索建立高水平引领、产业协同发展、省市各级支撑的新型研发机构群的梯度培育体系，引导高水平新型研发机构着力前沿引领技术和产业关键共性技术研究开发，产业协同新型研发机构定位在科技成果应用和产业综合服务创新载体，省市各级新型研发机构定位在重大科技项目承接和科技企业孵化，形成创新要素整合集聚的区域创新生态。

第二，深化特色新型研发机构体制机制改革，促进高端创新要素融通发展激发创新活力。一是充分发挥长三角区域民营经济优势，支持民营企业主导型新型研发机构建设，鼓励探索"民办＋多元"新型研发机构，推动以企业平台化赋能新型研发的模式创新，支持企业主导的新型研发机构整合全球优势资源推进自主研发和整合创新，承担与国际接轨的大科学项目和国家重大科研项目，为新型研发机构发展开辟"长三角之路"。二是促进多元化投资，支持民间资本和外资参与新型研发机构建设，推进建设长三角创投产

业联盟，深化科技金融合作，研究机构及核心成员可通过自有资金或无形资产作价进行投资，也可吸纳社会风险资本设立母基金或者与外部风险投资机构建立战略合作，引入风险投资，增强造血功能。三是推动市场化运行，坚持“谁举办、谁负责，谁设立、谁撤销”的原则，根据科学研究、技术创新和研发服务实际需求，自主确定研发选题，动态设立调整研发单元，灵活配置科研人员、组织研发团队、调配科研设备，设计成果转化风险防范机制，给予制度保障和发展空间。

第三，打造新型研发机构高质量发展的政策先行区，发挥创新型省份建设的示范效应。一是紧抓国家促进新型研发机构发展的政策红利和创新红利，加大力度谋求政策突破，进一步细化支持新型研发机构发展的负面清单制度，深化推进涉及研发机构“最多跑一次”政策落地，大幅度降低研发机构在经费使用、成果转化等制度交易成本。二是加大相关政策文件和重点支持制度，建立市场导向的合作机制，提升新型研发机构内部治理水平，推动理事会职责落实，探索新型研发机构面向中小企业开展研发代工的开发资源和能力共享等协同机制，强化新型研发机构从事科技研发、成果转化、企业孵化、人才培养四位一体的功能优势。三是深刻领会树立“一体化”意识和“一盘棋”思想的内在要求，积极搭建长三角、珠三角、京津冀等区域新型研发机构开展协同创新的对接平台，推进大型科学仪器设施等科技基础资源开放共享，鼓励新型研发机构创建区域“创新飞地”，开展区域产业创投联盟，深化科技金融合作。

第四，依托新型研发机构群创建标志性产业链，促进产业布局优化和产业结构升级。一是加速培育数字经济高地，发展“高端标志性项目”，推广广东建设人工智能与数字经济实验室、“天河二号”等高端项目的数字产业治理经验，推进高端技术领域的新型研发机构建设，把“应用性”当作数字经济的重要突破口，聚焦“应用端”下功夫，推动先进省份建成全球先进制造基地、国际领先的“数据大脑”、世界级“数字湾区”。二是整合数字产业新型研发机构群资源，培育“全球数字贸易中心”“全球数字产业集群”，建设数字安防、云计算、大数据、跨境电子商务、新材料等若干个世界级新型研发机构群，培育 2～3 家全国有影响力的产业数字化新型研发机构，兴建一批“无人车间”和“无人工厂”，借由新型研发机构群资源实现传统产业重大技术改造升级。三是提升新型研发机构群在制造业产业链中的核心地位，发挥新型研发机构群的创新融通和资源交换职能，增强大中小企业间的协作配套能力，支持新型研发机构承接产业链各端需求，全面融入企业资源整合、质量输出、技术革新等环节，实现强链、延链、补链效果。

第五，着力整合高端创新资源，推动新型研发机构群的高质量发展。一是主动策应长三角区域发展一体化，发挥“四廊两区一带”协同创新作用，进一步放大杭州、宁波国家级高新区的溢出效应，拖动沿线各地人才规划接轨，战略科技人才和高端创新团队等创新资源共享。实施科技人才推进计划，突出“双引双育”，建立更加开放、更有力度的高层次人才引进培育机制，标准化推进“外国高端人才创新集聚区”建设，推广“人才飞地”模式，在全国范围内全方位打造高科技人才孵化器。二是深化“产教融合”，鼓励企业与高校联合培养高端技术人才和高技能人才，引入先进科技成果，研究和开发前沿技术、新产品，对接国内前沿产业及资本以及实现项目产业化，建设有利于吸引人才、留住人才、促进人才创新创业的环境，集聚高水平人才。三是加强对新型研发机构的绩效评估研究，开展对新型研发机构的后续认定、考核、扶持、评估、追踪评价等绩效管理，出台对机构发展、科技创新活动、人才集聚、创新产出、技术辐射、科技成果转化效益以及自主发展能力等情况开展全面评估和定期绩效评价的管理办法。

作者简介

隋剑光，现任浙江省政府参事，中国汽车流通学会名誉副会长、浙江省商贸业联合会会长、浙江省国际商会副会长。曾任浙江省物产集团有限公司总经理、副董事长，兼任浙江物产融资租赁有限公司董事长。

发挥中医药独特优势，促进中西医协同发展①

丰志培

摘要：综合运用中医药理论与方法，充分发挥传统中医药的独特优势，推动中西医的深度融合，是当前乃至更长时期我国医药科学和卫生事业的重要任务。“坚持中西医结合、中西药并用”是党中央做出的重大决策部署。本文在回顾我国中医药抗击传染病的实践经验和促进中西医结合的方针政策基础上，从理论体系、评价标准和人才建设三个角度分析目前中西医结合的困境，进而提出相应的对策建议。

关键词：中医药；中西医结合；发展对策

一、中西医结合是现代医学发展的必由之路

中医药学是中华民族的伟大创造，是中国古代科学的瑰宝，也是打开中华文明宝库的钥匙，凝聚着深邃的哲学智慧和中华民族几千年的健康养生理念及其实践经验，为中华民族繁衍生息做出了巨大贡献。据中国疫病史的相关记载，自西汉时期以来，中国先后共发生过 300 多次疫病，由于中医药全程参与了疫病的治疗，疫情在较短时间内得到了有效控制，从未产生像欧洲国家那样一场疫病就造成数千万人死亡的悲剧。

新中国成立以来，“中西医并重”一直是我国卫生与健康工作方针的基本要点。20 世纪 50 年代，中医药预防和控制了乙型脑膜炎，70 年代青蒿素的成功研发为世界抗疟疾做出了巨大贡献，挽救了数百万人的生命。2003 年中医在非典疫情控制上效果显著。新冠肺炎疫情期间，习近平总书记高度重视疫情防控和恢复生产问题，多次召开会议研究部署，做出要“不断完善诊疗方案，坚持中西医结合”的指示。2020 年 6 月 2 日习总书记在专家学者座谈会上再次强调“中西医结合、中西药并用，不仅是此次新冠病毒肺炎防控的一大特点，也是中医药传承精华，守正创新的生动实践”[1]。2020 年 6 月 7 日由国务院新闻办公室发布的《抗击新冠肺炎疫情的中国行动》白皮书中提到“坚持中西医结合、中西药并用，发挥中医药治未病、辨证施治、多靶点干预的独特优势，全程参与深度介入疫情防控”[2]。以此次疫情防控为契机，中医药和西医药优势互补、协同发展，对促进医学模式转变、推动重大传染病、慢性病及疑难病症防治、加快健康中国建设具有重要贡献。

① 安徽省生物医药产业科技创新专业智库项目、安徽省科技创新战略与软科学研究项目《创新视角下中药产业升级关键环节研究》成果。

二、目前中西医结合存在的主要问题与困难

在习近平总书记关于坚持中西医结合诊治的重要指示下，经过各级政府和全国中西医工作者的不懈努力，目前我们在中西医结合工作中取得了一系列成绩。然而，在中西医结合的过程中也存在一些不可避免的问题。例如，在本次新冠肺炎疫情防控中，是侧重以中医理论指导治疗，抑或是以西医理论指导治疗，还是按中西医结合的新理论协同治疗，在早期还是有争议和分歧的。在疫情前期，确实存在中医药介入治疗少或难以有效介入问题，中西医并重方针没有得到全面贯彻落实。此外，由于大众对传统中医还存在一些片面性认识，加上在现实中中医和西医的地位确实还存在一定差距，中医药振兴愿景的实现还存在不少困难，而中西医结合也还是机械的、表面的组合，中西医依然是各行其道，距离中西医协同融合还有很长的路要走。究其原因，中西医结合主要面临以下困难：

（一）中西医结合内涵不明确，基础理论体系尚不健全

由于地域和历史文化背景的不同，中西医的思维、指导原则不尽相同，中西医目前还处于不同的医学体系。传统中医药中体现着中国古代的哲学思想，主张从宏观、整体等角度论证人体生命活动周期的规律，调节人体整体的平衡，辨证施治思想具有灵活性和科学性，中药配伍的有效性与便捷性能够满足快速有效抗击新冠肺炎等流行疾病的现实需要。而西医则以实验研究为基础，运用生物学手段，建立特异性病因学，运用现代科技辅助疾病的诊断与治疗。因此如何界定中西医的内涵并将中西医有效结合值得深入研究。

在现实中，我们很难界定什么是中西医结合，是在疾病诊治中同时采用中药和西药？还是在中医诊断中引入先进医疗设备？中西医结合的内涵和外延仍然停留在理论的层面，并未有实际的临床检验。中西医结合理论范式仍处于"结而未合"的状态，疾病的治疗同时采用了中医药和西医药，但是由于缺少系统的理论指导，仅仅将机理不同的几种药物进行简单的叠加，往往难以取得较好的疗效，因此中西医结合治疗方法还是低水平的、机械式的联合治疗，处于结合的初始阶段，还未得到深化。

（二）中西医结合缺乏统一的评价标准

虽然中西医结合在疾病防治方面的优势和疗效得到了普遍认可，但是由于缺乏系统的理论体系和完整的评价标准，极大地阻碍了中西医结合成为一种学术体系的演进过程，同时也制约了中西医结合诊疗规范化的开展。中西医使用的是两种不同的标准体系，不能用同一种标准来评价两种不同的医疗体系。中医根据病因、病情、病理进行辨证论治，强调因时、因地、因人制宜，其评价标准体系自成一派，因此不能完全按照西医的逻辑和程序去统一。不同于西医的诊疗过程，不同中医对于不同的疾病会做出不同的诊断，开具的处方和用药量的多少也不同，这源于中医多年的理论与实践经验，不容易"量化"。如果要求中医完全按照西医的规范化、固定化模式和标准开展疾病的诊治，对于中医来说，这样的标准化不仅很难建立，而且在实际的诊疗过程中也难以操作。

（三）中西医结合人才队伍建设比较薄弱，高层次人才不足[3]

中医药在抗击新冠肺炎疫情中效果显著，同时也暴露了中西医结合人才不足的问题。面对传染病频发的新形势，如何培养高素质的中西医结合人才，构建中医防治传染病人才体系，打造一支专门应对突发传染病的高水平人才队伍任务艰巨。

传统中医的发展基础相对于西医来说还比较薄弱，中西医结合临床一体化师资缺乏问题突出。中西医结合发展要求更高水平的师资队伍，教师不仅要熟悉中医和西医的基础知识、梳理清楚两者之间的辩证关系，而且能够在实际的临床治疗中灵活运用所学的中西医理论，实现中西医的有机结合。目前，中西医结合的教师队伍普遍不具备这方面的能力。

在各种新发突发传染病的救治中，急需培养一批熟练掌握中医辨证思维和西医科学实验思想的复合型人才。虽然早在新中国成立初，国家就提倡发展中西医结合，但最早一批的中西医结合专业人才已步入花甲之年，离开了一线岗位，中西医结合青年骨干还相对缺乏，出现人才断档局面[4]。我国不乏擅长治疗急症重症的医疗人员，但能进一步结合中西医的高层次人才显然是不够的。尤其是面对新型传染病，能够充分了解中西医两种医学特点，并能将两种医学体系理论结合到诊疗实践中的临床人才十分短缺。

总之，在新的医疗模式和疾病谱的变化下，中西医有着各自的优势，也同样存在不足之处；中西医的融合发展面临难得机遇，也伴随着巨大的挑战；中西医在治疗上相互协调、在理论上互为其用，这些都表明中西医结合具有广阔的发展前景与巨大的生存空间。中西医结合的必然性要求我们不断吸收中西医各自优势、协同发展，创造新的理论和方法，为人类生命健康发挥更大的作用。

三、中西医结合的发展对策

从新冠疫情防控到维护和促进人民健康，如何更好地发挥中医药的独特优势，推动中西医结合发展，值得深入研究。为此，本文提出以下几点建议：

一是加强理论研究，实现理论体系的突破与完善，为中西医结合诊疗方案贡献智慧。中医学以气一元论、阴阳五行学说为哲学基础，以整体理念和辨证论治为指导原则，归纳总结中医基础理论和临床诊疗经验，阐释人体生命活动规律，为宏观医学，重视整体。西医理论是建立在系统生物学基础上的体系，把人看作机器，将治病看作机器的组装、拆卸，是一种实验医学，重视微观局部。中西医的理论体系各有所长，为避免治疗方法的"一元论"，中西医结合要吸取两者理论体系中的精华，协同配合，找准中西医结合的切入点，构造一种能指导临床诊疗和促进未来医学进步的新医学模式。

从实践中探寻规律，构造完整理论体系。具体来说，广大中医、西医医务工作者在共同抗击疫情以及后疫情时代的疫情防控工作中，要注重在临床救治中做好科研数据的收集与研究，为不断完善诊疗方案提供新思路。我们需要发挥中医循证医学的理念，针对中医药治疗疑难杂症的独特疗效，开展中西医的协同创新，并推出一批中西医结合的诊疗方案，将理论应用于实际的医疗卫生工作中。

二是强调中西医结合的标准化，制定中西医结合诊疗技术规范。中西医结合的标准化有利于推动我国中医药学向更高层次发展。国家相关部门近年来颁布了一批涉及不同方面的中医药标准和规范，但中西医结合的诊疗技术标准建设还存在不足。国家中医药管理局应发挥主导作用，进一步出台有关发挥中医药特色优势的措施，从队伍建设、临床科室建设、重点专科建设等方面制定中西医结合诊疗技术规范，使中西医临床诊断工作更加合理有序[5]。此外，临床科室应当设立常见病及中西医结合优势病种诊断和治疗项目，制定能体现临床实践特点，并突出传统中医药独特优势的中西医结合诊疗方案。

在实际的临床问诊中，中西医诊断科技术语标准化、中西药剂量标准化和中西医结合的病历书写规范同样不可忽视。不少西方国家自21世纪初就大力主张科技术语标准化工作，但我国在这方面起步晚，因此需要进一步制定关于中西医结合的相关标准，提高诊疗过程的科学性和规范性。由于中药和西药在药理和作用机制上的差异，几种药物配合治疗未必会产生“1＋1＞2”的效果，有时会适得其反，因此有必要规定中西药使用的剂量标准，同时要进一步规范病历书写和病案整理，提升中西医结合的正确性和可行性。

三是加强中西医结合专业技术队伍建设，重视中西医结合人才培养。各医疗机构应组织中西医医务人员加强对突发传染病诊疗方案及文件的学习，定期开展中西医间的相互交流、协同合作，共同提高对新发突发传染病的医疗救护水平。医疗机构也需要从组织、资金、政策和文化氛围保障等方面建立人才培养保障机制，成立专门的领导小组，设立中西医结合人才引进培养的专项资金，提高中西医技术人员的福利待遇，从而吸引人才、留住人才[6]；设立专门的中西医结合专家组和科室，指导开展疾病防治工作。积极开展中西医结合的教育与培训，对在职中西医结合人员进行继续教育，从而提高中西医结合队伍的专业素养。进一步加强中西医结合专业人员的资格考核与评审，制定切实可行的中西医结合专业技术人员考核方案，促使中西医结合人员不断提升自身的知识储备和临床救治能力。

四是健全中西医结合医疗服务体系，建立信息共享的中西医结合防控机制。首先，落实《中共中央　国务院关于促进中医药传承创新发展的意见》要求，“建立综合医院、专科医院中西医会诊制度，将中医纳入多学科会诊体系”[7]，更好地发挥中医药在疫情防控和疾病诊治方面的独特优势。其次，医院要制定体现中医特色优势的战略规划并投入资金，定期开展中医院、中西医结合医院学术交流活动，鼓励综合性医院全面构建中西医结合专科试点，健全中西医结合医疗服务体系。最后，运用现代科技实现中西医结合信息的透明共享，落实“互联网＋中医药卫生服务”行动，建立基本信息库、电子病历和电子处方，同时利用现有的中西医数据库，整合全球资源，研发中西医结合的智能诊断系统，推进疫情防控工作的线上线下一体化。

五是加强中医药的传承与创新，在传承中创新。要把中西医结合好，首先就需要传承好我国传统中医药的精髓，发挥中医药防治疾病的独特优势。因此，应该加强对中医药古籍的研读，弘扬传统中医药文化，增强文化信心。其次，开展中医药创新性研究，将中医基础理论和现代科学技术深度结合，基于中医药建立疾病防治系统，强化中西医结合的优势[8]。最后，促进传统中医的开放发展，将中医药纳入国际合作计划，积极开展与国际间的合作，加快我国传统中医药走向国际的步伐。

六是医药联动，中西医结合创制新药。在此次新冠肺炎疫情防控中，中药辨证处方、中药协定方、中成药、中药院内制剂发挥了重要作用，广东省药监局启动绿色审批通道批准“肺炎一号方”，广东省30家定点医院也允许使用。在疫情防控中，中西医结合开展诊疗方案设计，科研数据共享，有利于共同研发包括中药在内的新药，或者发现中药和西药的新用途。中药的研发，要在中医药理论指导下，注重人用经验和临床试验相结合，充分利用循证医学、基因组学、化学、分子生物学、信息学等现代科学方法，研究中医理论体系，诠释中医病理和中药药理，创制现代中药，为建设健康中国和造福全人类贡献力量。

参考文献

[1] 习近平主持召开专家学者座谈会并发表重要讲话[EB/OL]. [2020-6-2]. http://www.gov.cn/xinwen/2020-06/02/content_5516848.htm.

[2] 新华社. 抗击新冠肺炎疫情的中国行动[EB/OL]. [2020-6-7]. http://www.gov.cn/zhengce/2020-06/07/content_5517737.htm.

[3] 叶永安. 高层次中西医结合人才还是不够[EB/OL]. [2004-8-23]. https://www.med66.com/yishizigekaoshi/jiaodian/mu2004082302.shtml.

[4] 凌卓，张广智，莫献洁，等. 中西医结合人才队伍建设问题及改进策略[J]. 中国中西医结合杂志，2019，39(7)：872-873.

[5] 中华人民共和国国家中医药管理局. 关于印发三级中医医院、三级中西医结合医院、三级民族医医院评审标准有关文件的通知(国中医药办医政发[2017]26号)[EB/OL]. [2018-3-24]. http://yzs.satcm.gov.cn/zhengcewenjian/2018-03-24/3151.html.

[6] 郭翠娥. 转型后中西医结合医院人才队伍建设问题分析与对策建议：以北京市某中西医结合医院为例[J]. 就业与保障，2020(2)：150-152.

[7] 新华社. 中共中央 国务院关于促进中医药传承创新发展的意见[EB/OL]. [2019-10-26]. http://www.gov.cn/zhengce/2019-10/26/content_5445336.htm.

[8] 高景莘，王隽. 中医药传承创新健康服务体系的战略研究[J]. 健康必读，2020，(5)：174.

[9] 张伯礼. 谈中西医结合事业发展的方向、路径和任务[J]. 中国中西医结合杂志，2018，38(11)：1294.

[10] 周勇. 从中西医结合角度探讨整合医学[J]. 医学争鸣，2016，7(6)：1-4.

[11] 佚名. 中西医结合发展存在的问题及对策建议[EB/OL]. https://www.xzbu.com/6/view-2564988.htm

作者简介

丰志培，管理学博士，经济学教授、博士生导师，安徽中医药大学医药经济管理学院院长、安徽省教学名师，教育部首批万名创新创业导师，安徽发展战略研究会常务理事，安徽经济学学会理事。研究领域是中药产业经济。研究成果在相关领域主流期刊《中国中药杂志》《中药材》《中草药》《农业技术经济》《江淮论坛》《科技管理研究》等发表论文50余篇，获得安徽省社会科学成果三等奖1项，安徽省发改委系统优秀学术成果一等奖2项，安徽省教学成果一等奖1项、二等奖1项。

“双循环”新发展格局：复杂性思考与路径选择

范如国

摘要：如何强化双循环新发展格局下我国发展的路径选择，本文从复杂性科学、技术创新等理论出发，提出了建立“风险社会”意识，具备化外部不确定性为内部确定性的能力；构建双循环要求下应对复杂性、不确定性挑战的适应性能力；注意防范全球产业链区域化、内卷化所带来的脆弱性风险；充分认识内循环的复杂性，做好供给侧与需求侧“双侧”改革；想方设法启动内需，解决国内市场长期“欠账”问题；以国家能力强化多层次高水平创新网络建设；持续加大系统性创新、关键技术及关键领域创新能力等九个方面的建议。

关键词：双循环；复杂性；系统创新；创新网络

2020年5月召开的中央政治局常委会提出：“要深化供给侧结构性改革，充分发挥我国超大规模市场优势和内需潜力，构建国内国际双循环相互促进的新发展格局。”8月24日，习近平总书记在经济社会领域专家座谈会上，将“加快形成以国内大循环为主体、国内国际双循环相互促进的新发展格局理论”，作为改革开放以来指导我国经济发展的系列理论之一。这是党中央根据我国自身发展阶段及其要求、外部环境剧烈变化，对国际形势、宏观形势做出的最新判断，是面对高度复杂和高度不确定的国际环境，解决当前及未来一个时期内我国面临的经济及社会发展问题所做出的发展战略适应性安排。

如何认识双循环新发展格局在当前中国经济发展中的重要价值，尤其是在以内循环为主体的格局下，如何强化我国发展的路径选择，本文从复杂性科学理论与路径选择方面提出几点思考和建议。

一、建立“风险社会”意识，具备化外部不确定性为内部确定性的能力

现代社会是一个具有高度复杂性、高度不确定性的复杂系统，全球正在进入“风险社会”时代，风险成为现代社会的重要特征，并正在改变现代社会的运行逻辑与规则，人类社会的价值理念、行为方式正在被系统化地重构，全球治理演变为“全球风险社会”治理。

与全球风险社会相对应，今天中国实现自身发展目标的外部国际环境发生了剧烈变化，发展条件出现重大改变，有些方面甚至是突变，呈现出高复杂性和高不确定性特征。2018年3月份中美贸易摩擦以来，国际环境、国际局势、中美关系一直在剧烈变化，尤其是2020年的新冠疫情对中国及全球其他国家的影响，具有突变性、长期性，程度之深、层次之多、影响之重、关系之复杂远远超过了人们的预期。

国际环境发生了突变，发展条件出现了重大改变，但中国发展的根本目标没有改变，目标函数没变，面对外部环境的复杂性变化，需要做出发展战略上的适应性调整，构造出实现目标函数优化的新的发展条件。一个重要的思路，就是化外部不确定性为内部确定性。混沌理论告诉我们，不确定性中有确定性，这种确定性就是把外部环境剧烈变化所表现出来的高复杂性、高不确定性转化为一定程度上可以自我掌控的内部确定性，"双循环"新格局下要求我们掌握化外部"风险社会"的不确定性为国内发展确定性的本领，构建以内循环为主体、内外循环相互促进的新发展格局，弥补发展的外部条件急剧弱化这一"短板"，化外部世界的高度不确定性为国内经济发展的确定性、可控性。

二、构建双循环要求下应对复杂性不确定性挑战的适应性能力

中国改革开放特别是进入新世纪以来，我们曾经认为对外开放、全球化、经济互补是自然而然、天经地义的行为，但没有想到外部环境变化是如此之快，一些国家对华政策发生巨大变化，特别是中美关系的恶化，让很多即使对中美关系变坏有预期的人也缺乏足够的心理准备。

面对外部环境的剧烈变化，如果仍然采用原有条件下的发展路径、发展方式来实现发展目标，就会出现由于条件与目标函数之间的不匹配、不协同而产生的各种风险，如政治、经济、文化、科技、意识形态、军事、党的建设等。因此，面对外部呈现出的高度复杂性和高度不确定性，为了解决发展条件与发展目标函数之间不匹配所产生的冲突，防范化解由此产生的各种重大风险，需要对原有的发展条件及模式进行复杂适应性调整，构建出新的发展条件，提出新的发展路径和发展模式，实现目标与新条件、新路径、新模式的匹配、相容、协同，通过加强内部循环弥补实现目标的条件。未来我们可能还会不断遇到各种前所未有的挑战，这要求我们具备应对复杂不确定性挑战的适应性能力，创造性地化外部世界的高度不确定性为国内经济发展的确定性、可控性，防范重大风险。

三、注意防范全球产业链区域化、内卷化所带来的脆弱性风险

新冠疫情的全球蔓延，欧美等国家发现自己在许多产品生产的产业链方面严重依赖中国，导致产业链脆弱性显著增强，系统风险增大。为了降低产业链的脆弱性，增强本国产业链的稳健性、安全性和可控性，一些主要国家已经开始对全球产业链供应链进行重构，进一步强化自 2008 年全球经济危机后开始的遏制产业过度"空心化"过程后的新一轮制造企业回撤、产业链重构，全球产业链将开启区域化、国内化的"内卷化"过程，各国高度重视国内需求的满足以及国内产业体系及产业链的安全。中国作为全球产业链网络构成中的核心国家，将受到很大的冲击，企业间的关联效应会被削弱，在一定程度上将制约中国产业升级的步伐。

在上述这些情况下，我们需要加强自身产业链建设，推动产业集聚集约化发展，培育新型产业集群，以龙头企业带动产业链协同发展，围绕产业链开展核心技术协同创新，缩短科技成果转化应用的周期，防止全球产业链区域化、"内卷化"所带来的国内产业发展的供应链断裂、配套企业消失所引发的脆弱性风险。

四、充分认识内循环的复杂性，做好供给侧与需求侧“双侧”改革

复杂性科学告诉我们，不确定性中有确定性，确定性中又有不确定性，这就是混沌与分形理论揭示的深刻原理。在开启以内循环为主的双循环中，内循环也不是“一抓就灵”的，同样存在不确定性，如果在供给侧、需求侧“双侧”改革不到位，“六稳”“六保”工作不落实，内循环的效果就会大打折扣。

由于长期受到城乡二元结构、收入两极分化、区域发展差距、社会保障体系不完善等因素的影响，我国居民消费能力和消费意愿还远未得到充分激发。当前，受疫情影响及出口下滑，导致企业停工停产、社会失业、购买力下降、消费乏力等问题比较严重，国内消费能力急剧减弱，一些地方内需出现“启”而不“动”、“扩”而不“大”的现象，“六稳”“六保”任务艰巨，刻不容缓。这时，需要对国内市场需求进行有效分层，精准刺激、满足不同层次消费者的需求，防止外部市场萎缩带来的内需消费陡减，防止“中等收入陷阱”。

双循环格局下，要充分认识当前中国经济的复杂性，既要继续进行供给侧结构性改革，又需要进行需求侧结构性改革，做好供给侧与需求侧“双侧”改革。一方面提高供给体系质量，显著增强我国经济质量优势，加大收入分配制度、户籍制度、税收制度、土地制度等的改革力度，扩大优质增量供给，推动互联网、大数据、人工智能和实体经济深度融合，在中高端消费、创新引领、共享经济、新基建、人力资本服务等领域培育新增长点、形成新动能；另一方面解决受疫情影响，就业规模下降、社会购买力下降、消费乏力的问题，稳就业、保就业、保基本民生，确保收入稳定提高，持续激活消费意愿，增强需求的拉动能力，实现高水平供需动态平衡。就业是最大的民生，要加快形成“双循环”相互促进的新发展格局，实现更高质量和更充分就业、切实增加人民收入水平是重点，稳就业、保就业、保市场主体、保基本民生成为“六稳”“六保”的重中之重。

因此，能不能立足于扩大内需和国内超大市场，实现以内循环为主的新发展模式，做好供给侧与需求侧“双侧”改革是关键。

五、想方设法启动内需，解决国内市场长期“欠账”问题

20世纪70年代末期，中国开启改革开放的大门，一夜之间一个拥有十亿人口、在需求上“如饥似渴”超大规模的中国市场向外部开放，特别是向欧美国家打开。中国市场的开动，极大地促进了欧美国家产品的更新换代和产业的转型升级，促进了欧美经济与社会的繁荣。中国以自己宝贵的资源、稀缺的能源和廉价的劳动力为代价生产出来的大量价廉物美产品输出到发达国家，西方大量低端产业、传统产业则开始转移到中国。超大规模的中国市场一方面接纳了当时西方社会大量的落后产能，另一方面又为他们产业升级提供了宝贵的资金来源，以及升级后的工业产品销售市场，很大程度上支撑了他们低物价、高品质、优美环境的生活品质。

40多年的改革开放，也为国内市场发展开辟了前所未有的广阔空间。居民收入水平的持续提高，消费总量持续扩大，消费观念不断转变，消费结构不断改善，居民消费从注重量的满足转向追求质的提升，消费升级类商品快速增长，中国到了需要启动内需的发展阶段，市场供求格局发生了根本性改变，由过去注重外向型经济、市场以扩大外贸规模

为主，转向满足日益增长的国内市场需求，满足人们日益增长的高质量生活的要求。2019年，国内人均GDP已经超过1万美元，中国的中等收入群体开始壮大，中国的商品零售额2019年已经超过美国，中国成为事实上的第一消费大国。

国内经济发展的阶段和现实——中国庞大的市场，不断快速增长的消费需求和能力，要求以内循环为主体，构建完整的国内市场需求体系，想方设法扩大内需，内外互促。通过双循环，重点立足国内市场，通过加强内部循环弥补长期以来对国内市场重视不够的"欠账"问题。

六、持续加大房地产调控，严防房价上涨对国内消费的"挤出效应"

房地产价格上涨会形成居民家庭资产的高杠杆率，对提振国内消费产生不利影响。2017年以来，住房价格上涨对居民消费支出产生较为明显的影响，严控房价上涨对国内居民消费的挤出是内循环下扩大内需的一项重要要求。2018年之后，房价上涨对居民消费的挤出效应明显加大，2020年上半年，城镇居民人均消费性支出中居住占比已达到26.5%的历史水平，"房奴"效应对社会消费的拉低作用逐渐显著。要持续采取强有力措施，坚决抑制房价过快上涨势头，让房地产回归"房住不炒"的本质。

七、以国家能力强化多层次高水平创新网络建设

双循环新格局下，在重大风险和不确定性面前，需要全面强化科技创新体系化能力，强化包括政府、科研机构、企业、高校、中介机构及个人等创新主体在内的国内产业、科技、教育等复杂创新网络建设，系统整合和优化创新资源，以国家意志加大各层次复杂创新网络中核心企业、核心科研机构、重点高校在技术创新、基础研究、人才培养等方面的支持力度，加大对复杂技术网络中核心技术、关键技术研发的支持力度，加大对复杂创新网络中有潜力、有活力创新人才的培养和战略储备，加强创新平台建设，从战略上加强复杂创新网络的资源要素、组织要素、管理要素及创新生态建设；强化企业对基础研究投入比例的要求，这样才能形成对核心技术突破的有效支撑，才能化不确定性为确定性，化应急被动为主动作为。

八、持续加大系统性创新、关键技术及关键领域创新能力

习近平总书记指出，"要大力提升自主创新能力，尽快突破关键核心技术。这是关系我国发展全局的重大问题，也是形成以国内大循环为主体的关键"。双循环新格局开启的主要原因是外部世界出现的"去全球化""去中国化"，以及对我们的"卡脖子"问题。我们需要正视在关键技术关键领域长期受制于人这一现象，深刻认识加强我国系统性创新的战略必要性，在尊重重大科技创新复杂性、整体性、系统性、不确定性和关联性要求的前提下，持续强化关键领域核心技术攻关，持续强化国家系统化自主创新能力，尽快形成有自己特色的新技术、新架构、新体系，改变当前外部环境剧烈变动下的被动应急模式局面，以重大创新突破贸易保护主义壁垒和技术封锁上的"围追堵截"。

当前，我国有许多核心技术、关键领域还受制于人，如航空发动机、汽车大排量发动

机、数控制造、高铁核心部件、高端医疗设备、特种材料、手机高端芯片、操作系统等诸多战略性领域存在受制于人的“短板、弱项、漏洞”。特别是在美国不断实施与中国“脱钩”的背景下,“卡脖子”现象在一定时间内将会给我们实施双循环带来许多困扰。这种“卡脖子”倒逼我们加大在关键技术关键领域创新,进行系统性创新,补短板、补自主创新、补产业链高端,实现关键技术、关键领域的自主可控。疫情之后全球科技竞争将更加激烈,强化关键技术关键领域创新能力。推进创新驱动发展战略应成为构建双循环发展新格局的重心。

九、进一步扩大对外开放,以更大力度和胸襟加强对外合作

以内循环为主的自主创新并非是要关起门来排斥国外的先进技术和经验,相反还要进一步扩大、深化改革开放,开展高水平国际交流合作,以更大的开放力度和胸襟去应对“去全球化”,多维度、多路径嵌入全球创新网络之中,有效推进关键领域关键技术攻关来“补短板、堵漏洞、强弱项”。自主创新也有自己的边界,世界上没有任何一个国家敢于放弃国际分工和国际合作,自绝于世界而“独善其身”。要加大与“一带一路”国家、欧盟在科技创新方面的合作,构建双循环新格局下开放、自主、协同、互惠的科技创新格局。

参考文献

[1] 习近平. 在经济社会领域专家座谈会上的讲话[EB/OL]. [2020-8-24]. http://www.xinhuanet.com.

[2] 范如国. “全球风险社会”治理:复杂性范式与中国参与[J]. 中国社会科学,2017(2):685-83.

[3] 张为付,胡雅蓓. 以科技创新赋能“双循环”发展战略[EB/OL]. [2020-7-29]. http://review.jschina.com.cn.

[4] 毛征兵,范如国,陈略. 新时代中国开放经济的系统性风险探究:基于复杂性系统科学视角[J]. 经济问题探索,2018(10):5-28.

作者简介

范如国,武汉大学经济与管理学院教授、博士生导师,武汉大学珞珈特聘教授,武汉大学技术经济研究所所长,武汉大学国家治理与经济体系现代化研究中心主任;英国曼彻斯特大学商学院访问学者,加拿大多伦多大学高级访问学者。主要从事社会治理、企业管理、项目管理、能源经济、产业制造等的研究。国家社会科学基金重大招标课题首席专家,主持多项国家自然科学基金、国家社会科学基金、教育部哲学社会科学研究课题。中国技术经济学会复杂科学管理分会常务理事,中国城市经济学会理事、中国优选法统筹法与经济数学研究会网络分会副理事长。近年来,在《中国社会科学》《中国管理科学》《Energy Policy》《Energy》《Physics A》等国内外刊物上发表论文110余篇。

北三县与北京副中心协同发展的政策创新与机制创新①

胡锦澜

摘要：区域非均衡发展一直是我国经济社会的一大短板，也是制约我国高质量发展的一大瓶颈。区域断裂现象的背后，涉及深刻的历史问题与棘手的现实困境。北京与北三县的区域断裂现象就是明证。基于黑格尔辩证法（事物自身的矛盾运动），创新性提出北京与北三县区域协同发展新思想——区域一体化思想。其主要措施：一是抓住北京与北三县的区域多重内部否定性，寻求自我扬弃的源动能；二是抓住主要矛盾——政府组织与执行者的层级矛盾、公务员政绩考核标准与区域各环节的机制矛盾、区域产业结构转型升级的期望与现实的矛盾，系统消除政府与企业的两张皮现象；三是打造高水平的区域一体化平台，构建世界大市场的区域产业集群；四是坚持政策创新、制度创新与机制创新，多维度持久培育北三县与北京融合发展的动力系统。区域高质量协调发展是区域非均衡发展转向均衡发展的关键所在。本研究具有强烈的现实意义与借鉴意义。

关键词：区域非均衡发展；区域均衡协调发展；北京与北三县一体化发展

一、为什么研究这一课题

2020年8月20日习近平总书记在合肥主持召开扎实推进长三角一体化发展座谈会并发表重要讲话。他强调，要深刻认识长三角区域在国家经济社会发展中的地位和作用，结合长三角一体化发展面临的新形势新要求，坚持目标导向、问题导向相统一，紧扣一体化和高质量两个关键词抓好重点工作，真抓实干、埋头苦干，推动长三角一体化发展不断取得成效。

区域一体化是解决区域非均衡发展的关节点。新时代，探索区域融合发展之路具有强烈的现实意义。北三县与北京的“全方位战略合作”是一项政治任务，也是京津冀一体化的一个关节点。北三县指廊坊市北三县，包括廊坊市的三河市、大厂回族自治县以及香河县，面积1277平方千米，人口131.3万（2019年），行政隶属河北廊坊市，成为河北省乃至中国行政等级最高、面积最大、人口最多的省级区划间飞地；成为河北省经济发展速度最快的地区之一，被河北省视为其“经济特区”，有“北京后花园”的美誉。城市空间膨

① 北京团市委“我为改革献一策”规划创新奖成果。

胀产生区域空间挤压效应,“楚河界”的利益边界,犹如一道无形屏障。区域资源配置与区域产业结构受到行政干扰。该区域断崖式的差距,主要来自制度瓶颈、机制障碍、体制干扰。这是本课题的出发点。

二、深入调研中寻找问题的源头

问题根源:北三县与北京的区域融合阻力源在哪里?如何化解历史鸿沟?为此,我们组织团队,深入北京市和北三县政府有关部门和知名企业,通过现场座谈会(800多人次)、问卷调查、实地调研、历史资料查询等方面,形成50多万字的调研文字材料。通过分析第一手材料,得出主要问题如下:

(一)政府与企业的两张皮现象

政府诉求与企业诉求的差异性。地方政府高度关注税源、就业与GDP,短期利益冲动强烈;而企业最关注产品的市场在哪里、整合哪些资源、产业结构优化、企业怎么活等现实问题。政府与企业在区域协调中必然出现短期行为与长期行为的矛盾、刺激式发展与内生式发展的矛盾、拼资源消耗与提升生产力的矛盾。这三大矛盾源成为北三县融入北京的三大鸿沟之源。

(二)政府组织与执行者的层级矛盾

这一课题涉及地方政府的层级多,省级、市级、县级、乡镇级的利益诉求点不同,四级行政组织的层级矛盾是本次课题研究的难点。基层的务实精神与眼前利益强烈,高层的战略意识与长远规划强烈。两者的协调是本课题的中心任务。

(三)公务员政绩考核标准与区域各环节的机制矛盾

公务员政绩考核,首先需要科学的考核标准,才能规避价值导向与措施配套的内在矛盾。化解这一体制内的运行矛盾,是本次课题的重点。

(四)区域产业结构转型升级的期望与现实的矛盾

发达地区转移的产业往往比较落后,甚至还有生态污染等硬伤。落后地区的最大期望是获得领头雁的好产业,但期望往往落空,这一现象在北三县依然存在。区域产业结构优化,一大问题源是发达地区与落后地区的产业互补性弱。区域一体化,关键是增强区域产业结构的互补互生机制,才有可能形成世界一流产业网。

三、区域一体化平台构建世界大市场的区域产业集群

北三县与北京一体化的思想基础:坚持“损益之道”与“中庸之道”。“利”与“益”在“分”中“统”,必然产生对立性与统一性。抓住利益与政策的两张皮这一牛鼻子,创新公共政策,多元互补合作中公平分配;各级官员政绩考核标准与区域一体化相结合,从政治与经济融合角度消除政绩考核与区域资源配置的矛盾,增强项目可操作性。

(一) 北三县与北京融合发展的政策创新

北三县与北京一体化，首先创新区域利益协调机制与区域资源配置机制，形成区域经济源动能，其核心机理：

一是区域公共政策创新，区域所有经济问题乃至社会问题均纳入超大系统中，综合考量全社会各因素相互作用，创造新的区域一体化机制，形成新的要素组合机制与社会合作机制，产生最大政策价值。

二是区域运行机制创新，关键是区域跨界管控机制创新，涉及区域一体化的问题追溯与快速协调机制。不少问题看似容易解决，其实棘手，难就难在区域跨界协调直接涉及参与各方的利益公平化。这是检验区域跨界协调水平的尺度。

三是发挥各类企业在区域一体化中的主动性。企业才是区域产业转移的元主体，要通盘考量区域企业转移的利益增值机制，转移是手段，增加效益才是目的。

四是积极培育与支持区域的行业组织、民间组织、公益组织等有关组织建设，吸纳并发挥民间力量的智慧和力量，调动各方参与区域集体利益的创造与分享。

五是妥善处理政府与市场的关系。政府作为“区域利益”与“区域品牌”的集中代表，也是区域一体化的指挥者，要建立与其他地区政府之间协商、谈判等利益协调机制与运作管控机制，制定有利于区域一体化的公共政策。同时，政府要在供给公共品发挥作用，避免过度介入微观经济。

六是北京与北三县的政策创新，形成层级化的纵横分工合作机制。从空间结构上创新都市合作规则，都市层级结构与都市定位保持内在一致性。用层级架构网解决北京人口密度过高问题，以城市群的形式在特大城市—大城市—中小城市中，合理疏散人口。

七是建立和完善北京与北三县一体化跨界合作机制，国土空间利用上，形成交错有度、分工合理、协同有力的大格局，大中小城市与小城镇合理分工、功能互补、协同发展，提高区域生产力。

八是区域一体化迈向高水平与高质量之路。深入系统地完善区域市场一体化机制；创新区域互动互补合作机制；健全基本公共服务分阶段均等化机制；构建区域公共政策自我完善机制；强化区域核心产业基地的建设机制，培育一批具有世界一流竞争力的优秀产业集群；发展区域混合所有制企业；提升区域科技人才集聚度与区域科技创新的耦合度；加快推进区域协同产业对接城市建设的速度；长周期化深度调整完善区域政策体系；基于区域利益最大化基础的区域合理利益分配机制。

(二) 北三县与北京融合发展的机制创新

培育区域大市场是北京与北三县一体化的抓手；要从制度高度规避北京与北三县培育区域市场的误区；基于区域市场的空间生产特性，建设北三县与北京的高密集又合理化的空间价值创造机制、区域产业链(网)形成机制。

北京与北三县之所以必须也应该区域一体化发展，是因为无论地理位置还是人文环境乃至国土空间利用等方面，都需要构成紧密的利益关系与命运关系。当然，也要考虑历史因素所形成的天然差异性，开始阶段实施差别化的区域政策。立足发挥区域比较优势，提高财政、产业、土地、环保、人才、投资等政策的精准性和有效性。加强区域生态保护红线、环境质量底线、资源利用上线和生态环境准入清单管控，建立区域产业转移环境监管机制，防止跨区域污染转移。北京专项扶持资金适当向北三县倾斜，实行差别化的用地政策，保障跨区域重大基础设施和民生工程项目用地需求，国家对北三县建设用地计划指标倾斜支持。适当放宽北三县列为国家重点项目管理的申报标准。支持北三县的人才队伍建设，探索建立跨地市高层次人才使用和项目孵化机制，支持北三县的柔性引进人才与创新成果公正分享。

创新地区性政策协调机制。加强区域政策与财政、投资、金融、产业、税收等政策的有机协调机制，创新推动区域一体化的政策合力。统筹中央及省级预算内基建资金等财政性资金，加大对跨区域交通、水利、生态环保、民生、能源开发等重大项目的支持力度。用足用好地方政府债券资金，加强政银企对接，规范政府和社会资本合作(PPP)，保障重大项目特别是在建项目正常资金需求。

建立健全北京与北三县的区域规划编制评价制度。落实区域规划编制计划管理，加强规划实施年度监测、中期评估和后期评估。加强区域发展评价监测，围绕国家区域协调发展评价指标体系，加强区域协调发展评价指标数据采集，做好区域协调发展评价工作。完善区域发展制度体系，在“十四五”规划和相关专项规划中，注重体现区域协调发展新机制建设内容。

(三) 培育北三县与北京融合发展的动力系统

当今一场新的产业革命正在孕育发生，必将对区域一体化产生重要影响。我们应积极把握新产业革命发展进程，注重利用新产业革命物质、技术成果加快推进区域协调发展，其创新重点如下：

一是区域产业政策创新。区域经济社会一体化发展的核心是区域高精尖的产业链(网)的区域一体化。产业创新难，难就难在政府与市场的内在关系，两者如何形成耦合机理与共生机制而产生国家元力量。北京与北三县的战略协同发展与区域品牌塑造，高度注重利用新一轮产业革命物质、技术成果、金融创新加快区域经济协调发展，重点是区域产业结构优化，培育具有世界水平的产业链(网)，培育一批区域知名企业，打造优秀的区域公用品牌。

二是创新运作组织与运行机制。针对北三县与北京副中心的资源配置的人为障碍，建议创新运作组织：政府平台和公司联合成立“组织综合体”，专业化负责运营管理，区域资源配置中可能出现的问题得以高效解决，发挥市场法则的内聚力，培育区域一体化格局下的高端产业链(网)。

三是有效利用互联网、大数据、云计算、物联网等新一代信息技术，强化全国及各区域交通物流等基础设施网络的建设和完善，加快推进以高铁为代表的交通体系朝快速化、网络化方向发展，由“以点带面”“以线带面”传统发展模式，迈向“以网带面”“以精带粗”“以高带低”“以优带劣”的新发展模式，高效精准促进各类要素在区域间与区域内的流动与增值。

四是通过工业互联网与大数据、云计算、物联网等新一代信息技术的广泛应用，围绕科技创新这一区域经济社会发展的龙头，让创新链、要素链、产业链、价值链、人才链、利益链、政绩链……成为跨区域和城际联动发展的纽带，进一步强化不同区域经济、技术联系，为北京与北三县的区域协调发展提供强有力的技术支撑，构建面向 21 世纪中下叶的区域经济体。

五是构建面向全球大市场的现代产业网。北京与北三县的一体化发展，关键是在优势互补基础上创新区域资源重组机制与市场培育机制，其核心是区域大市场的外界吸引力与对外辐射力，最好能够成为一个全球增长极。

面对重大历史性机遇，北三县必须大有作为。“十四五”规划中，要重点促进高端服务、科技研发、金融贸易、航运物流、跨境电商、消费终端引擎等产业有机融合发展，提升区域产业的现代化水平和区域内外联动效应。今后，可以重点发展协同设计、夜间经济、休闲旅游、金融服务、商务服务、文化创意以及高新技术等新兴产业。全面加快发展国际贸易、仓储物流、跨境电商、信息服务及先进制造业，强化城市综合服务功能。

要加快政策一体化覆盖，共享制度创新红利。北京与北三县的一体化发展鼓励区域内的企业，可以共享城市资源配置带来的增值效应。以国际标准强化各级生活服务、文化活动、体育活动、休闲娱乐、健康事业、公益事业等功能设施建设，建设成为具备高品质游憩服务功能、高质量产业服务功能以及基本生活服务功能的新型城区。重大项目周边配套设施建设，加快推动学校、医院、市民服务中心等一批公共配套设施建设，加强资本、人才、市场、技术、信息等生产要素合理流动，促进信息流、人才流、物流、资金流、价值流、商流便捷流通，发展大数据、人工智能、新材料、生物科技、生物制药等战略性新兴产业和跨境金融、总部经济等高端服务业，加快建设北京与北三县的经济融合度与内生力。

六是企业组织形态创新。专业化、系统化、长周期化构建北京与北三县的经济生态系统，其基础工程是遵循市场法则来组建区域混合所有制企业，形成市场法则基础上的利益共同体与命运共同体。这是北京与北三县一体化的战略基石。

七是现代产业集群化。区域产业集群，既遵循市场法则又得到政府合理适度支持而不违背 WTO 规则，建设先进、成熟、专业又规范、高效、高质的社会主义市场经济；依靠市场拉动，以区域产业链集群内在运行机制为主要驱动力，实现高质量发展。

未来北京与北三县的区域产业链(网)的运行机制，是未来区域一体化工程的核心动能源，要借助政策创新与机制创新来再造区域产业结构与区域品牌形象，提升区域名声，打造世界知名的产业基地。

北三县与北京一体化发展是未来区域发展的根本要求。高质量协调发展是区域非均衡发展转向均衡发展的一块试验田。因此，北京与北三县的区域一体化发展，不仅有时代紧迫性，而且有客观必然性与操作可能性，生动印证了历史与逻辑的一致这一哲学原理，也是建设中国特色社会主义社会的一大成果。

作者简介

胡锦澜，博士、副教授，北京东城区政协委员，北京东城区青联常委，广东外语外贸大学艺术学院特聘教授，中国管理科学研究院教育创新研究所所长、专家咨询委员会秘书长。民进北京市教育委员会委员，中国教育发展战略学会信息化委员会副理事长，全国工商联民办教育商会副会长，北京民教信息科学研究院院长，北京新职业技能培训产业联盟理事会主席，教育部中国教师发展基金会国家教师科研基金“十二五”规划全国重点课题“关于教育公共服务平台及其中介机构的研究”科研组副组长。著有《大众传媒时代的学校品牌建设》、《中国教育舆情分析报告》(2012 年度)、《中国教育舆情分析报告》(2013 年度)、《中国民办培训教育概论》。

中国创新50人笔谈

50 Essays on China's Innovation

技术经济

我国现代能源体系有效运作管理的对策创新研究[①]

牛东晓

摘要:本文基于能源发展现状和存在的问题,提出了我国现代能源体系有效运作管理的对策创新建议,包括优化完善国家能源管理组织体制、以依法管理为准绳建立法律保障机制、以适应发展为要求建立能源发展评价与改进机制等内容。通过体制机制创新,助力进一步提高我国能源体系管理水平。

关键词:能源体系;运作管理;对策创新;组织体制;保障机制

一、优化完善国家能源管理组织体制

随着我国经济社会的发展,我国能源活动的规模不断扩大,业务日趋复杂多元,涉及的领域、部门都在不断增加,各方利益诉求错综复杂,能源发展与经济社会发展不相适应的风险及后果日趋严重。这就要求我国充分发挥社会主义体制的优势,从国家治理的角度出发,优化和完善国家最高能源决策机构、国家能源主管部门、省市级中层能源管理部门和基层能源管理单元等四级能源组织管理体制,形成分工明确、权责分明、依法管理、反应敏捷、尊重市场的能源管理格局。

(一)强化国家能源委员会的作用

充分发挥国家能源委员会在拟定国家能源发展战略、协调和审议能源安全和发展重大问题、推进国际能源合作、落实重大项目等方面的决策作用。目前,国家能源委员会主任由国务院总理担任,副主任为主管能源的国务院副总理,委员则包括国务院副秘书长、中央财办主任,以及外交部、发改委、科技部、工业和信息化部、安全部、财政部、环境保护部、交通运输部、水利部、商务部、国资委、人民银行、税务总局、安全监管总局、银监会、解放军等重要部门、单位领导,涵盖了能源生产、消费、运输、储存和合作等领域的相关方。强大而健全的最高决策机构确保我国的能源政策在制定、实施过程中与党的政策保持高度一致,内容全面科学,推进快速有序、执行精准到位,综合利益最大化,是我国现代能源体系安全、健康、可持续运作,能源发展与经济、社会、环境发展总体适应的根本保证。

(二)优化各级能源主管部门的作用

持续优化和完善国家能源主管部门的归口管理作用。不论是维持国家能源局由国

---

① 教育部哲学社会科学重大课题攻关项目(18JZD032)成果。

家发改委管理的现有格局，还是另行成立国家能源部或是其他组织机构改革方案，作为世界上最大的能源消费国和排名靠前的能源生产国，我国都应按照现代能源体系运作的要求，择机将国家能源管理的关键、主要职责集中、统一于能源主管部门，以适应现代能源管理的专业、高效、综合、安全、快速及时响应等复合性要求。目前，能源主管部门除了继续行使和强化"制定能源战略、规划和政策、标准""审核能源固定资产投资项目""组织推进能源重大设备研发及其相关重大科研项目""推进节能和资源综合利用""监管电力市场运行和电力安全生产监督""推进能源国际合作"等传统的能源管理职能以外，还应在以下方面积极发挥作用：

(1) 在能源领域坚持和强化党的领导，以党制定的政策引导能源政策有效实施，确保能源发展符合中国先进生产力的发展要求，能源体系高效、健康、持续、安全运行，能源活动服务于中国最广大人民的根本利益。一是引导能源生产各方遵循清洁低碳、可持续发展的要求，持续推进技术创新引领、绿色低碳发展，促进能源企业重视安全生产，满足能源消费的合理需求和推动经济成长，提升能源开发效率和效能；协调各类能源协同开发，形成化石能源清洁高效开发利用，绿色清洁能源快速成长新格局；二是引导能源消费领域全面树立"智慧、合理、绿色"用能方式，协同其他产业各方开发用能新场景、新方式、新途径，制定各项节能措施避免能源浪费，鼓励、扩大清洁、可再生能源应用比例，推动健康、可持续消费能源。

(2) 完善提升省、市级及基层能源管理机构的管理能力和执行能力。通过地方机构改革，使能源管理机构具有更大的独立性和自主权。一是对辖地能源事务依法进行动态管理；二是对跨区域能源事务进行协同管理，切实保证能源政策执行到位，能源市场运行有序，能源信息采集真实并高效流转。此外，省、市级及基层能源管理机构还应在以下方面承担组织管理的职能：

① 主动促进辖区内能源企业与第一、二、三产业中的其他领域(能源需求方)进行深度合作，一是推动能源生产、输送方主动感知、研究、满足能源需求方的新需求，协同相关方创造和发展新产业、新模式，为促进经济发展，形成国内经济大循环做出贡献；二是推动能源需求侧改进用能方式，提升能源利用效率，促进本地区经济向清洁低碳、环境友好转型发展。

② 在国家重要战略实施过程中主动担当，积极参与、推动辖区内城乡一体化、城市群建设等方面的能源基础设施提质升级和新建、改造项目落地，促进能源综合利用水平的提升，为辖区实现综合、可持续发展，提供经济适用、绿色环保的用能保障。

③ 在能源监督管理方面，由能源主管部门对能源管理的行政许可或验收，以及能源生产、输送、储存、应急、能源合作等领域行使全面的监督管理职责，并对违法行为采取强制措施。在条件成熟的情况下，实现能源管理职能与监督职能分离，由独立机构或其他部门履行部分或全部的能源监督管理职能。

(三) 创新能源产业市场化发展运作

坚持市场化改革开放，引导能源领域市场化运作，不断开放、创新能源开发、利用和管理模式，维持公平、公开、公正的市场秩序，破除垄断和利益输送行为，确保能源体系始终与经济、社会、环境协调发展的要求相适应。引导能源合理储备和释放，建立市场化机制激励各方积极参与能源储备与储备管理；根据我国经济、社会需求建立结构合理、类型与数量适当、存储区域分布均匀的多元化能源储备；根据市场需求适时释放、更新能源储备，以合理的成本最大限度保障我国能源安全；推动能源领域以开放的姿态进一步国际化，实现国内能源产品与服务走出去、国外优质资源引进来，形成国内、国际能源开发的良性互动与循环发展。

组织建立和维护市场化为主导的能源定价机制。坚持按照“管住中间、放开两头”的能源价格改革思路，主导各类能源的价格改革，在能源市场逐步建立有效竞争的市场结构和市场定价机制。由于综合原因，我国能源市场价格与国际市场能源价格存在一定差异，同时，在突发、重大、紧急情况导致国际能源市场价格波动时，国内一次能源价格也会出现大幅波动，不利于经济、社会健康发展，在能源商品价格还没有完全开展市场化定价的现实状况下，国家暂时对部分能源产品运用能源价格多方联动机制。例如已经建立了用于发电的煤电价格联动的机制，使下游的能源价格能够跟随上游的能源价格变化进行相应改变调整。然而从实际运行情况来看，我国有关能源价格传导机制尚未完全建立和理顺，在一次能源价格突然上涨幅度比较大时，上游相关能源价格的变动很难及时传导到终端能源用户，因而加重了下游能源企业承受的负担压力。因此建立和理顺有关能源价格的传导机制，有利于构建清洁低碳、安全高效的现代能源体系。

二、以依法管理为准绳，建立法律保障机制

现代能源体系的有效运作离不开法律的支持保障。我国在《宪法》中提出了“依法治国、倡导节约、保护和改善生活环境和生态环境”的指导原则，已颁布并执行的能源单行法律有《煤炭法》《电力法》《节约能源法》《可再生能源法》《矿产资源法》《环境保护法》《清洁生产法》《循环经济促进法》等 30 多部相关法律，以及 30 多部国务院行政规章、200 多部部门规章、1000 余部地方能源法规和规章。此外，我国已批准和签署了 10 多部与能源相关的国际条约，有力地保障了我国能源领域的建设与发展。

在国家能源主管部门的组织、协调下，我国正在完善能源法律体系，制修订能源相关法律，实现政策管理向依法管理的转变。一是正在制定《中华人民共和国能源法》（以下简称《能源法》），起到统筹我国能源管理基本法的作用，将能源绿色低碳的发展战略考虑正式列入该法之中，并将能源清洁化和低碳化作为未来能源发展的最为主要的理念。二是建议尽快研究制定和发布针对全球的《应对气候变化法》，把应对新形势下的全球气候变化和发展绿色低碳经济的新的重点制度安排，以专门正式的法律形式给予确认，为新能源广泛开发和深度利用提供法律制度保障。从而建成一个完整的能源法律体系，实现依法管理。三是制定石油、天然气、电力、核能相关的法律，尽快完善国家低碳能源发展的相关配套法律法规。对不适应改革与发展的各种现行能源法律法规开展梳理并进行修订，对有关涉及能源低碳环保、资源利用等的法律也要作进一步修订，包含有关涉及传统能源、可再生能源、城市规划、生态发展、环境保护等法律法规制度，继续增加新的应对气候变化的有关内容条款，并且推进制定和完善有关部门的规章以及配套的法规制度。

《能源法》涉及我国能源战略、规划、分类、开发、价格、转换以及市场供应、安全管理、科技合作等各个方面。我国在 2007 年开始能源法的编制工作，但由于我国经济社会的快速发展，各领域发展变化过快，相关法律征求意见稿推迟至 2020 年 4 月才向社会发

布，距正式发布实施尚有时日。根据经济社会、环境对能源发展的要求，未来的《能源法》应成为能源高质量发展建坐标、指方向的纲领性法律，统一协调各能源单行法。为起到法律保障作用，《能源法》应当：

(1) 与环境保护和生态文明紧密适应，贯彻国家创新、协调、绿色、开放、共享发展理念，遵循持续推动消费革命、供给革命、技术革命、体制革命和全方位加强国际合作的主要发展方向，符合国家制定的有关节约优先、立足国内、绿色低碳和创新驱动的新型能源发展战略，有力地保障我国清洁低碳、安全高效的新型能源体系构建和优化运作。

(2) 鼓励能源供应多元化发展，推动化石能源的清洁高效利用和低碳化发展，推动清洁、低碳、可再生能源健康发展。

(3) 推动、鼓励、引领和支持能源新科学技术的研究、示范、开发与推广应用，进一步促进我国能源科学技术的原始创新、自主创新和规模化、产业化。

(4) 进一步保障构建我国能源安全的储备制度，全面有效管控我国各类战略能源资源的开发，保障国家能源运输战略通道的建设，规范能源风险预测预警与重大应急处置行为管理，加强重要能源保障和突发应急处置能力，有效保障我国能源安全。

(5) 进一步采取措施保障我国能源安全生产、存储和运输，加强能源安全生产的监督管理，有效落实属地监管和部门监管相关责任，保障能源企业的持续安全生产投入。

(6) 进一步规范各项能源运营活动，改善各类能源开发利用的条件，进一步推动能源企业高度重视安全高效生产能源，推动能源消费者科学合理高效利用各类能源。

(7) 保障公民获得基本能源供应与服务的权利，扶持农村能源发展和使用。

(8) 保障市场在资源配置中的决定性作用，保障市场结构和市场机制处于有效竞争的环境，保障从事能源开发利用活动的投资、经营和管理主体的合法利益。

(9) 在能源开发利用过程中保护环境，应对气候变化和节约能源的行为。

(10) 保障和维护国际合作中的国家利益。

制修订各单行能源法后，相关法律应起到以下综合保障作用：

(1) 明确政府、企业、相关机构等各方的权利、责任、义务，为该能源领域开展各项活动提供指引。

(2) 约束各方管理和经营活动，对能源活动实施过程中各方行为的合法有效性进行评价。

(3) 对能源活动实施过程中出现的违法行为进行矫正。

三、以适应发展为要求，建立能源发展评价与改进机制

为保障我国现代能源体系不断适应技术创新和满足能源消费新需求，由国家能源主管部门或独立机构建立评价与改进机制，对包括国家能源管理活动在内的各类能源活动进行综合评价。

(1) 评价能源生产、消费与经济、社会、环境的适应性，确保能源体系符合清洁低碳、可持续发展等发展理念。其中包括：在能源生产方面，对各类清洁、可再生能源的生产量、增速、可持续性、技术先进性，以及占我国能源总量的比重进行评价；对化石能源的生产量、增速、污染物及二氧化碳、甲烷排放量进行评价。在能源消费方面，对各类能源的消费总量、结构、可持续性进行评价；对能源消费者获得能源（分为化石能源和非化石能

源)的便捷性、可靠性、安全性进行评价。

(2) 评价能源开发与利用的经济性、效能与效率,为能源生产、消费领域制定政策、实施改进提供依据。其中包括:在能源开发方面,对各类清洁、可再生能源的生产及输送成本,效能与效率进行评价;对化石能源的生产及输送成本、效能与效率进行评价,对生产设备的利用效率进行评价。在能源消费方面,对各类能源的消费支出、利用效率、能源浪费情况或节能进行评价。

(3) 评价能源生产、输送和储存的安全性、合理性,为应用技术创新成果、强化能源管理提供依据。其中包括:在能源生产方面,对能源安全生产情况、环境污染事件影响情况进行评价。在能源输送方面,对清洁能源消纳情况进行评价;对油气管网的建设及资源输送情况、泄漏事故及其他事项进行评价。在能源储存方面,对存储的品类、数量、周期、成本、安全、地区差异等方面进行评价。

作者简介

牛东晓,华北电力大学经济与管理学院教授、博士生导师,2012 年度长江学者特聘教授,新世纪百千万人才工程国家级人选,享受国务院政府特殊津贴,教育部新世纪优秀人才,中国管理科学学会管理科学奖获得者,华北电力大学校学术委员会副主任,华北电力大学中国能源经济管理研究中心主任,校学术领军人才,中国绿色电力发展研究国家学科创新引智基地主任等。主要研究方向为电力能源预测与决策、电力运营管理、能源绿色发展、智能计算理论等。兼任中国技术经济学会副理事长、中国双法研究会统筹分会理事长、中国双法研究会能源经济与管理研究分会副理事长、中国科学技术协会决策咨询专家。先后主持项目 120 余项,获得 19 项省部级成果奖。发表被 SCI、SSCI 检索的国际期刊论文 122 篇,其中,JCR 一区论文 22 篇;出版著作 19 部,被同行引用超过 2300 次,在 SCI 及 EI 检索收录中,以"load forecasting"这一关键词的检索结果排序中都位居国际排名第一。

新冠疫情事件下中小企业即兴响应策略研究

李雪灵

摘要:突如其来的新冠疫情带来了全球经济社会的巨幅动荡,经济短暂停摆,使全球的宏观经济和处于不同行业、不同规模的企业都受到了巨大冲击。其中,中小企业是承重压力最大、承受能力最弱的经济体。新冠疫情是VUCA时代的典型事件,对中小企业的危机响应和应变能力提出了更高的要求,组织即兴越来越成为组织应对内外部风险与挑战的重要能力。本文探讨了"黑天鹅"事件下中小企业即兴响应策略的实施,既是对组织即兴理论的丰富和完善,也为中小企业应对重大突发事件冲击具有现实借鉴意义。

关键词:新冠疫情;中小企业;即兴响应;策略

一、新冠疫情事件对中小企业的影响

2020年初突如其来的新冠疫情,在经历了全球范围快速蔓延的阶段之后逐渐进入了常态化。在疫情暴发之际,由于疫情事件的突发性和在时间、空间上扩散的不确定性,导致世界金融、贸易、大宗商品市场、各国整体宏观经济以及处于不同行业、不同规模的企业都受到了巨大的冲击。

从短期来看,疫情的非预期冲击对中国经济产生了"休克"作用。2020年春节期间本应是需求供给全面上涨的黄金周,但因全国14亿人员全面防控,部分城市封城、交通停运等举措,需求和生产骤降,投资、消费、出口均受明显冲击,相应的一些产业出现了停摆现象。从中长期的、总体的趋势来看,疫情对于宏观经济的这种短期冲击,在本质上是一次性的、外生性的,基于国家经济具有的一定的韧性,不会改变我国经济增长的趋势,不会使我国潜在增长出现系统性的偏离。

从零售餐饮、住宿旅游、交通运输、文化娱乐等行业营收大幅下滑,到制造业、房地产、施工建筑等因人流、物流受限而复工复产缓慢,再到远程办公、在线教育、在线医疗、生鲜物流等科技公司的异军突起,疫情对中国各个行业都带来了不同的挑战与机遇,而这些变化可能会深刻影响到行业未来发展趋势和竞争格局。

中小企业是我国经济的重要力量,是现代化经济建设的中坚力量。相较于大型企业,中小企业受疫情的影响更大。疫情期间,中小企业在采购、生产、销售等环节均受到影响,由此带来的资金压力对中小企业影响最为严重。疫情发生后出于防护需要,各地采取隔离防控、限制人口流动等措施,原材料难以及时送达,人员复工推迟,产能利用率下降。长时间的产能"停摆"期,交货延迟、客户丢失、贷款违约、业务的萎缩等不确定性风险，对企业业务和产能影响较大。企业收入无法保证，但是员工工资、社保、税费、租金等均为刚性支出，企业资金缺口扩大。

二、新冠疫情事件下中小企业即兴响应策略

2020 年 3 月至 5 月，对 112 家中小企业开展了线上调研访谈，以了解受访对象所在企业在面临突发疫情事件时受到的影响、采取的应对措施、面临的机遇和挑战等。从地域分布来看，调研企业中，山东省 54 家，江苏省 31 家，上海市和广东省 10 家，京津冀地区 13 家，其他省市 4 家。从行业分布来看，调研企业中，制造业 36 家，建筑业 2 家；第三产业 74 家，其中批发和零售业 17 家，租赁和商务服务业 12 家，科学研究和技术服务业 11 家，金融业 10 家，房地产业 8 家，信息传输、软件和信息技术服务业 8 家，交通运输、仓储和邮政业 4 家，其他 4 家(住宿餐饮、自媒体、教育等)(如图 1 所示)。

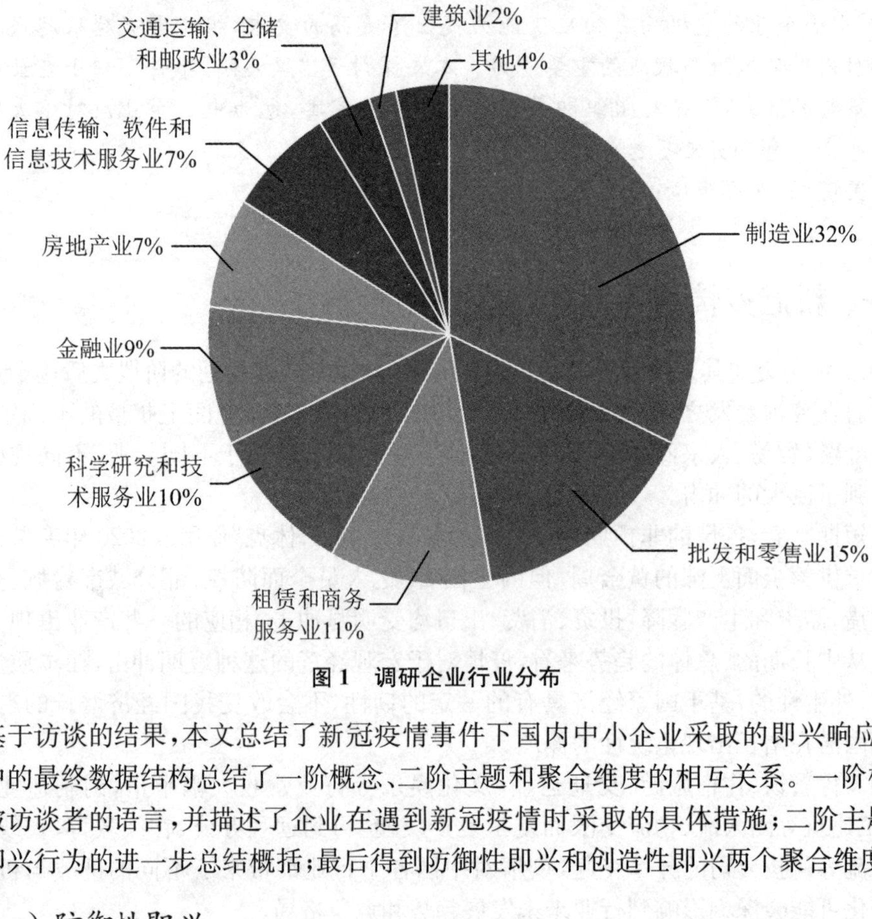

图 1 调研企业行业分布

基于访谈的结果，本文总结了新冠疫情事件下国内中小企业采取的即兴响应策略，图 2 中的最终数据结构总结了一阶概念、二阶主题和聚合维度的相互关系。一阶概念结合了被访谈者的语言，并描述了企业在遇到新冠疫情时采取的具体措施；二阶主题代表企业即兴行为的进一步总结概括；最后得到防御性即兴和创造性即兴两个聚合维度。

(一) 防御性即兴

防御性即兴指被动抵御外来突发事件所带来危害的能力，以生存为目的导向，尽可能降低企业的损失，尽量维持现有业务的正常开展。根据访谈的结果将企业在面对突发疫情时采取的防御性即兴策略总结为认知调整、业务聚焦、业务转变和政策利用四种类型。

(1) 认知调整。访谈中大量企业在面对疫情冲击时第一时间调整了认知。第一，企

业均意识到了合作共赢、共克时艰的必要性，上下游、利益相关者、甚至竞争对手之间都抱团取暖，从竞争转向共生，共同抵御疫情冲击；第二，大多数企业都提到了在面对疫情冲击时通过学习培训来“修炼内功”，以达到提升员工能力素质和节约成本的目的；第三，疫情之前大多数企业的数字化更多的是短期规划或局部升级，新冠疫情倒逼企业进行数字化转型，企业开始将数字化提升到长远战略高度；第四，客户关系是企业经营的重点，疫情更是将客户推到了重中之重的位置，访谈中大量企业提到了维护客户稳定、增加客户黏性的重要性；第五，疫情使线下业务几近瘫痪，企业想要维持自身生存，必须化被动为主动，积极寻找潜在客户和可行替代方案。

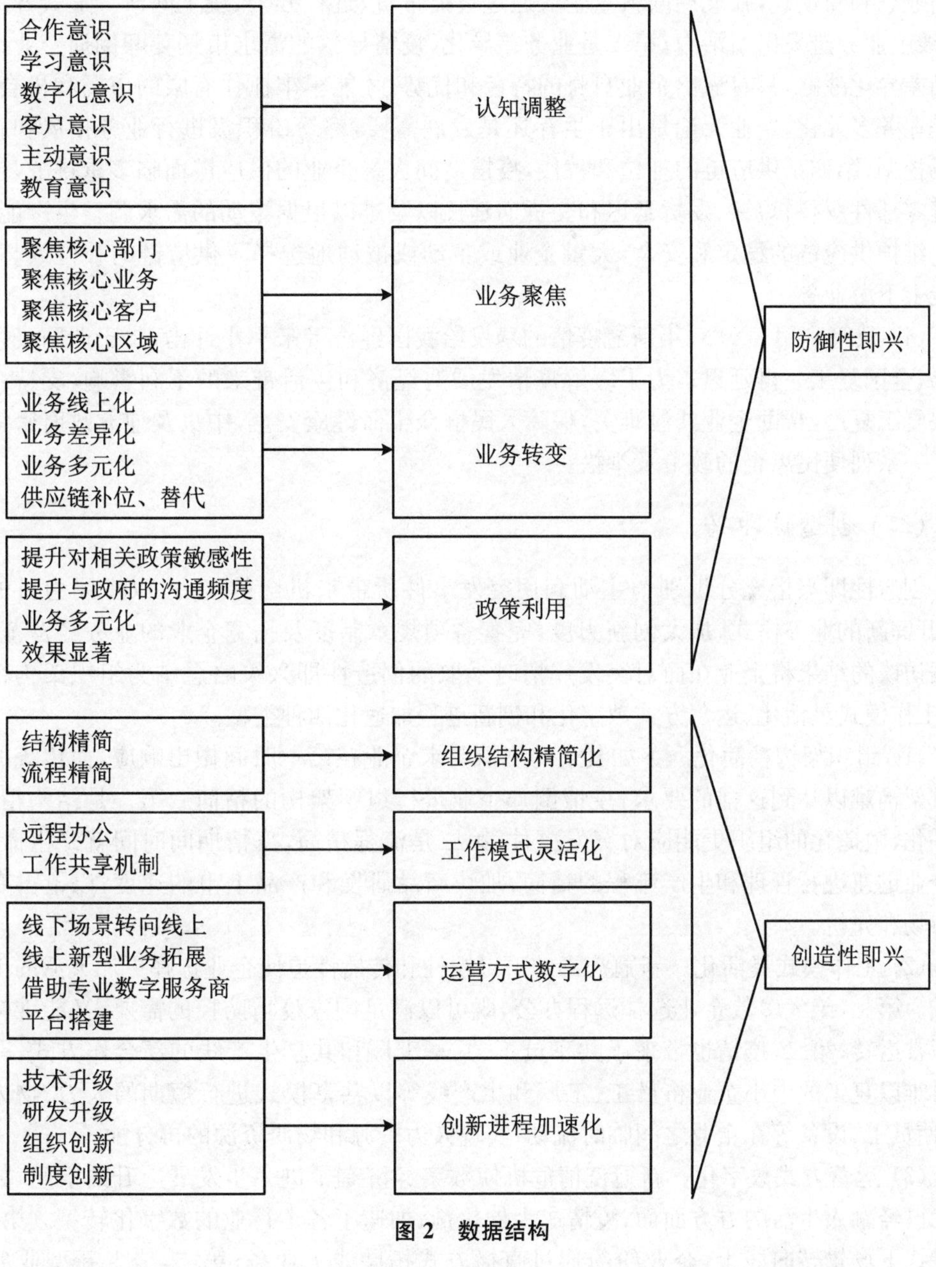

图 2　数据结构

(2) 业务聚焦。访谈中企业提到的一个共性措施是业务聚焦。第一,企业面对疫情冲击选择了合并或裁撤非核心部门,并对冗余员工进行裁减,以降低管理的高成本、复杂度和风险性;第二,业务范围向主营业务收缩,减少非必要支出,将优先的资源和精力聚焦在核心业务上;第三,根据经营状况、信誉度和知名度进行客户梳理与优化,针对重点客户与优质客户进行服务,以维持资金链的稳定和安全;第四,为了长远发展进行市场优化,剥离风险较大和收益不良的区域,聚焦于有发展潜力和前景的市场。

(3) 业务转变。疫情的冲击使大量线下业务停摆,企业需要进行业务转变来维持企业生存。第一是业务线上化,突如其来的疫情改变了人们的消费行为和习惯,催生了众多新业态和新模式,在此期间大量企业通过直播带货、远程办公、线上问诊等形式开展业务,线上业务迸发出新活力;第二是业务差异化,疫情导致的需求市场萎靡倒逼企业选择产品差异化战略,只有做出企业自身的特色和优势,才能牢牢抓住有限的市场和机会;第三是业务多元化,企业无论是出于生存还是发展需要,都纷纷积极进行业务拓展和新兴市场挖掘;第四是供应链的补位和替代,疫情期间大量企业的供应链面临多重挑战,包括关键零部件/材料短缺、发货延迟和交货期延长以及难以根据波动的需求调整生产能力,为了维护供应链的稳定和安全,大量企业或主动或被动地选择了供应链的补位或替代,拓展上下游业务。

(4) 政策利用。2020年新冠疫情的暴发给我国经济带来不小冲击,出于严防疫情的需要,全国复工一再延迟。为了缓解疫情发展对经济和生活带来的不利影响,支持企业尽快复工复产,帮助企业共渡难关,保障人民群众生命健康安全,中央及地方政府密集出台了一系列便民惠企的政策及举措。

(二) 创造性即兴

创造性即兴指充分识别与主动利用突发事件所带来机会的能力,以发展为目的导向,开辟新的业务模式,加大创新力度,完善各项规章制度及拓宽企业的业务经营范围。根据访谈的结果将企业在面对突发疫情时采取的创造性即兴策略总结为组织架构精简化、工作模式灵活化、运营方式数字化和创新进程加速化四种类型。

(1) 组织架构精简化。突如其来的疫情要求企业在第一时间做出响应,而传统的科层式架构难以达到这样的要求,疫情倒逼企业进行组织架构的精简。第一是结构精简,扁平化、敏捷化的组织更能应对突发事件;第二是流程精简,疫情期间时间就是生命,大量企业迅速进行管理和生产流程的精简,加快新品研发和产品上市的速度,以抢占有限的市场和先机。

(2) 工作模式灵活化。新冠病毒的不可视性和传播性迫使企业选择更加灵活的工作模式。第一,绝大多数企业选择远程办公,既可以满足国家疫情防控的需要,又能维持企业正常运转;第二,疫情也带来了共享员工、共享工厂和共享生产线的新合作方式,一些暂时难以复工的中小企业将员工、工厂和生产线等以共享模式进行短期的人力、物力输出,使员工、设备等在企业之间临时流动,实现人力资源和物质资源的再分配。

(3) 运营方式数字化。新冠疫情危机使数字经济有了进一步发展上升的空间,数字技术已经融入生活的方方面面,疫情成为催化剂,加速了各个行业的数字化转型。第一,大量线下场景转向线上,企业纷纷通过直播方式拓展线上业务;第二,线上新型业务拓展，疫情催生了企业的数字化需求，线上新业务激增，2020 年上半年同比增长最为显著的行业即为信息传输、软件和信息服务业；第三，疫情期间大量企业选择专业数字服务商进行数字化建设和业务开发；第四，疫情也推动了企业多样化平台的建设，物流平台、运维平台、服务平台、共享平台等的搭建不仅解决了企业疫情期间的难题，也为企业的长远发展奠定了良好基础。

(4) 创新进程加速化。疫情加速了企业研发创新、转型升级的进程。第一是技术升级，疫情使大量企业资金链断裂，技术升级可以降低生产成本、人工成本以及设备消耗等各方面的成本；第二是研发升级，无论是出于生存还是发展的目的，企业的新产品研发都是必要的，一方面可以拉动需求为企业赢得生存之本，另一方面可以刺激需求抢占市场先机；第三是组织创新，疫情推动了企业的数字化转型，同时疫情下社会的经济效益发生变化，通过精益生产变革来应对这场“战疫”是企业生存发展的重点工作；第四是制度创新，疫情下团队和企业的稳定性大于一切，大量企业复工复产或者业务调整离不开员工的努力和团队的配合，激励制度有助于提升员工内在动力、激发团队状态活力。

三、对策建议

(一) 危机应对

更加重视对经营环境的关注，中小企业的防御性即兴响应能力将成标配。北京大学陈春花教授在其著作《危机自救：企业逆境生存之道》中提出，危机自救的第一策略是极速调整认知。危机来临时，越早发现、越早反应的企业能更多减少损失，甚至尽快掉头。这就要求企业从根本上提高对经营环境感知能力、对机遇的识别能力和快速决策能力，以及部署实施、快速见效的执行能力，势必深度影响企业的战略研究、决策方式、资源投放、治理机制和组织流程，以及企业文化塑造。

(二)“危”中寻“机”

打造中小企业的创造性即兴能力，提高危机应对能力。一方面，企业创造性即兴能力的培养，不仅要提升企业在危机来临时的适应能力，更要提升其危机后的恢复力和反弹力。例如，中小企业今后应更多考虑在抗风险和单纯规模增长经营之间求得新的平衡，相应的企业要重新检视企业的投资选择和业务组合，更加重视专业能力的提升，改变过去“吃独食”“全覆盖”“全链条”“自力更生”式业务布局，发展基于分工协作的生态体系；推行“敏捷管理”，快速响应市场变化、满足客户需求，并在竞争中赢得优势；中小企业应具备全员创业创新的心态，并体现在企业文化中；管理应进一步数字化，提升生产运行的自动化、智能化水平等等。从多个方面去打造组织创造性即兴，提升创业企业的可持续发展能力。

另一方面，中小企业应密切关注危机开启的创业机会窗口，培养新机会敏感性和新机会警觉度。每次危机中都蕴含着新一期的发展机遇和进化机会。新冠疫情已重创大众消费类业务，包括餐饮、文旅、交通运输业等，但居家隔离和避免人口大规模流动，导致线上消费、线上教育、在线办公、视频会议等新的工作生活业态快速发展，已经改变和将要改变我们工作和管理方式。企业应时刻关注行业窗口，审时度势，推动产业结构的深刻变革和商业模式升级，提升后疫情时代的可持续竞争能力。

参考文献

[1] 王健，黄群慧. 即兴型组织竞争优势的构建路径[J]. 科学学研究，2019(10)：120-130.

[2] 买忆媛，叶竹馨，陈淑华. 从"兵来将挡，水来土掩"到组织惯例形成：转型经济中新企业的即兴战略研究[J]. 管理世界，2015(8)：147-165.

[3] 陶厚永，王秀江，刘洪. 组织即兴及其对其企业应对危机的意义研究[J]. 外国经济与管理，2009：53-59.

[4] Bergh D D, Lim E N. Learning How to Restructure：Absorptive Capacity and Improvisational Views of Restructuring Actions and Performance[J]. Strategic Management Journal，2010，29(6)：593-616.

[5] Vera D, Crossan M. Improvisation and Innovative Performance in Teams[J]. Organization Science，2005，16(3)：203-204.

作者简介

李雪灵，吉林大学创新创业研究院副院长，吉林大学管理学院教授、博士生导师，美国印第安纳大学访问学者，吉林大学匡亚明特聘教授。先后入选教育部新世纪优秀人才支持计划、教育部全国万名优秀创新创业导师。近年来主要从事创新创业与中小企业管理等领域的教学和科研工作。承担多项国家自然科学基金、省部级项目。

都江堰旅游新经济发展高地建设路径与场景培育①

黄　寰

摘要：在国际国内环境发生深刻复杂变化以及技术引领时代变革的大背景下，城市进行产业结构创新性调整和深入城市新经济发展与改革势在必行。成渝地区双城经济圈上升为国家重要战略也将为成渝周边市县带来更多的发展机会和政策红利。都江堰地理位置和生态环境优越，文化历史悠久，旅游资源丰富，极具开发旅游新经济的潜质。本文立足党的十九大报告提出的新经济发展总体方针，围绕成都市新经济发展大会提出的"六大新经济形态"，结合都江堰的环境资源特色及产业结构，提出了将都江堰打造成为旅游新经济发展高地的战略定位，并对其发展路径进行了深入分析和思考，形成"一心、一圈、三区、多园"的旅游新经济发展空间格局，最后构建出智慧城市、创新服务、主体服务、产业生态和数据应用五大新经济场景。

关键词：都江堰；新经济；旅游；场景；路径

新经济是以信息技术等新一代科学技术为引领和支撑，以体制机制改革和制度创新为根本保障，以新技术、新产品、新模式、新业态、新产业等为主要内容，代表时代先进生产力的一种新的经济结构和经济形态。2016 年，我国在《政府工作报告》中首次提出"新经济"概念；2017 年，党的十九大报告针对我国现代化经济体系建设，指出了新经济发展的总体方略和基本路径。2017 年 11 月，成都市召开新经济发展大会，明确提出重点发展数字经济、智能经济、绿色经济、创意经济、流量经济、共享经济"六大新经济形态"，构建具有成都特色的新经济产业体系。作为全国最先系统提出发展新经济，第一个成立新经济发展委员会的城市，发展新经济已成为成都"变道超车"的重要抓手之一。截至 2019 年年底，成都市新经济营业收入突破 4000 亿元，新经济活力指数和新职业人群规模均达全国第三，仅次于北京和上海，新经济正成为成都城市转型发展的新增长极。

2020 年 10 月 16 日，中共中央政治局召开重要会议，审议了《成渝地区双城经济圈建设规划纲要》。会议指出，当前我国发展的国内国际环境继续发生深刻复杂变化，推动成渝地区双城经济圈建设，有利于形成优势互补、高质量发展的区域经济布局，有利于拓展市场空间、优化和稳定产业链及供应链，是构建以国内大循环为主体、国内国际双循环相

① 成都市新经济发展研究院项目、四川省社科重点研究基地四川县域经济发展研究中心重点项目（xy2020074）、成都市软科学项目（2020-RK00-00397-ZF）、成渝地区双城经济圈科技创新与新经济研究中心课题项目（CYCX202028）、成都理工大学社会科学基金项目（YJ2017-JD003、2019-883、XGZ2020-YB013）成果。

互促进的新发展格局的一项重大举措。这意味着成渝地区双城经济圈的高质量发展将迎来新机遇，成渝周边市县也会获得更多的发展机会和政策红利。

都江堰市作为成都市“西控”发展导向的重要区域，在成都市发展新经济、培育新动能的过程中占据重要地位。与周边区市县相比，都江堰市在自然禀赋、文化资源、数据与旅游游客资源等方面具有相对优势。近年来，都江堰强力突出发展全域旅游，努力打通绿水青山转换为金山银山的通道，并逐步探索“新经济＋旅游”的发展路径。

一、都江堰的新经济发展优势与制约因素

（一）发展优势

都江堰市位于成都平原经济区与川西北生态区交集处，距成都市区 48 千米，交通便利；其生态环境优越，森林覆盖率达 60％，拥有青城山-都江堰世界文化遗产、四川大熊猫栖息地世界自然遗产及 8 处国家级重点文物保护单位，被列为联合国世界旅游组织旅游可持续发展观测点，是享誉中外的旅游胜地。在 2020 年 4 月 30 日的四川省文化和旅游资源普查第二批试点县普查成果省级评定会上，都江堰市以 16081 处六大类文化资源、2065 处旅游资源的雄厚实力稳居全省 7 个试点县前列。都江堰丰富的自然资源和旅游资源是新经济发展的源头。

都江堰市以旅游为核心构建产业生态圈，产业资源的集聚效应凸显。目前三大产业结构布局完整，旅游文化品牌逐渐突出，形成了“旅游主导”“国际视野”的全域旅游发展模式，带动城市经济发展。2014～2019 年，都江堰市地区生产总值平均增速超过 8％；2019 年，都江堰市共接待游客 2618.81 万人次，旅游综合收入 308.14 亿元，同比增长 5.18％和 19.28％，城市综合实力上升、产业结构布局完整是新经济发展的基础。

都江堰市通过开展一系列创新活动，深入开展校院企地融合发展，对创新创业基地和平台进行政策扶持，使得城市新经济发展取得了一定成效，截至 2019 年统计数据，都江堰市共有新经济企业 805 家，实现新经济活动营收 76 亿元；新登记企业 305 家，同比增速 18％。新经济企业、载体培育等初见成效为新经济发展增添了动力。

自 2017 年 12 月都江堰市新经济工作局在市经科信局挂牌成立，并陆续出台了《都江堰市营造新生态发展新经济培育新动能的实施意见》等 10 余个发展研究和机制创新材料，为企业推进新经济发展建设提供了现实指导，全市范围内逐步形成新经济建设的良好氛围。在政府的牵引下，都江堰科教资源加速聚集。在成都东软学院、川外成都学院、四川工商学院等多所高校的共同打造下，形成了“软件和互联网＋新经济”发展新生态，政府顶层设计的完善和资源聚集为新经济发展提供了助力。

（二）制约因素

都江堰市新经济发展的产业产值总量规模偏小，就目前来看，新经济营业活动收入占全市当年 GDP 比重的 17.9％，占成都市新经济营收比例的 1.9％，新经济要素资源，特别是旅游新经济发展要素尚未实现充分利用，旅游人次所带来的流量资源、数据资源以及都江堰市本身所具有的文化资源开发不充分，转化利用效率偏低，给都江堰市新经济发展带来新的挑战。

从都江堰市新经济发展环境来看，实体经济不够发达，经济总量规模偏小，大多新经济企业还处在初创阶段，且数量较少，难以发挥高成长型企业、龙头企业在模式创新、技术创新等方面的推进和带动作用。且新经济统筹发展的机制尚未完善，新经济发展的金融支持力度不足、高端复合型人才短缺、创新能力不强等都成为制约都江堰市新经济发展的重要因素。

二、都江堰旅游新经济发展高地建设路径

（一）战略背景

都江堰市成立市新经济发展局后，根据成都市营造新生态发展新经济培育新动能和都江堰市委、市政府“创新产业链、发展新经济”的工作部署，着手开展都江堰市新经济发展的探索与实践，并提出了“旅游主导、需求引导、转型升级、跨界融合”新经济发展思路。

2019 年 10 月，国家发改委、中央网信办联合印发《国家数字经济创新发展试验区实施方案》，其中明确要求四川省重点探索数字产业集聚发展模式，完善新型基础设施，开展超大城市智慧治理，加强数字经济国际合作，以智能化应用为重点，促进互联网、大数据、人工智能同实体经济深度融合，实现成渝地区双城经济圈高质量发展。四川省数字经济创新发展试验区建设，将进一步推动数据要素在政府、企业、产业链上下游之间流动，加快数字经济与实体经济的深度融合，为都江堰市推动旅游产业数字化及数字产业化、培育发展数字经济等新经济形态提供新机遇。

2019 年，四川省委办公厅、省政府办公厅印发了《关于开展天府旅游名县建设的实施意见》，这是全省落实“一干多支、五区协同”“四向拓展、全域开放”战略部署，也是推动县域文化旅游经济高质量发展、整体提升四川旅游品质的重要举措。都江堰拥有优越的地理位置和生态环境，独特的自然资源禀赋，浓厚的历史文化底蕴和业已形成的全域旅游发展模式，在这样的历史机遇和背景下，完全具备成为旅游新经济发展高地的基础条件。

（二）发展路径

都江堰应深入贯彻落实成都“西控”部署，立足全市产业基础和资源禀赋，结合重大项目布局，在坚持统筹兼顾、整合资源、突出优势、发挥特色原则的基础上，优化都江堰市旅游新经济发展的总体空间布局，形成“一心、一圈、三区、多园”的新经济发展空间格局。

“一心”是指都江堰全域旅游大数据中心。以都江堰旅游大数据中心为都江堰新经济发展的核心，加快 5G、人工智能、工业互联网等新型基础设施布局，建设西部最大旅游大数据应用示范基地，孵化旅游大数据产业链上下游为主的双创中心、培训中心及其他配套设施，实现新经济特别是数字经济发展所需人才、设施、生态等资源要素的集聚，构建起上下游一体的智慧旅游生态圈，形成新经济发展良性循环，加快都江堰数字产业化与产业数字化进程。

“一圈”是指环东软知识经济圈。依托成都东软学院打造环东软知识经济圈，加强与市内物联网、云计算、大数据、高端软件、新兴信息服务、电子材料、智能机器人、高端装备

制造等新经济企业的协同合作，聚焦互联网技术、智能制造技术、大数据应用技术等前沿技术领域，构建高新技术研发平台，通过建立“企业＋院校＋市场”的科技创新机制，充分发挥成都东软大学生创业中心国家级众创空间的优势，推动文化产业、经贸金融、产业孵化和科技成果转化等发展。

“三区”是指青城山旅游装备产业功能区、李冰文化创意旅游产业功能区和都江堰精华灌区康养产业功能区。以都江堰市独特的山、水、道、熊猫为核心资源，以成都融创文旅城、绿地国际康养小镇等项目为核心引擎，着力发展都江堰文化创意和康养旅游两大主导产业，开展“互联网＋精品民宿、高端康养、特色文创”等新经济新业态项目，强化基础配套、丰富产业业态、延伸产业链条，促进文商农旅体养融合发展，培育都江堰创意经济、绿色经济增长极。通过完善政产学研的合作渠道，创新新经济产品，打造都江堰“旅游＋新经济”消费场所。

“多园”是指依托都江堰市新经济领域发展优势产业建立起来的新经济产业集群。通过在青城山旅游装备产业功能区打造智能制造园，在李冰文化创意产业功能区打造智慧旅游大健康软件园，依托融创文旅城项目打造新型游乐园，在都江堰精华灌区康养产业功能区打造生态创意园和中医康养园。将三大产业功能区的资源优势和特色进行有机整合，进一步搭建新经济应用场景，打造完整的智慧文旅康养产业体系。

三、都江堰旅游新经济发展高地的若干场景培育

（一）智慧城市场景

依托都江堰现有信息网络建设和成都全国5G试点城市的契机，加快建设新一代移动网络，并推动规划区内交通、管网、建筑、环保、水电气等城市基础设施的智能化改造，探索建立全市城市感知设备的数据采集、共享与应用机制，通过支持基础电信运营和互联网企业在市内重点区域建设互联网数据中心，加快推进行业数据中心重大项目建设，促进各数据中心统筹协调发展，构建新型智慧城市大数据生态圈，加快都江堰智慧城市场景布局。

（二）创新服务场景

依托都江堰新经济专家资源和产业生态圈，建立川西新经济产业高峰论坛，推动数字经济技术研究、推广创新和行业应用；依托成都东软学院国家级SOVO众创空间，统筹开展都江堰三大功能区双创中心项目建设，创建专业化的数字经济和创意经济孵化平台；依托都江堰旅游大数据中心，积极打造场景实验室等创新服务平台，加速推动都江堰市传统企业以及新型企业商业模式等的创新，提高都江堰新经济新业态孵化效率。

（三）主体服务场景

开展企业新经济转型专项行动，引导都江堰支柱性企业的信息技术应用，运用新技术改造从生产车间到消费市场的全过程，升级产品功能、提升服务能力；依托都江堰三大产业功能区，统筹土地要素，规划布局数字经济、创意经济和绿色经济新经济样板工程展示平台，开展新经济示范应用工程；围绕都江堰新经济发展重点，建立都江堰新经济企业

库，在研发投入、投融资、工业用地和人才等多方面给予优先支持，打造新经济企业发展梯队。

（四）产业生态场景

开展全市营商环境的建设、优化、评估工作，以营商环境评估为常态化手段，实施定期评估，改善薄弱环节；整合上下游资源，组建都江堰新经济发展智库和新经济创新人才联盟，共同推进产学研用深度融合；完善多层次投融资体系，发展新经济产业专项基金，满足新经济产业不同类别、不同发展阶段企业的需求；建设“双推”工程服务平台，面向社会征集遴选出“双推”工程服务平台企业名单，对“双推”工程提供财政补贴，积极带动中小型新经济企业上平台、用平台，为“双推”平台企业加快开拓都江堰服务市场助力。

（五）数据应用场景

建设信息惠民工程，建立“一网式”多渠道申报体系，推广“网上办事服务为主、自助终端服务为辅、现场导向服务为补”的多元政务服务模式，将线上虚拟大厅与线下实体大厅相结合，最大程度方便群众和企业办事；进一步推进城市机会清单升级，促进从“给优惠”到“给机会”、从“政府配菜”到“企业点菜”，公共服务从“个别服务”到“生态营造”的三大职能转变，结合都江堰市产业转型升级和经济社会发展目标，定期组织发布新经济“机会清单”，招大引强新经济企业，夯实新经济发展基础，营造新经济发展氛围，推动都江堰新经济快速发展。

都江堰市应把握住新经济机遇，以“六大新经济形态”为导向，抓住自身环境资源优势，继续以“全域旅游”理念为引领，不断优化延伸高端旅游产业链，打造成为旅游新经济发展高地，成为四川省乃至全国的城市新经济发展标杆。

作者简介

黄寰，经济学博士，成都理工大学二级教授、博士生导师，中国人民大学长江经济带研究院研究员、地质灾害防治与地质环境保护国家重点实验室固定研究人员，研究方向为区域可持续发展。国务院政府特殊津贴专家、四川省学术和技术带头人、四川高校社科重点研究基地成渝地区双城经济圈科技创新与新经济研究中心主任、四川省人民政府参事室特约研究员、成都市新经济发展研究院特聘专家、成都市科技顾问团特聘专家、中国区域经济学会常务理事、中国技术经济学会理事、成都市科青联副主席兼秘书长、四川省技术经济和管理现代化研究会副理事长、四川省区域经济研究会副会长等。主持国家社会科学基金项目、国家自然科学基金项目、国家软科学计划项目等各级纵向课题 80 多项，在《人民日报》(理论版)、《光日报》(理论版)、《中国软科学》等发表论文 90 多篇，出版著作 8 部。先后获国家科学技术进步奖二等奖(2 项分别排名第四、第五)、中国青年科技奖、全国优秀科技工作者等奖励。

数字经济加速推动高质量发展：内在机理与政策建议①

朱永明

摘要：发展数字经济对贯彻落实习近平新时代中国特色社会主义思想，实现高质量发展意义重大。结合相关理论，文章聚焦当前我国制造业、金融业、消费服务业和政府的数字化转型机遇，并基于此分析了数字经济推动高质量发展的内在机理，提出了加快我国数字化转型的政策建议，包括：在工业制造业领域，构建数字技术创新体系及复合型人才培养基地、区域和产业协同发展等；在金融领域，从终端扩张、产品创新、风险管控三方面同时施力；在消费领域，夯实消费基础和强化监管并举；在社会治理领域，构建一体化服务平台、探索数据共享机制并加强立法工作。

关键词：数字经济；高质量发展；数据要素；赋能

依据发展经济学理论，我国经济已由高速度增长阶段转向高质量发展阶段。近期出版的《习近平谈治国理政》第三卷中8次提到数字经济，31次提及高质量发展[1]，包含了习近平总书记关于全面深化改革的重要论述，为我们继续做好经济改革工作提供了根本遵循。2020年国务院政府工作报告也明确提出，要全面推进“互联网＋”，加强新型基础设施建设，发展新一代信息网络，打造数字经济新优势。由互联网、区块链、大数据、人工智能、物联网、5G等数字技术所衍生出的数字经济与实体经济日趋结合，不仅创新了资源和信息的获取方式，在一定程度上重塑了生产组织的模式，同时也在构建区域和企业协同发展体系、应对重大紧急事件、创造性地满足人民需求等方面发挥了至关重要的作用。不同于以往的传统贸易，在数字经济背景下，传统的消费模式也正在不断进行着更新迭代，一方面，智能化和数字化的创新平台，为消费者参与新产品技术的开发、反馈数据资源提供条件；另一方面随着数字经济市场范围的“有效半径”扩大至全球，实现了规模经济和范围经济，从而提高经济绩效。根据信息经济学的相关理论，数字经济具有的信息透明化和实时性的特点，减少了机会主义倾向，解决了信息不对称的问题，推动政府信息管理工作的创新发展，从而优化国家治理体系。习近平总书记曾指出，“要加快推进数字经济、智能制造等战略性新兴产业，形成更多新的增长点、增长极。”[1]作为新的生产动能和发展方向，2019年，我国数字经济规模已达到35.8万亿元，占GDP的比重高达36.2%。国际数据公司(IDC)预测2021年这一比重将达到55%，仅次于美国位居世界第二。目前，我国经济已由高速增长阶段转向高质量发展阶段，高质量发展已成为必然趋

① 2020年教育部人文社会科学研究一般项目(20YJA630101)成果。

势，而以数字经济为主导的新一轮科技革命方兴未艾，已成为推动产业升级变革、实现高质量发展的重要力量。

一、数字经济赋能经济高质量发展

数字经济是以互联网、大数据及其相关技术创新与应用为基础的一种新型经济形态，具有高技术性、高成长性、高融合性、高协同性的特征，实现了生产力要素的数字化渗透、生产关系的数字化重构，是推动质量变革、效率变革、动力变革的新动能。习近平总书记曾在院士大会上指出："要推进互联网、大数据、人工智能同实体经济深度融合，做大做强数字经济。"[1]数字技术与实体经济的深度融合，对经济结构、产业发展及企业组织等产生了重大影响[2]，构成了"颠覆式创新"力量，成为企业跨体系数字化转型最重要的推动因素。据联合国贸易和发展会议(UNCTAD)的报告预计，到2030年，数字技术的使用有望使全球贸易增加34%[3]。数字化包括数字产业化和产业数字化，数字产业化要求发展一系列信息和数字技术及产业，产业数字化是指数字技术在经济运行和发展中的应用。数字经济的兴起引发了经济发展方式的巨大变革，在企业层面，形成了新的商业模式和盈利模式，实现了范围经济和规模经济的结合；在产业层面，促进了产业组织模式和产业结构的变化，推动了新产业组织的成长并加快了产业融合；在宏观经济层面优化了资源配置方式，提高了规划和决策的科学性。以往有关数字经济推动高质量发展的研究主要局限于宏观经济领域，其中包括数字经济对高质量发展的影响[4]、传统产业数字化转型的路径[5]、数字经济发展的趋势[6]、数字经济对创新和全球价值链攀升的影响[7]、发达国家有关数字经济的发展策略研究等，有关数字经济影响高质量发展的具体机理研究尚少。

二、数字经济加速推动高质量发展的内在机理

新冠疫情暴发期间，在刚性需求的强力拉动下，数字经济在工业制造、金融、消费、社会治理等领域实现了全行业的突破性规模化应用，实质上也是一次全面深入的数字经济普及运动，数字化转型充分发挥了其在促进产业发展和维护社会稳定中的重要战略价值。作为一项使能技术，一方面，数字经济自身发展成为规模巨大的新兴产业，产生新的价值，实现数字经济的增量效应；另一方面，数字经济与其他行业之间融合程度不断加深，提高了经济运行体系中原有要素的价值转化效率，促进资源优化配置和产业提质增效，实现乘数效应。根据IDC的分析报告，到2022年全球GDP的60%都将实现数字化，每个行业的增长都是由数字化增强的产品、运营和关系驱动的。

(一)数字经济促进工业制造业领域的高质量发展

我国制造业门类齐全，互联网产业发展也位居世界前列，由传统工业生态和互联网生态跨界融合出的工业互联网可以高效整合创新链、融合再造产业链、优化提升价值链。只有大力推动数字技术产业化和传统产业数字化才能在第四次工业革命浪潮中抢占先机。新冠肺炎疫情的防控凸显了以工业制造为核心的实体经济发展对国家经济发展和社会稳定的重要支撑作用，进一步发展以数字制造、智能制造为趋势的高水平制造业将

是我国乃至世界各国疫后发展的重要战略方向。习近平总书记指出:“要加快建设制造强国和发展先进制造业,推动互联网、大数据、人工智能和实体经济深度融合,促进我国产业迈向全球价值链中高端。”[1]为应对我国面临的全面复工及支撑全球“抗疫”的“挑战”,工业制造业产业链各节点企业均采取了数字化转型策略。互联网平台的引入实现了产业价值链由单向、线性化向多向、协同化的转变。“互联网+制造业”不仅缓解了急剧增长的需求、打破了信息共享壁垒,交易的便捷和安全也得以实现。此外,工业经济运行监测平台、中小企业公共服务平台、工业供应链服务平台等分别在企业复工复产、政策供需对接、流程动态跟踪等方面起到至关重要的作用。如工业供应链线上平台创造了中小企业同大品牌制造商的合作机会,通过线上管理可以减少分销过程中可能会影响产品质量的行为。平台经济的大规模应用为推动实体经济发展提供了更广阔的空间,蕴藏着强大的发展潜力。

习近平总书记强调:“要在中高端消费、创新引领、绿色低碳、共享经济、现代供应链、人力资本服务等领域培育新增长点、形成新动能。”[1]数字经济正从创意数字化、商品数字化、营销数字化、服务数字化这四大方面助力工业制造领域实现高质量发展。创意数字化是指依托数字化交流平台,汇聚全球创意,高效完成产品设计与创新活动;商品数字化是指改变工业产品的传统展示形式,实现“足不出户、线上看货”的云购物;营销数字化是指通过分析线上平台相关企业的货源、数量、消费者偏好等数据,制定精确的营销策略;服务数字化是指大型品牌商通过数字化“下沉”到小微企业和个体客户,从而减少直接接触,稳定企业生产。当然,作为工业制造的核心环节,生产数字化不断深入发展,如无人值守工厂、智能质控系统、生产流程智能决策等的全面应用,极大地提高了生产质量和效率。

(二)数字经济促进金融领域的高质量发展

物联网、云计算、大数据、区块链、人工智能等一系列先进科学技术广泛应用于借贷融资、支付清算、个人理财等诸多金融产品,金融与数字科技实现深度融合发展,金融科技也应运而生。金融科技创新提高了金融服务的普惠性,金融科技的投融资规模也在不断扩大。目前,我国已成为全球最大的移动支付市场,网络融资额已高居全球首位。习总书记曾强调:“金融活,经济活;金融稳,经济稳。”[1]受新冠疫情影响,各金融机构均面临客户线上迁移的实际问题,其服务重心也跟随客户行为从线下转移至线上。在非接触式金融中,线上路演、发行、远程调研和签单等服务模式的迅速普及,不仅加速了金融机构中后台业务的数字化,更强化了其线上运营能力,有助于发挥资源配置效应和创新效应[8],推动经济高质量可持续发展。区块链在金融领域的落地应用更是成为金融界和科技界共同关注的焦点。如通过区块链技术定制保险产品,可以简化销售流程以节省销售成本,提高理赔效率,同时有效防止骗保事件的发生。金融科技通过提升传统金融业务服务实体经济的能力和助推资产管理业务脱虚向实,为推动经济高质量可持续发展创造了客观现实条件。

(三)数字经济促进消费服务业的高质量发展

数字经济就是服务经济发展的一个新趋势,数字经济和数字贸易在相当大的程度上实现了信息直接流动和方便获取,使得商业结构向扁平化发展。此次新冠疫情阻击战中，“无接触配送”“无人经济”“云经济”等模式应运而生。以无人化、智能化为代表的“无接触场景”正逐渐成为主流消费场景，数字技术的发展突破了时间、空间等因素对供需对接的限制。发展基于互联网的平台型经济产业提供专业化服务，发展线上线下协同、跨界融合的平台经济模式，引导平台产业向个性化、专业化、特色化、垂直化发展。无论是在环境复杂的疫区还是其他地区，一系列无人化服务和设施通过互联网平台得到了广泛的应用，无人配送、在线教育、在线医疗、视频会议、运程协助等线上需求呈现爆发式增长，新增的线上消费群体使得要素供给体系得到进一步扩展，数字技术研发与应用的积极性也得到了激发，有效解决了生产范式刚性、生产效率低下、稀缺资源约束以及发展空间受限等问题，从而有利于形成更高层次的规模经济和范围经济。习总书记强调：“要把握数字化、网络化、智能化融合发展的契机，以信息化、智能化为杠杆培育新动能。”[1]数字经济正在从消费供给能力提升、消费需求水平释放、消费领域科学监管等方面助力消费领域高质量发展。

（四）数字经济促进社会治理领域的高质量发展

数字化治理是治理模式的创新，即通过数字技术提升政府综合治理能力和优化国家治理体系。随着数字经济的发展，数字经济的主体通过渗透效应，扩大在政府机关、行政事业单位等经济社会各领域综合部门的应用，数字经济“社会性”的特征不断被放大。此次新冠肺炎疫情是对我国国家治理体系和治理能力的一次大考，习总书记在中央全面深化改革委员会第十二次会议中指出：“鼓励运用大数据、人工智能、云计算等数字技术，在疫情监测分析、病毒溯源、防控救治、资源调配等方面更好地发挥支撑作用。”疫情的持续推动了公共卫生应急管理、智慧城市建设等社会治理领域的数字化变革。疫情防控期间，各互联网平台企业在防控接触传染风险、疫情监测分析、网络舆情处理、应急物资运输、稳定物价、保障复工复产等多个方面与各级政府机关积极合作，陆续推出“新冠肺炎疫情分布”专题地图、“人群迁徙态势感知模型”、“无接触式”社区、“慢性病患者断药求助登记”公益平台、健康码、“企业复工保障计划”等一系列数字化防疫方案。数字化平台发挥了巨大作用，助推了社会的精细化治理和政府的信息化建设。同时，智慧城市运用城市“大脑”——数字经济，使得社会治理模式从依靠主观经验判断转向依靠客观数据施策，从单向无互动管理转向双向协同互动，汇总公共数据，建立健全跨部门数据共享流通机制，高效调动资源，实现治理优化。

三、数字经济加速推动高质量发展的政策建议

我国互联网产业规模大、发展水平高、人才储备量全球领先、数据规模庞大、应用场景创新资源丰富，但是在核心技术和基础研究仍存在短板、复合型人才紧缺、数据开放度有限、场景创新领域较窄、受全球贸易保护主义制约等问题。习近平总书记也分别在中共十九届三中全会和第二届中国国际进口博览会上强调：“当前，制约我国高质量发展的体制机制障碍还不少。在今后，中国将在关键环节和重要领域加快改革步伐，以国家治理体系和治理能力现代化为高水平开放、高质量发展提供制度保障。”[1]针对我国目前数字经济发展存在的各种问题，提出以下政策建议。

在工业制造业领域，加强人工智能、工业互联网、物联网等新型基础设施在研发设

计、生产制造、组织管理等领域的应用，提升制造业数字化、网络化、智能化水平；构建企业和区域协同发展体系，完善协同创新的合作协调机制和利益共享机制；构建数字技术创新体系，进一步加强人工智能、云计算、边缘计算等技术的基础理论研究，加快科技成果转化，促进各类数字技术在制造业全链条全周期的创新与应用，积极打造数字产业集群；建设工业互联网所需的多层次复合型人才培训基地，为工业互联网提供智力和人才支撑；强化龙头企业带动作用，鼓励平台企业探索工业互联网平台商业模式，充分利用数字技术在各知识密集型产业中的推广应用，积累研发资源，探索有助于工业互联网平台健康可持续发展的盈利模式，通过扩散效应带动落后企业进行创新发展；鼓励企业跨地区和跨行业融通发展，稳步推进区域协调发展，缓解“数字鸿沟”、消除“数据孤岛”，加快数字基础设施建设，鼓励不同区域结合自身要素禀赋和经济现实基础，坚持多元化原则，因地制宜地发展数字经济；进一步完善区域协同政策，充分发挥大城市、城市群对周边区域的带动和辐射效应，更加注重区域一体化发展。

在金融领域，习近平总书记曾指出：“我国金融业的市场结构、经营理念、创新能力、服务水平还不适应经济高质量发展的要求，诸多矛盾和问题仍然突出。”[1] 因此，数字经济也应从终端扩张、产品创新、风险管控等金融服务链条各环节的数字化应用助力金融服务高质量发展。在终端扩张上，金融业应加大无接触自助服务途径的资源投入，通过优化整合让服务渠道更加便捷；在产品创新上，以实际的数字化金融需求驱动创新，例如此次疫情期间开通的线上捐款、口罩预约服务；在风险管控上，金融业应运用大数据、人工智能等技术，打造高频迭代的风控体系，以此进行风险识别、风险定价和全实时自动化机器审批。未来我国应积极深入推进金融科技管理体制机制改革和风险防范管理以推动金融科技稳步发展，培养金融科技复合型人才、加大研发力度以提升金融科技核心竞争力，构建金融科技共享服务平台以实现金融资源有效合理配置，为推动我国经济高质量发展提供重要能量。

在消费领域，随着复工复产工作的推进、居民消费需求的提升，为了维持甚至扩大疫情期间消费者形成的线上消费习惯，一方面，要夯实数字经济领域的消费基础——增强其消费供给能力和便民能力，通过数字经济引领消费的转型升级，创新消费模式，进一步满足消费者个性化需求；另一方面，要强化知识产权保护制度和创新补贴制度，坚持与时俱进的监管理念，从消费行为监管、消费过程监测、消费纠纷处理等方面建立科学的数字化消费监管体系，打造广阔、健康的消费者空间，充分释放数字技术的外溢效应。

在社会治理领域，数字经济正在从一体化社会服务平台、跨领域数据互通、隐私保护与社会效益平衡等方面，助力社会治理领域高质量发展。应进一步以“智慧城市”建设战略为统领，紧扣“一屏观天下、一网管全城”的目标，构建一体化服务平台，形成社会治理与服务的统一门户；加强跨领域数据互通，有效整合各级组织专用网络和信息系统，加强互联互通，坚决打破各行业、各层次、各条块之间的数据壁垒和桎梏，促进交流模式向更加方便快捷转变，并以此创新政府部门管理模式，提升管理效率；完善数据治理规则，加快构建数据标准体系，探索数据共享机制，最大程度发挥数字经济在中国经济创新驱动和高质量发展转型中的最大功用和价值；要进一步加强数字社会监管领域的立法工作，最大限度平衡个人隐私和社会利益，运用大数据、5G 等新一代数字科技，整合、优化各项资源，推动国家治理体系和治理能力现代化。

四、结语

这次突如其来的疫情影响了人民健康生活以及国家经济的平稳发展，但数字经济的大范围应用也在很大程度上消减了其负面影响。习总书记也指出："要善用科技，加快建设智慧城市，以大数据等信息化技术推进政府管理和社会治理模式创新，不断促进政府决策科学化、社会治理精准化、公共服务高效化。"[1]数字经济时代，技术变革推动着生活方式的改变，也影响着管理体制的创新，一方面，通过线上消费、工作等措施平衡公众的社会生活，促进国民经济的平稳发展消费；另一方面，"三色码制度"、公共交通实名制及远程医疗的大范围应用等形态，对于城市管理、交通物流以及医疗健康服务等社会治理方面发挥关键性政府治理作用，加快数字经济推动产业转型、经济高质量发展的步伐。可以预见，中国数字经济的良好发展不仅能推动我国产业结构转型升级，还会进一步引领中国摆脱低端制造的称号，稳步迈进世界中高端的水准。

参考文献

[1] 习近平. 习近平谈治国理政：第三卷[M]. 北京：外文出版社，2020.

[2] Yoo Y, Boland R J, Lyyinen K, et al. Organizing for innovation in the digitized world[J]. Organization Science, 2009, 20(1): 278-279.

[3] 刘洪愧. 数字贸易发展的经济效应与推进方略[J]. 改革，2020(03)：40-52.

[4] 鲁俊群. 大力发展数字经济是高质量发展必由之路[J]. 红旗文稿，2019(3)：26-28.

[5] 曹正勇. 数字经济背景下促进我国工业高质量发展的新制造模式研究[J]. 理论探讨，2018(2)：99-104.

[6] 王伟玲，王晶. 我国数字经济发展的趋势与推动政策研究[J]. 经济纵横，2019(1)：69-75.

[7] 徐金海，夏杰长. 全球价值链视角的数字贸易发展：战略定位与中国路径[J]. 改革，2020(5)：58-67.

[8] 薛莹，胡坚. 金融科技助推经济高质量发展：理论逻辑、实践基础与路径选择[J]. 改革，2020(3)：53-62.

作者简介

朱永明，博士，教授、博士生导师，郑州大学管理工程学院院长，郑州大学 EWTO 学院执行院长，河南电子商务与物流协同发展研究院院长，郑州大学技术经济与科技政策研究所所长，郑州市数字贸易研究中心主任。兼任管理科学与工程学会常务理事，中国技术经济学会理事，河南省电子商务类教学指导委员会副主任委员，《财会月刊》学术顾问。主要从事资本运营、企业社会责任、电子商务与物流协同发展等方面的研究。曾任郑州宇通客车股份公司等 5 家上市公司独立董事。主持完成国家社会科学基金项目、河南省哲学社会科学基金项目、河南省科委软科学项目等纵向课题 10 多项。在核心期刊上发表论文 50 多篇。

中小企业安全生产治理创新:监管与服务有机融合

梅　强

摘要:中小企业安全生产监管与服务有机融合是实现专业监管、消除中小企业安全生产侥幸心理、提升中小企业安全生产能力、实现安全生产资源有效整合进而提升安全生产治理成效的创新机制。虽然我国已经开始了一些有益尝试,但仍然处于起步阶段,面临政府推动力不足、安全生产服务供需两不旺、服务质量难以保障等挑战。提出需要明确并落实相关主体责任、促进安全生产服务供需耦合发展、加强对安全生产服务的监督管理。

关键词:中小企业;安全生产监管;治理创新;安全生产服务

虽然我国安全生产形势保持了稳定向好的态势,但仍处于爬坡过坎期。一方面,相当数量中小企业安全生产意识淡薄,对安全生产监管和事故的发生心存侥幸,缺乏安全生产压力;另一方面,部分中小企业存在安全生产设备设施相对落后、安全管理能力较低等安全生产资源实力不足的情况,缺少将安全生产压力转化为动力的条件。"侥幸心理+安全生产资源实力不足"是中小企业安全生产问题的根本原因所在,破解中小企业安全生产难题,需要推行"监管+服务"的协同联动机制,实现中小企业安全生产监管与服务的有机融合。中小企业安全生产监管与服务有机融合指安全生产监管与安全服务各主体协同联动,各项工作相互补充、相互促进,融化汇合,形成统一整体,进而实现中小企业安全生产治理效能的最优化。

一、中小企业安全生产监管与服务有机融合的重要性分析

(1) 中小企业安全生产监管与服务有机融合能够有效弥补安全生产专业监管能力不足,消除中小企业安全生产中的侥幸心理。我国中小企业面广、量大、线长,且多分布在基层,传统和新型生产经营方式并存,各类事故隐患和安全风险交织叠加,安全生产监管任务重。同时,我国安全生产专业监管能力不足问题非常突出,国务院办公厅明文规定到 2018 年安全生产监管执法专业人员配比达到 75%,然而,至 2019 年底江苏省仅为 40.4%,其他一些地区也有较大差距[1]。在安全生产检查、执法等各项安全生产监管活动中,一方面,受中小企业委托开展安全生产服务的人员,能够帮助企业更好地明确安全生产监管要求;对中小企业供应商进行安全审核的供应链核心企业,能够严格要求中小企业的安全生产标准,从而起到间接监管作用;另一方面,政府安监部门通过购买各类安全生产服务,可以更精准地发现中小企业安全生产存在的问题,提高安全生产监管的专业化水平。

(2) 中小企业安全生产监管与服务有机融合，才能有效破解中小企业安全生产资源实力弱的现实困境。由于中小企业安全生产资源实力弱，缺少将安全生产压力转化为动力的条件，难以采取有效的安全生产措施。政府安监部门在安全生产监管的过程中，通过引入多种形式的安全生产服务，例如，在对工业园区进行网格化安全生产监管的基础上推行安全生产托管服务、引导供应链核心企业在对中小企业供应商进行安全审核的同时提供安全管理和技术方面的指导，可以使中小企业借助专家和供应链核心企业专业的技术、管理优势，构建起规范的安全生产管理体系，并逐步提高自身的安全生产能力。

(3) 中小企业安全生产监管与服务有机融合，能够有效整合和优化各类安全生产资源，进而提高安全生产治理成效。对于没有配备专职安全生产管理人员的企业，购买安全生产服务的费用要远低于雇用专职人员的费用，且能够得到整个专家团队的技术支持；对于设有专职安全生产管理人员的企业，安全生产专家、供应链核心企业的专业化服务能够对其形成有益补充，可避免企业由于缺乏系统性知识、经验以及专业技术等出现措施不到位、不彻底等问题。专业的安全生产服务不仅使安全生产管理更具科学性和系统性，也能够充分发挥优质资源的集聚效应。同时，安全生产服务也需要科学监管来保障服务质量，通过安全生产监管与服务的协调联动来提高安全生产治理成效。

二、中小企业安全生产监管与服务协同联动现状与面临的挑战

(一) 中小企业安全生产监管与服务协同联动状况

2016 年 12 月 9 日发布的《中共中央　国务院关于推进安全生产领域改革发展的意见》中提出，严密层级治理和行业治理、政府治理、社会治理相结合的安全生产治理体系，组织动员各方面力量实施社会共治。继 2016 年 12 月 31 日国务院安委会发布《关于加快推进安全生产社会化服务体系建设的指导意见》之后，2018 年 6 月 29 日国家工信部、应急管理部、财政部和科技部联合发布《加快安全产业发展　培育安全服务新业态》文件中提出，以企业为主体，市场为导向，强化政府引导，着力推动安全产业创新发展。各地在国家指导性文件的基础上，积极探索中小企业安全生产监管与服务的协同联动机制，取得了一定的成效，并形成了一些特色工作模式。

(1) 政府购买专家服务模式。依托各地建立的安全生产专家库，政府通过购买专家组的服务，让专家直接或者在指导企业安全生产的过程中支持监管工作，主要有三种：一是“政府聘请专家安全生产检查”。为了弥补政府安监部门人力、专业力量不足，聘请安全生产专家对辖区内企业进行安全生产检查。二是“政府聘请专家上门指导”。政府购买服务，专家进企业，上门为企业提供针对性的指导服务。三是“政府派专家驻厂托管”。政府安监部门针对某特定行业，聘请专家长期(例如 1 年)工作在生产现场，专家扮演着企业安全管理者和政府监管人员双重角色，发挥企业和政府之间的桥梁作用。

(2) 安全生产托管模式。安全生产托管是指企业自身安全生产能力较弱，委托具有安全生产技术和管理能力的安全中介服务机构，对其提供安全生产技术、管理、咨询、指导等服务的安全管理新模式。早在 2007 年，深圳市在龙岗区率先开展了企业安全生产托管试点工作，是国内实行安全托管最具规模、最显成效的一个城市。之后，多地政府积极在工业园区、小微企业中推进安全生产托管工作。例如，福建泉州“政府买单、企业受

益”的“服务外包”模式，专家“既管查病又管开方”；浙江省嘉兴市从“政府买单、企业受益”的形式逐步向企业自主购买服务拓展，并与标准化、网格化、诚信机制建设等融合推进；江苏省泰州医药高新区采取服务补贴的方式要求小微企业购买安全生产托管服务，并将该项工作与安全生产网格化管理相结合，对不进行安全生产托管的企业加强安全生产监管强度。

(3) 行业片组互助模式。即将同一区域或某一行业的企业，划分为若干个管理单元或协作组，定期组织开展交流、研讨以及企业自查等活动。例如，浙江省宁波市江北区，创建了“行业片组安全互帮互促”机制，每月在企业间开展安全专家技术辅导、各组员交叉互查、企业安全管理员交流学习安全管理经验等活动，形成了“行业自律、企业主体、专家服务、互学共进”的安全管理模式。浙江省温州市的瑞安市，根据“互助管理、共建共治、共享安全”的思路，积极拓展互助活动，截至 2019 年年底，该市已建立安全生产互助联盟 136 个，参盟企业达 5200 余家，参盟企业实现生产安全责任事故“零发生”[2]。

(4) “安责险＋服务”模式。为了充分发挥保险的事故预防功能，国家安全监管总局、保监会、财政部于 2017 年 12 月 12 日印发《安全生产责任保险实施办法》，要求高危行业领域的生产经营单位应当投保安全生产责任保险，并鼓励其他行业领域生产经营单位积极投保。国家应急管理部 2019 年 8 月 12 日发布《安全生产责任保险事故预防技术服务规范》并于 2020 年 2 月 1 日起执行，要求保险公司通过依靠自身安全生产专业技术人员、委托安全生产技术服务机构、聘请外部安全生产专业技术人员、委托保险经纪人等形式，协助投保单位开展事故预防工作。但是，保险如何发挥服务功能是理论界和实务界需要研究的问题，当前处于各地积极探索阶段。

（二）中小企业安全生产监管与服务有机融合面临的挑战

目前，我国安全生产服务还处于初级阶段，不少地区积极进行试点工作，构建了安全生产服务与安全生产监管的联动工作机制，在辅助政府安全生产监管、提升中小企业安全生产能力方面展现出了越来越重要的作用。但是，在推进安全生产治理体系和提升治理能力现代化的时代要求下，逐步将试点地区的成功经验向全国全面推广，以及进一步促进安全生产监管与服务的融合发展，还面临着不少挑战，主要体现在以下方面：

(1) 中小企业安全生产监管与服务的融合发展，离不开政府安监部门的主导作用，相关政策与推行力度需进一步加强。纵观安全生产服务及其与安全生产监管联动发展好的地区，都是当地政府安监部门在制定出台相关政策的基础上，不断深入推进的结果。安全生产监管与服务协同不仅涉及政府安监部门，还涉及中小企业、服务机构及专家、保险机构等多元主体，各主体的目标不一致，如何引导各方积极参与，共同朝着提升中小企业安全生产水平的目标迈进，是政府安监部门需要重点考虑的问题。在充分借鉴已有试点地区经验的基础上，如何在全国范围内推广，以及如何实现跨区域、跨产业安全生产服务与监管工作的融合发展，政府安监部门如何发挥引领作用是一项严峻的挑战。一旦相关政策和推进力度跟不上，整项工作就会流于形式，甚至不了了之。

(2) 中小企业安全生产服务供需两不旺，极易陷入“供需双低”的困境，难以满足安全生产治理现代化要求。一方面，中小企业面广、量大，且安全生产资源实力比较弱，因此，潜在的安全生产服务需求比较高，但是，实际安全生产服务购买意愿低。如果安全生产监管强度不够，一些企业宁愿安全生产不达标，也不愿意购买安全生产服务。调查发现，有相当部分的中小企业购买安全生产服务的目的是为了摆脱当地政府安监部门的“纠缠”。一旦安全生产监管放松或者安全生产服务推行力度降低，这些企业就不会再购买安全生产服务。另一方面，安全生产服务市场还处于初级阶段，安全生产服务供给能力有限，这也弱化了中小企业购买安全生产服务的意愿，市场需求低进一步限制了安全生产服务的供给。不打破安全生产服务“供需双低”的困境，就难以破解中小企业安全生产无人管、不会管的困局，更难以实现中小企业安全生产治理的现代化。

(3) 中小企业安全生产服务质量考核难度大，易于发生合谋和败德行为，反而弱化了安全生产监管。在安全生产服务过程中，政府安监部门、中小企业和服务提供方应该各尽其职、通力协作。然而，部分中小企业购买安全生产服务后，弱化了自身的安全生产主体责任，对服务方的工作开展不愿提供支持，甚至为了通过安全评价、安全生产标准化考核等与服务方合谋[3]。同时，安全生产服务还处于各地区自行试点的起步阶段，缺少行业规范性的服务标准，不仅服务质量参差不齐，还会出现流于形式的败德现象[4]。在缺少政府安监部门、行业机构监管的情况下，安全生产服务质量难以保障，反而弱化了对购买安全生产服务的中小企业的监管。然而，由于安全生产服务质量的监管极具专业性，保障安全生产服务质量极具挑战性。

三、推进中小企业安全生产监管与服务有机融合的对策建议

(1) 完善政策保障，明确并落实安全生产服务与监管相关主体责任。由于中小企业安全生产服务需求与安全生产监管息息相关，并且安全生产服务市场还处于起步阶段，需要进一步完善安全生产服务相关政策。建议在安全生产服务实施总则的基础上，根据不同服务类型，制定相应的细则，确定在各项安全生产服务实施过程中的主体责任、委托关系、监管责任、合同责任等。进一步严明中小企业的安全生产主体责任，强调企业在服务过程中配合服务方开展工作的责任以及失责应承担的后果；明确规定服务方对安全生产服务质量负责以及失责之后的处罚；明确规定各地区安全生产监管部门在推动中小企业安全生产服务过程中应发挥的职能以及相关的监管责任。

(2) 加大政府推动力度，促进安全生产服务供需耦合发展。首先，在加大对中小企业安全生产监管的同时，通过政策支持、资金补贴等方式，积极推广中小企业安全生产托管服务，积极引导供应链核心企业参与中小企业供应商安全治理，为这些中小企业将安全生产压力转化为动力提供通道。其次，大力培育安全生产服务市场，打造高水准的服务机构和高质量的安全生产服务，促进安全生产服务行业健康发展。同时，通过构建安全生产服务信息平台，整合各类安全生产资源，使中小企业安全生产、监管服务需求与供给有效对接，促进中小企业安全生产服务与安全生产监管的协同发展。

(3) 构建社会监督与约束机制，加强对安全生产服务的监督管理。首先，支持成立安全生产服务行业协会，发挥其在政府、服务机构、企业之间的桥梁与纽带作用，在营造和培养适合服务机构发展的制度环境和市场土壤的同时，强化行业自律，规范市场秩序。其次，构建社会监督机制，严防服务过程中的合谋与道德风险问题，确保安全生产服务机构的执业行为合法化、规范化。再次，强化信用约束，加强服务机构自律，健全和完善以服务信用体系为基础、信用监管与奖惩体系为支撑、服务质量评价与举报投诉为重要参

考的综合性安全生产诚信体系。

参考文献

[1] 国务院事故调查组. 江苏响水天嘉宜化工有限公司“3.21”特别重大爆炸事故调查报告[R]. 2019.

[2] 温州安监. 瑞安升级优化安全生产互助管理联盟模式 提升应急管理水平[EB/OL]. [2019-12-11]. https://www.sohu.com/a/359741283_467907.

[3] 张菁菁,梅强,刘素霞,等. 安全生产评价服务市场违规防治演化研究[J]. 系统工程,2018,36(7):123-133.

[4] 梅强,张菁菁,刘素霞,等. 安全评价制度目标偏离的形成机理研究[J]. 管理评论,2017,29(5):216-225.

作者简介

梅强,江苏大学副校长,二级教授、博士生导师,校一级学科博士点“管理科学与工程”学科(江苏省优势学科)带头人。研究方向是创新创业与中小企业管理。教育部高校管理科学与工程类专业教学指导委员会委员(2014～2018),中国企业管理研究会副会长,中国管理科学与工程学会常务理事,中国管理现代化研究会管理思想与商业伦理专业委员会副主任委员,中国技术经济学会中小企业分会副会长,江苏省中小企业发展研究基地首席专家。国务院政府特殊津贴专家,江苏省有突出贡献中青年专家,江苏省优秀哲学社会科学工作者,江苏省高校新世纪学科带头人。

建立黄河流域高质量发展的生态环境调控机制

董战峰

摘要：构建黄河流域生态环境调控机制是实现黄河流域生态环境保护与高质量发展的重要手段。本文分析了黄河流域生态环境保护机制建设进展与所面临的主要生态环境问题，提出了黄河流域生态环境调控机制建设的总体思路。提出黄河流域生态环境调控机制建设需建立以《黄河保护法》为核心的法律管控机制，健全黄河流域涉水利益生态补偿机制，强化黄河流域规划制定与实施机制，构建智慧化"天地空"一体化生态环保监管体系以及创新黄河流域产业协同绿色发展引导机制。

关键词：黄河流域；高质量发展；生态环境保护；调控机制

一、建立黄河流域高质量发展的生态环境调控机制具有重大战略意义

黄河是中华民族的摇篮、中华文明的发祥地。黄河流域是我国重要的生态屏障，是青藏高原生态屏障、黄土高原-川滇生态屏障、北方防沙带；是我国重要的经济地带，布局有宁东等大型能源基地，黄淮海平原、汾渭平原、河套灌区等农产品主产区；也是我国打赢脱贫攻坚战的重要区域，黄河上中游地区和下游滩区的经济发展相对滞后[1]。黄河流域对保障国家和区域可持续发展具有全局性、战略性、稳定性作用[2]。2019 年 9 月，习近平总书记在河南主持召开黄河流域生态保护和高质量发展座谈会时提出了黄河流域生态保护和高质量发展这一国家战略，并指出这一战略对我国区域协调发展、人民高质量生活等均具有重要意义[3]。近年来，黄河流域的生态建设和环境治理等取得显著进展，但仍面临水资源、水质、生态退化、环境风险等多种问题。水资源禀赋先天不足，水资源开发利用率超过 70%，地表水开发利用率超过了 80%[1]。水质总体较差且低于全国水平，劣Ⅴ类水占比明显高于全国的平均水平。局地生态服务功能退化严重，面临草场退化、水土流失等严峻问题[4]。生态环境潜在风险较高，沿岸煤炭采选等资源消耗型、"两高"企业数量约占 60%。黄河流域的生态环境问题具有复杂性、特殊性的特点，实现"大保护、大发展"，迈向高质量发展依然面临重大挑战，协调流域保护与发展关系是关键挑战，需要将生态环境因素作为高质量发展的内生要素，创新探索有效的生态环境调控长效机制，形成助推高质量发展的内生动力。

二、黄河流域生态环境调控政策机制实践与关键问题

（一）推进黄河流域生态环境保护立法

黄河流域初步形成了相对完整的立法体系[5]。现有立法基础主要包括全国性立法、流域层面立法、地方层面立法，以及各立法层次颁布的各项相关法律、规章、规范性文件等。适用于黄河流域的国家涉水法律主要有“四法”，即《水法》《水污染防治法》《水土保持法》《防洪法》，但行政区域各自为政的治水局面没有得到改变[6]，《水污染防治法》与《水法》对生态保护方法做出了规定，但一些规定存在冲突[7]。《水污染防治法》存在考核奖惩制度建设滞后等问题[8]。《防洪法》只规范了与防洪有关的工作和水事关系，无法解决黄河流域复杂、特殊的问题[9]。流域层面，《黄河水量调度条例》《黄河流域省际边界水事协调工作规约》等相关法规文件主要就水资源管理的相关方面进行了规范。地方上，宁夏、陕西等地就辖区内黄河流域保护治理需要分别制定了相关地方法规。

（二）加强流域生态环境保护规划的统筹推进作用

编制实施了一系列规划统筹推进黄河流域生态环境保护与治理。“十三五”期间，编制印发了《重点流域水污染防治规划（2016～2020年）》，将黄河流域划分了150个控制单元，进一步实施水污染精细化防治。2017年3月，发改委、工信部等10部委印发《近岸海域污染防治方案》，加强黄河口近岸海域污染防治。2020年6月，黄河局组织召开流域水生态环境保护“十四五”规划领导小组会议暨工作推进会议，推进科学编制流域规划。黄河流域生态环境保护规划需要进一步统筹考虑水、大气、土壤等自然生态要素，强化流域综合性、系统性治理。

（三）实施生态环境空间管控

各相关部门编制实施了空间规划，明确黄河流域“三区”（城镇空间、农业空间、生态空间）和“三线”（生态保护红线、永久基本农田红线、城镇开发边界）[10]。目前，四川、宁夏已经完成生态保护红线划定，经国务院批准，已由省（区）人民政府发布实施。青海、甘肃、内蒙古、山西、陕西、河南、山东7个省（区）已形成划定方案。总体来看，黄河流域生态环境空间管控要求落地生效仍存在技术支撑不足、配套政策机制有待明确等问题。

（四）不断健全流域生态补偿机制

通过中央预算内投资藏区专项、三江源生态保护和建设二期工程、省级财政专项等渠道投入34.21亿元用于三江源区生态环境保护、基础设施及能力建设等[11]。2016～2019年中央财政累计下达沿黄九省区重点生态功能区转移支付资金944.56亿元。2011年，陕、甘两省沿渭6市1区开展跨省流域上下游横向生态补偿探索，对改善渭河流域水环境质量起到了积极作用[12]。2020年，财政部等四部门联合发布《支持引导黄河全流域建立横向生态补偿机制试点实施方案》，在沿黄九省区开展试点[13]。四川、陕西、宁夏、河南、山东、山西6省区推进实施省内流域生态补偿制度提高流域治理效果[14]。

（五）实施严格的水资源管理

多年来黄河流域一直不断完善水资源管理政策，逐步推进实施严格的水资源管理。1987 年，《关于黄河可供水量分配方案报告的通知》下发，明确了黄河水资源的分配方案[15]。黄河水利委员会 1994 年开始在流域管理中全面实施取水许可制度[16]。2004 年，黄河管理委员会制定了《黄河水权转换管理实施办法（试行）》，初步建立了有黄河特色的水权转换制度。1999 年 3 月开始正式实施黄河水量统一调度，统一调度实行总量控制、断面流量控制、分级管理、分级负责。2013 年国务院办公厅印发了《实行最严格水资源管理制度考核办法》，明确了各省、自治区、直辖市水资源管理控制指标，确立了考核办法及奖惩措施。但黄河流域水资源分配、水权体系、水量调度机制以及黄河水资源费、水费等利益调控机制有待完善。

三、推进黄河流域生态环境调控政策机制创新的实施建议

（一）建立以《黄河保护法》为核心的法律管控机制

研究制定《黄河保护法》是关键，这是筑牢黄河流域大保护大治理格局的长远根本之策，以专项立法为流域系统性、整体性、综合性、差异性保护治理提供长远保障。以山水林田湖草生态系统整体性作为立法的根本遵循，研究制定黄河治理、开发、利用、保护与管理的法律条款。以黄河流域水的保护为重点，统筹资源、大气、土壤、生态等领域，强调空间管控、生态环境保护与治理、风险防控。重点构建中央与地方、部门之间以及行政区之间的协调、协同机制。系统解决空间管控、防洪减灾、水土流失、资源开发利用与保护、生态环境治理、产业协同布局、补偿交易等重大需要立法规范问题。

（二）强化黄河流域生态环境保护规划统筹制定与实施机制

完善黄河流域生态环境保护规划制度，建立相关规划实施的协调机制。统筹水、大气、土壤等自然生态要素，以推动生产方式和生活方式生态化为引领，打通“两山”转化通道，综合设计资源能源开发、国土空间格局、生态环境保护等方面的规划目标与任务。推进建立规划实施、投资保障与生态环境项目库建设。强化黄河流域的生态保护和高质量发展规划、流域水生态环境治理规划、空间规划等的统筹实施。

（三）构建智慧化“天地空”一体化生态环保监管体系

全面落实黄河流域主体功能区要求，实施“三线一单”确保生态空间格局安全，从空间布局约束、污染物排放管控、环境风险防控、资源利用效率等方面，建立生态环境准入清单。加快“三线一单”实施的监测评估、生态补偿、绩效考核等政策机制建设，建立生态环境网格监管体系。建立黄河流域地表水、地下水、集中式生活饮用水及水源地水质、土壤、草原在内的生态环境质量监测网络。建立全流域统一的生态环境质量监测信息发布机制，构建环保信用评价结果互认互用机制。建立并运行流域生态环境监管平台，推进黄河流域综合监管、协同治理。

（四）健全黄河流域涉水利益生态补偿机制

一是推动省际省内横向生态保护补偿机制建设，通过流域生态补偿机制解决当前和潜在的流域生态环境问题。二是推动完善重点生态功能区转移支付制度，根据发展权受限的水平予以科学合理补偿。三是建立健全黄河流域市场化、多元化补偿机制，逐步推进政府主导型补偿向发挥市场作用、发挥多主体作用、发挥多种补偿方式作用转变，调动各相关方积极性和主动性。四是研究设立黄河流域生态补偿基金。整合相关生态补偿财政资金的基础上设立基金池。可由中央财政联合沿黄九省区地方财政设立黄河流域生态修复与补偿奖励资金，纳入黄河流域生态补偿基金池；出台利好政策激励和吸引社会出资人，包括大型商业银行、产业投资基金等金融机构参与，引导社会资本进入黄河流域生态补偿基金池；依托水资源开发利用的经营性项目和黄河源、龙羊峡、拉西瓦、尼那、李家峡水电站等黄河流域水电资源开发受益中提取适当比例费用，或在沿黄河地区风景名胜区、自然保护区等生态旅游的收入中，提取一定比例纳入黄河流域生态补偿基金。

（五）创新黄河流域产业协同绿色发展引导机制

一是以改善黄河流域生态环境质量为核心，探索建立黄河流域生态环境保护市场经济政策体系，强化绿色财政政策、绿色税费以及绿色资源价格政策创新与实施，引导企业、产业的绿色转型。健全生态环境资源权益的市场交易机制，构建绿色金融体系，建立生态环境损害赔偿制度，推进黄河流域环境信用建设等，为黄河流域高质量发展提供市场动力。二是从流域尺度考虑产业的结构调整与绿色发展，推动现有产业体系加快调整优化。优化资源消耗型产业布局，严格控制湟水河、渭河、汾河等流域煤炭行业的发展速度和规模，积极化解过剩产能，提高能源化工行业清洁化生产水平，推动工业园区循环化改造。大力发展林沙草产业，推进生态与旅游、教育、文化、康养等产业融合，引导发展优势特色生态产业。三是夯实黄河流域大保护大治理的生态科技支撑。推进黄河流域生态保护和高质量发展国家重大计划及科技创新联盟。利用大数据、物联网等前沿技术，建立“数字黄河”平台，支撑服务全流域系统治理和高质量发展。

参考文献

[1] 习近平. 在黄河流域生态保护和高质量发展座谈会上的讲话[J]. 中国水利，2019(20)：1-3.

[2] 王金南. 黄河流域生态保护和高质量发展战略思考[J]. 环境保护，2020(Z1)：18-21.

[3] 董战峰，邱秋，李雅婷.《黄河保护法》立法思路与框架研究[J]. 生态经济，2020，36(7)：22-28.

[4] 杨立彬，贾新平，李清杰，等. 黄河流域水资源利用与保护现状评价[J]. 人民黄河，2011(11)：55-57.

[5] 金凤君. 黄河流域生态保护与高质量发展的协调推进策略[J]. 改革，2019(11)：33-39.

[6] 王夏晖. 协同推进黄河生态保护治理与全流域高质量发展[J]. 中国生态文明，2019(6):70-72.
[7] 吕忠梅，陈虹. 关于长江立法的思考[J]. 环境保护，2016(18):32-38.
[8] 吕忠梅. 建立"绿色发展"的法律机制:长江大保护的"中医"方案[J]. 中国人口·资源与环境，2019(10):1-10.
[9] 吴浓娣，王建平，李发鹏，等. 水土保持法制度建设现状、问题及对策建议[J]. 中国水土保持，2019(4):23-27.
[10] 田文富. 推进黄河流域生态空间一体化保护和环境协同化治理[N]. 中国环境报，2019-11-25(003).
[11] 董战峰，郝春旭，璩爱玉，等. 黄河流域生态补偿机制建设的思路与重点[J]. 生态经济，2020，36(2):196-201.
[12] 何理，冯立阳，赵文仪，等. 关于我国流域横向生态补偿机制的回顾与探索[J]. 环境保护，2019(18):32-38.
[13] 四部门联合发布试点方案. 建立黄河全流域横向生态补偿机制[J]. 资源导刊，2020(6):5.
[14] 曲超，刘艳红，董战峰. 基于DID模型的流域横向生态补偿政策的污染:贵州省赤水河流域实证研究[J]. 生态经济，2019(9):194-198.
[15] 赵莺燕，于法稳. 黄河流域水资源可持续利用:核心、路径及对策[J]. 中国特色社会主义研究，2020(1):52-62.
[16] 安新代. 黄河水资源管理调度现状与展望[J]. 中国水利，2007(13):16-19.

作者简介

董战峰，博士，研究员、博士生导师，九三学社中央委员会资源环境专门委员会委员；生态环境部环境规划院生态环境管理与政策研究所副所长，兼任中国环境审计中心主任，黄河生态文明中心副主任等。主要从事生态环境战略与规划、生态环境管理与经济政策研究。担任中国技术经济学会理事、中国审计学会理事、中国技术经济学会环境技术经济分会副理事长等国内外多个学术团体的(常务)理事。担任《中国环境管理》《生态经济》等学术期刊编委。先后主持30余项国家科技重大专项、国家科技支撑计划以及生态环境部中央财政重点、中国工程院重点咨询等项目，主持联合国环境规划署、全球环境基金、亚洲开发银行等国际合作项目10余项。获得国家环境保护科技奖一等奖等奖项；是20余项国家战略规划、立法政策的参与专家。在国内外重要学术期刊发表相关论文150余篇，主编著作10余部，合著20余部。

“两山理论”的本质与政策建议

陈建成

摘要：我国已经进入了生态文明建设的新时代，步入了生态文明建设的快车道。建设生态文明是实现中华民族永续发展的千年大计和根本大计。习近平总书记关于“绿水青山就是金山银山”的系列论述已经成为当前生态文明建设和新时代发展的根本遵循。本文分析了“两山理论”的本质，阐述了“两山理论”的重要体现，并从增加绿色空间、绿色行动、绿色财富三个维度为建设美丽中国、健康中国、富强中国提出了相应的政策建议。

关键词：“两山理论”；生态文明；绿色发展。

生态文明建设是关系到中华民族永续发展的千年大计和根本大计，已经被纳入中国国家发展总体布局。当前，中国生态文明建设已经进入了新时代，习近平总书记提出的“绿水青山就是金山银山”成为生态文明建设和新时代发展的根本遵循。“绿水青山就是金山银山”（本文简称为“两山理论”，也有简称为“两山论断”或“两山论”等）可以说已经逐渐深入人心，“两山理论”的实践行动也已取得了丰硕成果。但是，鉴于不同地区在发展过程中存在的资源禀赋、发展范式、社会经济异质性和不确定性因素的增多等问题，“两山理论”的本质与现实意义仍需深入探寻，以有利于更加准确地在实践中领会贯彻。

《中共中央　国务院关于加快推进生态文明建设的意见》是我国加快推进生态文明建设的重要指导思想。意见中提道：要充分认识加快推进生态文明建设的极端重要性和紧迫性，切实增强责任感和使命感，牢固树立尊重自然、顺应自然、保护自然的理念，坚持绿水青山就是金山银山，动员全党、全社会积极行动、深入持久地推进生态文明建设，加快形成人与自然和谐发展的现代化建设新格局，开创社会主义生态文明新时代。而这个时代的一个靓丽名片即为绿水青山就是金山银山。

一、“两山理论”的本质与重要体现

（一）“两山理论”的本质

第一，揭示了生态环境与生产力之间的关系，是对生产力理论的重大发展。

“两山理论”创新性地提出保护生态环境就是保护生产力，生态本身就是经济，保护生态就是发展生产力。生态环境日益成为生产力发展的重要源泉和保障，并且为人类提供了生产力三大基本要素中的各种自然要素。目前，生态环境依然是制约我国高质量绿色发展的短板。“两山理论”所包含的保护生态环境就是保护生产力，就是要抛弃传统无节制消耗资源、污染环境、破坏生产力的发展模式，走一条有效减少消耗、降低污染、治理环境、节约发展成本，努力实现循环经济和可持续发展的绿色之路。而这最终的结果，改变的不仅仅是环境，还是生活的理念，是生存的方式，更是文明的进步。在我国当前社会经济发展过程中，仍然面临经济下行压力加大、资源环境威胁加剧、不确定性因素增多的压力，经济发展与环境保护仍然是其中的一个基础性问题。特别是发展不平衡、不均衡的问题，始终是制约我国高质量可持续发展的重要因素。

第二，揭示了生态保护和经济发展之间的关系，是对财富增长理论的重大发展。

“两山理论”深刻揭示了社会发展与生态保护、环境保护和财富增长间的相互关系，指明了实现发展和保护生态内在统一、相互促进和协调共生的方法论。保护生态就是保护自然价值和增值自然资本的过程，保护环境就是保护经济社会发展潜力和后劲的过程，把生态环境优势转化成经济社会发展优势，绿水青山就可以源源不断地带来金山银山。有些地方，至今还把生态环境保护和经济发展两者对立起来，认为只要搞经济建设，就一定会破坏生态环境；只要抓生态环境建设，经济发展就应当束之高阁。可以说这都是为懒政、庸政、惰政找借口，都是对“两山理论”本质的认识不到位。大量实践已经证明，“两山理论”是统筹推进“五位一体”总体布局的“压秤砣”，是推进高质量绿色发展的智慧选择，是实现中华民族永续发展的根本遵循。

（二）“两山理论”的重要体现

(1) 发展合一论。发展是硬道理，是人类永恒的主题。由于不同发展阶段面临的问题不同，因而就需要不同的发展模式。一方面我们应当从国家昌盛、民族可持续发展与人民健康的角度来理解“既要绿水青山，又要金山银山；宁要绿水青山，不要金山银山；绿水青山就是金山银山”三个发展阶段。这三个发展阶段是从灰色发展到绿色发展的战略转移，是党的十一届三中全会以来中华民族发展中的第二次战略转移，其意义十分重大。虽然阶段不同，但方向始终相同。另一方面，从不同发展阶段所提出的不同发展模式来看，虽然模式不同，但目标依然相同，就目前来讲，现有的低碳发展、循环发展、生物经济发展、科学发展、绿色发展、高质量发展等等，都应当归一到中华民族的永续发展上，这就是发展合一论。

(2) 天人合一论。天的运行规律是阴阳变化，地的运行规律是刚柔变化，而人就是阴阳变化和刚柔变化的产物。“天人合一”的思想强调“天与人、人与人、人与社会的自然和谐关系”，倡导把人看作宇宙自然的一部分，在实践中达到主观与客观、情感与理性、权利与义务、个体与社会的和谐统一。天滋生万物，而地承载万物，有天有地，才有了世间的一切。根据自然规律，得到并释放出合理的欲望，促进人与自然的和谐相处。习近平总书记指出，“人与自然是生命共同体，人类必须敬畏自然、尊重自然、顺应自然、保护自然”，并提出了“人与自然和谐共生”“山水林田湖草是生命共同体”等发展理念。要把生态环境保护放在更加突出的位置，像保护眼睛一样保护生态环境，像对待生命一样对待生态环境，统筹兼顾、整体施策、多措并举，全方位、全地域、全过程开展生态文明建设。敬畏自然、尊重自然、顺应自然、保护自然，谋求人与自然和谐发展的价值理念和发展理念。天为阴阳变化，地为刚柔变化，人为天地之物，人与自然的生命共同体是构建人类命运共同体的坚实基础。你会发现人类在灾害面前有时很脆弱，如当下的新冠肺炎疫情。

因此，尊崇自然、敬重自然、协同自然，坚持人与自然和谐共生，坚持推动构建人类命运共同体，构筑绿色发展的生态体系，寻求和实现环境、经济和社会三者之间的平衡具有重要的理论与现实意义。

（3）三图合一论。“两山理论”充分体现了使具有全球生物多样性代表意义的动物、植物和自然群落得以永续生存繁衍的生命地图，反映动植物与人类生存环境和条件的生态地图，同反映工业、农业、商业、能源、交通运输等社会经济现象的分布、状态和相互关系以及变化规律的经济地图，这是三者一体化的综合集成。这一重要体现落实在各级政府推进的多规合一上，就是要以“两山理论”为指导，强化国民经济和社会发展规划、城乡规划、土地利用规划以及环境保护、文物保护、林地与耕地保护、综合交通、水资源、文化与生态旅游资源、社会事业规划等各类规划的有效衔接，确保“多规”确定的保护性空间、开发边界、城市规模等重要空间参数一致，并在统一的空间信息平台上建立控制线体系，优化空间布局、有效配置土地资源、提高政府空间管控水平和治理能力，确保命运共同体的鲜活目标实现。这关系到民生福祉和综合治理，正像习近平总书记多次强调的“环境治理是一个系统工程，必须作为重大民生实事紧紧抓在手上”。因为，“良好生态环境是最公平的公共产品，是最普惠的民生福祉”。保护生态环境，关系最广大人民的根本利益，关系子孙后代的长远利益，关系中华民族伟大复兴中国梦的实现，因此必须三者合一，一张蓝图绘到底。

二、进一步推进践行“两山理论”的政策建议

（一）进一步优化国土规划，为建设美丽中国增加绿色空间

建设美丽中国，实现人们美好追求，首先落实美丽行动。美丽行动则包含了国土绿化和本土文化建设。本土文化是我国新时代发展的灵魂、灵气，无文不续。习近平总书记在出席纪念孔子诞辰2565周年国际学术研讨会时指出：“文明特别是思想文化是一个国家、一个民族的灵魂。无论哪一个国家、哪一个民族，如果不珍惜自己的思想文化，丢掉了思想文化这个灵魂，这个国家、这个民族是立不起来的。”而国土绿化是增加绿色空间的主要举措。有理论说一个国家森林覆盖率达到30%以上，且分布均匀，则风调雨顺，鸟语花香。我国林业用地面积在国土面积中虽然超过30%，但能够造林的面积不足30%，这就有必要进一步优化国土规划，使真正能够造林的面积扩大，为中国森林覆盖率提高到30%以上创造条件，为绿水青山提供规划上的保障。

提升绿色空间质量，必须首先贯彻落实十八届三中全会提出的“划定生态保护红线”的战略举措，秉承“生态优先”的价值观与伦理观，在发展中坚持守住生态红线，让天高云淡、草木成荫，让子孙后代真正能够闻到花香、听见鸟鸣；其次，完善生态补偿机制，遵循切实保护农牧民利益与生态恢复并举的方针，提高森林从业者的积极性，进而提高森林和草原等生态系统的质量；最后，加强本土文化建设，引导公民形成文化自觉，通过意识形态建设，强化公民的主体认知并深化主体认同，将绿水青山的价值理念转化为公民切身实践的文化自觉，助力国土空间优化及美丽中国建设。

(二) 进一步发展健康产业,为建设健康中国增加绿色行动

建设健康中国重要的一条就是大力发展健康产业,特别是大健康产业。如今健康产业成了全球经济中唯一"不缩水"的行业,早已被国际经济学界确定为"无限广阔的兆亿产业"。在大健康时代,人们对于养生和大健康的需求已不单单是治疗,而是表现在预防、治疗、修复、康养"四结合"上,重点是提高免疫力。面对不确定性、突发性疫情等,个人免疫力和国家免疫力都显得特别重要。康养是生活新方式,是健康新需要,所以大健康时代催生康养旅游。康养旅游流行色行动正在逐渐成为大众旅游的常态模式之一。

我国经济结构发生了重大变化,消费在国民经济中的贡献已经超过 50%,这为大健康产业的发展提供了经济保障。绿水青山价值多样、功能多样,提质增效迫在眉毛。一方面要在挖掘并发挥以生物多样性保护、水源涵养、防风固沙为主的生态功能的同时,兼顾其生产功能,拓宽就业渠道、推动相关产业的提质增效以及农牧民的致富增收;另一方面,依托绿水青山资源,围绕"养老""度假""康养"等消费热点,搭载互联网平台和大数据技术,打造集旅游、卫生、医疗、文化、养老为一体的大健康产业体系,推动产业融合,实现绿水青山的可持续发展。

(三) 进一步探索造血机制,为建设富强中国增加绿色财富

建设富强国家,必须瞄准绿色财富。绿色财富是以保护人类健康繁衍为宗旨,实现经济、环境、社会和谐发展的物质财富、自然财富、精神财富、文化财富和新创造的财富的总称,是一种可持续发展的战略。守着绿水青山要饭吃,单纯追求经济效益,这都不是新时代观念所为。保民生、保稳定,就要积极探索绿水青山的造血机制,研究"两山理论"的转化机制,实现创新、共享、协调、开放发展,把绿水青山建得更美,把金山银山做得更大,使我国真正迈向绿色财富增长的发达国家行列。

各地践行"两山理论"在推动绿色发展中创建了很多有益的组织模式,改变了农村生态保护与经济发展之间的紧张关系,为实现绿水青山转化为金山银山创造出了很多路子。但是这些仍然不够,在新的发展趋势和浪潮中,新生事物如人工智能与薪酬、你所做的所有生意都是数据(大数据、数字经济)、在繁杂变化中吸引注意力、使用权优于所有权、协作的共享经济、跨界融合的产业模糊、技术的颠覆性等层出不穷,仍需我们坚持中国特色社会主义道路,坚持六大发展理念,积极探索"两山理论"指导下的新发展造血机制,打造绿色引擎,要实现好生态换来金饭碗,为富强中国和实现中华民族的伟大复兴再砥砺前行。

参考文献

[1] 陈建成.让"两山"理论永放光芒[J].管理观察,2017(32):14.

[2] 陈建成.推进绿色发展,实现全面小康:绿水青山就是金山银山理论探究与实践探索[M].北京:中国林业出版社,2019.

[3] 谷树忠,胡咏君,周洪.生态文明建设的科学内涵与基本路径[J].资源科学,2013,35(1):2-13.

[4] 黄勤,曾元,江琴. 中国推进生态文明建设的研究进展[J]. 中国人口·资源与环境,2015,25(2):111-120.
[5] 李宝东. 践行"两山"理论 促进农业农村绿色发展[J]. 再生资源与循环经济,2020,13(2):22-25.
[6] 齐骥. 乡村振兴视角下"两山理论"的文化意蕴[N]. 中国社会科学报,2019-7-1(007).
[7] 齐骥. "两山"理论在乡村振兴中的价值实现及文化启示[J]. 山东大学学报(哲学社会科学版),2019(5):145-155.
[8] 周光迅,郑珺. 习近平绿色发展理念的重大时代价值[J]. 自然辩证法研究,2020,36(3):116-121.
[9] 陈建明. 习近平生态文明思想的历史逻辑与时代价值[J]. 河南社会科学,2020(2):1-5.
[10] 温铁军,罗士轩,董筱丹,刘亚慧. 乡村振兴背景下生态资源价值实现形式的创新[J]. 中国软科学,2018(12):1-7.

作者简介

陈建成,北京林业大学教授、博士生导师,享受国务院政府特殊津贴专家;入选国家"万人计划"哲学社会科学领军人物,文化名家暨"四个一批"人才培养工程;国务院第七届农林经济管理学科评议组成员,教育部农业经济管理类专业教学指导委员会委员;兼任中国林业经济学会副理事长、中国林牧渔业经济学会副会长、中国技术经济学会林业技术经济专业委员会主任等。先后主讲统计学原理、林业统计、行政管理、绿色经济与发展、中国林业经济思想史等课程,在绿色经济与管理、林业市场化、林业经济预警、创汇林业、行政管理、都市农业、林业教育等领域发表科技论文200余篇(含SCI、SSCI、EI多篇),出版《绿色行政》《绿色战略》《绿色管理》《大学生生态文明建设教程》《统计学原理》等教材、专著30多部。主持和参加国家社会科学基金项目、国家社会科学基金重大项目、北京市社会科学基金重大项目等科研项目30多项,获得省部级以上奖励10余项。

三江源国家公园建设目标的基石

——建立区域低碳发展长效机制①

吉敏全

摘要：三江源国家公园建设是党中央、国务院统筹推进"五位一体"总体布局的重大战略决策，是生态文明制度建设的重要内容，是实现三江源人与自然和谐共生的具体实践。其建设的目标是将三江源国家公园建成青藏高原生态保护修复示范区，共建共享、人与自然和谐共生的先行区，青藏高原大自然保护展示和生态文化传承区。这一建设规划在中长期内对公园生态恢复将起到非常积极之作用。但鉴于三江源国家公园生态安全的特殊性，尤其是要维护好园内大量冻土、雪山、冰川，保护其生态安全与气候调节等功能不受破坏，基于作者及课题组长期对三江源地区碳排放及其对生态安全的影响的相关研究，提出三江源国家公园目标的实现需建立在区域长期低碳化发展的基础之上，建立三江源区域低碳发展长效机制是国家公园建设目标实现的基石。

关键词：三江源国家公园；低碳发展；长效机制

一、研究背景

三江源国家公园是我国首批国家公园试点工作的"九省试点"之一，在全国生态文明建设中具有特殊重要地位，关系到全国的生态安全和中华民族的长远发展。三江源国家公园是在前期"青海三江源自然保护区"及"青海三江源国家生态保护综合试验区"建设基础上创立的，是青海省生态文明先行区建设的重要组成部分。三江源是长江、黄河、澜沧江的发源地，是我国淡水资源的重要补给地，是高原生物多样性最集中的地区，是亚洲、北半球乃至全球气候变化的敏感区和重要启动区，特殊的地理位置、丰富的自然资源、重要的生态功能使其成为我国重要生态安全屏障。三江源素有"中华水塔"的美誉，是国家重要的生态安全屏障，发挥着重要的水源涵养生态功能价值。区域内富有冰川雪山、湖泊湿地、森林草甸等高寒生态系统，同时孕育了特色鲜明的格萨尔文化，成为青海开展国家公园建设的理想区域。这使得三江源国家公园成为青海省生态文明先行区的重要组成部分。

① 国家自然科学基金项目(71463048)、青海省社会科学规划项目(19019)成果。

二、三江源国家公园概况

三江源国家公园位于地球"第三极"青藏高原腹地，以山原和高山峡谷地貌为主。

（一）三江源国家公园空间范围

三江源国家公园包括长江源、黄河源、澜沧江源 3 个园区，总面积为 12.31 万平方千米，介于东经 89°50′57″～99°14′57″，北纬 32°22′36″～36°47′53″，占三江源国土面积的 31.16%。其中：冰川雪山 833.4 平方千米、河湖湿地 29842.8 平方千米、草地 86832.2 平方千米、林地 495.2 平方千米。

在行政区划上涉及治多、曲麻莱、玛多、杂多四县和可可西里自然保护区管辖区域，共 12 个乡镇、53 个行政村。地形以山原和高山峡谷地貌为主，主要山脉有昆仑山主脉及其支脉可可西里山、巴颜喀拉山、唐古拉山等，山系绵延，地势高耸，地形复杂，平均海拔 4500 米以上。中西部和北部为河谷山地，多宽阔而平坦的滩地，因冻土广泛发育、排水不畅，形成了大面积以冻胀丘为基底的高寒草甸和沼泽湿地；东南部唐古拉山北麓则以高山峡谷为多，河流切割强烈，地势陡峭，山体相对高度差多在 500 米以上。国家公园内湖泊众多，面积大于 1 平方千米的有 167 个，其中长江源园区 120 个、黄河源园区 36 个、澜沧江源园区 11 个，以淡水湖和微咸水湖居多。雪山冰川总面积 833.4 平方千米；河湖和湿地总面积 29842.8 平方千米[1]。

（二）功能定位

三江源国家公园规划遵循生态系统理论，以一级功能分区明确空间管控目标，以二级功能分区落实管控措施。一级功能分区是在园区内各类保护地功能区划的基础上，遵循各类保护地的管控要求，结合现状评价成果，突出更加严格的保护，通过地理统筹和功能统筹，按照生态系统功能、保护目标将各园区划分为核心保育区、生态保育修复区、传统利用区，实行差别化管控策略，实现生态、生产、生活空间的科学合理布局和可持续利用。二级功能分区是在专项规划中开展二级功能分区，制定更加有针对性的管控措施，进一步把功能定位落实到地块。一是坚持一级和二级功能分区管控对象、管控目标、管控措施相统一，深化空间管控；二是以自然资源资产评估为基础，充分掌握自然资源资产的分布、数量、等级和状况；三是结合生态保护红线划定，确定园区内建设用地边界控制线，严格维护生态空间；四是针对重要自然资源管理目标制定经营管理方案，实现自然资源保护和利用的有效管控；五是在一级功能分区基础上细化到重要自然资源，将保护和利用措施落实到地块，明确作业要求。

（三）三江源国家公园建设目标

三江源国家公园建设的总体目标是生态服务功能不断提升；生物多样性明显恢复；绿色发展方式逐步形成[1]。到 2020 年国家公园体制全面建立，公园内居住人口有所下降，基本建成青藏高原生态保护修复示范区；到 2025 年实现管理运行有序高效，形成独具特色的国家公园服务、管理和科研体系；到 2035 年，保护和管理体制机制完善，行政管理范围与生态系统相协调，实现对三大江河源头自然生态系统的完整保护，园区范围和功能优化，山水林田湖草生态系统良性循环，生物多样性更加丰富，基础设施配套完善，建成现代化国家公园。

三、三江源国家公园对生态安全维护的局限

(1) 生态修复压力影响规划目标。经前期国家生态保护区和生态试验区保护和建设，三江源生态系统退化趋势得到初步缓解，但区域生态环境整体退化的趋势尚未根本遏制，草场退化、土地沙化、水土流失、冰雪消融等问题依然十分突出[2]，实现"整体恢复、全面好转、生态健康、功能稳定"的生态修复目标压力颇大。国家公园远期规划至 2035 年，在 15 年时间期限内要达到预期目标，对三江源这一特殊生态系统而言困难重重。

(2) 园区内外生态保护协同机制缺失。鉴于国家公园主体特性，只能在其划定区域范围内进行规划，管控范围有限。三江源国家公园管控措施仅限于核心保育区、生态保育修复区、传统利用区。对园区外生态保护涉及发展改革、农牧、林业、环保、国土、水利、旅游等多个部门[2]，政策法规和技术标准体系庞杂交叉，在管理上相互制约、相互影响。突破行政壁垒完善国家公园相关规范和标准，是一项长期而艰巨的任务。

(3) 三江源国家公园建设规划与区域独特生态规律匹配性存疑。三江源国家公园总体规划基于传统生态学理论及有限的观测资料，缺乏基于监测的长时空尺度生态系统演替规律认知，从而导致规划建设方案不符合三江源生态系统特有规律，不易实现建设目标。

(4) 缺乏国家公园建设的系统性的长效解决方案。三江源国家公园建设方案偏重于局部、单一生态系统类型退化生态的修复与重建，缺乏整体性和系统的解决方案、保护机制，未考虑国家公园缓冲区以外一定范围内经济社会发展形成的温室气体碳排放对其生态安全的威胁。要实现三江源国家公园建设长远目标，有必要建立以核心区为中心的更大范围的低碳发展长效机制。

四、三江源国家公园外围区域低碳发展现状

(1) 三江源地区温室气体排放结构。根据 2006 年 IPCC 国家温室气体清单指南，将三江源地区主要的温室气体排放分为二氧化碳和甲烷，从两类温室气体总排放结构(图1)可以看出，三江源地区主要温室气体排放中二氧化碳占比从 2012 年起有明显上升趋势，来自牧业的甲烷排放占比下降。

(2) 能源消费二氧化碳排放量。经测算能源消耗碳排放量增幅较大。从图 2 可知，能源消费是三江源地区最核心的温室气体来源以及二氧化碳排放原因。在能源消耗中，交通系统能源消耗占比较大，其碳排放需重点分析。

(3) 农业碳排放结构与趋势。从表 1 中测算数据可以看出，区域内四个地区在研究期农业碳排放量总体上存在增长趋势，虽然在一定时间段里得到了控制，但随着农业相关产业不断发展，产量和种养殖规模都有所提高，促使碳排放在后期仍然有缓慢上涨的趋势，说明在目前的农业碳排放中还有较大的减排空间。

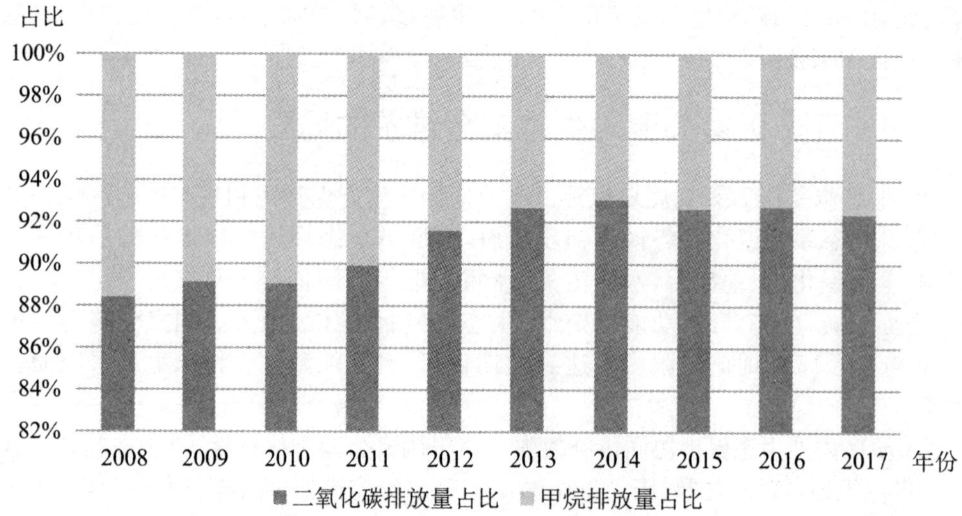

图 1　三江源地区主要温室气体排放量占比

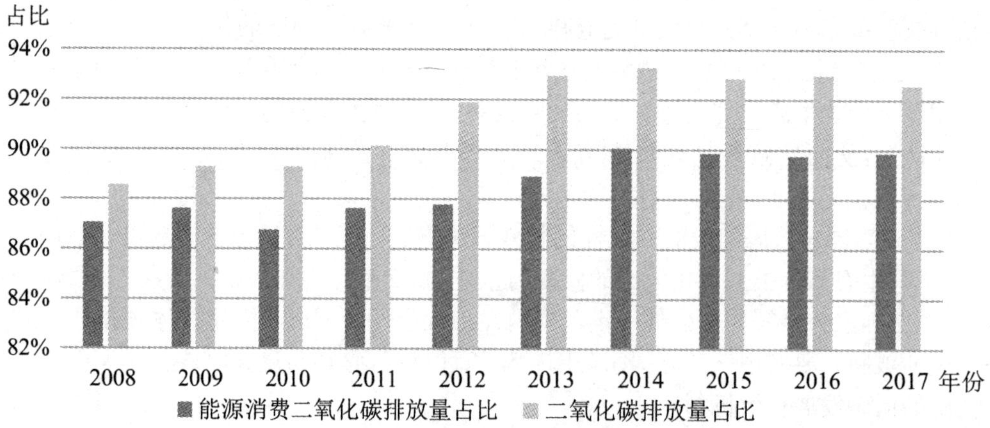

图 2　能源消费二氧化碳排放量与温室气体总量占比

表 1　三江源主要地区农业碳排放量(吨)

年份	海南藏族自治州	黄南藏族自治州	果洛藏族自治州	玉树藏族自治州
2008	973089.1	166805.35	99052.35	727808.45
2009	5105266	178609.35	99718.85	732679.65
2010	1068797	167490.425	99803.425	731675.025
2011	1051489	170760.7	100774	731030.2
2012	1021161	173704.65	96266.35	725770.55
2013	1090576	171326.8	92521.3	718155.5
2014	1033412	190424.875	96983.275	722617.475
2015	1107350	202641.375	103237.975	738555.475
2016	1140855	211739.025	105158.725	591381.725
2017	1091455	220221.775	102634.375	565160.975

(4) 交通运输碳排放趋势。根据测算数据三江源地区交通碳排放有明显增长趋势且增长速度较高,从年增长率来看,2008～2009 年的年增长率最高达到了 27.16%,随后几年,增长率呈波动下降趋势,如图 3 所示。但由于碳排放总量的逐年增加,碳排放量的基数越来越大,其绝对量也不容小觑,平均每年增长 140.91 万吨。

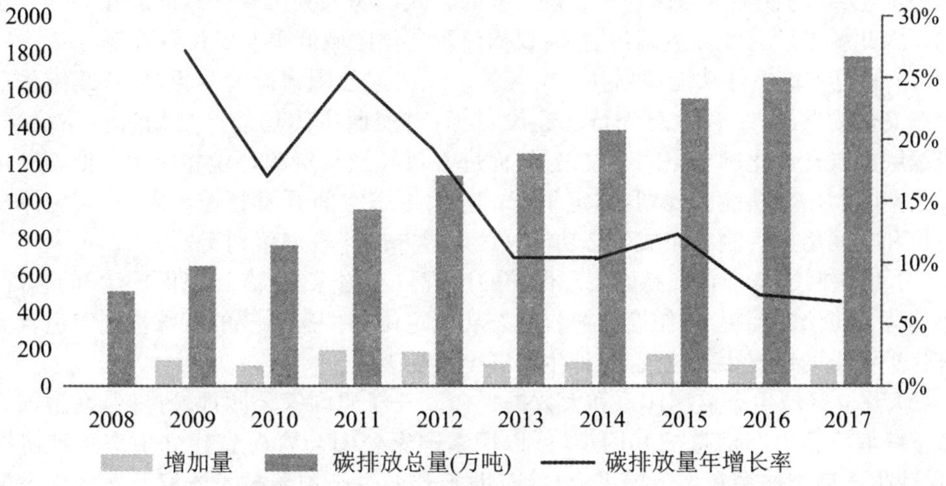

图 3　交通运输碳排放

(5) 工业生产二氧化碳排放。基于区域内主要工业类型测算出了工业生产的二氧化碳排放水平及结构变化,如图 4 所示,可以看出,硅铁和铝锭生产过程中的二氧化碳排放量比较稳定。相比前两种工业制品的生产逐渐减少,水泥工业碳排放量持续增长,可见水泥生产是导致工业二氧化碳排放增加的主因。

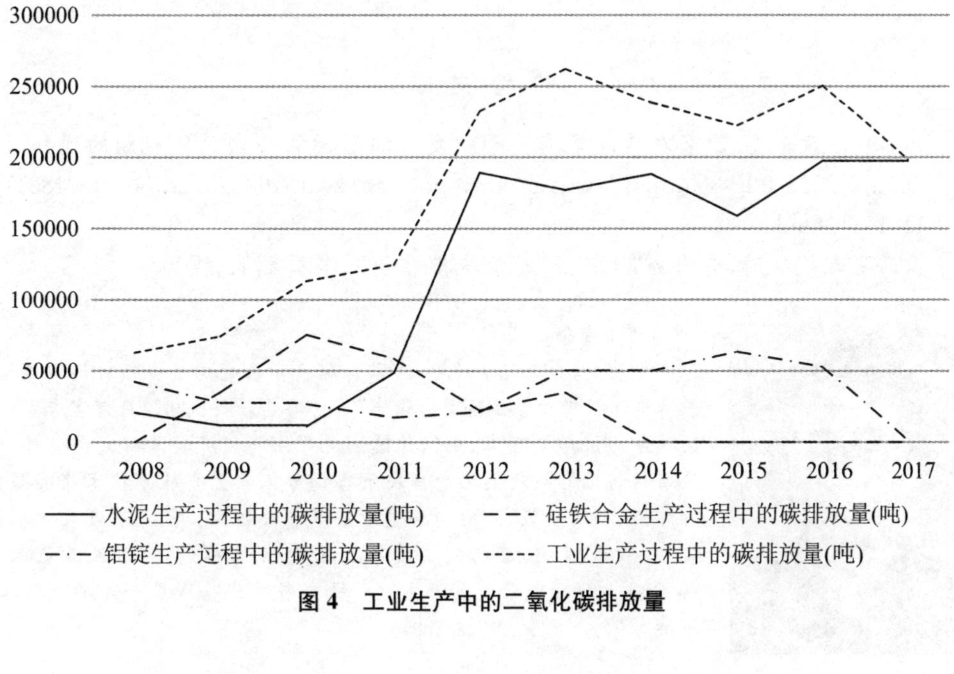

图 4　工业生产中的二氧化碳排放量

五、三江源国家公园低碳发展长效机制思路

三江源地区生态环境恶化是由自然环境演变和人类过度利用共同作用导致的。自然因素发生的演变非人力所为，通过人类自觉的践行绿色低碳生产生活方式可延缓其恶化趋势，已实施的各类生态保护和建设工程的实践证明人为因素导致的恶化大部分是可逆的。因此要维护三江源生态功能，需要构建系统化区域低碳发展长效机制。

（1）修订省域主体功能规划并严格实施。以国家公园建设为契机，以持续维护三江源生态安全为核心，结合生态先行区建设目标，对前期主体功能区规划进行系统修订。从省级层面设计优化国土空间开发格局，促进人口经济与资源环境相协调。推动制定县域国土空间利用和功能区规划，划定生产、生活、生态空间开发管控界限，落实主体功能区定位和空间用途管制。完成生态功能红线勘界并确保规划落到实处。

（2）加快制定符合青藏高原生态保护的法规。在国家《生态环境保护法》的基础上，在不违背上位法的前提下，结合青海省生态功能定位和生态系统的特殊性制定适合高原生态保护要求的地方生态法规，保证生态安全不受破坏。

（3）建立区域生态监测体系和大数据平台。三江源国家公园地域广阔，在目前管理模式下获取完整生态信息极其困难，可以探索国家公园与青海省建立生态管理协同机制，共建生态监测体系和大数据平台，将有助于开展生态预警技术研究及区域生态演替规律等相关研究，为后续生态保护提供科学依据。

（4）对区域内建立减排目标规划。鉴于温室气体聚集效应与流动规律，须在三江源国家公园缓冲带及外部区域，开展必要的人工低碳化干预，针对区域内各行业制定有效的减排目标，以减轻温室效应对国家公园内冻土、雪山、冰川的威胁。

（5）鼓励个人及组织低碳行为。通过开展生态绿色发展低碳化宣传教育，强化居民生态保护意识，以政策形式激励个人及组织低碳行为。

参考文献

[1] 国家发展改革委.国家发展改革委关于印发三江源国家公园总体规划的通知[EB/OL].[2018-1-12]. https://www.ndrc.gov.cn/xwdt/dt/sjdt/201801/t20180117_1121431.html.

[2] 青海省人民政府.青海省“十三五”节能减排综合工作方案[R].2007.

作者简介

吉敏全，青海大学教授，国家自然科学基金委员会项目评审专家，教育部学位中心学位论文评议专家，青海省社科规划项目评审专家，中国技术经济学会理事，中国优选法统筹法与经济数学研究会会员，青海省科协国际级决策思想库决策咨询专家。主要从事技术经济与项目评价、创新政策、资源与环境政策等相关研究。近年来发表学术论文30余篇，主持、参与完成国家级课题10余项，省部级及其他课题20余项。研究成果获青海省哲学社会科学优秀成果一等奖1项、二等奖2项。

农村集体经济发展助推乡村振兴的理论逻辑

钱贵霞

摘要：乡村振兴战略提出以后，相关研究指出发展农村集体经济是一条有效的途径，但未从理论上进行说明为什么集体经济可以助推乡村振兴。本文从马克思政治经济学视角，再结合发展经济学中小农经济理论，分析了农村集体经济发展助推乡村振兴的理论逻辑，并找到现有的农村集体经济实践模式来证明两者之间的内在理论逻辑。研究结果表明：要实现乡村振兴，由小农户经济转向农村集体经济是一个必然结果；农村集体经济能够有效地提高土地经营规模、农户的组织化程度和农户市场话语权，进而增加农民的收入、促进产业发展、增加农户之间的凝聚力，最终有效地助推乡村振兴。为此提出完善农村集体经济相关的法律制度，使农户有稳定的政策预期；总结当前农村集体经济成功的经验，向有条件实行农村集体经济的村庄推广；加强对相关农村集体经济管理人员的培训，提升其管理水平等政策建议。

关键词：乡村振兴；小农经济；农村集体经济；合作经济；理论逻辑

2017 年 10 月 18 日，习近平总书记在党的十九大报告中提出乡村振兴战略。实施乡村振兴，产业兴旺是基础；而实现产业兴旺，发展农村集体经济是一条有效的途径。马克思和恩格斯认为，分散的小农无法适应社会化大生产，小农经济向集体经济的转变是生产力发展的标志。习近平在《摆脱贫困》一书中也曾论述，“小农经济是富不起来的，小农业也是没有多大前途的”；“集体经济是农民共同富裕的根基，是农民走向共同富裕道路的物质保障”。新中国 70 多年的农村发展实践，证明了发展农村集体经济是实现乡村振兴的有效途径(李华，2019)。农村集体经济助推乡村振兴其内在的理论逻辑是什么？本文从马克思政治经济学视角，将关于中国农村集体经济的代表性研究文献进行归纳总结，作为研究的前提，同时借鉴发展经济学中的小农理论，再结合中国农村经济发展的现状，来研究中国农村集体经济发展助推乡村振兴的理论逻辑，并找到现有的农村集体经济实践模式来证明两者之间的内在理论逻辑。

一、小农户经济转向农村集体经济的必然性

马克思提出生产力决定生产关系而生产关系又反作用于生产力。生产力的发展，主要涉及劳动力、劳动资料和劳动对象三大实体性要素，以及科技、管理和教育这三大渗透性要素。其中，人的科技劳动具有引领生产力发展的决定性功效，由自然环境构成的自然力应与劳动力和科技力相协调。从马克思对生产关系和生产力的论述中可以得知，中国随着生产力的发展，农村生产关系不能一成不变，也应随着调整来适应生产力水平，这

样才能使农村更快地发展起来。中国农村生产关系的几次调整都很好地验证了马克思理论的正确。

马克思从生产力和生产关系的角度，分析了农村的小农经济，找到小农经济发展落后的根本原因，即生产资料私有制产生土地规模小且分散的小农经营模式与社会化大生产发展要求不相适应。马克思认为分散、孤立的个体劳动同社会化大生产存在不可协调的矛盾，这也直接导致了农民的贫穷；同时也指出农民在政治上的保守散漫的特性也是经济落后的一个原因。小农经济应该如何发展？根据生产力与生产关系理论，马克思提出一个思路，随着生产力的进一步发展，生产资料私有制转为公有制，农户之间通过合作的方式发展现代农业，进而发展非农产业，实现产业之间的融合，最终农民转变为农业工人，使城乡关系和工农业关系很好地融合到一起。这为中国农村经济如何发展提供了理论基础。

虽然中国农村土地归集体所有，但现阶段家庭承包责任制下的小农户经济与马克思的私有制下的小农经济类似，可以利用马克思的小农经济理论研究中国现在的农村经济问题。目前我国小农户经济模式中，分散的小块土地使农户在生产时需要频繁转换劳动场所，这需要耗费大量的精力与时间，导致效率低下进而无法实现规模经济；众多分散的小农户在市场中没有议价能力，时刻面临着农产品价格的波动性带来的市场风险。还有，小农户经济的分散性也使得小农户无力抗衡市场中资本的强势力量，也无力抵御各类风险和灾害，必然会成为社会弱势群体。因此，为了适应激烈的市场竞争，农民加入合作组织，建立合作经济组织具有内在的必然性。

（一）市场竞争推动小农户经济转向农村集体经济

1949 年新中国成立以来，中国农村经济一直坚持以马克思经济理论为原则，在改革过程中，根据生产力的变化及时调整生产方式。在经济全球化的背景下，中国生产的农产品不仅面临国内的竞争，还面临着国外进口产品的竞争，如美国的玉米和大豆，澳大利亚和新西兰的牛羊肉等，竞争变得越来越激烈。在这样激烈的竞争环境下，中国的小农户没有成本优势和市场话语权，将很难立足。如何降低成本和增强话语权来提升竞争力，有效的途径就是实现规模化。目前，中国实现规模化的途径有两条。第一条途径，通过大力发展家庭农场模式中由能人或大户牵头的专业合作社，通过土地流转来扩大土地经营面积，以达到规模的扩大化，在实践中，虽然也提高了农户的市场话语权和收入，但并未从本质进行变革，无法实现社会主义共同富裕。由于市场中经营主体的逐利本性，使这两种模式对内部人提高收入有帮助，但对村中未加入的小农户或贫困户没有帮助，而且这两个经营主体没动力提供农村发展必需的一些公共品，也在乡村振兴要求的生态宜居、乡风文明、治理有效这三个方面的作用有限。第二条途径就是村集体（党支部和村委会）牵头众多小农户自由联合起来形成合作经济组织，提高农户的组织化程度，达到规模经济且有效地提升了市场话语权，并成功解决家庭联产承包责任制中集体经济在“统”这一层次上服务的缺失问题，增加村内基础设施的供给，不仅能提高农民收入和促进产业发展，最终在生态宜居、乡风文明、治理有效这三个方面也能发挥较好的作用。因此，通过农村集体经济来实现规模经济，以提高组织化程度、产品竞争力和农户的话语权，促进农村产业兴旺，是实现乡村振兴的关键。

（二）现代农业推动小农户经济转向农村集体经济

目前农业已经由传统农业转向现代农业。现代农业的基本特征是标准化、规模化、产业化及集约化，小农户是无法实现的。从这个方面看，小农户的自由联合形成合作组织也是必然的。现在的农业生产力水平与 40 年前完全不同了，机械化使得农业生产效率得到极大的提高，解放出一部分劳动力，使这部分劳动力从事非农就业提高了农民收入。改革开放以来，中国的生产力水平已大幅度提升，生产关系也应随之调整，因此，现代农业需推动小农户经济向农村集体经济转变。这样集体经济不仅符合现代农业需要，也解决了小农户经济与城镇化的矛盾。在城镇化过程中，由于城乡收入存在较大差距，农村青壮年人口流向城市是必然趋势，这使得农业从业人员的年龄越来越大，生产力下降，小农户经济模式陷入困境，但通过将小农户联合起来形成农村集体经济可以有效地解决这个问题。首先，通过联合使得经营规模扩大，可以进行深度的分工协作以降低劳动强度；其次，通过引进机械设备来替代体力劳动，如用机械播种、收割及无人机打农药等。这样能有效地提升留在农村劳动力的生产力，以实现现代农业生产。此外，现代农业所带来的生产力的提升还能为城镇化提供充足的劳动力。

二、小农户经济转向农村集体经济的必要性

发展经济学代表人物西奥多·W. 舒尔茨提出“理性小农”理论，认为经济中的小农与企业一样具有经济理性，根据市场信息来追求最大利润，与集体农庄、雇佣农场相比，家庭农场如同企业一样是有效的资源配置方式，能有更高的效率。该理论的核心是小农如何提高生产力来提高收入。如果仅提高生产力，反而落后的生产关系会阻碍农业经济的发展，中国目前农村经济的困境正印证这个论点。所以，随着经济、技术的发展，生产关系调整是必要的，即小农经济要转型。而且，城乡二元经济现状下，在农村从事劳动的报酬远低于在城市工作，理性的小农也都纷纷放弃农村流向城市，由于人才大量流失，小农户经济模式下先进的机器设备及其他农业技术难以推广，导致农村经济增长缓慢。这也说明了发展经济学的小农理论指导我国农村经济发展存在着缺陷。

在生产函数中，土地是农业生产不可或缺的要素。土地固定条件下，投入要素之间存在一个最优的比例，虽然技术进步会带来这个比例的变化，及促进产量的增加，但经营的规模受限于土地。舒尔茨提出，传统农业向现代农业转变，关键在于在农业中引入提升农业现代化的科技要素，并通过大力发展农村教育，来培养懂技术、有一定知识文化的现代农民，提升农民掌握新工具的能力。这些手段对农村经济主要产生两方面的影响：一方面，这些手段提高了劳动质量，提升了农民的管理能力。实践表明，小农经济中劳动质量的提高有利于生产率的提高，而农民管理能力的提高在生产中的作用不大，因为小农经济中投入的劳动力、资本很少，所以，小农经济中管理起不到太大作用。而集体经济就不同了，由于众多农户的联合，规模大，投入的劳动力、资本、土地非常多，也涉及内部的分工，因此，在集体经济中管理能力是一种至关重要的要素，农村集体经济组织负责人的企业家才能和成员的人力资本状况是提高合作组织效率的关键因素。另一方面，新技术对农业生产影响比较大，如转基因技术能够降低自然风险（抗虫害、抗旱种子等），能够提高农业产量，而农产品是一种需求缺乏弹性的产品，产量的提高反而会使农民收入减

少，这也就是经济学中著名的“谷贱伤农”现象。根本上还是小农经济的分散性、规模小的特性带来的，根据市场结构理论，对于市场中无数多个小农户，每户小农毫无话语权，在生产决策中常常陷入“囚徒困境①”。这种困境也使得农业产量出现剧烈波动，不利于国家的粮食安全。

三、结论及政策建议

通过将马克思政治经济学和发展经济学关于小农经济理论相结合分析中国家庭承包责任制下的小农户经济，可以得出：小农户经济分散化、规模小的天然缺陷，在现代化大生产下，小农户经济已不再适应现代农业的需要；要实现乡村振兴，中国农村经济体制从小农户经济向农村集体经济转变将是必要的，也是必然的，农村集体经济的发展能够有效的助力乡村振兴。为此提出以下政策建议：首先，完善农村集体经济相关的法律制度。加入农村集体经济的农户会考虑政策的稳定性和持续性，如果相关政策朝令夕改会阻碍一些农户的加入。因此通过建立农村集体经济的相关法律制度来保护集体经济中成员取得的利益，使农户有一个稳定的政策预期。其次，总结当前农村集体经济成功的经验，向有条件实行农村集体经济的村庄推广。最后，由于农村集体经济的经营管理模式与企业类似，管理人员的能力直接关系到农村集体经济经营的效果，因此，各地方政府要对相关农村集体经济管理人员提供培训服务，提升其管理水平。

参考文献

[1] 习近平.摆脱贫困[M].福州：福建人民出版社，1992.

[2] 马克思，恩格斯.马克思恩格斯全集：第46卷[M].北京：人民出版社，1980.

[3] 马克思恩格斯选集：第3卷[M].北京：人民出版社，2012.

[4] 马克思恩格斯选集：第3卷[M].北京：人民出版社，1995.

[5] 中共中央马克思恩格斯列宁斯大林著作编译局.列宁选集：第4卷[M].北京：人民出版社，2012.

[6] 西奥多·W.舒尔茨.改造传统农业[M].梁小尼，译.北京：商务印书馆，2006.

[7] 高鸣，芦千文.中国农村集体经济：70年发展历程与启示[J].中国农村经济，2019(10)：19-39.

[8] 李华.发展农村集体经济助推乡村振兴战略：以襄汾县为例[J].山西农经，2019(4)：79-80.

[9] 汤志华，李晓梅.乡村振兴视野下对壮大农村集体经济的再认识[J].党政研究，2019(1)：121-128.

---

① 每个农户都理性地认为别人的产量不变且自己产量的增加不会影响市场价格，自己增长产量以获得高收入，结果增加了总产量，收入反而更低了。

作者简介

钱贵霞，内蒙古大学经济管理学院教授、博士生导师；兼任中国技术经济学会、中国农业技术经济学会以及中国林牧渔业经济学会等多个学会理事、常务理事，《农业展望》编委，《内蒙古大学学报》(哲学社会科学版)编委。主要从事农业经济、畜牧业经济、区域经济等方向的研究，出版专著2部，发表论文60余篇，其中SSCI论文1篇，SCI论文2篇。曾在美国亚利桑那州立大学、日本爱知大学进行访学。主持完成国家自然科学基金地区项目2项，国家重点研发计划项目子课题1项，以及省部级项目20余项。2012年入选内蒙古自治区新世纪321工程第二层次人选，2017年被授予内蒙古自治区突出贡献专家。分别获得内蒙古自治区第四届和第五届哲学社会科学优秀成果三等奖2项和二等奖1项，获得农业部软科学项目优秀成果三等奖1项。

企业家如何成为“善败者”:看透反败资本

蔺 雷

摘要:如何由败致胜,避免“失败成为失败之母”,是企业家和创业者成长的必修课。本文基于前期大量调研,提出了反败资本概念,阐释其能力、惯力和心力的三力构成,指出必须遵循正确的三大反败逻辑,才有可能从失败中“榨取”出价值;最后绘制了反败曲线供企业家和创业者进行定位诊断。本文对于丰富创业管理的内容有一定价值。

关键词:创业;企业家;反败;资本;三力;曲线

失败是创新和创业的常态,所有成功企业家都是从各种失败中爬出来的“幸存者”。然而,人们只看到成功者的耀眼光环,却很少关注成功背后的失败。结果是成功没学会,别人的失败也没避免。那么,究竟如何从失败走向成功?这其中就差了一个“反败资本”。

本文介绍反败资本的概念,探讨积累反败资本的逻辑,描述反败的时间曲线。

一、什么是反败资本?

所谓“反败资本”,是指企业家运用一系列方法向失败学习,包括自己的失败和他人的失败,从中获取的收益和付出的成本之间的差额,也就是从失败中“榨取”的价值。这个差额越大,反败资本越高。

反败资本=失败学习收益-失败学习成本

(一)为什么要称其为“资本”?

钱能生钱,这个钱就称为金融资本。高端科技人才会给企业创造价值,这些人就是人力资本。凡是能创造新价值的东西,都可以看作一种资本。失败中蕴含着让创业者和企业家翻盘所需的知识、经验、心智等价值,它就可以被看成一种资本。

一个企业家每次失败后都需要寻找自己的失败致命点,是能力短板、习惯障碍还是心智黑洞?其中,能力短板是很多自己没有意识到的能力缺失,比如不知怎样设置止损点、抗压力弱等。当然,更多企业家的失败并不是因为能力不足,而是习惯不好,比如一个拖延症就可能会毁掉你的创业。还有一些企业家因为三观不正、把控不住底线而最终折戟沉沙,这就是心智的问题。

对失败中自己能力、习惯、心智的深入反思和快速学习,就会形成三类反败资本,如果用“力”来描述,就是能力资本、惯力资本和心力资本。

能力、习惯、心智，正是企业家能从上次的失败中获取的三类资本，如果用“力”来描述就是能力资本（Capability Capital）、惯力资本（Inertia Capital）和心力资本（Mentality Capital）。这三力如果用雷达图来表示，就构成了一个反败三角（图1）。每个企业家都有一个属于自己的反败三角，它代表了反败的终极合力。

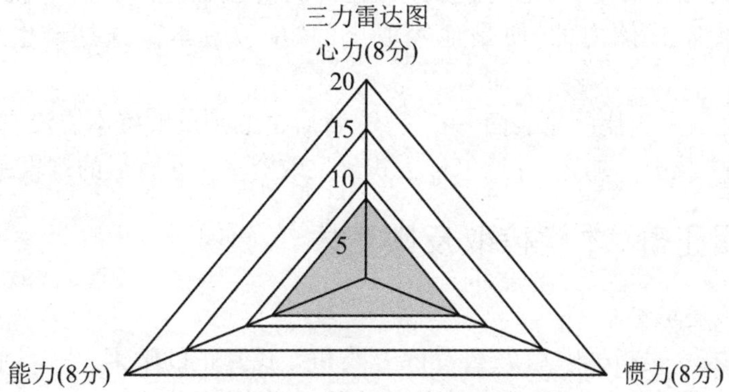

图1　反败三角示意图

注：此图选取的三力皆为8分的均衡情况（满分是20分），现实中三力各有高低。

然而，一个困扰已久的问题是：为什么失败之后，有的人能迅速昂头返场走向成功，有的人却一败再败、始终无法翻盘？

失败并不天然就是资本，必须向失败学习，从中“榨取”出有价值的东西。不经历刻意和痛苦的学习，失败永远只是成本。而向失败的学习，绝非坐在教室里安静读书那么简单。

高手之所以被称为高手，在于他们善于向失败学习，能更快更好地把失败转换成资本。他们会直击自己上次失败的三类致命点：一是能力短板，二是习惯障碍，三是心智黑洞。

（二）企业家的反败案例

20世纪90年代，史玉柱因为多元化扩张和要盖全国最高楼巨人大厦（从38层加高到70层），致使公司资金链出现断裂。1997年大厦停工，他也负债2.5亿元，瞬间从创业英雄跌落神坛。史玉柱后来说，“这时候我以为巨人就是资金链问题，那我就找人来入股巨人，当时我们测算，只要有5000万元就够了……”后来他发现，根本不是5000万元的事。

公司解体后，史玉柱蒙受经济和心理的双重打击苦闷不已。在将自己关了很久后，他决定出去走走，最终和三个部下去西藏爬了一次珠峰。结果，下山的时候他们不仅在冰川里迷了路，更糟糕的是史玉柱的氧气也快吸光了。好在救援队最终赶到，找到一条下山的路，众人一路拖着史玉柱下了山。

经历了生死遇险的史玉柱，隔天早上醒过来，“感觉多活一天都是赚来的”。下山以后他像换了个人重新开始，性格也变了，变得异常沉静，开始深刻反省自己，认清自己的问题。

后来，人们发现史玉柱少了过去的张狂、亢奋和自负，多了一份沉稳、坚忍和执着，背负巨额债务开始了第二次创业。他集中所有精力做自己热爱的事,“一次只做一件事,不再想着做大做全”。在二次创业很长一段时间里,他甚至没钱给身边的人发工资,但最终实现了大逆转。

史玉柱用他的冒险珠峰行度过了心理低谷,重拾了创业勇气,改变了行为模式,这是他反思失败获得的收益,而他为此投入的时间、金钱、反思、冒险等就是失败学习的成本。凝结在史玉柱体内的,便是他榨取出的“反败资本”,这是谁也拿不走的宝贵财富。

创新和创业看上去比的是表面一招一式,背后拼的是反败资本。没有积累到足够的份儿上,就没法去反败。那么,究竟怎样去积累反败资本?它背后的逻辑是什么?

二、逻辑正确,才能榨取反败资本

什么是反败逻辑?

所谓反败逻辑,是指失败后怎么看待失败和寻找真正的败因。一旦底层逻辑错误,你的失败只会孕育下一个失败,再怎么弥补也无济于事。

从 2015 年起,笔者亲眼见证了近百位企业家(包括创业者)悲壮又无奈的失败离场。他们中的大多数曾奋力反击,但最终销声匿迹。在和他们中的一部分人复盘时,我都会问同样一个问题:为什么失败后总结了那么多刻骨铭心的原因,却依旧没有翻盘?

随着访谈深入,一个细思极恐的答案浮出水面:企业家们总结的大多数原因非但不能让他们败中求胜,反倒会把他们推向新的失败,理想和现实的差距越拉越大。

为什么会出现如此巨大的反差?显然是反败逻辑出了偏差。细数各种案例和故事,企业家在失败后往往有三个固有认知,进而形成难以轻易打破的旧逻辑。

(一)缺乏“价值逻辑”:把失败当成本,而非翻盘的机会

太多人把失败当作丢人的事而不敢直面,这就把失败视为成本,彻底忽略了背后蕴含的机会和价值。然而,有一个人面对失败的做法却很聪明,他就是王宝强。

2018 年 3 月,王宝强获评金扫帚奖的“最令人失望导演”。一直以来,明星对这个奖避之不及。没想到,王宝强不仅亲自出席,还在台上承认“欠观众一句道歉”,之所以来领奖是因为自己热爱和尊重电影,网友对他点赞“只有勇于承认自己的失败才能有进步”。

不论是无意为之还是有意策划,王宝强敢于直面这件事,用一种智慧的方法将潜在的负面成本变成终身受益的正向价值,扭转了局势。

和王宝强一样,如何看待失败是挡在企业家面前的一团迷雾:你若认为它有价值,就是“得”,可以视作资本;你若认为它是成本,即是“失”。图 2 是失败在成本和资本之间微妙的转换关系。

什么是成本?简单地说,成本就是消耗。企业家一旦选择逃避失败,不敢反思失败,就会带来三个严重的成本后果:一是带来额外的风险成本,比如个人品牌和个人信用的丧失;二是带来高昂的机会成本,让潜在的反败机会白白流失;三是带来可怕的压力成本,逃避会演变为一种无形压力,处理不当会把整个人压垮。

笔者把这种因为逃避失败而产生的各种后续成本统称为逃避成本。显然,失败后你

如果选择逃避，除了要承受失败初期的心理打击和背负一屁股债之外，还会滋生危害更大的逃避成本。由此得到失败成本的公式：

失败成本＝心理成本＋财务成本＋逃避成本

但凡有所成就者，都深知失败才是进步的最大机会，他们会想尽办法降低逃避成本，并从失败中“榨取”未来反败可用的资本，让失败变得更有价值，这就是价值逻辑。任正非说，“十年来，我天天思考的都是失败，不要怕出错……”。褚时健在 85 岁高龄“褚橙”上市时说，“我早已做好了种橙子失败的打算……跌得越低，反弹力越大”。

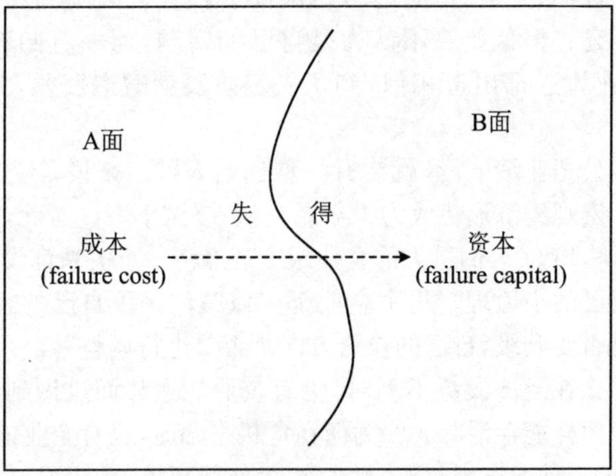

图 2　失败的 A、B 面

把失败当作机会，正是价值逻辑的核心。

（二）缺乏“求真逻辑”：热衷分析表象原因，而不是深挖背后真因

笔者认识一位家里做生意的创业者，从小接受商业熏陶，前两次创业靠做老本行赚了些钱。到了第三次创业，共享经济兴起，他开始追逐风口做共享童车。在搭建了一个基础的商业模式并在一个小区里试验成功后，没有做规模测试就急着推广到其他十几个小区中。

始料未及的是，由于童车的破损返修率高，十几个小区一齐上马导致运营成本骤然上升，人员跟不上，资金又有限，顾了东头顾不了西头，事情的发展大大超出他的预期。最后不得已关门，之前赚的钱全部投进去不说，还欠债几百万元。

这次大败让他好一阵儿没恢复元气。一开始他把原因归咎于共享模式本身的缺陷和合作伙伴不给力，反思两个月后他终于找到症结，“还是自己认知不够，财务模型没跑出来，就冒进做规模，我不死谁死”。

这位创业者的急，就是打断了正常的规模扩张的试错节奏，急于求成才是真因。

一次创业失败了，不止局中人，甚至局外人都会帮你分析出一堆原因：方向跑偏、需求错误、产品失败、团队不力、股权不当、资金链断裂、管理不善、投资人苛刻、恶意竞争、缺乏耐心、政策突变……笔者把这些原因称为“碎片化原因”，看上去很有价值，实则浮于表面。千人千面，千企千况，每个人总结的原因只是一个侧面，却很难挖掘失败的真正原因。

医生在看病时有两种思路：一种叫"对症治疗"，头痛医头、脚痛医脚；另一种叫"对因治疗"，找到病根彻底根治。显然，大多数病人会选择对症治疗，发烧了就赶紧降温，但事实上可能是细菌感染。发烧好转后，病人也就忘了还有感染这回事，结果会再次发烧。故事背后总有故事，跳出对失败原因的浅层分析，深挖背后的真因，就是"求真逻辑"。

（三）缺乏"自省逻辑"：把失败归因于外界，而不审视自己

笔者认识一位创业20年的"老炮"，每次都会跟合伙人闹到反目的境地，甚至数次撕破脸皮告到法庭。但他始终不认为是自己的问题，而一直归咎于合伙人。正因如此，每次他的创业轨迹都出奇相似，到了一定阶段就遭遇瓶颈，紧接着就上演内部宫斗。

与此相似，每当公司业绩下滑，就会有一堆创始人跳出来说是受宏观经济形势不利因素的影响。于是，宏观经济形势成为千年背锅侠，屡试不爽。对此，有企业家说，"90％的人在埋怨宏观经济，但90％倒下去的企业跟宏观经济一点关系都没有。其实企业家还得回到本身，想想自己的小道理。每个企业都应该关注一下自己的客户，关注一下自己产品、技术和组织是否要升级，自己的投资方向是否要进行调整"。

的确如此，为什么在经济大势不利时，仍有企业能逆势而进做到上市？为什么在资本寒冬时，仍有企业照样能存活壮大？为何在危机来临时，仍有企业依靠自救能挺过去？

这就是企业家的一种旧逻辑：把失败归咎于外部环境，希望通过外部环境的改变来拯救自己，而不是把解剖刀划向自己，通过自省寻找失败根源。

所有失败，归根到底都是创始人自身的失败。既然我们无法用外力扭转行业现状，那么改变只能在内部发生，反败不能靠别人，只能靠自救，这就是"自省逻辑"。

只要被上面的三种旧逻辑锁死，你就会发现自己用尽办法却无力反败。此时，必须跳出原来的平面，到更高一层俯视曾经的自己，建立一套新的反败逻辑：

——把失败当作价值和机会的来源，即"价值逻辑"；

——远离表象深挖失败背后的真因，即"求真逻辑"；

——眼睛向内寻找自己身上的败因，即"自省逻辑"。

这三者合起来就昭示着一种新的反败逻辑，那就是积累自己的"反败资本"。

三、摸清反败的时间曲线

在访谈了近百位创业失败者、连续5年近距离跟踪和贴身观察创业的基础上，笔者画了一条曲线，它告诉我们从失败到反败的全程图景。

反败不是一蹴而就，而是一个"失败→成长→新的失败→新的成长……"的曲折进程。虽然曲折，却可以划分为三个异常清晰的时期：创业下坠期，失败逃避期，拥抱跃升期。

(1) 创业下坠期：危机降临。在彻底失败前，整个公司会出现明显的衰颓迹象，开始走下坡路。虽然创业者一定会想出各种办法来挽救，但很难挽回。一边是死扛，一边是创业者的财务状况和心理状况变得越来越糟。这种情况会一直持续到最后决定关门止损。止损点的出现，往往意味着失败带来的财务成本和心理成本达到最大值。

(2) 失败逃避期:至暗时刻。在彻底失败后,创业者一方面要收拾烂摊子,另一方面觉得羞愧、难堪、自责、怀疑,心理落差巨大。这是一个不可逾越的逃避期,有人能快速走完,有人却永远跳不出去。经过一段时间的心理低谷,创业者情绪逐步恢复,开始由逃避转为直面和反思失败。迈过这道坎需要两个前提:敢于认败,但不服败。但这个过程并不稳定,创业者会反复纠结,只能在心境的大起大落中缓慢但坚定回归。

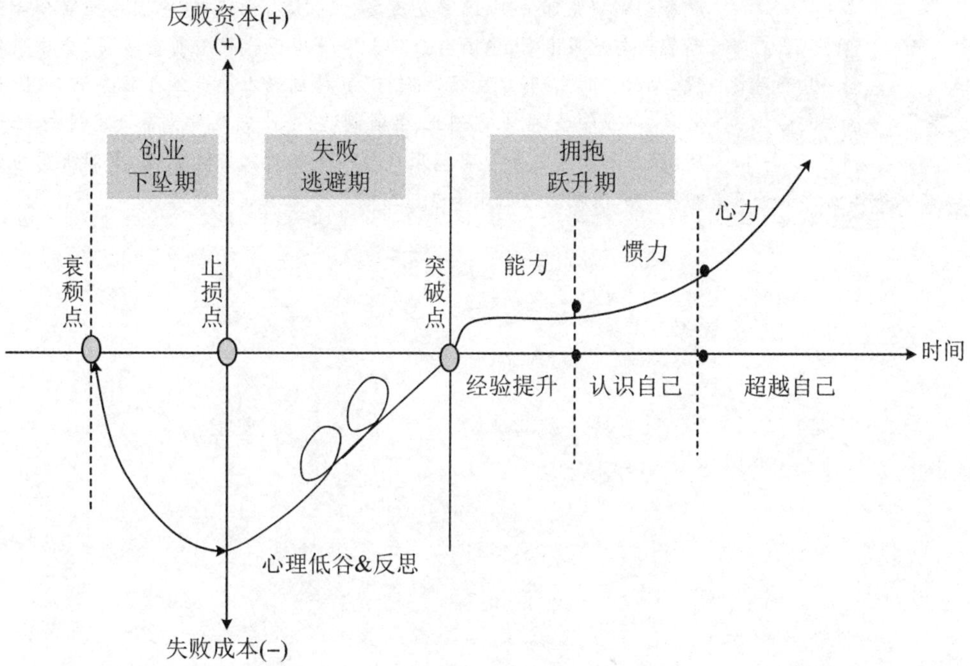

图3　反败曲线

拥抱跃升期:冰点暖融。经过了逃避期,就会来到反败突破点,跨过了这个点才真正进入跃升期。这个时期的创业者,就是不断向失败学习,从中积累自己的反败资本:提升能力,重塑习惯,修炼心智。

不得不说,这是一个痛苦的周期。没有人希望在这个周期中呆太长时间,因为走完这一套下来,不死也会扒层皮。这个周期还不只出现一次,而是多次。

这就是从创业失败到反败的全部真相。

有人一定会问,创业者真会有意识地按照反败曲线去做吗?其实,不论是否有意识考虑这些问题,实际的反败过程就是按照这个路径在走,这是一种自然而然的策略选择。现实中,创业者会根据自身的性格、改变的紧迫性、可能性和投入大小等因素做出综合决策,但无论如何,都逃不过三个关键点:一是确定止损点,不止损就永远无法开始反败;二是跨越认败点,太多创业者心态调整不到位、始终不认败,也不可能真正反败;三是到达突破点,也就是开始从失败中获取反败资本。

创业不是知识的堆积和比拼,而是一种促人成长的实践哲学。在这样一场实践的战争中,一次刻骨铭心的失败,至少可以让我们收获三样东西:能力、惯力和心力。靠着这三样东西,我们才能让自己少走弯路,不断成长。如果我们没有收获这样三样东西,则断然不会成长。

“要从失败的至暗中看到反败的光明，只有一条路可走：找到正确的反败逻辑，积累你的反败资本，一旦反败不成，只是因为你积累的反败资本还不够。”

作者简介

蔺雷，清华大学经济管理学院博士，清华大学经济管理学院、美国加州大学伯克利分校哈斯商学院双博士后，现任中科院创新发展研究中心服务创新研究部主任，国家发改委、工信部、科技部、中国企业联合会创新管理与政策专家，中国企业联合会管理现代化委员会委员，全球服务设计联盟（北京）联席主席，内创研习社创始人。专注于服务创新、服务管理、创业管理、企业内创业、智能制造、企业失败管理等研究领域，已出版《服务创新》《服务管理》《开放式服务创新》《智能制造：中国视角与企业实践》《牛津创新手册》《第四次创业浪潮》《内创业革命》《内创业手册》《反败资本》等19部著作。

新时期水文化传承与发展探讨

马东春

摘要：水文化是中华文化的重要组成部分，是中华民族在与水打交道的社会实践活动中所获得的物质财富、精神财富及生产能力。本文探讨水文化传承与发展的内涵，从水文化传承与发展的现状出发分析了水文化重视不够、缺乏文化自觉性，体制机制有待建立健全，需加强规划与管理力度等问题；提出新时期水文化传承与发展的总体思路，并通过思想引领、价值整合、道德规范、精神动力、实践先导等途径来实现；提出了将水文化传承发展与治水方略深度结合、摸清水文化家底的基础上创新和发扬、塑造提升人民幸福感的水文化发展体系、推动以水文化为主线的文学艺术产出、加大全社会水文化教育与传播普及等政策建议。

关键词：水文化；文化传承；文化发展；新时期

翻开中华民族发展史，治国、治水密不可分。历代善治国者均以治水为重，善为国者必先除水旱之害，水利兴国，治水安邦。因此水文化史成为中华文化史的重要组成部分，是中华民族在与水打交道的社会实践活动中所获得的物质财富、精神财富及生产能力。

习近平总书记深谙中华优秀传统文化深厚的内涵和底蕴，也非常重视中华优秀传统文化的创新与发展，多次提出文化传承与发展的重要性。他提道："一个国家、一个民族的强盛，总是以文化兴盛为支撑的，中华民族伟大复兴需要以中华文化发展繁荣为条件。对历史文化特别是先人传承下来的道德规范，要坚持古为今用、推陈出新，有鉴别地加以对待，有扬弃地予以继承。""努力实现传统文化的创造性转化、创新性发展，使之与现实文化相融相通，共同服务以文化人的时代任务。"

对于水文化来说，传承是发展的前提，发展是传承的必然要求。一个民族的优秀传统文化凝聚了这个民族世世代代的创造和智慧，是这个民族赖以生存的精神力量，一个民族文化的发展和复兴，离不开对优秀传统文化的传承；离开对传统文化的传承，文化发展就是无源之水、无本之木。传承的目的是发展，把握时代的脉搏，与时俱进，有所淘汰，有所发扬，从而使文化得到发展，得到创造性转化、创新性发展，与现实相结合，共同服务以文化人。

一、水文化传承与发展的内涵

（一）水文化的传承与发展由来已久

中华民族的发展历史在一定程度上也是一部治水史，一部水文化发展和传承的历史。中国传统水文化的基本精神，是百折不挠、开拓进取的顽强拼搏精神，是公而忘私、造福于民的崇高奉献精神，是坚韧不拔、一心治水的坚定执着精神，是顾全大局、齐心协力的团结协作精神，是勤劳勇敢、自强不息的艰苦奋斗精神。它内在地体现了"天人合一"的宇宙意识、"以人为本"的人文意识及中国人民追求"人水和谐"的文化意识，真正体现了伟大的中华民族勤劳、智慧、勇敢、奉献、团结、奋进的民族性格，体现了爱国主义和集体主义的伟大情怀。

"文化兴水，水兴文化"，水是文化之源，自人类社会形成以后，水与文化便须臾不可分离。而特定的水文化具有很强的生命力和传承性，正确认识水文化传承性是可持续发展的前提和基础。中国传统水文化是一种重要的精神力量，是中华民族在长久的治水用水实践中形成的文化积淀，深深熔铸在中华民族的生命力、创造力和凝聚力之中。这种内在的精神力量，一经人民群众掌握和运用，就会转变为巨大的物质力量，推进经济社会的发展与进步。

（二）水文化传承与发展的关系

文化是一个国家、一个地区的精华所在，而文化传承则关系着国家和地区的命运。文化的传承是特定地域的经济建设和政治发展的坚固基石，它使特定地域人们的价值取向有章可循，不断发展和弘扬，使原有文化在不断被审视的过程中趋于完善并持续推动社会的前进。两者相辅相成，辩证地看，要发展必须有传承，想传承不能照搬死背，必须结合时代需要，在发展中传承。

在继承的基础上发展，在发展的过程中继承。要把握好文化继承与发展的关系，批判地继承传统文化，积极从改革开放和社会主义建设的实践中汲取养分，在创造中继承，在推陈中出新，创造出既具有时代精神，又具有中国特色的社会主义新文化。正确处理文化继承与发展的关系，在这个过程中，不断革除陈旧的、过时的旧文化，推出体现时代精神的新文化，这就是"推陈出新，革故鼎新"。

正确处理好文化继承与发展关系。把握好文化继承与发展的关系，批判地继承传统文化，不断推陈出新，革故鼎新，才能进行正确的文化选择，成为自觉的文化传承者和享用者。但人们漠视水文化保护的问题尚存在，这也加重了文化传承的压力。

水文化是中华传统文化的重要组成部分，应将其建设成果以行之有效的方式推广出去，惠及群众，服务社会。深入挖掘和梳理水文化成果的形成理念和实践准则，都是被人们普遍认同的，其创造的水文化成果也被后人或他人所遵循。这就是在传承基础上的发展。

二、现状与问题

随着中国对文化软实力的开发和对文化遗产保护的重视，水文化遗产保护、传承和发展得到前所未有的关注和支持，保护与利用工作面临着前所未有的机遇。总体上，水文化传承与发展从民间自发到政府主导，从理论研究到丰富实践，政府主导与公众参与良性互动，继承传统与发展创新有机结合，理论研究与实践应用深度融合，水文化建设取得了积极进展和丰硕成果，呈现出多姿多彩、蓬勃发展的良好态势。有关部门和单位开展水利遗产资源调查，对全国范围内的水文化遗产数量、时空分布特征、保存、使用和管理等情况进行调查摸底，获得5万余处调查成果。水利部相继出台了一系列推动水文化繁荣发展的政策措施和主题教育活动，为加强水文化建设提供了重要保障。但由于诸多因素的影响，文化遗产保护利用与传承发展工作还存在以下问题：

一是对水文化传承和发展重视不够，缺乏文化自觉性。对水文化遗产的研究和统计调查有待加强，对水文化遗产的调查统计开展还不全面、不系统。有些省市地区没有开展过专项水文化遗产的调查和统计，有些省市地区前期虽然对水文化遗产进行了系统调查统计，但是由于水文化遗产的界定和分类随着研究不断发展，分类的标准和程序在不同历史时期和省市不统一，水文化遗产的调研应该不断深入，调查统计数据应当不断更新。根据现有的水文化遗产统计，大多针对的是工程类水文化遗产，如何对管理类、非物质文化类文化遗产的调查还需进一步完善。

文化遗产的保护始于人们对文化遗产的重视和全社会广泛的认同，这项工作起步较晚，社会基础薄弱，面临的形势十分严峻。一是文化遗产的保护工作是一项投资需求大、覆盖面广、工作量大的社会公益性事业，文化、文物部门作为主管部门开展了大量的工作，但受资金、人力、行业等客观条件限制，保护工作仍然存在着薄弱环节，对水文化遗产的保护长期得不到足够的重视。多数水文化遗产目前基本都处于自然保存状态，少数进行开发利用的水文化遗产的经营管理状态不佳，甚至存在遭到破坏的安全隐患。二是当前全国各地包括水利设施在内的城市基础设施建设力度空前，许多地方都提出把水作为城市发展和有机更新的重要理念，水文化遗产的保护面临着艰巨的任务。许多地方仍把水系治理工作理解为简单的工程建设，只注重水利基础功能，忽视历史文化内涵的现象十分普遍。即使水利系统内部对于水文化遗产的认知也十分模糊，水文化遗产保护工作机制的缺失和监管不到位，导致水文化遗产遭到人为破坏。许多宝贵的桥、堤、闸、坝、堰、井、泉以及沿河重要的水景观、历史建筑、文化古迹被损毁，一批历史上曾经因水而名的水乡小镇已经名不符实，甚至一些蕴含水文化艺术的民间文学艺术因缺乏有效的保护和丧失传承发展的空间和环境，也已失传。

二是水文化传承和发展与社会发展进程相融合需要加强，体制机制有待建立健全。水文化遗产具有特殊性，它是人类千百年来水事活动的产物，与水密切相关，以水载物，以水载道。水文化遗产属于不可再生资源，一旦破坏便无法有效恢复，保护工作责任重大。其保护工作不仅需要文化部门的协同配合，还需要水利部门从行业的角度进行科学判定。当前，对于水文化遗产的研究、保护开发工作尚处于起步阶段，尚未建立起水文化及水文化遗产的科学评价体系和相关配套政策体系，也没有建立起水文化相关的宣传推广工作体制机制，负责推进水文化各项工作。水文化的传承和发展迫切需要得到全社会各方的高度重视，扎实推进各项工作，形成水文化发展所需的良好外部条件。世界处于百年未有之大变局中，我国社会发展正处于快速发展的转型期，中央对水利工作高度重视，水利发展面临历史性的发展机遇，水文化传承和发展工作更应创新思路，特别是在与社会发展进程相融合、机制体制建立健全等方面大胆创新，有力推动水文化的开展。

三是水文化传承与发展缺乏科学性、系统性，需要加强规划与管理力度。水文化传承和发展缺乏顶层设计和规划。各地涉及水文化保护、传承与发展的专项规划或缺失或不系统深入，且执行力度不够，监督机制有待加强。规划当中涉及水文化遗产的内容不全面，理解不深刻，层次性不高，具体要求和工作措施未能在城市水系治理专项规划以及其他建设项目规划中得到充分体现，得不到规范有序高效的推进。第一次全国性的水利普查中江、河、湖、库等水利基础设施是普查的重点，部分内容也涉及水文化遗产的范畴，但是没有对水文化遗产进行专项调查，不利于今后工作的开展。虽然部分省市地区也做了水文化专项调查，但从全国范围内区域间对水文化遗产的管理工作进展不平衡。

国内有关文化遗产保护的专项法律法规尚不完善，还存在落实不够到位；管理存在不协调现象和权力交叉与真空问题，缺乏制度保障，管理落实不到位，经费保障不足等。

三、总体思路与实现路径

认清新时代对水文化建设的新要求，明确努力方向。党的十九大报告明确提出了新时代文化建设的基本要求，指出了新时代文化建设的着力点。水文化作为中国特色社会主义文化的重要组成部分，做好新时代的水文化建设必须以此为根本遵循，秉承文化自信，充分发挥优势，始终坚持以人民为中心的导向，始终坚持在水利实践中进行文化创造，让人民群众在建设和谐的人水关系中获得精神愉悦，从高质量、高品位、个性化的水文化服务中得到理性的启迪，更好地满足人民群众过上美好生活的新期待。

以人水和谐共生理念为准则，以加强水生态文明建设为重点，回应人们对水问题的期盼和关切，发挥对人的行为的文化引领、塑造作用。在观念上，要牢固树立人文系统与水系统和谐相处的思想；在思路上，要从单纯的就水论水、就水治水向追求人文系统的发展与水系统的健康相结合的转变；在行为上，要正确处理水资源保护与开发之间的关系。以水利实践为重点，加大水文化实践创新，进一步推动水文化建设与水利实践相结合。

继承和发展传统水文化精神是加强现时代水文化建设的重要内容，是发挥思想引领、价值整合、道德规范、精神动力、实践先导的多重功能的体现。这是发展社会主义先进文化的需要，是加强社会主义精神文明建设的需要，也是加强行业队伍职业道德建设的需要。

（1）思想引领。水文化内核是以中华儿女在实践中探索和形成的中华优秀传统水文化为核心的，是与不同时期的人文精神相互渗透、交融共生的。自新民主主义革命之后，以马克思主义为思想引领，照亮继承和发展传统水文化前进之路。马克思主义中国化的理论成果为中华优秀传统水文化现代化转型提供思想引领，中华优秀传统水文化现代化转型为马克思主义中国化提供文化底蕴。将马克思主义植根于中国的历史和文化，就具备了蓬勃的生机和旺盛的生命力，既吸吮了几千年的深厚历史传统和文化传统的精华，又拓展了社会形态革命的理论。新时代增强中国特色社会主义文化自信，推动中华优秀传统水文化创造性转化、创新性发展。不断发展社会主义先进文化，立足中国，面向现代化、面向世界、面向未来，加强社会主义精神文明建设，把社会主义核心价值观融入社会发展各方面。

（2）价值整合。将继承和发展传统水文化并入培育社会主义核心价值观的进程中来，打好继承和发展传统水文化之基。社会主义核心价值观是价值之内核、理念之本真，社会主义核心价值观寄系着中华文化的精神基因，维系着当代中国人的价值理想，是当代中国精神的集中体现，寄系文化自信的精神基因，凝结全体人民共同的价值追求。中华优秀传统文化、革命文化与社会主义先进文化，构筑形成核心价值观的根基、基因和灵魂。社会主义核心价值观对中华文化及其精神特质的涵育生成，提出了新的要求：新时代弘扬社会主义核心价值观，要以构筑文化精神为重要支撑，以汲取文化营养为精神动力，增进文化认同，增强文化自信，为培育社会主义核心价值观提供不竭源泉。

(3) 道德规范。继承和发展传统水文化，需要发挥文化道德规范的调节作用，为继承和发展传统水文化提供衡量之尺。水文化道德规范是人们从事水事活动时应遵循的趋善避恶、为善去恶、扬善惩恶的行为准则。简言之，水文化道德规范是调节人们文化活动的善恶准则。文化生活领域的这种善恶准则就是所谓文化道德规范。它在本质上是对一定经济基础所决定的文化生活领域中的道德关系和道德要求的概括反映，是一定的道德核心、道德原则和一般道德规范在文化生活领域的应用和体现。

(4) 精神动力。继承和发展传统水文化，需要把坚定文化自信作为精神动力，提供继承和发展传统水文化力量之源。坚定中国文化自信，就是要努力从中华民族世世代代形成和积累的优秀水传统文化中汲取营养和智慧，延续文化基因，萃取思想精华，展现精神魅力，激活中华优秀传统文化的生命力。中华优秀传统水文化积淀着中华民族最深沉的精神追求，是中华民族生生不息、发展壮大的丰厚滋养。传统水文化中“上善若水”“水利万物而不争”“海纳百川”等思想，不论过去还是现在，都有其鲜明的民族特色，都有其永不褪色的时代价值，是中华民族发展壮大的精神动力和智慧源泉，要深入挖掘其中的精华部分，通过现代化的传播手段让优秀传统文化在民众心里落地生根，真正为中华民族的伟大复兴提供精神滋养。

(5) 实践提升。继承和发展传统水文化，需要把中国水文化内核作为实践先导，成为继承和发展传统水文化道路的指南之针。传统水文化作为一种文化形态，将不断地在适应新环境和新形势的过程中以更加纷繁复杂的形式出现，如何辨别和提取这种“新”文化的合理成分，将直接影响到实践效果。在中国特色社会主义的建设中指导实践，在实践过程中:从空间维度入手，全局目标的实现离不开局部目标的达成;局部目标的把控离不开全局目标的引领，由实践经验提升丰富水文化理论，为水文化注入新的动力和精髓。水利实践是水文化发展和创新的源泉、动力和根本途径，也是水文化理论构建的丰厚土壤和活水源头。水文化理论建设应从水利实践的整体和全局出发，总结提炼实践经验并升华成为理论基础，继而进行水利行业文化理论框架体系、水生态文化理论框架体系、水利单位组织文化理论框架体系的构建及其他子系统理论框架体系构建，进而使水文化真正切入行业、植入管理、融入工作，不断地深入、传承与发展。

四、政策建议

水文化的传承与创新，就是要在继承的基础上，挖掘水文化遗产价值内涵，提高保护传承的技术水平，通过科学合理利用，促进水文化遗产资源的可持续发展。切实加强对水文化遗产自身的保护;深度挖掘水文化遗产的历史文化价值和科学研究价值，建立和完善水文化遗产研究的理论体系;创新文化遗产传承利用的方式;整合全国资源，营造良好的舆论氛围和社会环境，全面提升水文化。

(一) 将水文化传承发展与治水方略深度结合

在尊重传统文化的基础上强调时代气息。水文化发展不仅发生于自然条件的空间维度中，同时也发生于特定时代的时间维度中。一个特定地域在特定的时代下会有特定的价值取向，这对水文化的积极发展至关重要。一个城市的水文化凝聚了人们世世代代治水用水护水的创造和智慧，是该地域赖以生存的精神力量的重要来源。因此，在水文化传承时，应将原有传统文化的精髓放入时代发展的潮流中，将水文化传承发展与治水方略深度结合，使水文化精髓长远留存、造福人类。

（二）在切实摸清水文化家底的基础上创新和发扬

我国的水文化资源历史悠久、内涵丰富多彩，部分水文化古迹包括工程建筑遗址、工器具、非物质文化遗产等已面临破坏和消失。我国结合开展的全国首次水利普查做了大量的水文化的摸底工作，但是地区间发展不平衡，各地区还需要系统、深入，切实摸清水文化家底，整合历史文化、水利文化、水域文化、民俗文化等传统历史文化的保护利用，推进各个流域地区特色水文化资源的科技化改造和产业化开发，积极组织相关专家对水文化遗产进行调研、普查，切实摸清我国传统水文化家底，形成数据库和管理名录，为保护和发展水文化遗产提供依据。此外，还要运用古今书籍以及图文资料检索收集，并采取走访、座谈、采风等调查手段，对涉水的各类历史和现代人文思想、制度规范、经济活动、科技成果、文学艺术、遗迹遗址、民风民俗、自然景观、宗教信仰、文化设施等进行挖掘、收集，形成水文化家底的原始资料，并深入研究和挖掘。同时，在普查的基础上，按照物质的、精神的、制度的类别，分级别建立水文化保护名录，特别加强对新中国成立以来，新建继承创新的水利工程开展评定分级，并组织开展我国水文化遗产的抢救和保护工作。在摸清水文化家底的基础上，一方面深入发掘水文化的内涵，坚定文化自信；另一方面在继承水文化的基础上更好的传承，并不断发扬和充实。

（三）通过“爱水、保水、节水、治水、享水”塑造水文化发展体系

在水文化体系塑造上，通过爱水、保水、节水、治水、享水来实现。爱水，即加强水生态文明建设宣传，弘扬当地优秀的爱水节水治水传统，倡导资源高效、环境友好产业带动生态自然、景观优美的新的城市发展指导思想和水文化理念，形成水生态文明引领的新型社会价值观。保水，即推行饮水安全保护计划，关、停重污染企业，严格控制高耗水产业；全民参与水环境保护和生态修复；鼓励民间成立水生态保护组织，形成政府、企业、百姓联动的保水净水的水文化发展体系。节水，即全面落实以供定需的用水总量控制制度，建立以单位产值用水量和节水效率为标准的产业竞争体系。在城市生活中推广雨水收集、中水回用等技术，将节水作为地区的文化品牌进行塑造。治水，即积极开展以治水智慧为主题的科普教育，兴修水利、疏浚河道、截洪补源、造福百姓。享水，即通过制度建设和公共参与，让群众真正享受到水文化建设的成果；通过亲水文化、科技水文化、滨水文化、节庆和赛事等水文化活动的开展，创造乐水宜居新的城市水文化品牌。

水文化传承与发展要与时俱进，赋予现代化的特征。我国历史文明流传下了丰富的水文化遗产。其治水理论、治水思路、治水方法、治水手段、治水文化等都是传统水文化中的精华；在水利工程建设方面，如遵循和利用自然规律的典范都江堰、郑国渠等主体工程，也给后人治水诸多启示。对这些水文化成果，要加强规划，加大投入，特别是要运用现代科技手段，认真做好水文化典籍整理工作，切实保护好我国流域及地区的水文化瑰宝，并用现代化的视野，进行系统设计，推陈出新，建设具有科技特点、现代特征、时代气

派、都市风格的“水文化”。

（四）推动以水文化为主线的文学艺术产出，多渠道多方式，加大全社会水文化教育与传播普及

通过文学、影视、戏剧、书画、美术、音乐等多种形式，大力宣传水文化在加强生态建设、维护生态安全、弘扬生态文明中的重要地位和作用，大力普及水文化知识，增强人民的水文化意识，树立水文化伦理和品德。通过举办水利建设成就摄影展、水文化书法摄影大赛、水文化风景画展、水库驴友文化游、水文化专场文艺晚会，创作水文化主题歌、诗歌，制作宣传水文化建设的专题片、画册，利用报纸、电视、广播等新闻媒体广泛宣传，让更多的人了解我国的水历史、水文化、水资源等。

参考文献

[1] 韩红，卢本琼，姜雪. 水文化遗产保护的传承与创新[J]. 智库时代，2019(45)：251-252.

[2] 董明锐. 水文化遗产“入世”：传承文化　延续文明[J]. 中国水利，2019(19)：109.

[3] 黄英燕，陈宗章. 继承和弘扬中国传统水文化的基本精神[J]. 文教资料，2019(28)：62-63，70.

[4] 江爱国. 水文化的核心价值：人水和谐[J]. 长江工程职业技术学院学报，2019，36(03)：72-74.

[5] 吕娟. 水文化理论研究综述及理论探讨[J]. 中国防汛抗旱，2019，29(9)：51-60.

[6] 王磊，解华顶，张裕童. 水文化遗产生存状态及解决办法初探[J]. 中国水利，2019(12)：59-61.

[7] 李宗新. 构建水文化理论体系势在必行[N]. 中国水利报，2019-05-23(006).

[8] 肖冬华. 水文化视域下儒道哲学思想比较研究[J]. 南昌工程学院学报，2019，38(2)：31-35.

[9] 张海明. 中国民间信仰与水文化关系探析[J]. 浙江水利水电学院学报，2019，31(2)：5-9.

[10] 张明智. 基于水利工程管理下的“水文化”修养研究[J]. 甘肃科技，2019，35(7)：68-69.

[11] 曹立鹏，潘贺男. 略论水文化对新时代生态文明建设的资政作用[J]. 现代交际，2019(4)：230，229.

[12] 曹继党. 努力提升水工程和水文化有机融合[N]. 舟山日报，2018-10-21(002).

[13] 李小龙，罗婉君. 基于水利发展视角的水文化探讨[J]. 科技经济导刊，2018，26(26)：157.

[14] 兴化市政协学习文史委. 保护水文化遗产　弘扬优秀传统文化[J]. 江苏政协，2018(9)：46-47.

[15] 曹娅丽，邱平伟. 水文化遗产与民间信仰[J]. 民族艺术研究，2018，31(4)：115-122.

[16] 子墨. 做好新时代水文化建设工作[J]. 中国水文化，2018(4)：3.

[17] 杨得瑞. 准确把握新时代水文化建设新要求　做好新时代水文化建设工作[J]. 中国水文化,2018(4):6-9.
[18] 李青霞. 加强水文化建设,增强水利队伍凝聚力研究[N]. 山西青年报,2017-10-28(015).
[19] 彦橹. 关于构建水生态文明城市水文化体系的探讨[J]. 中国水文化,2017(5):50-53.
[20] 刘大山. 扬水文化,讲好“河流故事”[N]. 南京日报,2017-09-27(A15).
[21] 孙继伟. 弘扬优秀水文化的路径[J]. 安徽水利水电职业技术学院学报,2017,17(3):87-89.
[22] 朱海风. 水文化与水科学融通共振是当代中国治水兴水的重要路径[J]. 中州学刊,2017(8):89-92.
[23] 肖冬华. 传统水文化的生态哲学意涵刍议[J]. 河西学院学报,2017,33(3):113-117.
[24] 韩晓华. 以水文化建设为抓手　培育和践行社会主义核心价值观[J]. 河北水利,2016(11):45-46.
[25] 贯兵强. 新常态下我国水文化研究综述[J]. 南水北调与水利科技,2016,14(6):201-208.
[26] 葛瑞原. 源远流长的水文化[J]. 内蒙古林业,2016(8):46.
[27] 本刊编辑部. 水文化也能成最强软实力[J]. 重庆与世界,2016(8):9.
[28] 罗春芳. 当前我国水文化传播研究[D]. 郑州:华北水利水电大学,2016.

作者简介

马东春,博士,教授级高级工程师、高级经济师、注册咨询工程师,现任北京市水科学技术研究院技术总师。水利部发展研究中心特约研究员,中国技术经济学会理事,中国水利经济研究会理事,北京水利学会水利史与水文化专委会主任。主要从事生态学、资源与环境、生态经济、水文化与城市发展类科研课题研究、政策研究与咨询。近年来共参与、承担并负责完成50多项市级、国家级重要科研项目,在省部级及以上学术刊物发表成果论文40余篇,其中8篇被SCI收录,出版专著8部。获得大禹奖、北京市哲学社会科学优秀成果奖等各级奖项10余项。

后　记

《中国创新50人笔谈(第3辑)》是受中国技术经济学会委托,由中国科学技术大学管理学院(国际金融研究院)刘志迎教授组织编辑完成的决策智库性文献。本书汇集了中国技术经济学会50位专家的决策建议报告,分为创新驱动、产业创新、区域创新、制度创新和技术经济五个部分。书命名为"50人笔谈",50仅仅是一个概数,也不一定是固定的50位专家学者。本书编纂始终本着开放精神,今后有好的智库报告或决策建议,可以继续投稿(收件邮箱 techwushiren@163. com),进行汇编出版。

中国技术经济学会汇聚了一大批全国技术经济和创新管理研究领域的专家,有大量的研究成果,始终围绕着国家重大需求或地方经济发展需要开展研究,为中国现代化建设重大决策提出了大量的对策建议,始终发挥着决策智库作用。本书只是采取一种新的形式集中展示专家们的部分智库成果。

本成果受到中国技术经济学会理事会的高度重视,学会专门发文面向学会常务理事、理事和会员征集智库文稿,征文启事还在学会网站和微信公众号上公开刊发。来自全国各地和各单位的专家积极响应,纷纷投稿。历经半年多的征稿、审稿和编辑,本书才得以最终与大家见面。不少专家几易其稿,十分慎重地撰写智库建议,充分表明专家们认真负责、精益求精的精神。各位专家站位很高、视野开阔、基础研究扎实、调查研究充分,提出的决策建议具有很强的针对性,对中国进入现代化建设新征程的创新发展具有重要的指导意义。

在本书的组织、编辑过程中,中国技术经济学会理事长李平研究员全程给予关注和精心指导,在百忙中抽出时间撰文并为本书作序;学会黄检良秘书长全程大力支持和协助组稿,各位副理事长、常务理事、理事积极参与撰写智库建议,在此对他们表示衷心的感谢。该书出版得到了中国科学技术大学管理学院(国际金融研究院)执行院长余玉刚教授,学院党委书记古继宝教授,副院长吴杰教授,以及国际金融研究院副院长翁清雄教授的指导和支持;中国科学技术大学案例中心王宁老师在组稿全程中做了大量琐碎繁杂的工作。该书出版得到了安徽省哲学社会科学基金重点项目(AHSKZ2019D005)基金支持,感谢省部级人文社会科学重点研究基地工商管理创新研究中心和安徽省科技创新综合智库各位同仁和硕士及博士研究生的大力协助。

在本书的编辑过程中，由于往来邮件较多，作者多次修改稿件，多次电子邮件传送，有时回复邮件不及时，难免有疏忽或者遗漏，如有不当之处，敬请各位专家谅解。

由于水平所限，时间仓促，难免在综述各文观点和编辑校对过程中有粗糙之处，敬请宽谅。

刘志迎

2020年12月2日于中国科学技术大学